基于证据的新课程教学改进丛书

丛书主编 刘 坚 姬文广

# 基于核心素养的
## 初中语文单元整体教学改进

管贤强 郑国民 著

新课程

北京师范大学出版集团
BEIJING NORMAL UNIVERSITY PUBLISHING GROUP
北京师范大学出版社

U0646234

**图书在版编目(CIP)数据**

　　基于核心素养的初中语文单元整体教学改进 / 管贤强，
郑国民著. -- 北京：北京师范大学出版社，2025. 3. --（基
于证据的新课程教学改进丛书). -- ISBN 978-7-303-30239-0

　　Ⅰ. G633.302

中国国家版本馆 CIP 数据核字第 20248MU160 号

出版发行：北京师范大学出版社 https://www.bnupg.com
　　　　　北京市西城区新街口外大街 12-3 号
　　　　　邮政编码：100088
印　　刷：北京同文印刷有限责任公司
经　　销：全国新华书店
开　　本：710 mm×1000 mm　1/16
印　　张：23
字　　数：330 千字
版　　次：2025 年 3 月第 1 版
印　　次：2025 年 3 月第 1 次印刷
定　　价：84.00 元

策划编辑：邓丽平　张　茜　　　　责任编辑：张　茜
美术编辑：胡美慧　王　蕊　　　　装帧设计：李尘工作室
责任校对：陈　民　　　　　　　　责任印制：孙文凯

**版权所有　侵权必究**

读者服务电话：010-58806806
如发现印装质量问题，影响阅读，请联系印制管理部：010-58800825

# 基于证据的新课程教学改进丛书
# 编 委 会

**编委会主任：** 陈光巨　王丽娟

**丛 书 主 编：** 刘　坚　姬文广

**丛书副主编：** 赵萍萍　连　珂　林丹妮

**编委会成员：**（按姓氏笔画排序）

| | | | | |
|---|---|---|---|---|
| 王　哲 | 王丽娟 | 王佳敏 | 田艳艳 | 白永潇 |
| 刘　志 | 刘　坚 | 刘　晟 | 刘启蒙 | 李亚玲 |
| 杨　磊 | 杨瑞旭 | 连　珂 | 吴欣歆 | 吴柳燕 |
| 张　丹 | 张　殷 | 张汉林 | 张雪梅 | 陈光巨 |
| 陈德运 | 邵越洋 | 林丹妮 | 罗少茜 | 罗星凯 |
| 郑汉波 | 郑国民 | 赵萍萍 | 胡梦玥 | 姜静宜 |
| 姬文广 | 曹　辰 | 龚　灵 | 韩权威 | 曾　玲 |
| 虞文辉 | 綦春霞 | 管贤强 | | |

# 循证改进教学　发展核心素养

（代序）

　　教育乃国家发展、民族复兴的基石。在世界格局复杂多变的 21 世纪，如何通过发展高质量教育，提升青少年的综合素质及解决实际问题的能力，从而提升整个国家的国际竞争力，是教育工作者需要不断思考的问题。教学改进是提高教育质量的有效途径之一，教师是教学改进和教育改革的关键力量。"基于证据的新课程教学改进"丛书，在顺应发展学生核心素养的新课程改革趋势的同时，借鉴国内外改进科学研究的经验，以提升教师教研水平、提高教师教学实践能力为抓手，通过数据驱动促进区域教育高质量发展，激发学生学习兴趣，发展学生高阶能力。

　　我们开展的教学改进，缘起于郑州市义务教育质量健康体检项目，依托于郑州市义务教育质量提升项目。自 2012 年以来，北京师范大学区域教育质量健康体检项目团队用持续 8 年的时间，在郑州市共实施了 7 次全域范围的大规模教育质量监测与数据分析反馈活动。数据全面、直观地反映出不同学校或地区、不同年份义务教育质量发展图谱，构建了迄今为止全国范围内历时最长、规模最大的区域教育综合质量数据库。郑州市义务教育质量提升项目作为"郑州市义务教育质量健康体检"项目的延续和深化，充分整合和利用项目体检数据，将教育评价过程中发现的重大问题、普遍规律与郑州市中小学教育实践相结合，服务于郑州市义务教育质量提升。郑州市义务教育质量提升项目于 2020 年启动，共涉及 9个学科，分别依托郑州市的 5 个城区、20 多所中小学样本学校、300 多名骨干教师，开展了持续 2 年的探索与实践。项目组织以高校教授为首席专家的小学语文、小学数学、小学科学、初中语文、初中数学、初中英语、初中科学、初中历史、初中道德与法治 9 大学科团队，协同郑州市教育局及教研室、学科所依托的区教育局和教研室、教研员和广大骨干教师，开启区域教学改进之路。

本套丛书的编写，既关注国家义务教育新一轮课程标准关于发展学生核心素养的改革需求，也注重将教学改进过程中的理论与实际相结合，更注重基于证据的精准教育引领。丛书的编写遵循以下四个理念。

(1)关注发展学生核心素养，有助于落实国家义务教育课程标准(2022 年版)精神。第一，各学科均基于连续多年的区域义务教育质量监测数据，挖掘数据中隐含的规律，选择与学生核心素养发展密切相关的教学改进主题，关注学生的高阶能力与综合素质发展。第二，各学科通过呈现内容丰富、形式多样的教学改进课程设计，启发读者深刻理解新课程理念如何在实际教学中体现与运用，如何基于学生的成长和发展设计与改进教学，从而有效推动新课程标准在日常课堂落地落实。

(2)教育理论与教学实践有机融合，呈现真实发生的教学改进故事。第一，各学科通过呈现教学案例如何随着教学改进的深入不断迭代的过程，通过分析教学案例带来的有关教育理念与课堂教学的深刻启发等，达成了教育理论与教学实践相融合的目标。第二，通过关注教学改进过程中教研共同体的建设及教师的个案研究，呈现学员教师如何通过课堂展示、观点分享、交流研讨将所学的教育理论运用到实际的课堂教学中，充分体现了教学改进促进学员教师自我成长、促进学生主动学习，有效推动了教学改进真实发生。

(3)注重定量与质性数据相结合，基于证据开展教学改进。从数据驱动下的教学改进主题选择、数据驱动下的样本学校选择、数据驱动下的改进课程效果追踪、数据驱动下的课程效果呈现四个方面，全方位、多视角地展示如何运用定量与质性多种数据开展基于证据的教学改进。第一，在数据驱动下的教学改进主题选择方面，各学科均结合郑州市连续多年的义务教育质量监测数据，分析学生能力表现及学习中较为普遍的问题，挖掘数据背后的教育教学规律，继而选择与确定教学改进主题。第二，在数据驱动下的样本学校选择方面，各学科结合参测学校在教学改进主题对应维度上的能力表现水平，重点关注普通学校、普通教师和普通学生的成长，促进教育公平发展。第三，在数据驱动下的改进课程效果追踪方面，通过教学改进过程中的访谈与问卷等多种调研数据，实时了解学员教师的实际需求与课程效果，及时调整教学改进活动规划。第四，在数据驱动下的课程效果呈现方面，通过课堂观察、访谈、问卷调查、学业测试等多种方式，收集与分析定量数据或质性数据，充分揭示数据背后的变化规律，全面呈现教师教学与学生学习的变化。

（4）教学改进成果可复制、可推广，具有面向全国的辐射力与影响力。第一，教学改进成果中的教学案例具有典型性与代表性，反映了许多学科教师在一线教学时遇到的共性问题，对新一轮课程标准实施过程中全国范围内相关中小学各学科教师面临的教学设计能力提升、教研能力发展等问题具有重要的借鉴与启发作用。第二，教学改进的整体思路、工作机制与改进模型等内容，也是教学改进的一大成果。对于学科教育研究者了解当下最新教育研究课题及研究进展的学术发展需求有积极的启发价值；对于教师教育研究者、教育行政与管理人员开展教师研修工作具有积极的参考与启发价值。

由北京师范大学出版社出版的"基于证据的新课程教学改进"丛书，系统反映了上述四个理念。在上述理念指导下，丛书遵循教学改进基本规律，围绕教学改进设计、教学改进实践、教学改进效果三个方面阐述基于证据的新课程教学改进。在书稿中体现为上篇（教学改进设计）、中篇（教学改进实践）、下篇（教学改进效果）。各册书稿围绕本学科的改进主题呈现出一定的学科特色，上篇、中篇、下篇的标题虽不完全相同，但其本质均分别对应教学改进设计、教学改进实践、教学改进效果，具有总体逻辑架构的统一性。丛书包括8个学科分册，分别由各学科的首席专家及执行负责人，即语文学科的郑国民教授、吴欣歆教授，小学数学学科的张丹教授，小学科学学科的刘晟副教授，初中数学学科的綦春霞教授，初中英语学科的罗少茜教授，初中科学学科的张殿教授，初中历史学科的张汉林教授担任各分册主著，各分册的主要作者都是研究团队的核心成员。郑州市义务教育质量提升项目的研究与探索得到了郑州市教育局、郑州市教研室等区域协同合作单位，以及多所参加教学改进项目的学校的大力支持，在此一并表示感谢！感谢北京师范大学出版社对本套丛书出版的大力支持！

　　丛书所选取的素材主要来源于郑州市义务教育质量提升项目，丛书主体内容兼具学术性与实践性，面向广大一线教师及教研员、学科教育研究者、教师教育工作者，受众群体广泛。无论学生核心素养的发展还是基于证据的教学改进，研究与实践都才刚刚开始。路虽远，行则将至；事虽难，做则必成。在实现高质量教育的征途上，让我们携手同行！

刘坚

2024 年 9 月于北京师范大学

# 前　言

　　作为"郑州市义务教育质量健康体检"项目的延续和深化，郑州市义务教育质量提升工程充分整合和利用体检项目数据，将教育评价过程中发现的重大问题、重要经验和普遍规律与郑州市中小学课堂教学实践相结合，服务于郑州市义务教育质量改进与提升。在此背景下，课堂教学改进便成为郑州市义务教育质量提升工程的突破口。本书以郑州市初中语文质量提升项目为依托，以郑州市二七区两所样本学校和两位样本教师的语文课堂教学改进为基点，以初中语文课堂单元整体教学的设计与改进为载体，在单元整体教学推进课型方面展开了教学实践与改进，力求促进学生语文素养的提升，促进郑州市语文教师综合素质的不断提升，促进区域化语文教师教学与研究能力的可持续发展。

　　本书的研究成果主要有以下五点。第一，基于教学价值整合性、发展性理念，建构单元整体教学理论框架。初中语文单元整体教学在价值取向上呈现出整合性、发展性的特征。随着价值取向的变化，单元整体教学将引发教学设计、学习内容、学习过程、学生发展等方面的转变。自单元整体教学的设计看，便是从知识碎片转变为学习单元，从学习内容的全面覆盖到学习内容的精炼萃取。自语文学习过程看，从学习过程的单项传递转变为经验的建构分享。自学生的个性发展看，从既往学生发展的整体划一到当前学生发展的开放多元。第二，基于样本学校、样本教师的教学设计，提炼单元整体教学模式。基于初中单元整体教学的理论模型，提炼了基本的设计模型，即：设计主题任务、确定学习目标、预设学习评价、开展学习活动。样本学校在持续开展教学设计改进的过程中，积累了丰富且多样的单元整体教学设计路线，凝练成多种单元整体教学的设计模型，主要有：概念聚合型、深度阅读型、项目实施型、读写转化型。第三，引领教学方式、学习方式变革，强调证据学习与思维能力纵深发展。项目组将单元整体教学设置为"单元导引课""单元推进课""单元复盘课"三种课型，并且对"单元推进课"课型展开了探索，探索了"诊断·发展·总结""微专题研讨"两种单元整体教学推进课型。第四，以高校、区域、学校协作机制，推动实践成果高效转化。团队采用高校、区域教研室、改进样本学校的协同合作机制，充分发挥各自的优势，分工协作，共同推进基于单元整体教学的教学改进工作。第五，加强改进项目的实践性，多种方法确保项目改进的高质量。为了实现改进目标，项目组多管其下，综合施策。这些方法有：专家讲座赋能教师教育及教学实践；改进过程任务驱动，推动培训教师思维纵深发展；实时案例分享，带动经验的良性迁移；及时反思，培养反思型的实践者；完备的评课系统，为教师教学水平提升护航；合作共享，惠及样本学校和区域学校。

为了更好地考查教学改进的效果，本教学改进项目的学习效果调查包括调查问卷分析和调研分析两部分。调查问卷聚焦项目的培训效果，培训结果为：教师满意度较高，投入情绪较为高涨。焦点访谈聚焦培训教师的改变，从认知、情感和行为三个维度全面分析教师的教学实践，关注教师情绪的变化、知识和信念的变化、实践意图的变化、教学实践的变化等四个类别的变化，教师改变情况为：情绪变化方面，从"我好想逃"到"好事成双"；知识和信念的变化方面，在听课、反思、说课中重塑新的认识；实践意图的变化方面，愿意尝试新做法并且延续新做法；教学实践的变化方面，感觉教学在"一点点变化"，专业能力在"一天天变化"。

# 目　录
## CONTENTS

# 上 篇

## 基于单元整体教学的
## 教学改进设计

上篇为教学改进设计篇，该部分系统阐述郑州市初中语文学科"单元整体教学改进"主题的确定依据及对初中语文教学改进的意义。在梳理"单元整体教学"理论基础的前提下，解读其内涵，关注项目的改进课程设计。本篇主要包括三章内容：第一章介绍改进主题的确定依据，介绍项目实施的缘起；第二章阐述项目的理论体系，基于对研究进展的评述，明确改进主题的内涵，为项目开展奠定坚实的理论基础；第三章介绍项目的设计与实施，关注初中语文质量提升项目的整体设计，介绍该项目的实施目标、实施思路、实施进程和实施方式。

# 第一章　改进主题的确定依据

## 【本章提要】

初中语文质量提升项目选择"单元整体教学"作为教学改进的主题，这是由多方面因素共同决定的。这些因素为：大规模测试数据的驱动、契合国家新课程标准的要求、符合国际研究发展的趋势。

## 一、大规模测试数据驱动

为贯彻落实《国家中长期教育改革和发展规划纲要(2010-2020年)》和《教育部关于推进中小学教育质量综合评价改革的意见》的精神，北京师范大学中国基础教育质量监测协同创新中心与郑州市教育局合作，联合开展"教育质量健康体检"项目研究。2020年正式启动质量提升项目，该项目是"教育质量健康体检"项目的延续和深化。质量提升项目的开展需要充分整合和利用体检项目数据，将教育评价过程中发现的重大问题、重要经验和普遍规律与郑州市中小学教育实践相结合，服务于郑州市义务教育质量的改进与提升。因此，初中语文团队在梳理郑州市2011—2017年数据之后，在总结数据结果基础上，最终明确了以"单元整体教学"为改进的方向及内容。

### (一)语文学习呈现能力低阶、重知轻行的特征

按照测试框架，"教育质量健康体检"项目重点在"积累""阅读""表达"三个领域评价学生的语文能力和素养表现。就评价内容和水平等级而言，既要关注学生对语文学科知识、技能的掌握情况，又要发展学生的应用实践能力，关心学生是否具备适应现代社会生活和终身学习发展所必需的语文素养，立足现实，面向未来。从2011年到2017年，项目组已经连续六年对郑州市八年级学生的语文学科教育质量开展了健康体检，发现三个内容领域的达标率均接近或超过90%。美

国国家教育进展评价(NAEP)结果显示，美国八年级学生历年的阅读达标率均在80％左右。相较而言，在语文各内容领域，郑州市八年级学生达标率已达到较高水平。"积累""阅读""表达"三个内容领域的达标率分别为 96％、87％和 90％，三个内容领域达到优秀水平的学生比例分别为 41％、35％和 41％。与 2015 年相比，"积累""阅读""表达"领域优秀率保持稳定，一定程度上反映出郑州市八年级语文教学工作的扎实、稳定。

虽然郑州市八年级语文教学工作扎实、稳定，但在数据分析中也发现了一些可以提升的空间。比如，近 90％的达标率与学生学习的高投入和教师教学的高付出分不开，语文教学在有效整合、减负增效上还有较大的提升空间。再比如，学生虽然在古诗文诵读积累中表现突出，但是在名著阅读评价、探究等高层次能力方面需进一步加强，在应用和实践方面的能力有待提升。可以说，当前郑州市八年级学生语文学习呈现能力低阶、重知轻行的特征。所谓能力低阶，便是学习者使用低阶思维完成一些记忆性的任务和解决良构问题。低阶能力与低阶思维、低阶学习、低阶知识密不可分。低阶思维是低层的认知水平，主要用于学习事实性知识和完成简单任务。低阶学习是运用低阶思维开展的机械授受学习。伴随着低阶思维和低阶学习，便会获得低阶知识。当学生以去情境化的方式学习低阶知识，所获得的结果便是惰性知识，惰性知识无法转识成智、转智成慧，学生也难以获得时代生存与发展所需要的生存力、实践力和迁移力。学生在学习中获得大量的低阶能力，缺乏高阶能力，呈现出重知轻行的特点，具体体现在"积累""阅读"等多个方面。

自"积累"看，2017 年，考查学生对古诗文的熟读背诵的题目得分与基于优秀作品积累基础上的理解题目得分相比，前者的得分更高。在古诗文的熟读背诵题目中，考查的都是经典名篇中的经典名句，没有偏、难、怪题。由于是选做题，学生只需要选择自己最有把握的四句作答即可。从测试效果看，题目难度不大，平均得分率为 77.3％，区分度达到了 0.497，比较理想。而在基于优秀作品积累基础上的理解型题目中，学生需要有丰厚的阅读积累，了解《三国演义》的主要故事人物与故事情节，才能建立诗句与人物的联系，进而发现："功首罪魁非两人，遗臭流芳本一身""马骑赤兔行千里，刀偃青龙出五关""血染征袍透甲红，当阳谁敢与争锋"分别写的是曹操、关羽、赵云。在此基础上，学生还需要将《水浒传》和《三国演义》对比分析，探寻两部作品中人物的共同点，这是基于阅读积累知识基础上的迁移运用。此种题型考查了学生的高阶能力和高阶思维，学生的平均得分率仅为 56.6%。此题满分为 6 分；得分在 3 分及以下的学生为 49.9%，接近一半；得 5 分的只有 18.9%；得 6 分的仅有 5.9%。

自"阅读"看，2017 年，"实用类阅读"测试目的指向学生阅读连续性文本与非连续性文本的能力，测试材料《板蓝根颗粒说明书》提供了相对真实的语言情境，题目设置了较为真实的任务情境："如果你出现了轻微的感冒症状，想通过服用板蓝根颗粒来控制病情，这则说明书中的哪三个部分是需要你重点读的？请分别说说你重点阅读这些部分的原因。"测试材料的语言情境和测试题目的任务情境试图建立生活与文本信息的联系，解决实际问题，最终实现阅读与生活的有效沟通。从测试结果看，平均得分率为 69.2%。从数据来看，本题得分分布相对均衡。28.3% 的学生得分在 1 分及以下，比例偏高；得 3 分的学生达到 44.0%。其中，A、B 水平学生得分率较高，D 水平学生得分率偏低。部分学生失分较多，很可能是因为平时不太注意观察生活，不太注重生活中解决问题能力的培养。相反，具有一定生活经验，具备解决现实问题能力，并能够准确审题的学生，此题比较容易得满分。"文学类文本阅读"测试目的不仅指向感知与理解文本内容，更为重要的是鉴赏与评价文本与自我、社会之间的互动关系；鉴赏评价能力无疑是高阶能力。测试材料散文《数九》浸润着传统习俗与文化，测试题目试图考查学生鉴赏评价的高阶能力："有人认为，本文是写'数九'背后的文化心理，因此，第 9 段的'别忘了吃饺子'显得过于油滑，应当删去。也有人认为'吃饺子'背后的文化心态与'数九'一致，所以应该保留。请结合本文内容或你的阅读感受，说说你同意哪种观点。"要提出自己的看法，首先需要赏析文本的思想内容、结构安排，品味富有表现力的语言；其次需要对文本的内容和表达有自己的心得体会，对文本中感人的情境和形象有自己独特的体验，能提出自己的看法；最后，还要将独到的看法言之成理。从测试结果看，该题的平均得分率略低，为 49.2%；区分度较高，17.8％的学生得分在 1 分及以下，19.7％的学生得分达到或超过 3 分，62.6％的学生得 2 分。其中，A、B 水平学生得分率尚可，D 水平学生得分率非常低。本题考查的能力要素是鉴赏评价，本质上是一道探究题，探究题贵在言之成理，言之成理的关键在于要具有批判性思维，不能总是死记硬背。这也暴露出在日常阅读教学中，对批判性思维和探究能力培养的不足。

### （二）语文教学力求统整，提升学生高阶能力

郑州市八年级学生在高阶能力方面较为薄弱，在学生问卷"学生自我效能感"部分可以略微窥见一二。在问卷中，学生对于听读输入和说写输出两个部分进行自我效能的反思。听读输入侧重的是读懂，比如："能读懂中国古典名著（如《西游记》《水浒》等）""能听懂歌曲中歌词的意思""能听懂快板"。说写输出，有的侧重背诵和复述，比如："能复述读过的文章""能背诵古代诗歌（如《钱塘湖春行》《水调歌头》等）"。有的侧重写作，比如："能写记叙文""能写一篇新闻报道"。学生整体在所有题目上选择"非常容易"或"比较容易"的比例在 42％～70％，其中比例最高的是"能背诵古代诗歌（如《钱塘湖春行》《水调歌头》等）"；选择"非常困难"或"比较困难"的比例也有 11％～25％，比例最高的是"能写一篇新闻报道"。涉及写作的，学生选择"非常困难"或"比较困难"的比例最高，因为写作能力是一种综合性最强的学习能力。从它与一般性能力的联系来看，它是观察、想象、思维能力的综合训练成果。从它与语文能力（特殊能力）的联系来看，它又是识字、说话、听话和阅读能力的综合训练成果。正是从这个意义上说，它是内部智力技能和语言文字的外部操作技能最高的综合训练成果。[①]

学生高阶能力薄弱，源自学习内容的碎片化。传统的篇章教学，注重儒家经典和选本选文，习惯一篇一篇课文地教，从秦汉开始到清代末年，儒家经典、四书五经都是中国古代课程的基本内容，除此之外，启蒙读物《千家诗》、读写范本《文选》《文章正宗》《唐宋八大家文钞》《古文辞类纂》《唐诗三百首》《古文观止》等皆为选本选文。甚至到清末《奏定中学堂章程》中读经讲经、中国文学皆为课程的重

---

① 刘淼. 作文心理学［M］. 北京：高等教育出版社，2001.

要内容。之后，课本篇章成为课程内容的重要组成部分，《中学校令施行规则（摘录）》就强调了通过读本文章来"通解普通语言文字，能自由发表思想，并使略解高深文字，涵养文学之兴趣，兼以启发智德"①。传统的篇章教学，把文本视为固定和孤立的体系，着重对文本内容和形式的分析，教学内容零散，教学方式单一，教学重点随意，教学效率低下，所以常为人所诟病。

针对传统单篇教学造成的知识碎片化问题，教育工作者开始注意到组合文本成为系统，基于文体知识、文化常识、写作技能等实现语文教学的单元化。随着单元与单元之间的不断推进，逐步形成基础知识线、阅读能力训练线、写作能力训练线、听的能力训练线、说的能力训练线、思想教育线。这些基础知识线、技能训练线都需要依靠一节一节课来推进，因此每节语文课仍然追求知识点和能力点的扎实学习。不难看出，现代的知识技能教学，教师乐此不疲地进行零打碎敲、蜻蜓点水式的知识学习和技能训练，而学生得到的往往是单一而破碎的、浅层的、有确定答案的但很难建立关联的内容。当面对复杂的、深入的、没有确定答案也似乎很难找到唯一路径的问题，学生大多茫然和无奈，往往出现无从下手或束手无策的情况。

伴随着学习内容碎片化，学生的语文学习呈现出学习过程同质化、思维培养浅表化和学习评价单一化的特征。所谓学习过程同质化，便是在"教材中心""授受中心"之下，学习内容、学习方式、学习程度和学习进度的整齐划一。学生在"端坐中学"，难以选择学习内容，参与和设计学习活动。所谓思维培养浅表化，便是语文教学忽视文体、语体的特征与价值，按照同样的教学流程和教学方式进行分析讲解，学生的语文学习思维状态单一、封闭、静止，不利于高阶思维、高阶能力的养成。所谓学习评价单一化，便是视考试成绩为唯一指标，没有注重评价主体和评价方式的多元性，无法真正全面评价语文学科核心素养，也导致语文学习个性化的过程成果被忽视，难以激发学生持久的内生动力。

---

① 课程教材研究所. 20世纪中国中小学课程标准·教学大纲汇编：语文卷[M]. 北京：人民教育出版社，2001.

因此，教师要立足单元整体，用整合的思维统整安排、精心设计，通过单元整体教学，切实把单元语文要素的落实融入听说读写的语文实践之中，让学生在单元整体学习的进程中亲历学语文的过程，在丰富多彩的语文实践中获得言语智慧的滋养和人文精神的熏陶。

**(三)在真实情境中使用学习策略，积累个体言语经验**

学生语文学科核心素养的提升，离不开学习策略的支持。学生的读写素养需要在真实的情境中展现出来，这就离不开读写策略的支持。正是在这样的背景下，读写策略替代了读写技能。在这里，我们聚焦以阅读策略替代阅读技能，其原因有如下五个方面。第一，目的不同。阅读策略强调读者有意识地、详细地计划认知活动，优秀的读者要仔细计划运用什么策略、什么时候运用或怎样调整策略以适应不同的阅读要求；而阅读技能则往往被认为是自动化的习惯行为。第二，复杂程度不同。阅读策略强调阅读是在整体理解的背景下进行推理去建构或重构文章的意义；而阅读技能则把理解看作一系列分技能的相加。第三，灵活性不同。阅读策略具有广泛的灵活性或适应性，读者要调整策略以适应不同的文章或阅读目的；而阅读技能，从教学来说，即使不是刻板的，也缺乏灵活性或适应性。第四，有无意识的区别。阅读策略运用元认知意识，优秀的读者在阅读时能够意识到自己在做什么，理解是否正确，从而进行监控或调节。在日常教学中强化元认知策略教学，引导学生运用预测、提问、澄清、总结及反思等阅读策略与文本对话，共同实现对文章意义的建构，在师生互动中让学生学会"何时使用""使用何种""如何使用"具体的阅读策略，为进一步提高学生的阅读素养营造良好的课堂学习环境。① 而阅读技能则认为通过反复练习或训练，读者就能在阅读任何文章中自动地或下意识地运用技能。第五，读者观不同。阅读策略观把读者看作积极的学习者，读者必须把原有的知识或新的信息整合起来，必须灵活运用策略去促进、监控、调整或维持理解，从而达到建构文章的意义；而阅读技能观则

---

① 钱荃，肖磊峰，陈沛. 中国4省市阅读教学模式探究：基于PISA2018测评的潜在剖面分析[J]. 中国考试，2022(01)：86-94.

把读者看作被动的学习者，只要掌握一系列分技能，就能自动而习惯地把技能运用于所读的文章，从而获得理解。① 由此可见，相比于阅读技能训练，阅读策略教学更符合阅读学习的规律，对于培养学生的阅读能力也更具优越性。阅读策略不仅是判别个体会不会阅读的量尺，也是衡量学生阅读能力的重要砝码，更是制约阅读效果的重要因素。国内外大量的实证研究表明，阅读策略的学习对学生阅读能力的发展具有明显的促进作用，特别是阅读水平处于中下游的学生，其阅读策略意识比较薄弱，有效使用阅读策略的学生对文本的理解效果更好。②

在郑州市初中语文教育质量健康体检项目中，重点分析了阅读策略对阅读成绩的影响，学习兴趣对阅读策略或阅读成绩的调节作用，阅读策略高分组、低分组在高层次阅读能力题目上的表现。在研究中有如下发现。

第一，阅读策略对阅读成绩存在比较显著的影响。以文学类文本阅读为例，散文《数九》中测试题目试图考查学生鉴赏评价的高阶能力："有人认为，本文是写'数九'背后的文化心理，因此，第9段的'别忘了吃饺子'显得过于油滑，应当删去。也有人认为'吃饺子'背后的文化心态与'数九'一致，所以应该保留。请结合本文内容或你的阅读感受，说说你同意哪种观点。"该题的核心要素是建构新知，主要考查学生的评价能力、创新能力，以及个人的知识或价值观。在具体研究中，将阅读策略低分组、高分组在这道题的测试得分情况作比较。在得分为 0 的学生中，阅读策略低分组的学生占 11.02%，阅读策略高分组的学生占 5.25%；得分在 2 分以上的学生，阅读策略高分组的学生所占的比例都高于阅读策略低分组的学生；在得满分的学生中，阅读策略低分组的学生占 0.77%，而阅读策略高分组的学生则占 1.65%。阅读策略对阅读成绩存在显著影响，因此，在阅读教学中，教师除了教授必要的阅读知识，还需要注意培养学生的阅读策略。不应过分强调阅读知识体系的完整，而应多设计典型的阅读学习任务，让学生在典型内容的探究、典型过程的经历、典型方法与策略的体会、典型情感的体

---

① 倪文锦，谢锡金. 新编语文课程与教学论[M]. 上海：华东师范大学出版社，2006.
② 克伯屈. 教学方法原理：教育漫谈[M]. 王建新，译. 北京：人民教育出版社，1991.

验中激发阅读兴趣，逐步形成成熟的阅读策略。一旦学生形成成熟的阅读策略，将不仅可以提高阅读成绩，而且会帮助学生养成良好的阅读习惯，为终身学习提供强有力的支持。教师能够根据本地区、本学校、本班级学生的特点，开发出成熟的、操作性强的阅读策略教学流程，是改进阅读教学的关键。

第二，学习兴趣对阅读策略或阅读成绩具有明显的调节作用。数据表明，从整体上来说，学习兴趣与阅读成绩是正相关的。但阅读策略对低兴趣学生阅读成绩的提升幅度要高于对高兴趣学生阅读成绩的提升幅度，低兴趣、高策略学生的阅读成绩要高于高兴趣、低策略学生的阅读成绩。因此，要激发低兴趣学生的阅读兴趣，研究并培养其阅读策略是一个便捷的途径。一方面，指导、培养其阅读策略，与高兴趣学生相比，对提高阅读成绩成效更加显著；另一方面，阅读策略的形成、阅读成绩的提升，对于培养其阅读自信心、激发其阅读兴趣，将是很好的促进。

第三，阅读策略对学生在高层次阅读能力题目上的作答存在显著影响。学生的思考、领悟、应用、拓展、评价、创新能力属于语文的高层次能力，其中有的能力要素如联系应用、理解探究、鉴赏评价等往往更多地强调阅读素养的生成与转化，需要融入阅读者更多的深层思考与更丰富的情感体验。[①] 以上这六种能力涉及三个维度：理解深层次意义、举一反三、建构新知。从阅读策略高分组、低分组在高层次阅读能力题目的表现上来看，阅读策略高的学生占据明显的优势，这进一步说明阅读策略的培养，对于提高学生高水平阅读能力具有重要作用。但从高层次阅读能力题目得满分的学生比例来看，即便是阅读策略高分组的学生，比例还是偏低。在该试题的满分作答中，阅读策略高分组也只有 1.65%，虽然高于低分组的 0.77%，但仍然在一定程度上暴露出学生在日常学习中，评价、创新能力培养的不足。

为了更好地培养学生的高层次能力，加强阅读策略教学，培养学生阅读兴

---

① 杨继利，郑国民，任明满，等. 阅读对写作意味着什么：语文阅读水平、阅读投入对写作成绩影响的实证研究[J]. 中国教育学刊，2020(02)：65-71.

趣，发挥教师在培养学生阅读能力中的积极作用，项目组选取"单元整体教学"，对其教学内容、教学策略、教学行为等方面开展教学改进实践。单元整体教学，追求着必备品格与关键能力的统整融合，学生语文学习的过程便是素养发展的过程；追求着语文与生活的统一，学生在真实的情境中、在积极的语言实践活动中运用语文、学习语文；追求着深度学习、建构学习，学生主动积极地进行识字与写字、阅读与鉴赏、表达与探究、梳理与建构。语文教师在教学中，不应仅停留在教材知识点的传递上，而应结合教学意图开展群文、专题、整本书阅读教学，在其中设计并引导学生的主动学习活动与学习进程，引导学生从现有水平出发，开展主动的学习活动，在活动中发展、形成一定的能力，积累言语经验。

## 二、契合国家新课程标准要求

《普通高中语文课程标准(2017年版)》[①]以核心素养规定了语文课程的目标，随着学科教学目标从基础知识、基础技能转变为语文学科核心素养的正确价值观、必备品格和关键能力，未来核心素养导向的中小学语文课堂教学将成为一种常态，实施指向语文学科核心素养的教学必然需要开展指向语文学科核心素养的教学设计。正是在这样的背景下，语文教师需要提升教学设计的站位，从关注单一知识点和技能点的课时设计转变为单元整体教学设计。

### (一)单元整体教学：语文课程改革教学实施的应有之义

从2001年新世纪课程改革以来，对于语文学科素养，学科专家经过了20年的艰难求索。直到2017年，明确提出了语文学科核心素养，语文学科核心素养旨在学生通过学科学习后，不仅能做事，还要会做人。我们也懂得了语文学科核心素养的培养机制，它离不开语言实践活动、离不开学生主动的语文学习，需要

---

① 2020年，郑州市义务教育质量提升项目开始启动。在这一时期，《普通高中语文课程标准(2017年版)》正式颁布施行，而《义务教育语文课程标准(2022年版)》的修订工作仍然在进行中。因此，郑州市义务教育质量提升项目在探索指向核心素养的语文教学过程中参考了《普通高中语文课程标准(2017年版)》。

在真实的语言运用情境中表现出来。学科活动是学科核心素养形成的主要路径①，学科活动的开展也离不开学科知识，学科知识是学科核心素养形成的主要载体，因此，学科知识与学科活动是学科核心素养形成的两翼。在培养的过程中，我们懂得了核心素养的特征，即语文学科核心素养具有着眼于未来的奠基性、强烈的整合性、强大的实践力和广泛的迁移力。

学科核心素养是学科育人价值的集中体现，是学生通过学科学习而逐步形成的正确价值观、必备品格和关键能力。② 它是一种典型的用语文学科来教人的育人之教、成人之教。该教学实践包括"语文""教人"两个部分，"教人"是目的，"语文"是前提。"教人"和"语文"之间紧密关联，一方面，"教人"是基于"语文学科"的教人，是经由语文学科的学习所展现的精神面貌、行为习惯、能力素质等，是语言建构与运用、思维发展与提升、审美鉴赏与创造、文化传承与理解的综合体现；另一方面，"语文"是在"教人"观照下的课程教学，经由"教人"的烛照，教学内容、教学过程便呈现出新的教学意蕴。

从教学内容来看，要体现语文学科的本质和挖掘其中丰富的育人资源。教学内容凝练了语文学习任务群，渗透了语文学科的大概念、大观念。这不仅可以精简、聚焦教学内容，还可以使得教学内容结构化，从而真正实现语文学习的简约、高效。

从教学实施来看，学习任务群教学以任务为导向，以学习项目为载体，整合学习情境、学习内容、学习方法和学习资源，引导学生在语言运用的过程中提升语文学科核心素养。"基于任务的单元教学"是学习任务群教学的应有之义。这里的单元是围绕"任务"展开的"学习单元"，"学习单元"不同于"教学单元"，它聚焦的是学习活动，与"教学单元"划分了界限。"学习单元"不同于"教材单元"，"教材单元"是名词，语文教材中一个单元通常是一个主题下的几篇课文，而"学习单

---

① 余文森. 论学科核心素养形成的机制[J]. 课程·教材·教法，2018，38(01)：4-11.
② 中华人民共和国教育部. 普通高中语文课程标准：2017 年版 2020 年修订[S]. 北京：人民教育出版社，2020：4.

元"是一个动词①，它是在任务驱动下通过整合学习内容、设计学习情境、设置学习进阶、开展学习活动、拓展学习资源、实施教育教学、进行学习评价来解决学习任务的活动。学生完成任务成为"学习单元"结束的标志，任务的达成决定了最终学习的时长。因此，任务单元教学是一个学习事件、一个完整的学习故事、一个完备的微型课程。② 因此，随着"任务单元教学"的提出，单元教学从教学整合转向学习整合，开启从"教为中心"到"学为中心"的范式转移。

单元整体教学的提出，将会扭转既往语文教学课时主义的状况。我国"课时主义"的盛行，一方面与篇章教学有关，文选型的教材，带来一篇又一篇的课文、一个又一个课时的语文教学；另一方面也与基本知识和基本技能的教学有关，知识点的学习和技能点的训练，必然带来课时主义。学生在机械地学习、记忆、训练中，学习的是去情境、碎片化、惰性的知识，掌握的是未经理解的机械技能和彼此分割的技能，这些知识和技能难以化解语言生活中的真实问题，学生有了语言知识和语文技能，却没有言语运用的能力和言语实践的智慧，无法实现语文课堂所学向语言生活所用的迁移。

因此，语文单元整体教学便是通过提炼相对合适的学习主题，将教材单元的人文主题与语文要素相互联系，以学习主题为引领，以学习任务为载体，实现学习内容、学习情境、学习方法、学习资源等要素的统整。同时，单元整体教学也是从语文知识传授转向语文素养培育的重要支点，它既包括对教材中"原单元"内部教学内容的重新整合，根据教学目标进行"跨单元"教学内容的联结与拓展，还包括打破学科框架，以学生真实学习与生活体验为基础，构成"超单元"的综合性学习内容的整体教学。③ 学生学习语文的过程便是核心素养生发的过程，好的语文学习任务可以将学生带入学习情境，使他们可以积极主动地提出问题，分析推

---

① 徐鹏. 核心素养语境下的大单元教学反思[J]. 中学语文教学，2021(04)：4-8.

② 崔允漷. 如何开展指向学科核心素养的大单元设计[J]. 北京教育(普教版)，2019(02)：11-15.

③ 周素颖. 基于语文核心素养的初中单元整体教学策略：以七年级下册第五单元为例[J]. 语文建设，2022(02)：64-67.

理，沟通交流，最后解决问题，完成任务，并在其中获得高层次能力的培养。学生在语文学习过程中，需要与真实的任务情境持续互动，这样有意义的学习才能发生。教师可以在单元整体教学中设置富有挑战性的任务，设计个性化的学习活动，引导学生深度学习，主动积极地进行识字与写字、阅读与鉴赏、表达与交流、梳理与探究，激发学生强烈的学习兴趣，提高其学习的质量与品质。通过嵌入学习评价，整合过程性评价、表现性评价和终结性评价，以评价来促进学生的学习，真正实现"教—学—评"的一体化发展。在单元整体教学过程中，还需要注意：引导学生与语文学习任务深度互动，认真地思考和解决问题；拓展学生思路，引导学生多角度思考问题；搭建支架，巧妙引入问题或资源；指导学生厘清思路、提炼方法，促进他们的批判性思维和创新思维等高层次能力的发展。

**(二)现实发展困境：课改的理想与教学现实的间隙**

单元整体教学、大单元教学、主题单元教学等，在课改中得到重视并被寄予期望。课程教学专家钟启泉呼吁，学校的课程开发与课堂转型必须从"单元设计"做起，基于"学科素养"的"单元设计"是一线教师的基本功。① 国内课程改革专家崔允漷也发出了"学科核心素养呼唤大单元教学设计"的倡议，他认为："学科核心素养的出台倒逼教学设计的变革，教学设计要从设计一个知识点或课时转变为设计一个大单元。"②大单元教学设计是学科核心素养落地的关键路径，指向学科核心素养的教学才能让学科教育"回家"。

但是，真正让语文学科教育回到提升学生语文学科核心素养上来，却存在诸多困难。

第一，语文教材的限制。项目开展时，统编版语文教材的编制遵循的是《义务教育语文课程标准(2011 年版)》，虽然该教材做了大量的创新，如进行了双线组元、读写结合等多种编制创新，但是受到时代的局限，该套教材并非按照核心素养、学习任务群等思路进行编制的，给初中单元整体教学带来了一些困难。

---

① 钟启泉. 读懂课堂[M]. 上海：华东师范大学出版社，2015.

② 崔允漷. 学科核心素养呼唤大单元教学设计[J]. 上海教育科研，2019(04)：1.

第二，语文教师单元统整意识及能力有待提升。即使教材存在着限制，但是由教师进行创造性使用，指向核心素养的单元整体教学仍然可以顺利实施。事实上，我国语文教师的单元统整意识和能力仍有待提升，以单元整体教学目标的确定为例，统编版教材的每个单元都包含着多重目标，这些教学目标之间的关联有的较为松散，有的较为紧密，设计单元整体教学，便是要寻求多重目标之间的有机关联，特别是建立人文要素与语言要素之间的联系，提炼出单元目标和单元学习主题。可以说，单元整体教学的目标和主题标示着语文教学的方向，决定着语文教学的形态，预示着语文教学的效果，也直接影响着语文教学的品质和效能。

第三，应试教学的力量依然强大。虽然用语文知识的传授和技能的机械训练替代真正意义上的语文教育，产生的弊端为人们所诟病，但是直到今天，一些语文教师仍对此深信不疑，经过课改洗礼的语文课堂仍能见其身影。比如教学目标、重难点和作业"都捆绑在零碎的知识点设计上"，教学实施中将鲜活饱满的文本减缩为知识符号的象征物，挖掘其潜藏的客观"知识点"[①]，并对知识点展开烦琐的讲解和讨论，教学评价是师生对知识点考查的分分计较等。整个教学过程偏重教授和传递知识，将认知、概念、记忆、机械训练等贯穿于语文知识学习过程，学生学习过程中仅获得语文知识表层概念，而缺乏对知识背后思维方法和精神意蕴的探索。自此，语文教育缺乏对学生直接言语实践经验的培养，隔离了知识学习与现实语言实践的联系，既不能解决真实的言语实践问题，又使得学生的所学与所用难以有效迁移。这也造成了受教育者有语文知识而无言语运用能力，有语文知识而无语言实践智慧，有语文知识而无语文濡染后的精气神，最终形塑了单向度的"语文知识人"。课改的理想和现实的间隙成为单元整体教学落地的实践困境。

## 三、符合国际研究发展趋势

在国家课程标准的要求下，基于郑州市语文教育中单元整体教学的现状，郑

---

① 管贤强，陈月鸣. 教师要创新整本书阅读任务单的设计[J]. 大连教育学院学报，2017，33(04)：13-16.

州市初中语文"单元整体教学"的质量提升项目启动于 2020 年。这是一场基于大规模测试数据驱动的教学改进，也结合了国内外相关的研究发展趋势，试图立足于郑州市的语文教学现实，解决教学实践中的真实问题，探索郑州市学生核心素养发展的有效方式。因此，了解国际研究发展趋势是我们确定改进主题的重要依据。

### (一)深度学习视角下的单元整体教学

"深度学习"这一概念与高认知相关。布鲁姆为了探讨"认知领域目标"，便把认识目标维度进行了划分，教学目标可以分为了解、理解、应用、分析、综合、评价等六个由浅入深的层次，因此，学习有深浅层次之分。1976 年，马顿和萨尔约对大学生处理阅读任务的学习过程进行实验研究，发现存在两种截然不同的学习过程：深度加工过程和浅层加工过程。浅层学习和深度学习在学习动机、投入程度、记忆方式、思维层次和迁移能力上有明显的差异。深度学习是一种主动的、高投入的、理解记忆的、涉及高阶思维的，并且学习结果迁移性强的学习状态和学习过程。[①] 随后，拉姆斯登、恩特威斯尔及比格斯等人发展了浅层学习和深度学习的相关理论。他们关注关联结构和抽象扩展结构的学习结果，认为：浅层学习的内容是零散的、无关联的，浅层学习的认知过程是不加批判的机械记忆，浅层学习的结果是学习内容脱离生活实际及难以实现迁移；而深度学习的内容是注重联系和结构，学习的过程是对相关证据的权衡、批判、反思和应用，学习的结果是学以致用。[②]

我国深度学习的提出，其目的是解决当前课堂教学模式化、程序化、形式化、浅表化的问题。课堂上，学生学习要么"人在心不在"，没有用心地学，没有用心学习时便愁眉苦脸，苦大仇深，缺乏学习兴趣，没有学习动力；要么学习就是用力地学，这里的力是蛮力的意思，反复进行知识点的记忆背诵和训练点的

① 郭元祥. 论深度教学：源起、基础与理念[J]. 教育研究与实验，2017(3)：1-11.
② 刘月霞，郭华. 深度学习：走向核心素养(理论普及读本)[M]. 北京：教育科学出版社，2018.

练习。深度学习，就是学习要用心，学习要用手，学习要用脑。所谓用心，就是要情感和毅力的高投入，要在学习的过程中伴随着精神的发育；所谓用手，就是要做事，直接告诉学生知识，学生容易忘记，让学生做一做，在体验和参与中学习；所谓用脑，就是要想得广、想得远、想得深，运用高阶思维进行加工处理转换。积极投入，努力参与，想得深刻，才能想得透，才能触类旁通、左右逢源，获得高产出，从而转识成智、转智成慧。不难看出，深度学习追求"四高"，即：高动机、高参与、高认知、高表现。简言之，深度学习强调教师主导下学生的主动参与、积极建构，强调学生的教育性发展。同时，深度学习从学习内容、学习过程、学习结果等角度呈现五大特征，这五大特征分别为：联想与结构、活动与体验、本质与变式、迁移与应用、价值与评价。可以说，深度学习是以学科核心内容为线索，聚焦学生的高阶思维和创造性解决问题能力的培养。深度学习课堂变革的理解与研究必须与具体的学科建立联系，使其成为连接学科本质和学生学习的桥梁。基于深度学习的教学设计与实施反映具体学科的本质与学生学习的特征，体现了课堂变革的本质。①

如何实现学生的深度学习？深度学习强调学习单元。自此，教学便从注重知识点、知识单元转变为关注学习单元。如果进行类比，知识点是一块砖，知识单元是一座房，学习单元则是通过学生的活动，让房子成为自己的家，具有自己居住时留存下来的生命印记。如何设计学习单元？这就需要整体设计学生的学习活动，落实学生的主体地位。既然是整体设计，就不是平均用了，而是根据单元每部分的独特价值在功能各异的基础上实现相互支撑，因此教学活动及其开展方式应该有所不同。刘月霞、郭华等人认为，深度学习倡导单元学习。单元教学的开展具有四个重要的教学环节，即：选择单元学习主题、确定单元学习目标、设定单元学习活动、开展持续性评价。这就要求教师建立好学科核心素养与学科核心内容、情境素材之间的联系，制订学习目标、选择学科内容、设计学习活动、开

①　马云鹏. 深度学习视域下的课堂变革[J]. 全球教育展望，2018，47(10)：52-63.

展课堂教学、进行学习评价，环环相扣，使学科核心素养具体化，能够可培养、可干预、可评价。①

### (二)理解为先模式的单元整体教学

对于单元整体教学，威金斯和麦克泰提出了理解为先模式的单元教学。杰伊·麦克泰始终坚持的是"以终为始"的逆向设计。他认为教学与做事具有类似特点，首先应该想明白结果是什么，一旦有了预期结果，也就真正弄明白了做这件事的意义所在，然后就会为这个清晰的意义而努力。因此，在教学过程中，首先要确定需要理解的教学目标，然后考虑用什么方法来证明学习者实现了理解的目标，再采用多种教学方式或活动来达到理解的目标。因此，理解为先的单元教学包括三个主要阶段：识别需要理解的学习结果、预设恰当的学习评估方式、规划相关教学过程。

第一，识别需要理解的学习结果。优质的学习结果应追求理解，理解的学习超越了识记、复述等浅层次的学习，理解有六个面向：解释、阐明、移情、自知、洞察和应用。解释是一种完善、合理的论证和说明，阐明是能提供有意义的阐释、叙述和表达，移情是能深入体会他人的情感和观点，自知是认识到自己思维和行为的优势和局限，洞察是具有批判性的深刻观点或见解，应用是能把所学知识有效应用于新的环境。本质上，理解的教学设计追求的是一种有深度的学习，学生可以运用所学进行思考和实践应用。优质的学习结果应该理解得深入持久，这就需要选择核心的学习内容和关键性的问题，因此，需要围绕语文学科核心素养对所教内容和研讨问题进行精选，把教学的重点放在该主题所反映的思维方法上，在理解与掌握知识的过程中，培养学生的思维能力和解决问题的能力。聚焦核心内容的教学设计，可以实现由少量主题的深度覆盖代替所有主题的简单覆盖②，实

---

① 刘月霞，郭华.深度学习：走向核心素养(理论普及读本)[M].北京：教育科学出版社，2018.

② 布兰思福特，布朗，科金，等.人是如何学习的：大脑、心理、经验及学校(扩展版)[M].程可拉，孙亚玲，王旭卿，译.上海：华东师范大学出版社，2013.

现少而精的要求。核心内容往往是一组内容，是一个学科的内容群，因此着眼于核心内容的教学设计是解决一类问题，而不是一个问题，将重点放在学科核心内容上，目的就在于通过核心内容的主题的整体分析与深度探究，解决某一学段与之相关的具有代表性的一类问题①，这就可以化解既往教学中多而杂的内容体系出现的诸多问题，比如教师满堂灌、满堂问等问题。

第二，预设恰当的学习评估方式。要实现具有理解的教学就需要预设学习评估。如果说理解的学习目标是明确了"教学要带领学生到哪儿去"，那么预设学习评估便是要明确"教学怎样知晓学生已经到达了那里"。预设学习评估就是要考虑收集能够证明理解的证据和评估的方法。在课堂上，教师可以通过观察来收集学生学习行为和情感的表现，也可以通过提问来引发认知和情感的反应；可以通过表现性评价和档案袋评价收集复杂认知和复杂情感方面的信息，还可以利用课内外作业、测验收集学生在理解、应用、分析、评价、创造等层级的认知信息。这里的学习评估不是关注学会什么，而是关注如何学习和学会学习，引导师生关注学习的过程、学习的实质，因此过程性评价、表现性评价、多元性评价成为大家耳熟能详的词语。

第三，规划相关教学过程。要实现具有理解的学习就需要解决如何教、如何学的问题。在学习活动的设计中，要让学生进行梳理与探究、自主建构，从而能够将自己的理解、知识、技能应用到新的情境中去，顺利实现迁移。

威金斯和麦克泰将理解为先的教学设计运用于单元教学设计之中。单元设计者应该明白以下三点：第一，理解为先模式是指导逆向设计、强调单元规划理解为先的一种工具；第二，三阶段的设计过程使得单元目标、评估要求和教学计划更加连贯一致；第三，逆向设计是一种思维方式，而不是固定填写的模板。借助逆向教学设计，单元设计者将能够：通过理解为先模式来检查所有的单元是否适

---

① 邵朝友，韩文杰，张雨强. 试论以大观念为中心的单元设计：基于两种单元设计思路的考察[J]. 全球教育展望，2019，48(06)：74-83.

用，最终充分应用理解为先模式来设计单元内容。①

**(三)建构主义视角的单元整体教学**

建构主义，也称为结构主义。结构主义的理论核心为"结构"概念，他们认为结构是一种关系的组合，是由各个部分相互依存而构成的整体，部分只能在整体中获得意义。一切由人类行为构成的社会现象，表面上似乎杂乱无章，其实都内蕴某种结构。各个学科均有其代表学者，如语言学的索绪尔和雅各布森，历史学的布罗代尔，人类学的列维-斯特劳斯，精神分析学的拉康，思想史研究的福柯，文学批评的巴特等。与教育相关的认知心理学的研究成果，如皮亚杰的同化顺应观点、科尔伯格的认知结构性质及其发展条件的研究、斯滕伯格和卡茨等人的个体主动建构的关键作用、维果茨基的文化历史发展理论，都对教育教学的建构主义产生了积极的影响。

建构主义与客观主义相对立，它认为，意义并非独立于人存在，人的主体性、真实性、社会性、历史性都影响着意义的建构。学习是主体与环境相互作用的过程中主动建构知识的过程。知识不是 knowledge，而是 knowing，它需要学习者和探究者在一定的历史社会文化情境中，借助他人和同伴的帮助，在自身的参与、体验基础上进行认知和建构。

学习和探究的过程，也离不开"情境""协作""会话""意义建构"等环节的支持。"情境"及"情境"中的问题，是意义建构的重要基础，教学设计不仅要分析教学目标，还需要考虑情境创设的问题，并把情境创设视为教学设计最重要的内容之一。"协作"发生在学习和探究等意义建构的始终，对于学习资料的收集和分析、问题假设的提出和验证、学习成果的评价等都具有非常重要的意义。"会话"是协作过程中不可缺少的环节，也是达到意义建构的重要手段，每个学习者的思维成果均为整个学习群体所共享。"意义建构"是整个学习过程的最终目标，所要

---

① 威金斯，麦克泰. 理解为先模式单元教学设计指南(一)[M]. 盛群力，沈祖芸，柳丰，等译. 福州：福建教育出版社，2018.

建构的意义是帮助学生对当前学习内容所反映的事物的性质、规律及该事物与其他事物之间的内在联系产生理解。

在此基础上，余胜泉等学者提出了建构主义的教学模式，该模式以学习任务为核心，围绕着学习任务的提出、学习任务的推进、学习任务的解决等维度展开。不难看出，围绕着学习任务，建构主义教学设计也是一个完整的学习故事和学习事件，本质上也具有单元整体教学的显著特征。这里，学习任务是整个教学设计的核心，学习任务可以是问题、项目，也可以是案例、分歧，这些都代表着连续性的复杂问题，学习任务建立了学习的"定向点"，需要学生在建构的、真实的情境下主动学习。围绕这个"定向点"，通过设计"学习情境""学习资源""认知工具""学习策略""管理和帮助"而展开①，"学习情境"有助于将问题置于真实的任务情境中，"学习资源"有助于任务的理解和可行性方案的提出，"认知工具"可以帮助学习者解释和把握任务的各个方面，"学习策略"可以为学生提供可供选择的任务解决模式，"管理和帮助"是在解决易出现问题的环节时设计的帮助和指导②。它们共同服务于由教学目标、学习者和学习内容决定的学习任务（问题、案例、项目、分歧）这一核心。结束部分的教学评价也是设计过程的重要环节，它是修改的基础，是教学设计成果趋向完善的调控环节。③

他山之石，可以攻玉。借鉴国际研究的发展趋势，努力为我所用，这是促进我国语文课程培养核心素养的重要途径。为此，具备单元整体教学中的"国际视野"是必需的，无论是深度学习、理解为先，还是建构主义，这些研究都深化了我们对"单元""学生""教师""教学""学习"的认识。同时，我们也应该看到，不同国家的国情、不同地区的教学实情都是有差异的，这也决定着对语文学科核心素养要求的不同，也影响着单元整体教学的实际面貌。因此，在单元整体教学的开

①③　余胜泉，杨晓娟，何克抗. 基于建构主义的教学设计模式[J]. 电化教育研究，2000(12)：7-13.

②　全国高等学校教育技术协作委员会. 教育技术理论导读：信息时代的教学与实践[M]. 北京：高等教育出版社，2001.

展过程中必须立足"本土行动"。这里的"本土行动"包括两个方面：一方面，需要有郑州市社会经济文化发展对语文课程所培养的核心素养的要求的研究；另一方面，要对我国素养教育的教学要求及发展困境展开研究。

正是在这样的背景下，"单元整体教学"成为本次改进项目的主题。

# 第二章 改进主题的内涵及研究进展

## 【本章提要】

第一章主要回顾了项目的缘起及将"单元整体教学"确定为改进主题的依据。本章进一步阐述"单元整体教学"的内涵，从时代内涵的角度及与新课标的联系上论述初中语文质量提升项目对深化课程改革的重要性，在对研究进展的梳理中提炼"单元整体教学"的相关要素和发展方向。

## 一、改进主题的内涵及意义

"单元"这一术语之所以出现在教育界，是因为传统的以"课"为载体的分科课程将学习内容分割为表面关联实则并不紧密的多个部分，以至于学生所学的知识都是零散的，并不能形成全面的实用价值。因此越来越多的学者开始探索更加高效整合的教学方式。

### (一)语文单元教学的概念及内涵

何为语文单元教学？我们将从语文单元教学概念研究、语文单元教学模式研究两个方面展开探寻。在概念研究方面，《辞海》将"单元教学"解释为按照儿童的兴趣和遇到的问题，将各种有关知识综合起来，组成统一的教学单元，依照一定的程序进行教学。德可乐利教学法、设计教学法都属此类。《教育大辞典》将"单元教学"界定为将教材、活动等划分为完整单元进行教学的一种教学法。其目的在于改变偏重零碎知识和记忆文字元素的教学，强调学生手脑并用获得完整的知识和经验。重视整个学习情境中的各部分关系，以及对学生差异的适应。徐延庆认为，单元教学就是建立在整体观点的基础上，把某些既具有共性又有某些个性的课文放在一起，组成相对独立的教学单位，按此单位进行整体教学的一种教学方式。① 郑国民、孙宁宁认为，语文单元教学是指以一个单元作为教学的基本单位，从整体出发，统筹安排，通过一两篇课文的讲读，带动单元中其他课文的自读，以点带面，以起到举一反三作用的一种教学方式。② 随着《普通高中语文课程标准(2017年版)》的颁布，一种基于核心素养的"大单元教学"受到了广泛关注，丰富了语文单元教学的概念。孟亦萍指出，所谓"大单元教学"是指根据课程实施的水平目标，将一个学期的学习内容确立为若干个教学主题，教师遵循语文学习的一般规律，以主题为线索，开发和重组相关学习内容，进行连续课时的单元教学。③ 虽然语文单元教学的概念界定众说纷纭，但有一点是一致的，那就是单元教学具备系统性、整体性的原则。它既不同于单篇教学，也不是将几篇课文简单地组合在一起。

在教学模式研究方面，国内外均取得了丰硕的成果。国外对单元教学的探索可以追溯到18世纪的欧洲，但是其真正蓬勃发展则始于19世纪和20世纪之交的"新教育运动"。比利时教育家德可乐利开创了"德可乐利教学法"，以儿童的兴趣为中心来组织课程，以整体化为原则来开展教学，通过创设适宜儿童生活的环境，让儿童在不断观察、联想、表达的过程中实现身心健康发展。④ "德可乐利教学法"在很大程度上改变了以往枯燥乏味、以知识为中心的教学，强调统整教学内容、尊重学生的兴趣与需要。这可以说是单元教学思想的萌芽。除此之外，克伯屈的"设计教学法"及莫里逊的"莫里逊计划"均是在单元教学模式方面的有益探索。克伯屈认为，设计教学法必须具备四个特征：一是一个有待解决的实际问题；二是有目的、有意义的单元活动；三是由学生自己负责计划和实行；四是一

---

① 徐延庆. 语文单元教学设计的原则和方法[J]. 东疆学刊哲学社会科学版，1988(1/2)：9-12.

② 郑国民，孙宁宁. 语文单元教学的反思[J]. 学科教育，2002(05)：18-21.

③ 孟亦萍. 让语文学习真正发生：基于真实情境的大单元教学实践[J]. 基础教育课程，2019(10)：12-16.

④ 周红安，郑颖. 德可乐利的"生活学校"儿童教育实验述评：兼析德可乐利教学法的特点[J]. 沙洋师范高等专科学校学报，2005(02)：89-92.

种可以增长经验的活动，使学生通过设计获得发展和生长。① 莫里逊认为教师有两项基本任务：选择并组织学习单元的内容、确定适宜学生能力和兴趣的教学程序。这使得学生易于掌握教学内容。他为单元教学制订了一个"公式"：预测—教学—测验教学效果—调整教学步骤—再教学、再测验……以此循环往复，直到掌握为止。② 莫里逊计划取得了很好的教学效果，成为 20 世纪 30 年代颇具代表性的教学模式。近年来，国外对单元教学的研究大多能体现出跨学科性质，因为这些单元所要解决的问题太宽泛、太复杂，单靠某一门学科难以完全解决。因此，教学必须打破学科界限与壁垒，重视学科融合及跨学科知识的系统性，以达成整合见解、构建意义的目的。

我国对于单元教学的研究始于 20 世纪 20 年代。梁启超指出，教学不能篇篇文章讲，须一组一组讲。讲文时不以钟点为单位，而以星期为单位。两星期教一组，或三星期教一组，要通盘打算。③ 经过百余年的发展，单元教学在我国的教育领域中已扎根发芽。尤其是改革开放以来，伴随着各地单元教学试验的深入开展及各种教改经验的频频涌现，有关语文单元教学模式的探索如火如荼。湖北的黎世法老师设计了"自学、启发、复习、作业、改错、小结"六大单元学习环节的"六课型单元教学法"④。钟德赣老师通过教学实践设计概括出了"五步三课型反刍式"的语文单元教学模式。⑤ 五步是指导读、仿读、自读、检查、写评五个教学步骤。前三个步骤体现了由"扶"到"放"的全过程，即从教师指导下的阅读到脱离教师帮助学生自主学习下的自读。"检查"作为第四个环节将阅读与测试结合起来，"写评"则粘连了阅读与写作，促进了读写结合。每个步骤再分为三个课型：

---

① 克伯屈. 教学方法原理：教育漫谈［M］. 王建新，译. 北京：人民教育出版社，1991.

② 玲如. 莫里逊单元教学法［J］. 上海教育科研，1985(05)：41＋28.

③ 梁启超. 中学以上作文教学法［M］. 北京：首都经济贸易大学出版社，2012.

④ 黎世法. 六课型单元教学法概述：最优中学教学方式的研究和实验［J］. 武汉师范学院学报《哲学社会科学版》，1983(1)：70-80.

⑤ 钟德赣. 逐渐去扶翼，厥绩将无伦：中学语文五步三课型反刍式单元教学法实验工作汇报［J］. 课程·教材·教法，1994(8)：24-27.

自练、自改、自结。试图达到"自能读书，不待老师讲；自能作文，不待老师改"的境界。三个课型借鉴了反刍动物消化吸收的特点，符合提出问题、分析问题、解决问题的学习过程。山东省教研室吴心田老师阐述了在山东地区影响较广的"四步骤多课型语文单元教学"模式①。这种模式将教学大体分为四个步骤，即：起领步骤、教读步骤、自读步骤、总结步骤。强调教师要根据教材的不同特点与学生的实际情况，选用多种课型，采用不同教学方法。进入 21 世纪，关于语文单元教学模式的探索也在稳步推进。南京市教研室中语组组长姜鸿翔提出了"导学式"大单元教学模式②。这是以语文教材的教学单元为依托，以学习方法指导与训练为主线，将课内与课外、语文与生活紧密联系起来的一种开放型单元教学模式，体现了叶圣陶先生"教是为了达到不需要教"的指导思想和"大语文"教育观。普新安介绍了"五步型单元教学模式"③，将教学分为预习、导学、讨论、检测、评价五个环节。伴随《普通高中语文课程标准(2017 年版)》的出台，深化素质教育、发展核心素养、落实立德树人成为课程改革的主题。高中语文单元教学模式的探索也与之紧密联系。大单元教学成为近些年影响最大的单元教学模式。崔允漷教授指出，大单元教学在教学设计上要明确如下六方面内容：单元名称与课时分配、单元目标(期望学生学会的内容)、评价任务(判断学生掌握学习内容的依据)、学习过程(学习活动的设计)、作业与检测(检测巩固)、学后反思(促使学生管理自己的学习)。④

通过以上关于单元教学的论述我们不难发现，单元教学并不是一个新鲜的名词，而是一个有着悠久历史并在不断发展创新的教学模式。就语文学科而言，单元教学是语文教学改革的重大突破。它克服了长期以来单篇课文教学耗时长、效率低的弊病，有助于培养学生自主学习能力与综合实践能力，构建出学生自主发

---

① 吴心田. "四步骤多课型语文单元教学"模式[J]. 中学语文教学，1994(11)：6-7.

② 姜鸿翔. "导学式"语文大单元教学模式的构想[J]. 江苏教育学院学报(社会科学版)，2000，16(02)：100-103.

③ 普新安. 初中语文五步型单元教学模式探索[J]. 中教研究，2004(1/2)：2-4.

④ 崔允漷. 学科核心素养呼唤大单元教学设计[J]. 上海教育科研，2019(04)：1.

展的高效语文课堂，是提高学生语文学科核心素养的有效途径之一。

## (二)语文单元教学的历史演变

语文单元教学经历着"单元教学""单元整体教学""主题任务单元教学"的演变过程。在单元教学历史发展的脉络中，我们能够看到其与"单元教学""单元整体教学""主题任务单元教学"内涵的不同。

传统语文存在"阅读本位"的教学范式①，在教学顺序方面表征为先读后写，其教学要求"熟读""精思"，教学内容方面历来重视编写以篇章为中心的文选型教材。随着语文教育的现代转型，实用主义单元教学理论在中国传播，这推动了中学语文教材编写的单元化，学生的阅读便从阅读单篇转变为阅读单元。单元中文本"相类"而构成了"类文本"，成熟的单元教材当属《分部互用儿童教科书儿童中部国语》，该套教材的编排体现"单元一贯制"的特色。② 单元以"儿童成长、儿童生活""常识内容""文体""地方材料""作文练习材料"等多重线索串联文本形成单元。③ 在教学顺序方面表征为先单篇学习后综合比较，其教学要求为"精读""略读"。以此为起点，单元教学经历了三次转向。

第一次转向，从教学内容到教学流程。编写语文单元教材，解决了单元教学教什么的问题，而设计单元教学流程，便是要解决语文单元教学如何教的问题。20世纪70年代之后，语文单元教学流派异彩纷呈，如黎世法教授的"六课型单元教学法"、钟德赣老师的"五步三课型反刍式单元教学法"、霍懋征的单元教学实践、王世臻等老师设计的"三步三课型单元教学"、薛翠娣老师的"单元重组课型的教学模式"，这些教学模式着力探索单元教学的实施步骤及相关课型。

第二次转向，从教学流程到教学系统。此次转向关注着语文单元教学实施过程中要素的系统性，进一步解决了语文单元教学规范化的问题。新世纪课程改革的持续推进，指向三维目标的"单元整体教学"在既往注重操作步骤和课型"有序性"的基础上，其教学更加关注"整体性""系统性"，以特级教师李怀源的单元教

---

① 潘新和. 语文：表现与存在[M]. 福州：福建人民出版社，2004.

②③ 陈鹤琴. 分部互用儿童教科书儿童中部国语[M]. 上海：儿童书局，1934.

学实验为例，他关注着各教学模块的联系，注意到"整体教学目标"与"教学模块"的关系，突出着语文能力的系统性。① 自此，"整体"为"有序"提供了目标性保障②，"有序""课型"赋予"整体"实践性价值。这一时期的单元教学呈现出注重教学整合的面貌：以单元教材为纽带，充分调动语文教师的能动性来开展讲授教学，涵养学生的基础知识，提升学生的基础读写能力。这些成果凝聚着陈鹤琴、叶圣陶、霍懋征等无数专家、学者和教师的专业智慧、教育理解，代表着当时的学科水平。

第三次转向，从教学整合到学习整合。随着《普通高中语文课程标准（2017年版）》的颁布，学界开始探索指向核心素养的教学。指向核心素养的教学需要发挥学生的主体性，试图让学生具备强大的语言实践力和广泛的迁移性，最终真正为学生的未来奠基，其着眼点就是"要从'教师之教'转变为'学生之学'"③。实现核心素养目标离不开学生的深度学习，引发学生的深度学习、高阶思维、认知建构，需要走向以学为中心的单元教学范式。《义务教育语文课程标准（2022年版）》用学习任务群规划语文课程内容，要求"设计语文学习任务，要围绕特定学习主题，确定具有内在逻辑关联的语文实践活动"④，"依托学习任务整合学习情境、学习内容、学习方法和学习资源，安排连贯的语文实践活动"⑤。学习任务群教学以主题任务为导向，关注学生的学，"主题任务单元教学"体现出学习任务群教学的应有之义。这里的单元是围绕"主题任务"展开的"学习单元"。"学习单元"不同于"教学单元"，它聚焦的是学习活动，与"教学单元"划分了界限；"学习单元"不同于"教材单元"，"教材单元"是名词，而"学习单元"是一个动词⑥，它

①　李怀源. 小学语文单元整体教学理论与实务[M]. 北京：人民教育出版社，2017.

②　马兰. 整体化有序设计单元教学探讨[J]. 课程・教材・教法，2012，32(02)：23-31.

③　李润洲. 指向学科核心素养的教学设计[J]. 课程・教材・教法，2018，38(07)：35-40.

④　中华人民共和国教育部. 义务教育语文课程标准：2022年版[S]. 北京：北京师范大学出版社，2022：19.

⑤　中华人民共和国教育部. 义务教育语文课程标准：2022年版[S]. 北京：北京师范大学出版社，2022：45.

⑥　徐鹏. 核心素养语境下的大单元教学反思[J]. 中学语文教学，2021(4)：4-8.

是在主题任务驱动下通过整合学习内容、设计学习情境、设置学习进阶、开展学习活动、拓展学习资源、实施教育教学、进行学习评价来解决学习任务的活动。学生完成主题任务成为"学习单元"结束的标志，主题任务的达成决定了最终学习的时间。因此，主题任务单元教学是一个学习事件、一个完整的学习故事、一个完备的微型课程。① 因此，随着"主题任务单元教学"的提出，单元教学从教学整合转向学习整合，开启从"教为中心"到"学为中心"的范式转移。

## 二、改进主题的研究进展

在核心素养的背景下，单元整体教学呈现了新的发展面貌。无论是逆向设计下的单元整体教学，还是基于项目学习的单元整体教学、基于主题任务型的单元整体教学、基于学科观念的单元整体教学，这些新的命名背后都体现着单元整体教学的新变化和新发展。

### (一)初中语文单元整体教学的逆向设计化

逆向教学设计于 1992 年在美国开始研究，1999 年，美国课程领域专家威金斯和麦克泰在《追求理解的教学设计》中系统阐述了逆向教学设计理论。在"灌输式教学"和"活动导向型教学"两种传统教学类型中，教师考虑更多的是"教什么"和"如何教"，而对教学要达成的目标及达成目标的程度关注甚少，这是一种顺向教学思路，学生在学习后无法回答"学习的重点是什么""我们能够理解什么"等问题，评价置于学习活动之后，无法发挥其调节反馈的功能，而逆向教学设计理论为教学设计提供了新方向。逆向教学设计通常分为三个阶段。第一阶段为确定预期目标，学生在经过一个阶段的学习之后，需要理解什么，能够做什么，为明确这些问题，教师需要首先对学习目标进行研制。第二阶段为确定合适的评估证据，如何知道学生是否达成了学习目标？有哪些证据可以证明学生已经达成了学习目标？这就需要教师对评价任务与评价标准进行设计。第三阶段为设计各种教

---

① 崔允漷. 如何开展指向学科核心素养的大单元设计[J]. 北京教育（普教版），2019（02）：11-15.

学活动以指导教学，在研制出清晰的学习目标、设置典型而开放的评价任务后，教师需要思考应选择怎样的素材与资源，设计怎样的教学活动，用怎样的教学方式来开展教学。逆向教学设计遵循由"目标"到"评价"再到"教学"的设计思路，以终为始，逆向备课。

对于绝大部分一线语文教师而言，逆向教学设计是一个全新的探索领域。伴随着"落实语文核心素养"的呼声，这一模式越来越受到高中语文教师的关注与认可，由此催生出许多基于逆向教学设计的语文教学实践。朱洁文运用逆向教学流程对"家园亲情"单元进行教学设计①，并对逆向教学设计中"理解六维度"进行"再理解"，归纳出更加符合高中语文教学实际的维度，为教学从"以知识为本"转向"以核心素养为本"提供了方法参考与价值借鉴。田颖以所开之课《同类同人诗歌群情感鉴赏迁移助读：以苏轼的"子由诗"为例》作为反思载体，进行追求理解的教学设计。② 此课例灵活应用理解的六个维度（解释、阐明、应用、洞察、神入、自知），将"神入""洞察""应用""阐明"前置，"解释"后置，取得了较为理想的教学效果。作者将教学建立在使学生从六个维度理解"向善"主题的基础之上，将"向善"拆解为值得学生思考的基本问题，由问题出发引导学生建构意义并将所学内容迁移到生活之中。慕尔奥在分析高中语文教学弊端后提出基于文本理解的逆向教学设计理论在高中语文教学中的实施策略，并以高中语文必修二第一单元为例进行了个案探索。③ 根据对一线教师的访谈，得到了"教学目标导向明确""评估量表设定过程复杂烦琐，难以全面应用于教学实践"等评价。张晓贞遵循"教学设计—课堂实施—行动反思"的行动研究模式进行了五次尝试，通过持续观察、记录和反思验证逆向教学设计理论在语文教学中的适切性，并总结出相关的经验与结论，为后续研究者的研究提供了宝贵的思路。④ 杜飞以选修教材《中国

---

① 朱洁文. 高中语文逆向教学设计探索：以"家园亲情"古诗词单元教学为例[J]. 语文教学与研究，2017(34)：84-88.

② 田颖. 基于理解需求的教学设计例谈[J]. 语文教学与研究，2019(06)：32-33.

③ 慕尔奥. 基于文本理解的高中语文逆向教学设计[D]. 芜湖：安徽师范大学，2021.

④ 张晓贞. 追求理解的语文教学设计之行动研究[D]. 郑州：河南大学，2021.

古代诗歌散文欣赏》中的《伶官传序》《祭十二郎文》《狱中杂记》为例进行了"中华传统文化经典研习"任务群的专题实践。① 同时，结合对逆向教学设计理论的理解，逆向设计教学，从预期结果、评估检测、学习体验三个阶段为任务群设计提供具体的方法和案例。统观文献梳理，我们不难发现，在当前的逆向教学设计下中学语文单元教学实践研究主要具备以下三个特点。一是凸显学习任务群的教学要求。《普通高中语文课程标准（2017 年版）》强调：语文课程要"以语文学科核心素养为纲，以学生的语文实践为主线，设计'语文学习任务群'"②；语文教材编写要"落实 18 个学习任务群的要求"③。因此许多研究不只着眼于单元教学的具体内容，还在不断思考如何让学生通过逆向教学设计更好地学习单元所属的学习任务群。二是区分文体。文体属于形式范畴，是指独立成篇的文本体制。高中语文常见的文体有记叙文、散文、诗歌等。同一种文体的文章即使在内容或风格方面有所差异，但仍能归纳出共同点作为学生学习该类文体的钥匙。因此，寻求不同文体与逆向教学设计的结合方式是符合我国高中语文教学实际的有益尝试。三是重视发展创新。逆向教学设计没有学科属性，是适应所有国家、所有学科的教学模式。若不加以发展创新很难适配我国高中语文教学。在此背景下，有学者及一线教师致力逆向教学设计理论中国化、语文化的尝试。但就整体而言，目前逆向教学设计模式下的中学语文单元教学实践研究还存在着研究深度不足、缺乏科学的研究体系等问题，仍需后续研究者砥砺前行，臻于至善。

经过深入的理论学习与积极的实践探索，许多学者及一线教师对逆向教学设计下的中学语文单元教学进行了理性评价，既肯定了逆向教学设计下的中学语文单元教学的成效，也指出了目前存在的不足。在成效方面，鲁峻认为逆向教学思路可以：转变师生角色，促进教师树立"以学生为中心"的教学理念；转变目标指

---

① 杜飞. 预期 评估 体验：UbD 理论视域下学习任务群设计的三个阶段[J]. 中学语文，2021(06)：7-9.

② 中华人民共和国教育部. 普通高中语文课程标准：2017 年版[S]. 北京：人民教育出版社，2018：8.

③ 中华人民共和国教育部. 普通高中语文课程标准：2017 年版[S]. 北京：人民教育出版社，2018：50.

向，由关注教材走向关注学科核心素养和课程标准；转变评价顺序，更注重评价优先。① 慕尔奥提出基于文本理解的高中语文逆向教学设计具有培养学生语文学科核心素养、建构学生语言知识体系、凸显学生在语文课堂上的主体地位、将抽象的语文学科核心素养具象化、有利于教师灵活把握语文课堂的五点优势。② 朱雪雪认为基于逆向教学设计实施高中语文群文阅读设计可产生两点价值：促进教师专业发展、促进学生以一种有意义和持久的方式学习。③ 刘金玉将逆向教学设计与本校"洋思模式"进行对比，批判吸收逆向教学设计模式的可取之处，如将当堂训练调整为当堂应用，将碎片化的单课时设计调整为整合的单元设计，将"小问题"调整为"大概念"。④ 在问题方面，何晔、盛群力认为逆向教学设计模式存在"解释"与"释义"难以区分、"应用"的内涵过于宽泛、"洞察"与"移情""自知"之间的关系不明确、六个维度太过抽象、实际应用起来有难度等问题，若不解决则会阻碍逆向教学设计理论的实施与发展。⑤ 朱雪雪指出，逆向教学设计理论存在课程标准未明确给出指示和界定、目的和手段分离、过于强调教师作为评价者等潜在问题。⑥

**(二)初中语文单元整体教学的项目学习化**

随着高中语文课程标准的施行和义务教育课程标准的修订，培养学生的创新精神和实践能力成为当下的教育热点。项目化学习作为一种"做中学"的学习方式，通过为学习者提供有意义的教学情境，促使学生在实践过程中，将学科知识嵌入对现实问题的思考，培养学生在复杂情境中解决实际问题的能力。这种具有综合性、实践性、探究性特点的学习模式正逐步渗透进初中语文的教学实践中，逐步整合起单篇教学所带来的学习的割裂性和碎片化，更好地推动学生对学科核

---

① 鲁峻. 高中语文"逆向"教学设计：以高三小说阅读复习单元的教学设计为例[J]. 江苏教育，2019(19)：31-34.

② 慕尔奥. 基于文本理解的高中语文逆向教学设计[D]. 芜湖：安徽师范大学，2021.

③⑥ 朱雪雪. 基于 UbD 理论小说"叙事视角"的群文阅读设计[J]. 中学语文，2021(23)：43-46.

④ 刘金玉. 读《追求理解的教学设计》之我见[J]. 初中生世界，2021(24)：76-77.

⑤ 何晔，盛群力. 理解的维度之探讨[J]. 开放教育研究，2006，12(03)：28-34.

心知识的理解、迁移和运用，初中语文单元整体教学呈现出项目化的特点。何为初中语文单元整体教学的项目化？是指为了培养学生语文学科核心素养，设计者借助课程标准、教材中的学习单元，寻找与此相关联的基础知识和技能，将核心知识生成为抽象的本质问题，并进一步转化为适合学情的驱动性问题，学生在教师创设的真实情境中，为解决驱动性问题制订项目学习方案，通过自主探究和小组合作学习的方式，进行产出项目成果的语言实践活动。需要特别注意的是，项目之初，设计者需要澄清项目中所包含的高阶认知策略，以此来带动低阶认知；项目之中，评价将围绕学生个体、群体的学习表现，学习成果的要点和最低标准，以公开呈现或应用到个体生活的方式展开并进行；项目之后，教师和学生要对整个学习过程进行反思，总结得失。"项目化学习"，是本研究的重要学习方式；"初中语文单元"，是项目化学习的对象；"语文核心知识"，是项目化学习的内容；"语文学科核心素养"，是项目化学习需要落实的目标。

项目化学习是一种初中语文单元的学习方式，也是一种培养学生具有立足当今社会的学习素养和能力的有效教学策略，具有以下五个特征。其一，项目化学习的目标具有多样性。作为一种对传统学习方式的变革与创新，它打破了以往学科教学往往将学习目标停留在对知识的"知道""领会"层次的桎梏，将学习目标拓宽到更深层次的认知领域、动作技能领域及情感领域，这也是其综合性应用布鲁姆教学目标分类的结果。项目化学习注重掌握对知识的现实迁移，指向学生未来社会实践所需要的关键技能和核心素养。其二，项目化学习的内容具有综合性。学习者需要通过对各学科知识的深入了解和辨析来达到综合理解。项目化学习的跨学科特点是其综合性的表现之一，有利于学习者打破学科知识的壁垒，借助项目学习活动，将有助于目标达成的知识和信息进行重组。其三，项目化学习创建的情境具有真实性。[①] 主要体现为学习问题的真实性和学习方式的真实性。作为项目化学习的载体，真实的学习问题因为其社会关怀的取向而具有复杂性和开放

① 黄洪霖，黄家骅. 项目化学习的内涵、意义与实施[J]. 福建基础教育研究，2021（8）：4-7.

性的特征。学习者在这种复杂情境中与知识交互作用，有助于其增强对知识的认同，从而更倾向于运用知识解决实际问题。当然，源于社会真实的学习问题不仅限于现实生活中真实发生的问题，学习情境的开放性更强调对知识能力的真实运用和在复杂情境中的真实思维。① 项目化学习中学生所运用的学习方式是真实的。教师在设计项目化学习之前需要抽象出学习内容的核心概念和抽象本质，但是在项目化学习的实施过程中，教师的引导则是为了将核心问题转化为符合学生认知特点和内在动机的具体问题，使得学生在情境中落实真正的学习。② 其四，项目化学习的过程主体和评价主体都是学生。项目化学习对于学生主体地位的重视体现在：项目前，充分把握学生的学习经验和知识基础，从而设计出难度适宜的驱动性问题；项目中，尊重学生的个性化体验和创造性思维，把主动权归还给学生；项目后，学生自我评估和同伴评估成为评价学习行为和学习效果的重要依据，教师及其他参与人员的评价仅作为参考。其五，项目化学习的评价贯穿整个学习过程。既注重对学习过程中学生的投入状态、合作意识和操作方式等的评价，又注重对学习产出的作品、报告等成果的评价，以此来把握学生的学习态度、学习能力和学习品质。

## (三)初中语文单元整体教学的学习任务化

在课程与教学层面落实学科核心素养的背景下，"主题任务导向的单元教学"应运而生。随着语文学科核心素养的提出，学界开始探索指向素养的教学。指向素养的教学是学科育人的教学，核心素养有赖于通过学生的学科学习逐步形成正确价值观、必备品格和关键能力。语文学科核心素养是学生在积极的语文实践活动中积累与建构起来，并在真实的语言运用情境中表现出来的语言能力及品质；是学生在语文学习中获得的语言知识与语言能力、思维方法与思维品质、情感态度与价值观的综合体现。不难看出，指向核心素养的教学需要发挥学生的主体

① 夏雪梅. PBL项目化学习设计：学习素养视角下的国际与本土实践[M]. 北京：教育科学出版社，2018.
② 郭芬云，刘静. 项目化学习的特征及其教学意义[J]. 中国成人教育，2020(16)：11-15.

性，试图让学生具备强大的语言实践力和广泛的迁移性，最终真正为学生的未来奠基，其着眼点就是"要从'教师之教'转变为'学生之学'"①。要实现素养目标便离不开学生的深度学习，而要引发学生的深度学习、高阶思维、认知建构，这就需要对既往的单元教学提档升级，开启走向"主题任务导向的单元教学"的范式转移大门。

其实，"单元教学"在我国语文现代教育史的发展长河中并非新的名词。与"主题任务单元教学"凸显"学为中心"、强调"深度学习""学科育人"不同，既往的单元教学更加注重"教为中心"，解决了单元教学"教什么"和"如何教"的问题，其发展历程经历了三个阶段。第一阶段：注重语文教材的单元编写，解决语文单元教学教什么的问题。20世纪20年代，随着杜威来华访问，实用主义单元教学理论在中国传播，这推动了语文教材编写的单元化。《初中国文读本》以"文章作法""社会生活、民族精神"为线索开展单元组合。自此，教材突破了传统以篇章为中心、以时代体裁为经纬的文选型选编的范式，转变为融合读写双重训练功能，以及具有育人价值的单元编写范式。最成熟的当属《国文百八课》，该套教材的单元编写以文话知识为核心，"文话""选文""文法与修辞""习问"四线并进，单元编写实现了知识与选文、知识与技能、技能习得与迁移的综合统一。第二阶段：聚焦语文单元教学过程，探索其操作流程，解决语文单元教学如何教的问题。在20世纪70年代之后，单元教学流派异彩纷呈，如黎世法教授的"六课型语文单元教学法"、钟德赣老师的"五步三课型反刍式单元教学法"、吴心田和程翔老师的"四步骤多课型语文单元教学模式"等，这些教学模式着力探索单元教学的实施步骤及步骤之间的相互顺序。第三阶段：关注语文单元教学实施过程中要素的系统性，进一步解决语文单元教学规范化的问题。进入21世纪，随着新世纪课程改革的持续推进，仅2006年一年，《语文建设》就发表了105篇单元整体教学设计论文，这一时期的"单元整体教学"被纳入了单元教学的话语体系之中，单元教学

---

① 李润洲. 指向学科核心素养的教学设计[J]. 课程·教材·教法，2018，38(07)：35-40.

在既往注重操作程序的"有序"的基础上，更加关注单元与课时，教学目标、教学流程与教学评价的"整体性"。自此，"整体"为"有序"提供了目标性保障，"有序"赋予"整体"实践性价值。① 不难看出，这一时期的教材单元编写和单元教学开展皆呈现规范化、科学化的特征，它们是语文教育科学化和现代化在教材编制和教学方面的一次重要实践。这些实践成果，一方面为彼时的语文教学改革中教师的教学提供了脚手架，使得语文教育国民化、普及化成为可能；另一方面也使得彼时的单元教学呈现出这样的面貌：以单元教材为纽带，充分调动语文教师的能动性来开展讲授教学，涵养学生的基础知识，提升学生的基础读写能力。这些成果也凝聚着叶圣陶、夏丏尊等无数专家、学者和教师的专业智慧、教育理解，代表着当时的学科水平。

与既往不同，随着《义务教育语文课程标准（2022 年版）》的颁布施行，单元教学开始步入"主题任务导向的单元教学"阶段，凸显了"学为中心"，更加注重"课程育人""深度学习"。"主题任务导向的单元教学"有着语文课程标准和统编语文教材的双重依据。自语文课程标准看，为了实现核心素养的培养目标，课程标准暗含着主题任务导向的单元教学探索，学习任务群教学以主题为引领，以任务为导向，以项目为载体，基于语言运用的真实情境和真实的语言实践活动，实现情境、内容、方法、资源的整合，引导学生在运用语言的过程中提升语文素养。不难看出，学习任务群教学以主题任务为导向，关注着学生的学，突破了传统的课时概念，"单元教学"便是学习任务群教学内在的应有之义。这里的单元是围绕"主题任务"展开的"学习单元"，学生完成语文学习任务成为"学习单元"结束的标志，学习任务的达成决定了最终的学习时间。自统编语文教材看，随着《普通高中语文课程标准（2017 年版）》的颁布，教材编写也开始探索任务导向的单元教学。在统编版高中语文必修教材中，单元导语中明确提出该单元的核心任务②，并通过每个单元后面设置的单元学习任务来落实，开展单元教学时应将单元学习

① 马兰.整体化有序设计单元教学探讨[J].课程·教材·教法，2012，32(02)：23-31.
② 人民教育出版社课程教材研究所，中学语文课程教材研究开发中心.普通高中教科书教师教学用书　语文 必修：上册[M].北京：人民教育出版社，2019.

任务前置来设计一个单元的教学环节①，教材编写希冀师生开展学习任务导向的单元教学，它基于单元学习任务，追求结构化的任务设计，开展真实情境的语文活动，创新学习单元内部的组织方式，注重主体的语用实践性，注重实践的整合性。

随着"主题任务导向的单元教学"的提出，语文单元教学解决了以何为中心的问题，开启了从"教为中心"到"学为中心"的范式转移大门。"主题任务导向的单元教学"，这里的单元是"学习单元"。学习单元是在语文学习任务的驱动下通过整合学习内容、设计学习情境、设置学习进阶、开展学习活动、拓展学习资源、实施教育教学、进行学习评价来解决学习任务的活动。学习单元更加注重课堂上学生学习的发生，力求改变教师大量讲解分析的教学模式，更加注重学生的学，倡导自主合作探究的学习方式。学习单元带来的不是学生浅层的学习，而是深度的学习。

### (四)初中语文单元整体教学的学科观念化

从学生解决真实又复杂的问题，再到核心素养的发展，当前的课程改革与教学实践日益关注知识的结构化，《义务教育语文课程标准(2022 年版)》提出"基于核心素养发展要求，遴选重要观念、主题内容和基础知识，设计课程内容，增强内容与育人目标的联系，优化内容组织形式"②。这里的重要观念，便指的是学科大观念，也是学科大概念，它是一门学科知识内容体系中最有解释力、统整力和渗透力的知识，这种知识内含学科思想、学科方法、学科思维，是核心素养在学科中的体现③。基于教材筛选其中暗含的学科大观念，就实现了对教材的深度理解，超越了教材语文要素的知识点、能力项。因此，我们在关注学科大观念对语文课程内容的重构功能时，需要思考如何发挥大观念的整合效用来优化教材使

---

① 温儒敏. 守正创新用好普通高中语文统编教材[J]. 人民教育，2020(17)：51-57.

② 中华人民共和国教育部. 义务教育语文课程标准：2022 年版[S]. 北京师范大学出版社，2022：4.

③ 余文森，龙安邦. 论义务教育新课程标准的教育学意义[J]. 课程·教材·教法，2022，42(06)：4-13.

用并能提升单元整体教学设计的质量，这不仅迫切而且重要。初中语文单元整体教学的学科观念化，包括了"学科观念""单元整体教学""初中语文"等核心概念。其中，学科观念，是学科观念教学的起点与旨归；单元整体教学，是学科观念教学的形式与方法；初中语文，是此处学科观念教学的学段与范围。素养导向的单元整体教学应遵循核心素养形成与发展的内在逻辑，以学科大观念建构学习主题，将学科大观念按照难易度与复杂度设置为连续性与进阶式的学习任务，呈现为主题任务驱动下的大单元教学，促进学生核心素养的发展。伴随这些过程，也经历着确证学科大观念、活化学科大观念、建构学科大观念的过程。

第一，确证学科大观念，实现学科大观念的学习主题化。学科大观念是落实语文核心素养的重要抓手，内含学科思想、学科方法和学科思维。提取学科大观念，可以从分析教材和关联课程标准入手。分析教材，便是要对教材进行深度理解，挖掘潜藏于教材编排的人文主题和语文要素深处的内容，让学科大观念的雏形得以显现。关联课程标准，便是要借助学习任务群反复出现的高频词汇，来确证学科大观念。

第二，创设主题大情境，形成单元学习情境任务链条。学习主题的情境任务化是学科大观念的活化过程，它将学科大观念转化为高质量的情境任务，引导学生在情境任务中展开语文学习。情境任务的活动化，就是遵循着做事的逻辑，围绕着情境任务的施行，承载着学科大观念，设计具有结构联系的语文活动链。学科大观念对于学生的语文学习和发展具有整合作用。如果说，学科大观念的学习主题化是基于大观念主题任务单元教学的起点，那么，接下来，围绕学习主题，创设学习情境，这便开始了学习主题情境化的过程，也进一步推进着基于大观念主题任务的单元教学。有了主题情境的创设，在情境的学习中，学生便实现了大观念与生活、大观念与行动、大观念与自我之间的内在联系，引导学生在实践中和解决问题中学习学科大观念。

第三，开展实践活动，通过持续性评价促进学生建构学科大观念。大观念的建构，离不开基于主题任务的语文实践活动，同样离不开持续性的评价。如何实施持续性评价？在教学实践过程中，学习评价可以根据学习活动的开展不断外显学习成果，力图采用小节点和多表现的理念开发促学的评价工具。小节点，意味着教学过程和学习过程要根据学习活动步步为营，学习活动的每一步都能实现"教—学—评"的闭环结构，每一步与每一步之间都具有复杂多样的联系，每一步都需要设计具有特色的学习成果。多表现，指的是学生的学习成果应该是丰富多样的，纸笔测试固然是学习成果的外化形式，但是，除此之外，还有制作表现类成果（戏剧表演、海报、网站、地图、音频、视频等）和解释说明类成果（演示、口头报告、PPT 报告、书面说明、研究报告、演讲等）。

# 第三章　改进课程的设计

## 【本章提要】

"改进"就是要改变旧貌、焕发新颜，它以进步和提升作为主旨，以追本穷源为基本分析方法，以反复实践力求变化为过程，最终实现降本增效。作为一项有着周密特点的初中语文质量提升项目，教学改进开始于严谨的改进课程设计。第三章内容详细呈现改进课程的整个设计，包括四部分内容，分别为：项目的实施目标、项目的实施思路、项目的实施进程、项目的实施方式。

## 一、初中语文质量提升项目的实施目标

郑州市初中语文质量提升项目的总体目标着眼于单元整体教学流程的设计与实施。教师选择统编版初中语文教材单元，本着系统思考的原则，设计单元整体教学方案。在单元教学整体方案中，教师把握单元整体教学发展的逆向设计化、项目学习化、学习任务化、学科观念化等趋势，整合课内外教学资源，开展丰富的语文实践活动，以任务为驱动形成学习成果。在此基础上，单元整体教学的改进要努力促进教师发展和学生发展。自教师发展看，初中语文教师能够在学生的单元整体学习过程中构建结构化的主题任务，设置真实且有意义的学习情境，开展丰富的语文学习活动，采取恰当的教学策略，进行有效的学习指导，实施多样的学习评价。自学生发展看，在学习过程中，学生不仅具有学习的品质，能够表现出主动学习和专注反思等非认知特征，还具有学习的能力，特别是在面对真实问题情境时展现的解决问题的能力和思维能力，这个过程随之培养着学生的读写策略、高层次的读写能力。总结而言，拟实现以下目标。

### (一)拟构建初中语文单元整体教学的流程

单元整体教学是教师发展与学生发展的载体。构建单元整体教学的流程是本

次郑州市初中语文质量提升项目的重要目标。单元整体教学的流程通常包括单元整体教学流程图和说明。教学流程图常用图形表达，简洁明了地呈现单元整体教学的主要环节。单元整体教学的流程的构建需要符合郑州市初中的实际情况，具有鲜明的区域化和个性化特点，同时，也应具有科学性、普适性和高效性，针对大众化的语文教师和语文教学有一定的"保底"和"示范"作用。

### (二)拟初步研制初中语文课堂教学改进评价方案

初中语文质量提升项目以单元整体教学改进为主题，单元整体教学应在系统论指导下利于学生形成结构化知识，促进其能力发展，最终指向实践应用。在此过程中，学生语文学科素养的提升有赖于教师专业的发展。因此，课堂评价指标拟从教师和学生两大维度出发，更加注重对教师发展的关注。学生维度主要从学习过程、学习成果、学习习惯等方面展开，从不同层次、不同维度为教学改进实践提供依据。教师维度重点关注教学目标、教学内容、教学过程、教学行为等方面。教师选择的教学内容要体现时代性、基础性和选择性，以及语文课程的人文内涵；还要促进学生将被动学习、接受学习、个体学习等落后学习方式转变为自主、探究、合作的学习方式。在评价方面，倡导学生自我评价、活动表现评价、过程性评价等多种评价方式，关注学生个性的发展，激励每一个学生走向成功。总的来说，教学不仅要注重学生发展的全体性、全面性和主动性，还要注重学生发展的差异性和持续性，最终使每个学生都获得全方位的发展。

## 二、初中语文质量提升项目的实施思路

项目的实施思路是在前期调研和集中培训的基础上，以单元整体教学流程的设计与改进为载体开展教学改进，并由此带动教师发展，教师的发展进一步带动学生的发展。单元整体教学以统编版初中语文教材七年级下册第三单元为教学实施对象，通过对同一教学内容的教学流程的改进，探讨了单元整体教学的设计、单元整体教学的实施，也探究了单元整体教学下语文教师内部要素的动态关联对语文教师情感变化的直接影响，以期构建单元整体教学下语文教师情感发展的模

式。在此基础上，通过备课组建设工程，使实验学校语文备课组的教研活动走向制度化、规范化、学术化，具体来说就是各个语文备课组能根据需要选取研究专题，科学设计活动方案，自主营造学术氛围，形成符合本校师生发展的个性化科研流程，走上语文教师专业素质的自觉发展之路，进一步探索区域化语文教师专业发展模式。在改进思路的引领下，我们确定了教学改进的具体思路及流程，如图 3.1 所示。

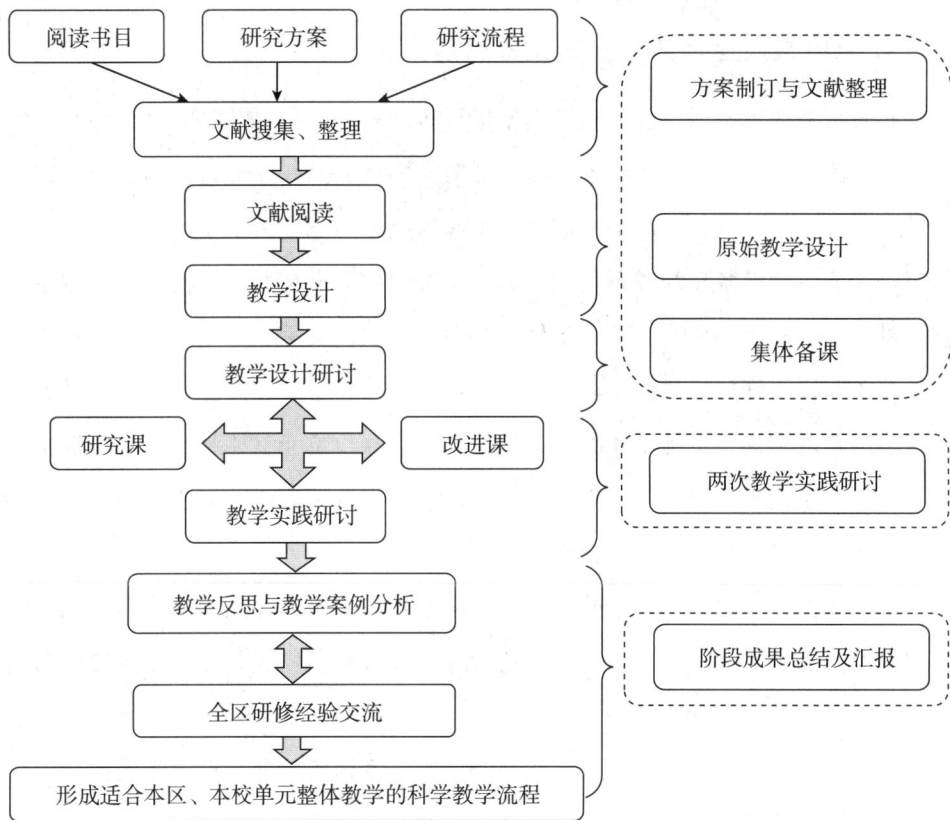

**图 3.1　初中语文质量提升项目教学改进思路及流程**

项目的改进思路总体可分为三大部分。第一部分，经过文献整理及阅读，在教师原始单元整体教学设计的基础上，开展单元整体教学设计的培训及集体备课活动，旨在引导教师改变既往惯性的教学思维，提升教师的教学能力及教学技巧。第二部分，以教师在教学设计基础上尝试进行教学改进为主，促进教师在日常教学实践中落实新理念、新方法，转变他们固有的教学行为方式。第三部分，样本教师和样本学校进行面向全区的教学展示，进一步形成本区、本校单元整体教学的科学教学流程。可以说，整个项目的设计将郑州市初中语文教师视为单元整体教学的主体，聚焦教师教学理念、教学行为的转变及教学研究、教学反思能力的提升。

## 三、初中语文质量提升项目的实施进程

郑州市初中语文质量提升项目实施进程包括四个阶段(如图 3.2 所示)。

第一阶段，准备阶段。准备阶段包括两个方面：其一，通过问卷调查、观摩课堂、教师座谈等形式开展前期调研，了解郑州市第二初级中学与郑州市二七区马寨一中两所学校各自初中语文教学的特点及教师的发展状况；其二，研制单元整体教学的流程及实施步骤，准备好相关内容的阅读文献。

第二阶段，开展阶段。本阶段聚焦在单元整体教学的设计方面，通过单元整体教学的理念培训、单元整体教学的教案撰写指导、单元整体教学设计改进实践等活动，真正提升教师在单元整体教学设计和教案撰写方面的意识和能力，也为后续的单元整体教学改进做好铺垫工作。

第三阶段，克难阶段。本阶段聚焦教学实践，从研究课到改进课，使教师具备改进教学的意识和能力，转变既往的教育教学思维和模式，在不断的教学研讨中探索教学、反思教学。

第四阶段，收获阶段。展示具体的课例，分享样本教师、样本学校的教学改进实践，形成适合本区、本校单元整体教学的科学教学流程。

| 准备阶段<br>2020年5月—2020年8月 | 前期调研：了解郑州市第二初级中学、郑州市二七区马寨一中语文教学特点。<br>文献整理：研制单元整体教学流程及实施步骤，准备阅读文献。 |
|---|---|
| 开展阶段<br>2020年9月—2020年10月 | 设计理念培训：单元整体教学理念培训及单元整体教学的教案撰写指导。<br>教学设计改进：基于原始教学设计基础上的教学改进。 |
| 克难阶段<br>2021年3月—2021年5月 | 教学实践改进：从研究课到改进课，提升教学意识和能力。<br>教学研讨与培训：探索教学、反思教学，改变既有教学观念。 |
| 收获阶段<br>2021年6月—2021年7月 | 收集成果、分享成果，形成适合本区、本校的科学教学流程。 |

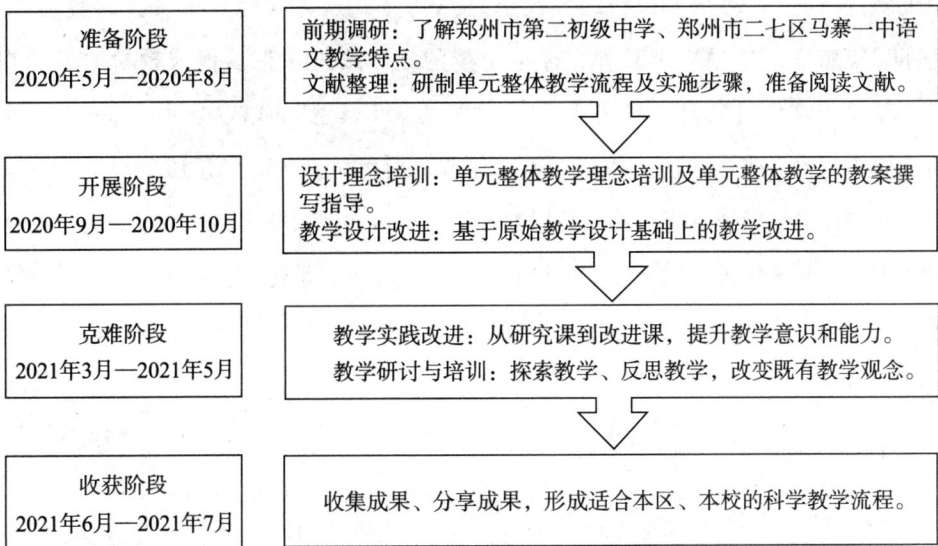

图 3.2 初中语文质量提升项目实施进程安排

项目以单元整体教学为教学改进主题，以教师的素养提升为重要抓手，在此基础上促进师生的共同发展。伴随着初中语文质量提升项目的实施推进，教师的发展也呈现出分阶段的进阶特点。在项目改进的开展阶段，通过设计理念的培训及对原始设计的优化，教师开始松动既往的教学观念，这是教师发展的"思考与转变期"；在项目改进的克难阶段，教师开始了研究课的教学实践尝试，这是教师发展的"尝试与提升期"；在研究课基础上，借助不断的教学研讨和教学培训，教师发展进入了"改进与探索期"；在项目改进的收获阶段，通过收集成果、展示成果，持续促进教师的反思，有效提升了郑州市二七区语文教学质量，这便是教师发展的"收获与感悟期"。

## 四、初中语文质量提升项目的实施方式

改进课程设计，犹如设计郑州市二七区语文教师成长的跑道。"初中语文质量提升项目的目标"，是明确跑道的终点。"初中语文质量提升项目的思路""初中语文质量提升项目的实施进程"，是通向跑道终点的过程。"初中语文质量提升项

目的实施方式", 便是要回答通向跑道终点的方式这一问题。在项目的实施中, 为了以点带面, 通过样本教师、样本学校的教学改进来带动地区教学质量的提升, 初中语文质量提升项目构建了"2+2+1+N 模型"的以点带面改进模式。项目实施不仅关注改进的横向拓展, 还聚焦改进对每位教师教学思维的纵向深入转变。改进项目试图通过组织单元整体教学培训、对教师的单元整体教学进行改进来促进语文教师转变语文教学思维、提升语文教学能力、优化语文教学实践、构建立足郑州市初中语文教学实际的单元整体教学。具体的实施方式如图 3.3 所示。

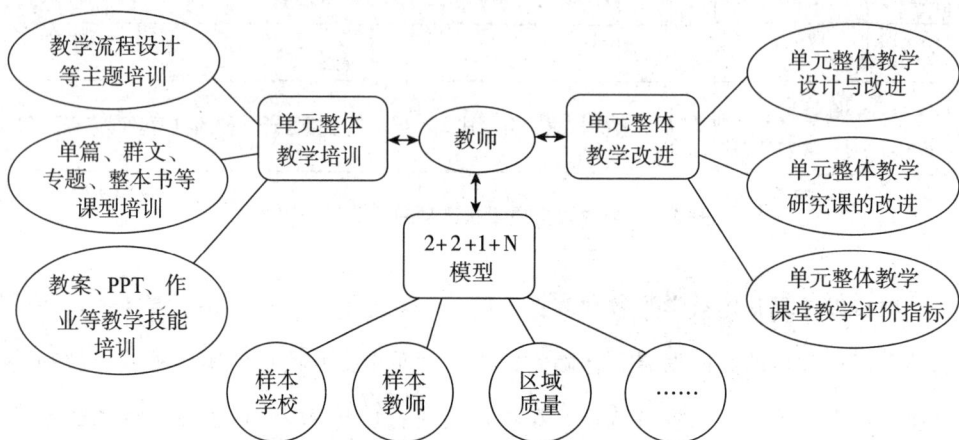

图 3.3　初中语文质量提升项目实施方式

## (一)单元整体教学培训

单元整体教学培训由三部分组成, 包括教学流程设计等主题培训, 单篇、群文、专题、整本书等课型培训, 教案、提问等教学技能培训。教学培训注重理念与实践的结合, 教学流程设计等主题培训偏重于教师教学思维、教学意识等层面的转变, 而不同类型的课型培训及教学技能培训重在提升教师的教学实践水平。

1. 主题培训

主题培训采用案例研修、工作坊、微主题讲解、学习反思等多种方式。

案例研修借鉴斯坦福大学教师教育学者舒尔曼的研究, 倡导以案例教学法为主, 辅以讨论法、讲授法等。

　　工作坊在教育中的使用，可追溯自 20 世纪初德国魏玛共和国时期的包豪斯学院，包豪斯学院采用导师加学徒工的培养方式，这种实践教学模式被称为"工作坊教学"。"工作""坊""教学"是这种教学方式的重要特点。"工作"要有梯度、要把握难度，既要富有挑战性，又要具有递进性；"坊"不仅是真实的课堂，还是构建的学习共同体，在坊中，要给予教师期望；"教学"便是师徒制的学习，借助于工作坊的学习，培养教师的创新品质和解决教学问题的能力。

　　微主题讲解，具有基于主题、呈现微型、借助讲解的特点。基于主题，即这些主题是与教师教学实践中的真正问题相关，这不仅联系了教师的教学实际，还聚焦了讲解的核心内容。因为微型，所以更加贴近一线教师的学习心理。借助讲解，即讲解既需要讲，还需要解，这里的"解"是解释，也是解惑，基于一线教师的学习特点，将案例融汇在讲解之中，促进一线教师的理解。

　　学习反思，借鉴了麻省理工学院教育学者舍恩倡导的"培养反思性实践者"理论，教师在主题培训之后，利用课后作业呈现教师对学习过程的反思，提高教师的自我反思能力。整个主题培训贯穿"教中学、学中做、做中练"的实施理念，力求做到"教、学、做"的有机融合，全面提升教师的教育教学理解。主题培训的具体实施方式，如图 3.4 所示。

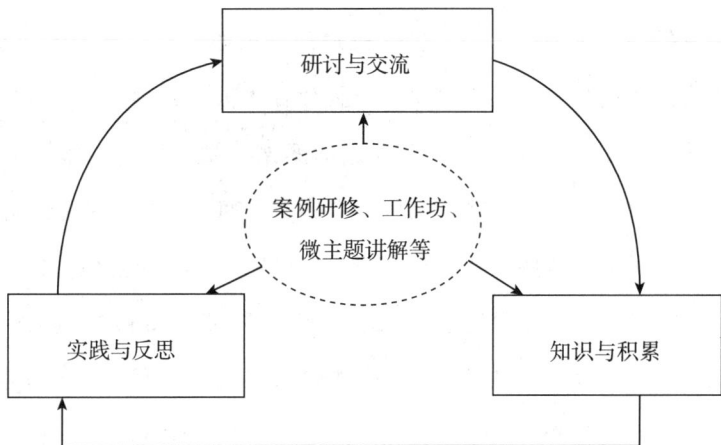

**图 3.4　主题培训的实施方式**

　　主题的选择与确定是案例研修、工作坊、微主题讲解等主题培训方式的基点，"理念引领""教师需要""学生学习""教学现场""教师经验"是选择主题要考虑的变量。首先，主题培训需要理念引领，关注单元整体教学研究与实践领域的发展和动向；其次，培训主题要教师参与，就需要基于教师教学的真实需要和促进学生学习的需要；再次，考虑教学现场，对教学中实施单元整体教学可利用的时间和空间、教学场地和教学设备需要做进一步的分析，对教学以外的周边环境和相关人员进行有效预期；最后，思考教师自身的教学经验，对单元整体教学内容的执教经验、对单元整体教学过程中可能发生的情况要有反思和分析，对自身的执教风格、教育价值取向有较为清晰的认识并能够有机融入。

　　主题培训中的案例研修、工作坊与微主题讲解：具有真实性，改变了既往单元整体教学培训内容与真实语文教学实践分离的状况；具有趣味性，激发了培训教师对于单元整体教学的学习兴趣和学习激情；具有综合性，单元整体教学主题培训中的语文教学问题通常都是综合的，这将培养教师分析问题和解决问题的综合能力。

　　自"培训"来看，培训聚焦案例、微主题、工作坊中的工作任务，按照"研讨与交流—知识与积累—实践与反思"的思路开展。研讨与交流，在主题培训过程中，注重充分发挥教师的主体性，培养教师独立思考、自主学习的意识和能力，鼓励教师发表自己的见解和主张，通过开展对话互动的活动，培养教师的问题意识和质疑精神。由于各专题都将呈现大量的案例、微专题、工作坊中的工作任务，只有通过研讨与交流才能将案例分析得更为透彻，才能对微主题进行深入思考，也才能寻找完成工作的有效方式。知识与积累，在主题培训过程中，我们认识到教学实践与教学理念是相互促进的，培训不能仅仅停留在案例的研讨、微主题活动及工作坊中工作的开展等方面，还需要从实践活动不断上升到理念、概念层面，在案例研讨、工作开展中领会教学理论，在教学理论观照下进一步促进教师的教学实践。实践与反思，便是在理论的基础上进一步有意识地开展单元整体教学实践，在实践的基础上不断进行持续反思，最终完善和优化教育教学实践。

2. 课型培训

对于单元整体教学的课型问题，教育工作者做了大量的探索，如立足"单元"，探索单元整体教学的课型。在教学实践中，有的教师将单元整体教学课型分为"单元起始课""单元推进课""单元统整课"，如图 3.5 所示。

```
单元起始课  ⟹  单元推进课  ⟹  单元统整课
```

**图 3.5　单元整体教学基本课型**

单元起始课，教师可以引导学生阅读教材中的导读提示，明确单元的学习目标和学习重点，也可以带领学生分析该学习单元的任务情境。这里的任务情境已经不是仅仅用于学习的导入，或者针对不同的知识点创设不同的情境，而是要创设统领整个教学单元的任务情境，使之成为学生基于单元的任务情境学习载体。

单元推进课便是在学习目标的引领下，在学案的支持下，开展学习进程。在郑州市二七区教师的单元整体教学过程中，从阅读与鉴赏到表达与交流，教师通常采用读写结合的方式。在阅读与鉴赏的部分，教师或从整体阅读到单篇阅读，或从单篇阅读到整体阅读，或进行多篇文本之间的比较阅读。表达与交流部分，便是在阅读鉴赏的基础上，获得写作的经验和方法，能够结合教材中的各项要求，或是模仿，或是创作，完成自己的习作。

单元统整课便是对本单元的课文进行回顾，对本单元的学习内容进行总结。统整立足于单元，它需要具有单元的广度、深度和关联度。单元统整，可以让学生基于单元来统整学习成果、推荐作品、说清观点、唤起生活情境、提出思考问题等。

在培训中，项目组在关注"单元起始课""单元统整课"等课型培训的同时，更加关注单元推进课型的探索。在单元推进课型中，面对人物单元，从关键能力进阶的角度，教学改进注重"单篇细读""群文赏读""专题研读""迁移运用"的层级递进，如图 3.6 所示。

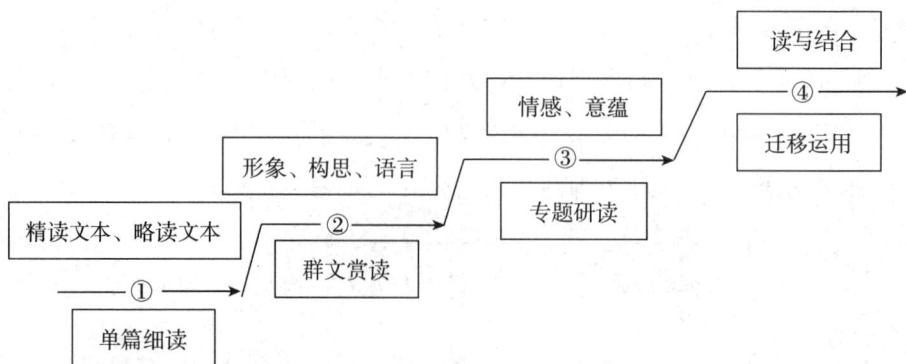

**图 3.6　单元推进课教学开展的基本课型**

单篇细读力求突出"细"字，在学生熟读文本的基础上，针对单篇开展精读和略读，单篇细读要注意两点：其一，单篇细读文本也是单元整体设计中的有机组成部分，文本的价值应在单元整体中得到更好的体现；其二，单篇细读文本要注意学习情境与学习任务的创设。由于是单元整体设计，单篇文本不再是一个独立的存在，而是整体设计中的一个部分，学生会按照学习任务去细读文本，而不会再由教师按照解题、作者介绍、分段分层、段落大意、主题思想、写作特色的套路去组织教学。

群文赏读力求突出"赏"的特点，在完成单篇精读、略读的基础上，学生对人物、语言、构思等开展鉴赏与梳理。群文阅读是指在单位时间内，围绕形象、构思、语言等议题，围绕单元内的文本，通过师生集体建构，从而达成共识的具有多文本间互文性和整体性的阅读教学方式。"单位时间""议题""多文本""互文性""整体性""集体建构""共识"等是群文阅读的重要特点。

"专题研读"重点在"研"。"专题"成为研讨的基础，它构成文本阅读和文本学习的再情境化，也使得文本阅读、文本学习的内容从碎片走向统整；"研讨"将语文教育的方式从"讲习中心"转变为"学生主体"，语文教育不再是知识传递而是成为语言建构、思维发展、文化理解的重要方式，"协作""活动"伴随着研讨的始终。无论是情境化、研讨化、活动化、协作化，其本质和核心就是实现语文教育的学生化，让经典文本真正走向学生的生活、经验，展开有意义的建构。素养是归宿，目的是要提高文本阅读能力，加深对文本所蕴含的文化的认识和理解。因此，在专题和研讨的"聚合"作用下，学生文本学习更加精细化，有利于促进学生核心素养的达成。

作为单元整体教学重要组成部分的群文赏读和专题研读要力求体现"微型"的特点。群文的议题和研读的专题要相对集中，选文要精选，解决议题和专题研读过程中使用的策略要有针对性，要有效果，在教学时间上要力求"短、平、快"。"小而美"的议题和专题，就需要抓住关键的教学内容、核心的语言知识、关键的语文能力、典型的文学现象或者重要的文化话题等要素。选文的精选就要抓住课文的重组呈现、文本之间的组合缝隙，在此基础上开展多种语文学习活动。策略的使用要针对难点，综合使用预测、联结、比对、统整、探究、发现、迁移等策略。教学要注重"短、平、快"，"短"便是要通过一节课到两节课完成群文赏读或专题研读，"平"便是难度要贴近学生的认知水平，"快"便是要有明晰的目标、清楚的环节、节奏紧凑的教学过程。

在单元整体教学下，需要有效处理"单篇细读""群文赏读""专题研读""迁移运用"的层级递进及相互关系。读写结合是迁移运用的重要部分，读是写的前提和基础。阅读是输入，是学生与文本的对话，在对话中学生能够积累言语智慧、言语经验、言语知识，同时阅读也是观察和操作，在此过程中学习他人如何发现问题、观察问题、确定问题、分析问题、论证问题、得出结论。对话的过程，不仅要"读进去"，在头脑中重建文本，还需要"读出来"，读出自己的理解。在阅读中，学生直接与文本、问题会面，因此，语文教学要注重对多种阅读方法的学习，例如朗读、默读、精读、略读、比较阅读、浏览等。思考是加工，在语文学习过程中，群文赏读和专题研读既是阅读，更是重要的思维加工过程，需要通过联想与想象、分析与比较、归纳与推理，获得敏捷性、灵活性、深刻性、独创性、批判性的思维品质。对于文本的学习、问题的解决，不仅需要读者与文本进行对话，还需要以作者的身份与文本进行对话，更需要与自我进行对话。这个过程，不仅要知其然，弄懂理解上有疑问的问题（理解），还需要知其所以然，弄明白质疑性问题（批判），更需要自我的内省（反思）。表达是输出、外化，学生利用从"读"中学来的方法、积累的语言、形成的思想，用自己的文字向他人表达思考、传递思想。表达一是意味着学生在阅读和思考中要有独立思考的能力，要有自己的想法、观点或思想、感情；二是意味着学生在此基础上能够比较准确、清晰地用自己的语言将其表达出来；三是意味着有人倾听并进行互动和反馈。阅读、思考、表达三种学习方式，具有递进的逻辑关系，在阅读中思考，在思考中个性化表达。

总体来看，单元整体教学注重设计思维及对核心内容的理解，在做事中理解学习内容，逐渐体验专家思维，开展跨情境迁移，引导学生将读书与生活中的做事、做人之间建立联系，将语文的学科逻辑、认知逻辑、生活逻辑进行高位的统整。可以说，单元整体教学改变了单篇课文逐篇逐段按照知识点框架分析的思路，进行单元整体设计，需要以任务活动为载体，引导学生在真实的生活情境中，综合运用阅读与鉴赏、表达与交流、思考与探究等多种学习方法进行学习，但是，这并不意味着不需要仔细研读每篇文本。因此，深入理解、妥善处理单元整体设计与每篇文本的研习之间的关系很重要。

3. 教学技能培训

主题培训是为了促进教师教学理念的转变，它指向的是教师发展的思考与转变期。课型培训立足于教师的单元整体教学实践的尝试和探索，它指向的是45分钟的课堂教学，而在课堂教学过程中，教师的教学则离不开教学技能。

第一，教师需要开展教学设计，单元整体教学设计的核心内容便是核心内容的处理。核心内容的处理便是让学习内容序列化和条理化，学习内容本身的序列化影响着教学设计内在的逻辑体系。同时，学习内容需要与学生的认知过程和生活本身进行对接，也就是将学习内容处理的条理化与学生的认知过程和生活化之间进行有机的整合。

第二，教师基于教学设计开展教学，还离不开教学技能的有效使用。教学技能是教师掌握和应用专门技术的能力，这些技术不仅包括备课、导入、讲授、指导、示范、调控、组织、反馈、板书、作业等通用技术，还包括识字写字、阅读鉴赏、表达交流等特殊学科的特殊技术。无论何种技能，都力图实现教学过程的有序推进和促进课堂认识活动、实践活动、交往活动的顺利开展。一方面，课堂教学的推进过程应该是有序的，按照学习内容的逻辑和课堂教学的逻辑有序开展。从教学的导入到活动的开展，从教师的示范到学生的合作，从新内容的学习到练习、复习和巩固，不难看出：教学的推进不能仅仅依靠教师的简单讲授，还需要通过学生的语文实践活动来促进发展，教师通过创设学习情境，引导学生在教师引领、自主活动、合作学习的过程中建构知识的意义。在这个过程中，教师不仅是学习内容的呈现者，更是倾听者、支持者和引领者，要重视学生对各种语文现象和语文实践的理解，倾听学生的看法，洞察此种看法的缘由，并以此为根据，优化和调整学生新的认识和新的实践。另一方面，课堂教学活动并非仅仅是认识活动和实践活动，还是师生之间的交往活动，课堂教学在任何时候都是教师与学生进行交流、对话的精神性交往活动，它有着明确的目标导向，有着独特的育人功能，有着鲜明的教育意义，教师对学生的成长负有不可推卸的责任。

### (二)单元整体教学改进

在单元整体教学培训过程中，初中语文项目组以提升教师单元整体教学的意识和能力为重点，而落实单元整体教学的理念，就需要开展单元整体教学设计，进行单元整体教学实施，针对单元整体教学中的教学展示课进行优化改进。因此，初中语文项目组在第二阶段便要进入单元整体教学的实践层面，带领教师基于前期的培训，开展单元整体教学设计和单元整体教学实践，最终讨论并形成单元整体教学课堂的评价指标。

#### 1. 单元整体教学设计与改进

单元整体教学设计与改进主要包括两个部分：一是教师将培训的理念及方法用于统编版教材的单元教学之中，从而发现教师的单元教学设计存在的不足，如教学内容结构化不足、"教—学—评"不一致等；二是在此基础上，对原教学设计进行分析和修改，并且在教学改进中渗透单元整体教学设计的理念，加强单元教学设计的学习内容结构化和"教—学—评"的一体化设计。我们试图构想"主题任务单元教学实践模型"(如图 3.7 所示)，重构核心素养下单元教学的新方向。

```
┌──────────┐      ┌──────────┐      ┌──────────┐      ┌──────────┐
│ 设计主题任务 │ ══➤ │ 确定学习目标 │ ══➤ │ 预设学习评价 │ ══➤ │ 开展学习活动 │
└──────────┘      └──────────┘      └──────────┘      └──────────┘
```

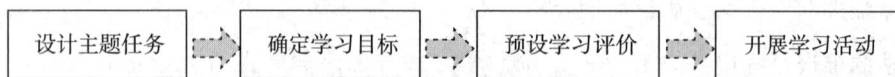

**图 3.7　主题任务单元教学实践模型**

纵观图 3.7，主题任务单元教学实践模型分为四个步骤：设计主题任务、确定学习目标、预设学习评价、开展学习活动。

(1)设计主题任务

以培养学生核心素养为宗旨，教学应以学习主题为引领，以学习任务为载体，通过选择学习主题，基于学习单元，形成一张结构化的任务清单，开展主题任务单元教学。

设计主题任务要围绕学习主题开展，"学习主题"提供了目标性的保障，它是学习任务设计的"神"；开展主题的学习，便要设计若干具有逻辑关联的学习任务，"结构化的任务清单"具有实践性的价值，它是主题任务设计的"形"。主题任务的设计，便要实现神形兼具、形神结合。

鉴于既往课改对任务研究较多，对学习主题琢磨较少，因此，我们有必要探讨学习主题的意涵。所谓学习主题，是以促进学生的语文学习为旨归并且能体现大观念的立体主题。这便意味着：其一，学习主题是大观念的外在表征。以《义务教育课程标准(2022 年版)》中的"思辨性阅读与表达"任务群为例，三个学段的观念均指向了"思辨"这一核心观念，围绕核心观念，第一学段"生活真奇妙"等学习主题聚焦"疑惑""好奇"等观念，第二学段"生活中的智慧"等学习主题围绕"解惑""思考"等观念，第三学段"社会公德大家谈"等学习主题聚焦"辨别""思想"等观念，从"疑惑"、"解惑"到"辨别"，思辨难度逐级提高，从"好奇"、"思考"到"思想"，思辨深度不断加深。其二，学习主题要基于学生生活，打通课程学习与生活迁移的通道。"生活真奇妙""大自然的奥秘""奇妙的祖国语言"，这些学习主题引导学生思辨日常生活、自然生活、社会生活和语言、科学、文化生活，思辨的生活范围逐渐扩大。其三，学习主题服务于学生的语文学习。这些大观念蕴含着生活思考和生命哲思，外显为思辨的语言形式，学生的学习需要实现内在观念和外在语言的共同提升，最终发展其核心素养。

（2）确定学习目标

任何教学都要以目标作为导向，主题任务单元教学也不例外。这里的目标，并非教师的教学目标，而是以学生的学习目标为导向，它基于教师所构建的主题任务，是对语文主题任务完成所要实现的学生身心发展结果的预期和设计。

确定主题任务学习目标，不能直接将语文学科核心素养与主题任务学习目标画等号，语文学科的核心素养属于文件课程目标，主题任务学习目标属于执行课程目标。因此，主题任务学习目标的确定，一方面需要从大处着眼，与上位课程标准中的语文学科核心素养、课程总目标、任务群目标、任务群学段目标形成逻辑对应关系；另一方面也需要从细处着手，充分考虑学习主题、学习任务内在的逻辑体系特征，仔细分析学习主体——学生的智力水平、学习风格、学习兴趣、学习意志等。同时，在主题任务学习目标的表征方面，还需要注意主题任务学习目标应立足学生视角，努力贯通核心内容与素养培育，尝试规划学生素养养成的学习路径和学习程度。在学习程度方面，大多数研究者倡导从量与质的角度形成可测量、可观察的科学表达，但是并非所有的学习目标都可以转化为行为目标，这一点突出体现在主题任务学习目标上。一方面，主题任务学习目标并非课时学习目标，它具有一定的抽象性；另一方面，主题任务学习目标需兼顾关键能力和必备品格的培养，必备品格难以用量化的形式呈现，迁移能力、高阶能力等关键能力的培养很难用具体的行为目标表现。

（3）预设学习评价

学习评价包括终结性评价和过程性评价。提升核心素养，离不开平时的积累和后天的培养，需要关注学生学习的发展性，因此过程性评价日益受到关注。设计过程性评价，需要处理好预设和生成的关系，美国教育专家威金斯和麦克泰创立的逆向教学设计认为"确定合适的评估证据"是重要的阶段，通过评价的预先设计，保证了学习目标、学习评价和教学活动的一致性，在预设的基础上借助过程性评价的开展，确保了学习目标的有效达成。设计过程性评价，要考虑评价反馈的效果，这就需要制订较为科学的学习评价量表。设计过程性评价，便是要在既往教师通过课前评价了解学情和通过课后评价强化教学效果的基础上，更加关注在主题任务的层级推进中学生的学习过程，以及各个学习任务的达成。如果说生产过程中需要安装监测器和控制阀，那么过程性评价便是在主题任务进行中安装的监测器。

(4)开展学习活动

围绕学习主题，构建结构化的任务清单；预设学习评价，促进目标、评价、活动的一致性。毫无疑问，这些结构化的学习任务需要具备体验性、系统性、互动性的活动来达成。体验性是学习活动的根本属性，系统性是学习活动的设计原则，互动性是学习活动的运行机制。自体验性看，学习活动要注重情境设置，"情境"由"情"与"境"组成。学习活动有了"情"的参与，语文学习活动便成为"情动"和"知动"共同作用的实践活动；学习活动有了"境"的参与，语文学习活动便是在真实性的场景、真实性的角色、真实性的工作过程、真实性的成果运用中促进着知识的迁移、素养的提升，真正帮助学生适应时代和社会的发展。自系统性看，学习活动要具有系统思维。活动与活动之间需要具有进阶关系，形成具有结构化的活动链条；活动链条与任务的达成需要具有逻辑上的对应关系；活动的完成需要整合学习情境、学习内容、学习方法、学习资源等关系。自互动性看，识字写字、阅读鉴赏、梳理探究、表达交流并非简单的线性推进过程。阅读鉴赏中可以整合识字写字、梳理探究、表达交流，为了实现表达交流也需要阅读鉴赏、识字写字、梳理探究等活动的参与，学习活动之间以互动的方式共同推进任务的达成。

2. 单元整体教学研究课的改进

在初中语文改进项目的推进中，郑州市二七区马寨一中赵梦梦老师和郑州市第二初级中学李锦老师开展了同课异构的教学研讨活动，两位老师经过了两轮改进三轮教学。项目组也借此活动组织开展了郑州市初中语文质量提升项目观摩研讨活动，力图推动区域教育教学高质量发展。

　　教学设计是对教学目标、教学过程、教学结果的设想，是初中语文教师所说的"备课"。教学设计及课堂的准备既需要有思想上的谨慎而为，又需要有以单元整体教学的理念及课程标准来指导教学的行为。教学设计的落实离不开教师在课堂教学中的决策及实践，常态课的观摩、研究课的尝试、改进课的完善，这些都使得教师能在实践过程中去感受新理念、新方法，落实新理念、新方法。

　　项目组在教学设计改进的基础上，开展单元整体教学研究课的教学改进。在教学改进的过程中，教师的个体教学实践行为是前提，专家集体研讨是升华的关键，教师个体的实践改进是过程，借助新理念来促进教师教学的进步和教师素养的提升是归宿。三次教学实践与研讨聚焦单元整体教学中的课时教学，第一次教学实践与研讨关注语文课堂教学目标和内容的观察与改进，第二次教学实践与研讨集中在语文课堂教学流程和策略的观察与改进，第三次教学实践与研讨着力在语文课堂教学中教师反馈和引导的观察与改进。三次教学实践与研讨的思路如图3.8所示。

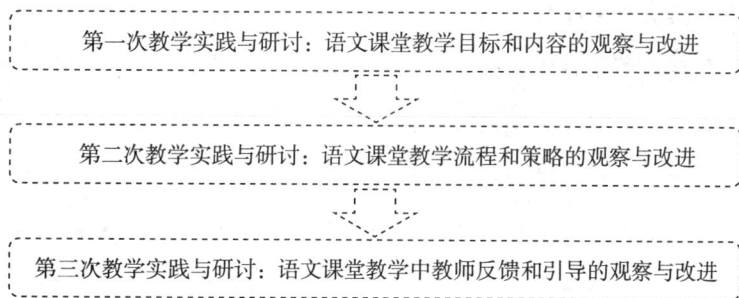

**图 3.8　三次教学实践与研讨的思路**

　　基于语文课堂教学目标和内容的观察与改进展开第一次教学实践与研讨，主要有两方面原因。一方面，作为预设的学习结果，教学目标至关重要，只有确定了教学目标，才能更好地选择教学内容、实施教学活动、开展教学评价。可以说，教学目标标示着语文教学的方向，决定着语文教学的形态，预示着语文教学的效果，影响着语文教学的品质和效能。素养立意的教学目标，就是要以学生的发展为中心，无论是传授的知识、教给的方法、培养的能力和濡染的品格，都是为了学生的终身发展服务。这就需要力图做到"向上""向下""向外""向中"四个方面：所谓"向上"，便是要从低阶思维向上攀登到"高阶思维"；所谓"向下"，便是要透过知识文本的表层理解达到深度认识和深度理解；所谓"向外"，便是要将为了学科学习而学科学习转变为迁移应用取向的学科学习；所谓"向中"，便是要将个别、具体的认识上升到普遍、整体的认识。另一方面，教学目标需要内容化，学习目标的达成离不开教学内容的萃取，萃取学习内容就是要选择能够体现出语文学科本质，促进学生发展并且能适应未来语言文字生活变化的学科大观念和大概念。因此，在第一次教学实践与研讨中，项目组就聚焦于教学目标和内容。在教学目标的研讨方面，项目组聚焦教学目标的确定、教学目标的表述、教学目标的落实三个方面进行观察与改进；在教学内容的研讨方面，项目组关注教学内容的选择、确定及教学内容的深度、广度。

第二次教学实践与研讨，一方面关注教学目标和教学内容的改进情况，另一方面研讨语文课堂教学流程和教学策略的使用。语文课堂教学流程，就是要关注教师如何将教学内容问题化、将教学问题活动化。教学的核心内容具有抽象、凝练的特点，教学内容问题化便是要将抽象、凝练的教学内容转换为真实的、有意义的、灵活的问题，在问题的提出和求解中，学生学习隐含在问题背后的核心内容，以此促进着学生人际的相互交往，发展着学生解决问题的能力。教学问题的活动化便是根据核心问题，从整体上规划语文学习的任务，根据子问题链，形成学习任务之下的各个学习活动。在任务和活动的设计过程中，无论是任务还是活动，都要在排列上呈现序列化的特征。语文学习活动要突出重点，抓住学生语文学习中的难点和关键点；语文学习活动要形成链条，各个语文学习活动之间要具有逻辑关联，同时上下语文学习活动之间要能够做到自然衔接；语文学习活动应该多样且能兼顾差异，让不同类型的学生在不同类型、不同层次的语文学习活动中发展自己。在语文学习活动的研讨方面，项目组围绕着语文学习活动的类型、语文学习活动的过程与步骤、语文学习活动中学生的参与度、学习活动的时间管理等方面展开研讨。除此之外，项目组还关注针对学习活动，教师所使用的教学方法和教学策略。

第三次教学实践与研讨，不仅关注课堂教学流程和教学策略的改进情况，而且关注研讨教师在教学中的反馈和引导方面的问题。课堂教学的过程是师生彼此互动形成一个个语文学习活动链条的过程。在活动的开展过程中，问题的活动化、活动的层次化、活动的序列化固然重要，但是学习活动的深入和拓展离不开教师对学生学习表现的反馈及引导。语文学习活动的开展，需要切近学生的最近发展区，在完成学习任务、开展学习活动的过程中，面对学生遇到的困难，教师需要提供较为恰当和及时的学习反馈及学习引导。教师的反馈从作用上可以分为鼓励反馈和批评反馈，从形式上可以分为口头反馈、书面反馈、表情反馈，从时间上可以分为即时反馈和延时反馈。在这里，我们倡导的教师反馈需要具有鼓励、即时、到位的特点。积极鼓励是为了增强学生学习的信心，激发学生语文学习的动机。即时反馈便是要对学生的回答和活动给予即时的反馈，这种即时反馈包括重复、概括、补充、修正、转移等方式。到位反馈便是不仅要做概括的肯定性反馈和具体的肯定性反馈，还需要针对学生的不足进行适时引导，不仅要关注学生的学习结果，还需要评价学生的学习过程。在教学引导的过程中，特别是在面对学生回答过程中的犹豫、不全面、不正确时，教师或是在鼓励强化的基础上让学生进行自我认知，或是在引导的基础上促进学生对学习内容理解的精细化，或是帮助学生复习相关的事实、规则等，或是提供某些线索和暗示，或是调整问题的提问角度及设置问题的情境，或是提问另一个学生并且给予学生更多思考的时间。

三次教学实践与研讨，从语文课堂教学目标和内容的观察与改进、语文课堂教学流程和策略的观察与改进到语文课堂教学中教师反馈和引导的观察与改进，旨在促进学生进行有效且深度的语文学习。何为有效且深度的语文学习？

从学习准备看，学生在经验和能力上要有所准备，经验准备包括知识的准备和生活经验的准备，能力准备是指学生为学习新内容所需具备的基本学科能力。从学习过程看，学生的学习包括学习的深度、合作的效度和自主学习的程度。学习的深度指的是学生在语文课堂上能够做到认知参与、情感参与、行为参与。学生能够明确学习目标与学习任务，学习时能够集中注意力并且活化思维，这便有了认知参与；积极的情感体验利于学生的学习，也能使学生在面对学习困难时坚持前行，这便有了情感参与；学生有了行为参与，才能专注学习，学习中才能够做到师生互动、生生互动。合作的效度指的是在合作学习中，学生能够明确分工并承担组内个人任务，能够客观进行自我评价和他人评价，能够运用交流和沟通技巧进行合作，能够解决组内观点的分歧。自主学习的程度包括学习的自由度、能动度、时间度和创新度。自由度是看学生在学习目标、学习方法、学习进度、学习评价方面多大程度上由他们自己决定，能动度是学生是否积极主动地进行学习，时间度是学生自主学习的时间有多少，创新度便是要看学生在课堂中是否有创新。从学习结果看，我们要从学习成果中推断学习目标的达成度，还需要注意学生个性化和社会能力的发展。自目标达成看，学生课程标准中规定的知识与技能的目标达成度良好，学习能力有了提高，能够根据任务合理安排时间，使用合适的学习方式、学习策略、学习工具来完成任务和开展活动，在学习的过程中，学习兴趣得以发展，学习意志得以锻炼，学习习惯得以养成。自个性化和社会能力的发展看，学生能够与文本、他人对话交往，为社会作出贡献，个性的学习得到了尊重。

3. 单元整体教学课堂教学评价指标

项目组根据单元整体教学设计与教学实践，初步制订了单元整体教学课堂教学评价指标（如表 3.1 所示）。单元整体教学课堂教学评价指标从教师的教和学生的学两个维度展开，教师维度包括教学目标、教学内容、教学过程、教学行为、教学反馈五个项目，学生维度包括学习过程、学习成果、学习习惯三个项目。每个项目下会有 4 个表现层级，表现层次 3 便是单元整体教学课堂教学评价指标的最高层次，也是课堂教学改进的目标。

表 3.1　单元整体教学课堂教学评价指标

| 维度 | 项目 | 表现 | 表现层级 |
|---|---|---|---|
| 教师维度 | 教学目标 | 教学目标明确，并向学生做了说明 | 3 |
| | | 教学目标合理，但未向学生说明 | 2 |
| | | 有明确的教学目标，但定位不准确 | 1 |
| | | 没有明确的教学目标 | 0 |
| | 教学内容 | 教学内容选择准确、丰富，能够有效达成教学目标 | 3 |
| | | 教学内容选择合理，有助于教学目标的实现 | 2 |
| | | 有选择教学内容的意识，但内容选择不够合理 | 1 |
| | | 没有选择教学内容的意识 | 0 |
| | 教学过程 | 教学过程流畅，各个教学环节关系清晰，能够有效达成教学目标 | 3 |
| | | 教学过程合理，各个教学环节能够衔接，有助于教学目标的达成 | 2 |
| | | 能够完成各个教学环节，但教学过程的组织不够合理 | 1 |
| | | 教学过程存在问题，不能达成教学目标 | 0 |
| | 教学行为 | 教学行为具有艺术性，能够营造良好的学习氛围，有效推进教学过程 | 3 |
| | | 教学行为科学合理，符合教学的一般规律 | 2 |
| | | 教学行为基本合理，有些地方违背教学的一般规律 | 1 |
| | | 教学行为不合理，有些地方违背教学的一般规律 | 0 |
| | 教学反馈 | 教学反馈及时且合理，能够有效促进学生的语文学习 | 3 |
| | | 教学反馈较为合理，能够促进学生的语文学习 | 2 |
| | | 教学反馈基本合理，有些地方不能促进学生的语文学习 | 1 |
| | | 教学反馈不合理，有些地方不能促进学生的语文学习 | 0 |
| 学生维度 | 学习过程 | 积极参与教师组织的学习活动，能够独立思考、深入交流 | 3 |
| | | 能够参与教师组织的学习活动，按照要求完成学习任务 | 2 |
| | | 能够在教师的提示下参与学习活动，在教师的帮助下完成学习任务 | 1 |
| | | 不参加教师组织的学习活动 | 0 |
| | 学习成果 | 学习成果能够达到教学目标的要求，呈现形式规范 | 3 |
| | | 学习成果基本符合教学目标的要求 | 2 |
| | | 学习成果与教学目标有关联 | 1 |
| | | 学习成果与教学目标没有关联 | 0 |

续表

| 维度 | 项目 | 表现 | 表现层级 |
|---|---|---|---|
| 学生维度 | 学习习惯 | 在课堂学习活动中，各个环节都显现出良好的学习习惯 | 3 |
| | | 在课堂学习活动的某些环节中显现出良好的学习习惯 | 2 |
| | | 在课堂学习活动中，既没有显现出良好的学习习惯，也没有显现出不良的学习习惯 | 1 |
| | | 在课堂学习活动中显现出不良的学习习惯 | 0 |

以上呈现的是初中语文单元整体教学评价指标体系的基本框架，在不同的教学内容、不同的课堂形态下，均需将指标体系中各个项目的表现具体化。针对不同教龄段的教师，对教学行为的具体要求也有所不同，具体可分为：活动组织能力、提问追问能力、讲解能力、诊断评价能力、完善改进能力等。

### (三)2＋2＋1＋N 模型

郑州市初中语文质量提升项目在实施过程中遵循以点带面的工作思路，形成了"2＋2＋1＋N"的实施模型。"2＋2"聚焦于"点"的突破，项目组选取了两所样本学校，分别为郑州市第二初级中学、郑州市二七区马寨一中，两所样本学校分别位于郑州市区和马寨镇。在两所样本学校中确定了两位改进教师(又称"种子教师")，两位教师的确定是集体沟通的结果，这个结果结合了样本学校的推荐、教研员的参与和培训专家的分析。两所样本学校推选的两位种子教师与本校骨干教师组成团队，以郑州市第二初级中学为中心，郑州市二七区马寨一中跟随郑州市第二初级中学参与改进学习，共同提升。

除了点的突破，项目组也注重由点到面的辐射、推广作用，这便是"1＋N"。这里的"1"便是一个区("二七区")。在整个提升项目中，工作坊的成员以郑州市第二初级中学和郑州市二七区马寨一中的样本教师、骨干教师为核心，也兼及二七区非样本学校的教师。这里的"N"是郑州市的多个区。郑州市其他学校的教师择优进入工作坊，与培训专家一起座谈，参与听评课等活动，共同学习和交流。

# 中　篇

# 基于单元整体教学的
# 教学改进实践

　　中篇为教学改进实践篇，该部分系统地回顾了初中语文质量提升项目的活动开展和实践历程。本篇主要包括三章内容：第四章为教学培训纪实，记录了关于单元整体教学理念与技能主题培训的开展情况，主要包括教学流程设计工作坊和教学设计理论学习工作坊；第五章为教学设计的改进纪实，主要包括各个改进前设计案例的真实呈现、案例的研讨过程及三轮研讨打磨后的改进案例；第六章为教学展示课的改进纪实，主要包括"诊断·发展·总结"单元整体教学推进课的改进实践和基于微专题研讨的单元整体教学推进课的改进实践。

# 第四章　从诊断到学习：基于单元整体教学的主题培训

## 【本章提要】

　　教学改进是一项重要的教学研究性活动，教学改进有赖于教师素养的提升和教师自我发展意识的觉醒。为此，主题培训采用工作坊的方式，促使教师细心观察，善于发现实践问题与积累课堂教学实践经验，深刻理解教学现象中的典型事例及发展原理，在不断的反思与改进中成长为经验丰富、理性思考的教师。初中语文质量提升项目从两个方面来启发教师：从内容层面上开展流程设计、设计理念培训等主题活动来满足教师实际的教学需求；从形式上主要采用工作坊、活动体验、案例交流、主题讲解等方式，充分调动教师的主体性和参与的积极性，引导教师通过思考、交流、合作、体验，最终形成对单元整体教学的深刻认识。

## 一、诊断式单元整体教学流程设计工作坊

　　在《桃花源记》中，陶渊明谈到了武陵人从现实的纷扰中进入桃花源的世界。进入桃花源的世界是一次渐进的过程。起初，"缘溪行，忘路之远近"。接着，"忽逢桃花林，夹岸数百步，中无杂树，芳草鲜美，落英缤纷"。然后，"林尽水源，便得一山，山有小口，仿佛若有光"。最后，"便舍船，从口入。初极狭，才通人。复行数十步，豁然开朗"。在教学设计工作坊的设计实施中，我们也需要带着教师从纷繁的教学实践中进入对学生语文学习、学生素养发展的探寻之中。因此，我们的工作坊采用了贴近教师实践经验的循序渐进的培训思路。

　　开展诊断式单元整体教学流程设计工作坊，这是培训思路循序渐进的第一步。首先，了解现状。工作坊的设计从教师的单元设计现状出发，教师日常单元教学设计都遵循着教材的自然单元展开，这无可厚非，毕竟教材是教师执教的依据，也是学生学习的依据，教材发挥着纽带桥梁的作用，充分调动师生的主观能动性，促使师生合力完成教学任务。其次，模型建构。项目组带领着教师用模型

来表征教材的单元设计，模型表征外显了教师对教材单元的理解，也暗含了教师对单元教学的初步思考。最后，模型反思。引导教师重新审视表征的单元教学模型，教师将从学生语文学习的角度来重新审视教材单元设计存在的问题，面对教材单元设计存在的问题，项目组基于真实的教师教学案例来研讨、改进、完善单元教学。诊断式单元整体教学流程设计工作坊的目的，便是要明确教师的教学需求和现状。在此基础上，工作坊试图松动教师的既有认识，重新从学生发展、学生深度且有效的语文学习的视角来促进学生核心素养的提升，进而有助于提高样本学校的初中语文教育质量。

### (一)把脉：遵循统编版初中语文教材的单元教学流程

教学流程是一种实施步骤，它是教师为了实现教学目标，综合了学生学情、学习环境等各要素而设计的较为稳定的程序和步骤。在教学过程中，教师应"用教材"，而不应被教材驱使，要灵活地、创造性地使用教材，让教材为我所用。为了完成教材自然单元的教学任务，语文教师需要自觉钻研和驾驭教材，考虑教材的使用和语文教学的实践，预设单元教学开展的教学流程。预设的单元教学流程也能反映教师对教学教材重点的理解、对教学难点处理的水平。

但是，在实际的教学过程中，教师"教教材"的特点仍较为明显。在与教研组的彼此交流过程中，郑州市第二初级中学和郑州市二七区马寨一中的语文教研组认真按照统编版语文教材的单元展开教学，在平时教案的浏览中，教师的教案遵循教材的自然单元展开教学。基于研修教师的单元教学流程设计的现状，项目组带领着教师重新回观这些流程设计的起点，即遵循统编版初中语文教材的单元教学流程。大家一起尝试勾勒初中语文教材中暗含的单元教学流程，这项活动以统编版初中语文教材七年级上册第一单元为研究对象。首先，参加工作坊的教师进行自主发现和小组探究，发现和探究的成果以小组的形式进行交流分享；其次，在各组发现和探究的基础上，项目组的专家与参加工作坊的教师共同研讨，共同提炼遵循教材自然单元的单元教学内容和单元教学流程，如图 4.1 所示。

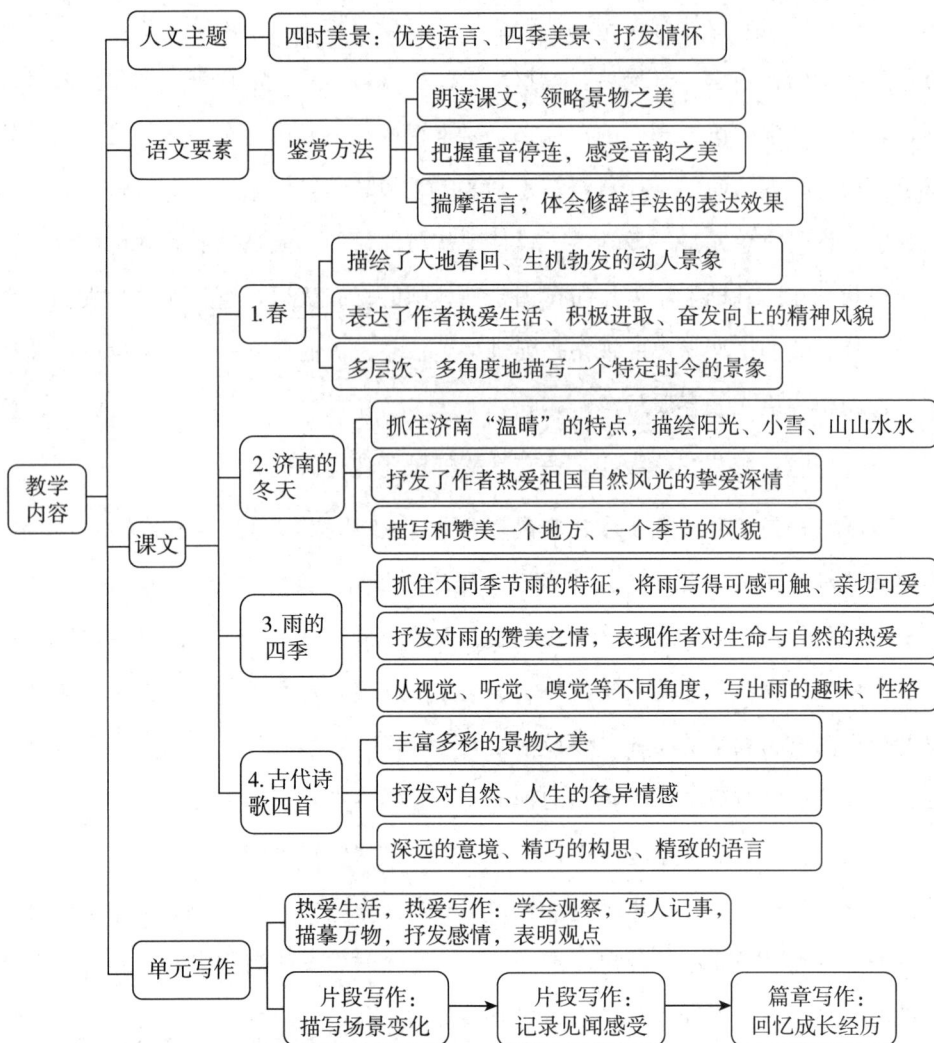

图 4.1　七年级上册第一单元教学内容

通过梳理本单元的教学内容，教师发现本单元教学内容实现了学科逻辑与认知逻辑的统一。自学科逻辑看，单元教学内容选择了散文与诗歌两类文体四篇课文，散文由《春》《济南的冬天》《雨的四季》三篇课文组成，诗歌由《观沧海》《闻王昌龄左迁龙标遥有此寄》《次北固山下》《天净沙·秋思》四首诗歌组成。这些文本组成了语文教学内容重要的学科逻辑。自认知逻辑看，学习心理的内部认知活动与外部活动是相互转化的，外部活动转化为内部认知活动，这是内化的过程，内部认知活动转化为外部活动，这被称为外化。因此，在教学内容中，阅读与鉴赏、表达与交流等语言实践活动便成为教学内容的认知逻辑。

在对教学内容进行梳理的基础上，研修教师与项目组一起描绘统编版语文教材中暗含的单元教学流程，如图 4.2 所示。

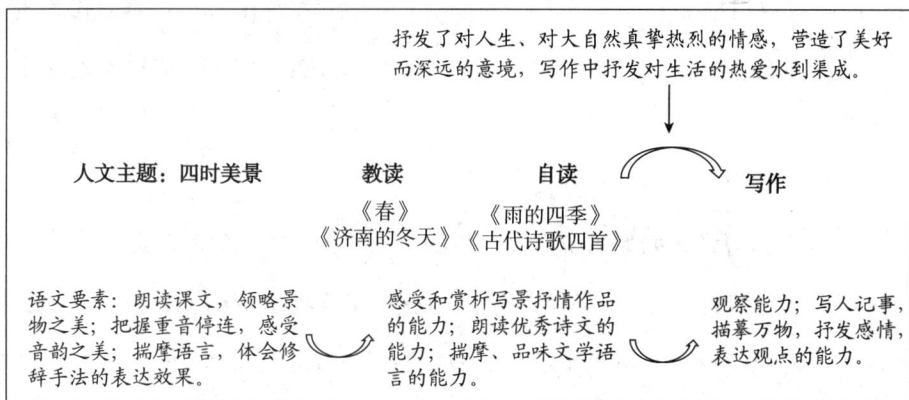

图 4.2 中内容：

抒发了对人生、对大自然真挚热烈的情感，营造了美好而深远的意境，写作中抒发对生活的热爱水到渠成。

人文主题：四时美景　　　教读　　　　自读　　　　写作
　　　　　　　　　　　《春》　　《雨的四季》
　　　　　　　　　　《济南的冬天》　《古代诗歌四首》

语文要素：朗读课文，领略景物之美；把握重音停连，感受音韵之美；揣摩语言，体会修辞手法的表达效果。

感受和赏析写景抒情作品的能力；朗读优秀诗文的能力；揣摩、品味文学语言的能力。

观察能力；写人记事，描摹万物，抒发感情，表达观点的能力。

**图 4.2　七年级上册第一单元暗含的单元教学流程**

在上图中，我们可以看到单元教学遵循着"由读到写，读写结合"的思路。通过四篇课文的学习，学生自然而然能够感受到在文字和写景背后作者所抒发的对人生、对大自然真挚热烈的情感，也能够领略到文本中营造的美好而深远的意境，据此，学生在写作中抒发对生活的热爱便可以水到渠成。从方法的习得和语文要素看，通过本单元的学习，学生应通过朗读课文，领略景物之美。在朗读中，能够把握重音停连，感受音韵之美；能够通过揣摩语言，体会修辞手法的表达效果。学生通过课文的学习，在阅读教学中获得关键能力的提升，这些关键能力包括：感受和赏析写景抒情作品的能力，朗读优秀诗文的能力，揣摩、品味文学语言的能力。课文的学习，落脚点在学以致用。在写作中，学生需要通过细致观察，来写人记事，描摹万物，进而抒发感情，表达观点。

在读写结合的思路下，对阅读和写作进行细致的研读，研修教师和项目组发现：本单元的阅读教学和写作教学有着能力提升的进阶。自阅读教学进阶看，单元教学实现了从教读到自读、从现代选文阅读到古典诗歌阅读的能力进阶；从写作教学进阶看，单元教学从句、段到篇。自句看，课文《春》后有这样的习题："作者把春天比作'刚落地的娃娃''小姑娘''健壮的青年'，你怎样理解这些比喻？你还能发挥想象，另写一些比喻句来描绘春天吗？"自段看，课文《济南的冬天》在课后练习中是这样进行积累拓展的："借鉴课文的某些写法，就你家乡冬天的风景写一个片段。注意抓住特点来写，不少于200字。"在写作中，片段写作聚焦现象：由夏入秋的季节流转，随之而来的气候变化、自然景物和人们穿戴的诸多变化。相应写作要求为：细心观察，选取场景，描写变化，拟定题目。自篇看，写作关注学生成长中深受触动并且难以忘怀的人生经历。

### (二)问诊：遵循统编版初中语文教材的单元教学流程设计的问题

在勾勒统编版初中语文教材中暗含的单元教学流程的基础上，教师意识到教材自然单元的教学设计具有以下典型特点："主题/要素—课时"的单元教学结构方式、扁平的人文主题和语言要素的推进方式、先读后写的语文学习活动安排。在此基础上，研修教师和项目组试图从学生语文学习的角度来透视教材单元编写及教师遵循教材自然单元的教学实施中存在的一些问题。参与培训的教师逐渐明确遵循教材自然单元的教学设计中存在的学习问题，深度理解了"用教材"的理念，为后续的单元整体教学改进明确了方向。在研讨过程中，大家探索着促进学生语文学习的单元教学设计，明确了单元教学流程设计的反思方向及反思问题，如图4.3所示。

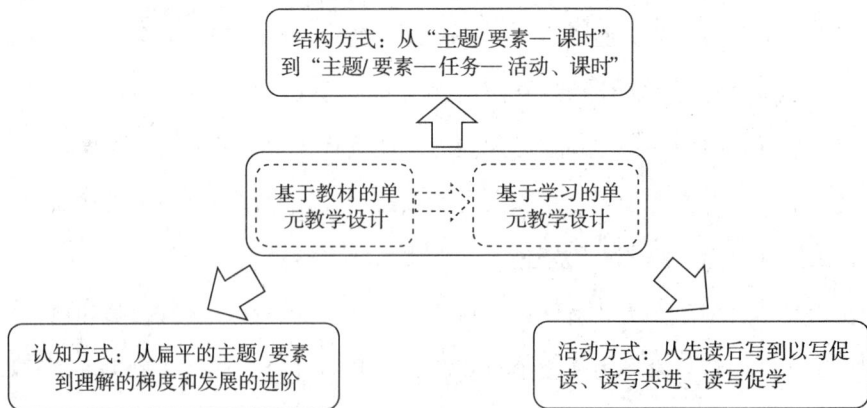

图 4.3　单元教学流程设计的反思方向及反思问题

第一，从"主题/要素—课时"转变为"主题/要素—任务—活动、课时"的结构方式。统编版教材七年级上册第一单元以人文主题"四时之景"和语文要素"借景抒情"等来组织单元，在此之下，便是由一篇篇课文组成的多文本，并围绕多个文本开展阅读与鉴赏、表达与交流。大多数教师先进行单篇教学，后进行比较阅读，最终指向主题的理解及知识的建构和能力的发展。"主题/要素—课时"的单元编排，试图以"人文主题""语文要素"来选择和组织课文。事实上，每篇课文除了关涉单元人文主题与语文要素外，还潜藏着其他多个语文要素和人文主题，在具体教学过程中，教师容易一会儿教这个点一会儿教那个点，忙忙碌碌，拉拉杂杂，教学呈现碎片化的特征。而要实现从主题/要素到课文的清晰传导并且形成清晰的教学思路，教师有必要在单元的人文主题和语文要素的教学过程中，紧扣单元教学目标，用若干教学板块来串联本单元的教学内容。将人文主题和语文要素提炼出清晰的教学板块和教学推进线索，这会简化单元教学的教学头绪。

第二，将扁平的"四时之景"的人文主题、概括的"写景抒情"的语言要素梳理出一个主题理解的梯度和语言要素发展的进阶。无论是人文主题的理解还是语言要素的习得，学生都是自我学习的建构者。"四时之景"的人文主题和"写景抒情"的语言要素，都是语文学习中的核心内容，围绕核心内容，需要有效构建学习进阶和理解梯度。一方面，需要在一定的学习进阶及一段时间内对核心内容真正产生深入、细致的理解，因此，围绕着核心内容前后连贯、由浅入深、循序渐进就显得非常重要。另一方面，核心内容学习进阶和理解梯度的设定，需要确定进阶的起点和终点。进阶的起点是学生对要学主题和要学要素已经具备的认识水平，也就是前理解；进阶的终点是期望学生最终能够达到的水平，这种期待水平可能是为了服务下一阶段的教育教学，也可能是为了满足社会对学生的要求。在起点和终点之间，进阶便是为学生设置了中间的水平，铺设了思维发展的路径，为核心内容的学习提供垫脚石。

第三，从先读后写到以写促读、读写共进、读写促学。统编版教材暗含的单元教学是站在方便组织教学、提高教学效果的立场上进行探索的。单元教学的对象是类文本，这些文本之所以能够聚集为单元，是因为文体、主题、阅读方法等方面的相似、相关。文本的组合方式有链接类文本、逻辑关联类文本、冲突类文本、活动类文本等。链接类文本就是以一篇为主，其他文本是拓展延伸；逻辑关联类文本是文本不分主次，内容或观点具有逻辑关联；冲突类文本便是在文本的观点上形成认识和操作上的冲突；活动类文本是多个文本基于某项活动的开展和完成而组合的。面对单元课文，统编版语文教材希望通过长时段的阅读，为写作提供话题和技法，并在仿写中模仿阅读中的技法，在此基础上实现从阅读到写作的迁移。表现在课时上，便是阅读课有 6 课时，写作课有 2 课时，从本质上看，这种单元教学呈现出"重阅读，轻写作""重输入，轻输出"的特点，最终导致了动机不足、学用分离等语文学习弊端。那么，除了"先读后写"，"读写结合"有无其他结合方式？研修教师和项目组共同探讨了以写促读、读写共进、读写促学三种形式，如图 4.4 所示。

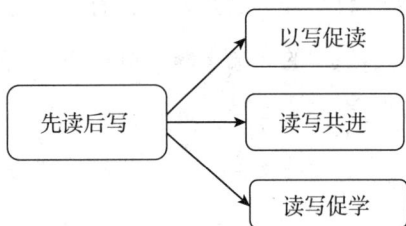

图 4.4 读写结合的设计探索

所谓以写促读，包括写作驱动、阅读促成两个过程。写作驱动，摆脱了以往补充背景知识和激发兴趣的阅读教学导入环节，而采用具有挑战性的表达与交流活动来驱动学生的语文学习。学生尝试进行表达和交流，进而意识到在表达交流方面输出的困难。在此基础上，教师提供有效的输入，带领学生一起来有效地开展阅读教学，帮助学生有效地吸收、消化、运用。有效的阅读输入，要确保阅读输入与表达交流输出具有关联性、针对性、科学性和促成性的特点。

所谓读写共进就是将写作伴随阅读教学始终，边读边说，边读边写，读写共进。以七年级上册第一单元"热爱生活，热爱写作"为例，学生要完成片段写作和篇章写作，就需要具备观察能力、描摹能力。那么，教师在学生的阅读过程中，可以布置并指导学生进行观察、描摹，这样就解决了学生写什么和怎么写的难点，进而减轻了学生片段写作和篇章写作的负荷。不难看出，读写共进确保了读写的双线发展，同时又促使读写双线之间相互关联，有效地解决了读写分合的问题。

所谓读写促学，便是让阅读与鉴赏、表达与写作共同促进语文学习乃至成为解决真实任务的有效方式。在读写促学中，阅读与写作深度融合，阅读与写作也参与学生的自主建构。

### （三）处方：促进学生语文学习的单元整体教学流程设计

单元教学流程的设计，正在从遵循教材的单元教学流程设计向促进学生学习的单元教学流程设计方向转变。这种方向的转变，必然带来单元整体教学结构方式、进阶方式、活动方式的相应变化。在改进的环节，研修教师和项目组一起试图将改进的理念落实到单元整体教学流程设计中去。在对七年级上册第一单元教材从自然单元到学习单元的设计转变过程中，单元整体教学设计呈现了结构性、进阶性、协同性等三大特点。项目组选取了北京市朝阳外国语学校张媛老师的单元整体设计案例，在此基础上展开案例教学。在案例中，张媛老师遵循着教材的自然单元，构建其学习单元，开展基于主题任务的单元教学。借助这一案例展开教学，将案例设计思路中存在的真实情境进行典型化处理，提供给研修教师学习思考。

1. 结构性："学习主题—任务—活动、课时"的结构方式

改进单元整体教学设计的结构性，旨在将以往教材暗含的单元教学"主题/要素—课时"的结构方式改为"学习主题—任务—活动、课时"的结构方式。

首先，结构性体现在单元学习主题上，单元学习主题实现了人文主题与语文要素的统整。在案例中，本单元的学习主题确定为"赏文品诗巧转换，诗情画意悟人生"。其中，"诗情画意悟人生"中的"诗情画意"指向教材自然单元的人文主题"四时之景"，日月经天，江河行地，春风夏雨，秋霜冬雪，大自然生生不息，四时景物美不胜收。本单元课文用优美的语言，描绘了多姿多彩的四时美景，抒

发了亲近自然、热爱生活的情怀。同时，"诗情画意悟人生"中的"悟人生"又暗含着教材本单元语文要素"言象意"的鉴赏思路。"言"就是要把握好重音和停连，感受汉语音韵之美，体会比喻和拟人等修辞手法的表达效果；"象"就是要重视想象文中描绘的情景，领略景物之美；"意"就是在"言""象"的基础上体会文本中寄寓的深情。"赏文品诗巧转换"是读法，又是写法，更是借助写作来深化学生的阅读。教师并不满足于教材要求的"朗读课文"，而是将"赏文品诗"的"读"与"诗文转换"的"写"结合，实现了鉴赏阅读与创意表达的结合、鉴赏阅读与创意表达的共进、创意表达对鉴赏阅读的促进。同时，"诗文转换"也解决了针对教材"人文主题""语文要素"下散文诗歌多种文体并存的文体教学难题，在转换的活动中，学生能够更加深刻地理解和体会诗文在写景抒情方面的同与异。

其次，结构性还体现在学习主题与学习任务的关联上。在"赏文品诗巧转换，诗情画意悟人生"学习主题下，设置了三项学习任务，分别为"四时美景总关情""铁骨柔肠皆入诗""诗文转换抒胸臆"，具体的单元整体教学设计框架如图4.5所示。

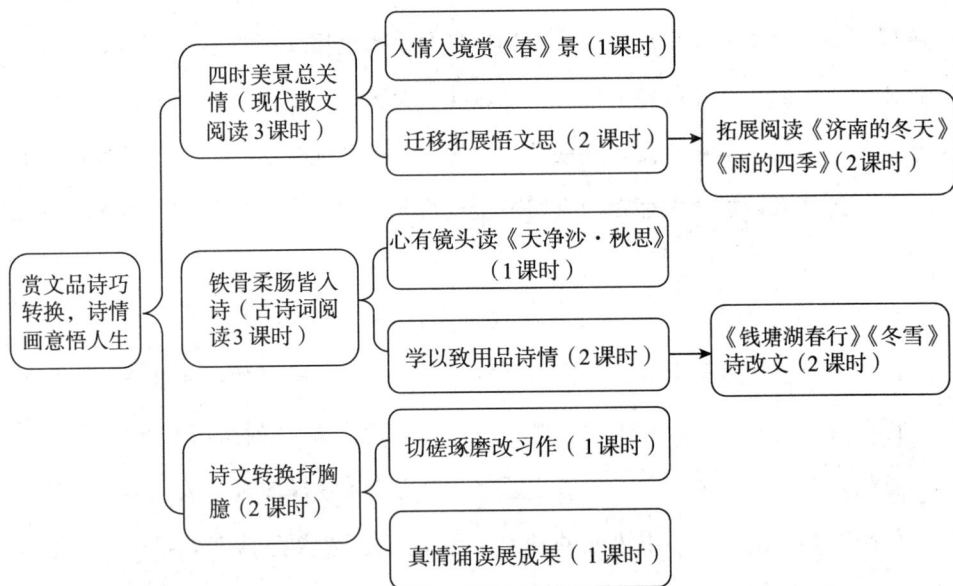

图 4.5　七年级上册第一单元单元整体教学设计框架

"四时美景总关情""铁骨柔肠皆入诗"两部分关注的是阅读，学生阅读写景抒情的散文和诗歌，"诗文转换抒胸臆"关注的是写作及写作成果的展示，三项学习任务实现着"读"与"写"的有机结合。

为什么学习任务要实现读写的结合，张媛老师这样认为：其一，语文教学本质是读写，落实能力点就要把"读""写"作为要点。阅读的过程是通过文字、联想和想象，体会诗文中描绘的情境，体悟其蕴含的情感的过程。阅读中的朗读训练意在让学生读准重音，读出节奏，进而加强学生的感悟能力。其二，语文课程是一门学习语言文字运用的综合性和实践性的课程。"读""写"是语言实践活动，要在语言实践活动中学语文，读中促写，写中促读，落实语文学科的综合性、实践性。其三，一线教学注重培养学生的语言运用能力，"读"考查学生的输入能力，"写"考查学生的输出能力，因此，通过读写提升学生运用语言的能力。在阅读的部分，"四时美景总关情"聚焦的是现代散文书写中所呈现的景和寄寓的情，"铁骨柔肠皆入诗"关注的是古典诗歌中所流露的画意诗情，从现代到古代的逆序追溯结构，也顺应着学生的学习心理。

最后，"学习主题—任务—活动、课时"的单元整体教学设计结构化，也体现在教学课时的结构化上。本单元整体教学设计总共由八个课时组成，散文教学为三个课时，其具体安排为："入情入境赏《春》景"为一个课时，"拓展阅读《济南的冬天》《雨的四季》"使用两个课时。古典诗歌教学为三个课时，具体安排为："心有镜头读《天净沙·秋思》"为一个课时，"学以致用品诗情"品鉴《钱塘湖春行》《冬雪》使用两个课时。"诗文转换抒胸臆"为两个课时，具体安排为："切磋琢磨改习作"为一个课时，"真情诵读展成果"使用一个课时。

2. 进阶性：学习任务和学习活动的发展进阶

学习进阶顺应着学生的学习过程。每个学生的学习过程，都是从简单到复杂、从归纳到演绎的持续认知发展过程。如何创设学习进阶？

首先，需要明确单元整体教学所涉及的核心教学内容，核心教学内容可以是大观念，也可以是大概念，这是进阶之旅的终点；其次，要确定进阶之旅的起点，这就要从学习者的学情和视角出发来构建学习的进阶，且起点与终点应存在着较大的落差；最后，便是要构建较为清晰且可以拾级而上的"阶"，这些"阶"是由典型的学习现象、学习任务、学习问题、学习资源、学习活动等组成的，这些脚踏点就构成了学生攀登语文学习的登山路径。

这种进阶性充分体现在学习任务之间和各个学习活动之间。学习任务由读到写，阅读语篇从现代到古代，不断深入。具体到学习任务之下的学习活动部分：学习任务一"四时美景总关情"部分，"入情入境赏《春》景"开展的是精读，"迁移拓展悟文思，拓展阅读《济南的冬天》《雨的四季》"为拓展阅读，从精读到拓展研读，学习活动呈现出进阶的特点；学习任务二"铁骨柔肠皆入诗"部分，"心有镜头读《天净沙·秋思》"是精读，"学以致用品诗情"为略读，"《钱塘湖春行》《冬雪》诗改文"是写作，这就构成了由读到写的学习进阶；学习任务三"诗文转换抒胸臆"部分，"切磋琢磨改习作"是对成果作品的修改打磨，"真情诵读展成果"则是对作品成果的展示和传播，这就构成了作品的修改和发表的学习进阶。

在具体学习活动开展过程中，单元整体教学也具有进阶性的特点。以第一课时"入情入境赏《春》景"为例，教师明确了学习进阶设计的终点和学习进阶设计的起点。该节课学习进阶的终点为：通过朗读检验学生前期对文本的阅读成果，完成某一幅画面的摄影脚本改写，进而品味准确生动、清新优美的语言，领会作者的思想感情。"完成某一幅画面的摄影脚本改写"这是学习进阶的终点，学生将借助形象思维对文本内容进行再次加工，通过诗歌的形式来形成解说词、画外音，从而加深对文章的理解，积累语言，提高写作能力，培养热爱大自然、热爱生活、热爱一切美好事物的感情。面对核心学习内容，学习进阶的起点为：学生通过本节课能掌握《春》的重音和停连，在朗读的基础上将课文中的画面呈现在头脑中。这充分体现了七年级学生形象思维能力强，易于接受形象生动的景物描写，能在脑海中产生鲜明的印象，并能够形成画面感的特点。在改写脚本的过程中，学生对于画面景物、拍摄角度能够准确快速掌握，但对于拍摄意图则有可能出现表达不清、不明白的情况，需教师引导。学生对于书面表达有畏惧心理，没有接触过"文改诗"的形式，因此要引导学生品味写景散文的语言特色，在赏析这些优美文句时，提示学生借鉴仿写，吸收消化在自己的作品中。

确定了学习进阶的终点，了解了学习进阶的起点，在第一课时"入情入境赏《春》景"中，教师设置了拾级而上的脚踏点，如图4.6所示。

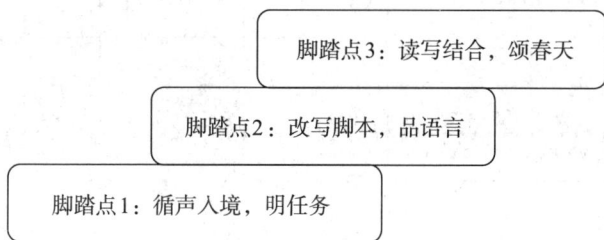

图 4.6　基于朱自清《春》的学习进阶设计

第一个脚踏点，循声入境，明任务。在这个部分，首先，教师循声入境，提出任务。从学生有感情背诵的文学体验和文学感受入手，逐渐引出课时学习任务："从同学们的背诵中仿佛让人看到了'野火烧不尽，春风吹又生'的小草，'春色满园关不住，一枝红杏出墙来'的春花；感受到了'不知细叶谁裁出，二月春风似剪刀'的春风和'好雨知时节，随风潜入夜'的春雨。人勤春早，可以把这美不可言的春景拍摄成视频，各组设计拍摄结构图。"其次，表征任务，分析画面。为了完成拍摄课文中的春景，学生需要回到课文中，明确课文中具体呈现的春天画面。经过文本研习，学生明白课文《春》中有"盼春""绘春""赞春"三部分组成："盼春"是大笔勾勒，是总领全文，也开启着下文；"绘春"是细致描绘，这一部分有着五个画面——"春草图""春花图""春风图""春雨图""迎春图"；"赞春"是抒发感情，抒发着作者对春天"新""美""力"的赞叹。

第二个脚踏点，改写脚本，品语言。要将春景拍摄成视频，除了从课文中提取春天的若干画面外，还需要将文字画面转换为拍摄脚本，为最后的视频拍摄做准备。如何将文字画面转换为拍摄脚本呢？首先，初次制作脚本，学生交流。教师提前布置学案，将脚本设计成表格形式，脚本设计表包括"片名""画面景物""拍摄角度""拍摄景别""拍摄意图""画外音""情感"等维度（如表4.1），学生将"春草图""春花图""春风图""春雨图""迎春图"的文字画面按照要求完成，最终将文字画面转化为简单脚本。

表 4.1　脚本设计表

| 片名 | 画面景物 | 拍摄角度 | 拍摄景别 | 拍摄意图 | 画外音 | 情感 |
|---|---|---|---|---|---|---|
|  |  |  |  |  |  |  |
|  |  |  |  |  |  |  |
|  |  |  |  |  |  |  |
|  |  |  |  |  |  |  |

对于表格中的维度，教师也做了说明："拍摄的景物要选择春天画面中具体的代表事物，拍摄角度和景别的选择要注意作者写作的手法，拍摄意图要体现文字所蕴含的春天事物的特点，画外音要选择适合画面的文字（还可以有配音乐的建议），要学会朗读，标清重音停连，通过有感情地朗读传达作者情感。"

其次，在简单脚本的基础上，为了更好地帮助学生完成改写脚本的任务，教师先后提供了两个支架。第一个支架为教师撰写的脚本范例，教师展示范例，并引导学生发现范例的撰写策略。第二个支架是在学生发现范例的撰写策略后，教师引导学生重新进入文本"春花图""春风图""春雨图""迎春图"部分。在"春花图"中，师生关注到了写景顺序——从树上、花下到遍地，这就为拍摄角度提供了参考，也研习到了正面描写的是花朵多、花色艳、花味甜，侧面描写的是蜜蜂闹、蝴蝶飞等，这就为拍摄选景做了准备。

脚本范例

　　"春草图"画面景物选取一株或几株小草，拍摄角度是俯视特写，拍摄意图是通过小草破土而出表现小草作为春的使者的旺盛生命力。画外音是："小草偷偷地从土里钻出来，嫩嫩的，绿绿的。"情感是使读者感到无比欣喜。

第三个脚踏点，读写结合，颂春天。这一部分，专门针对脚本拍摄的画外音来展开活动。之所以选择画外音，一方面是因为学生在视频拍摄中这部分存在着实际困难，另一方面，画外音也是实现散文转化为诗歌的重要活动。对于这一活动的解决，教师提供了写作建议，也提供了写作案例。在写作建议中，教师提醒学生："在脚本的改写过程中同学们能够选取文章里有代表性的景物，并能够叙述清楚拍摄意图，关于画外音大家都选取的是原文中的句子，现在同学们请你试一试你是否能够自己设计一下画外音呢?"教师也明确了创作范围：可将全篇，也可将某一画面写成现代诗歌。除此之外，教师提供了下水文写作范例《春风》："春风奔向河边，轻轻一抚，冰融化了。/春风靠近小草，轻轻一亲，小草醒了。/春风钻进树林，轻轻一吹，树叶绿了。/春风来到田野，轻轻一挥，麦苗高了。/春风跑进花园，轻轻一唱，花儿开了。/春风走到校园，轻轻一画，春天到了。"通过任务之间的进阶、学习活动之间的进阶及活动实施中各个脚踏点的设置，整个单元整体教学设计都呈现着进阶性的特点。

3. 协同性：活动、语篇等协同促进学生的语文学习

单元整体教学的开展具有协同性的特点。整个单元整体教学以学习任务统摄文学阅读与创意表达等言语实践活动和文学文本等语篇资源，在文学体验的学习情境中实现双向聚焦、相互影响，暗含着文学性阅读和文学性表达共同来促进审美创造的理念。在任务的完成过程中，在文学性阅读中学习表达方法，以文学性表达来促进文学性阅读，这也充分体现了当前课程改革强化文学性阅读与文学性表达之间互促互进、整体推进的思路。同时，无论是"入情入境赏《春》景""迁移拓展悟文思"，还是"拓展阅读《济南的冬天》《雨的四季》""心有镜头，读《天净沙·秋思》""学以致用品诗情""《钱塘湖春行》《冬雪》诗改文"，这些活动和语篇结合的活动名称，便体现着单元整体教学的协同性特点。

在学习任务的统摄下，读写活动共同促进着学习的发生，语篇也围绕着学习任务展开，学习活动和语篇学习共同服务于任务的达成。在"四时美景总关情"这一任务的学习中，教师懂得语言文字是载体和媒介，学生能够通过朗读深入语言文字的背后，脑海中产生形象，体会作者情感，将春天的画面改写成脚本的形式，品味赏析语言。能够通过对《春》的学习将优美的画面改写成诗歌，读文识义，由文入景，因文生情。在"铁骨柔肠皆入诗"的任务学习中，学生在背诵《天净沙·秋思》的基础上，利用形象思维在头脑中形成画面感，体会一个长期漂泊他乡的游子的悲哀，用简笔画的形式呈现，这增强了学生的理解感悟能力。通过具体事物的构图，能够引发学生的联想和想象，用散文的形式改写诗歌，引导学生鉴赏这篇佳作，能够提升学生运用语言的能力。在"诗文转换抒胸臆"的学习任

务中，在七年级上册第一单元"四时美景"学习结束后，教师安排了学生学习成果的展示，目的是给学生搭建平台，深化落实本单元教学重点——朗读，将学生课内所学"文改诗""诗改文"的习作和同学交流分享，从而增强学生语言运用能力，激发学生热爱生活、热爱自然的愿望和热情。

不难看出，语文是实践性很强的课程，应着重培养学生的语言实践能力，而培养这种能力的主要途径也应是语言实践。教材的设计为每个单元设置了人文主题与语文要素，以"1＋X"的模式整合教学，以单元为单位组织教学、整体设计教学。在单元整体教学的课堂中积极开展改写电影脚本、诗歌朗诵会、制作班刊等真实情景活动，使学生真正走进课堂，激发兴趣，参与其中。同时，综合性就是要改变读与写、语篇与语篇之间碎片化的状态，与既往学生语文学习来源于碎片化的语篇学习和学习活动不同，单元整体教学借助学习任务、情境任务，将这些碎片的语篇、活动、知识进行解析重构，从而构建相对完整的学习解释，而这些解释又使勾勒出学生学习轨迹成为可能。

## 二、单元整体教学设计理论学习工作坊

在诊断式单元整体教学流程设计工作坊中，经过现状的分析、模型的建构、模型的反思，项目组带领教师深入理解单元整体教学设计的整体特点。不难看出，诊断式单元整体教学流程设计采用的是自下而上的方式，以此深化对单元整体教学的理解。与诊断式单元整体教学流程设计工作坊不同，单元整体教学设计理论学习工作坊便是要在教师感性和体验的基础上，实现对研修教师的自上而下的理论引领。单元整体教学设计理论学习工作坊试图从提出背景、内涵及理论基础、基本特征和主要环节等四个方面展开。

### (一)单元整体教学设计的提出背景

教师真正施行的单元整体教学设计的教学行为与他们的认识密切关联。因此，交代清楚单元整体教学设计的提出背景和明确单元整体教学设计的必要性，便有着重要的价值和意义。鉴于当时义务教育课程标准正在修订的现实，项目组

从《普通高中语文课程标准(2017 年版 2020 年修订)》的施行，以及语文学科核心素养的落地谈起。

何为语文学科核心素养？项目组带领着研修教师一起梳理了《普通高中语文课程标准(2017 年版 2020 年修订)》中关于语文学科核心素养的概念表述(如表4.2)，发现其概念表述由四个判断句"是"构成。这些表述包括内涵和培养两个方面。

表 4.2 梳理语文学科核心素养的相关表述

| 内涵 | 培养 |
| --- | --- |
| 1. 语文学科核心素养是学科育人价值的集中体现。<br>2. 语文学科核心素养是学生通过学科学习而逐步形成的正确价值观、必备品格和关键能力。<br>3. 语文学科核心素养是学生在语文学习中获得的语言知识与语言能力，思维方法与思维品质，情感、态度与价值观的综合体现。主要包括"语言建构与运用""思维发展与提升""审美鉴赏与创造""文化传承与理解"四个方面。 | 语文学科核心素养是学生在积极的语言实践活动中积累与构建起来，并在真实的语言运用情境中表现出来的语言能力及其品质。 |

自内涵看，语文学科核心素养是学科育人价值的集中体现，是学生通过学科学习而逐步形成的正确价值观、必备品格和关键能力，也是学生在语文学习中获得的语言知识与语言能力，思维方法与思维品质，情感、态度与价值观的综合体现。语文学科核心素养的内涵启示我们：语文学科核心素养的形成是一个长期、连续的过程，语文课是落实语文学科核心素养的重要阶梯。在好的语文课堂上，师生之间有着情感的交融、思维的深层互动，共同思考语文核心内容，构建语文学科观念，形成语文学科的方法，探索语文学习规律。在这个过程中，学生成为真正的学习者，求知欲得到满足，语文学科核心素养得到发展。

自培养看，语文学科核心素养是学生在积极的语言实践活动中积累与构建起来，并在真实的语言运用情境中表现出来的语言能力及品质。语文学科核心素养的形成，便要在学习内容和学习方法上进行突破。学习内容上，要从既往的文选、知识、技能等转变为语文学习任务群，语文学习任务群将依托学习任务整合学习情境、学习内容、学习方法和学习资源，安排连贯的语文实践活动，注重语文与生活的结合，注重听、说、读、写的内在联系，追求语言、知识、技能和思想情感、文化修养等多方面、多层次发展的综合效应。学习方法上，要发挥学习主体——学生的主动性，要开展积极的语言实践活动，要创设有效的语文学习情境，等等。

在对语文学科核心素养的梳理和探究基础上，教师逐渐认识到：在语文学科核心素养的背景下，学生的语文学习是以学习任务为单元的，包括提出学习任务、分析学习任务、解决学习任务和完成学习任务，学习任务的达成决定了最终的学习时间，这里的单元是学生的学习单元，而非教材的自然单元，围绕学习任务的教学本质上便是基于学习单元的教学。

### (二)单元整体教学设计的内涵及理论基础

单元整体教学是在系统论、控制论、信息论的指导下进行的，对相关教学单元进行整体性设计，确保其教学信息的有效传递和反馈调整的教学模式。如果说教学需要设计，那么绘画也需要构思，因此，理论培训便以为王之涣的《登鹳雀楼》诗歌进行绘画作为热身活动，绘制登上鹳雀楼所看到的景象。如果要画"白日依山尽，黄河入海流"，教师恐怕要按照纸张大小判断画什么样的白日、山、黄河以及彼此的位置。即便画山，教师也是先勾勒轮廓，然后再关注细节。活动之后，教师复盘整个绘画构想的过程，逐渐感受到系统论、控制论和信息论。在此基础上，再对理论展开深入学习。

语文单元整体教学暗含着系统论的思想。系统论关注的是由若干要素以一定结构形式连接构成的具有某种功能的有机整体。"系统""要素""结构""功能"是该理论的核心要素，其核心思想是系统的整体观念，每个要素在系统中都处在一定位置上，起着独特作用，要素之间相互关联，构成不可分割的整体。其思想方法便是要把所研究的对象当作系统，分析系统的结构和功能，研究系统、要素、环境三者的相互关系和变动规律，并以系统的观点看问题。语文单元整体教学把系统性、整体性作为教学的基本原则。它把单元教学作为一个整体、一个系统，分析教学内容的价值与功能；把多课时的、存在相互关系的教学过程作为一个整体，设计教学框架与细节；把繁多教学内容作为一个整体，选择有效教学策略予以解决。学生经过多课时的学习，经过教师的有意识引导，可以把握每课时的学习内容在单元内的位置，也可以明了该课时学习内容与其他学习内容的关联。

同时，控制论的思想在单元整体教学中发挥着重要的作用。控制论由美国数学家诺伯特·维纳在 1948 年提出，他认为，在任何系统中，要素的组合受到环境的影响，内部运行和结构变化很大。在复杂的系统中，要实现既定目标，必须进行控制。将计划的执行结果和标准进行比较，采用必要的纠正措施，实现组织的既定目标，甚至使之更加先进和合理。[①] 在具体的实施过程中，整体教学效果的获得离不开教学的反馈。进行单元整体教学时，教师在教学和学生学习过程中，以核心的单元整体目标来控制整个教学过程，并且需要通过严密的核心教学环节、各种形式的反馈信息，判断学生掌握情况，及时进行反馈与调整，从而保证教学效果。在不断反馈调整过程中，教学目标可能发生变化。但是，这种变化是为了更加符合学生实际情况，有利于学生发展的变化。为了具有好的教学效果，为了及时根据反馈进行教学调整，教学就需要安装控制阀、控制器。

语文单元整体教学，不仅要关注教学的整体性和教学反馈的重要作用，还需要考虑在整体教学过程中教学信息的有效传递。因此，语文单元整体教学也融入了信息论的思想。从教学信息论的视角看，教育家巴班斯基提出教学过程最优化的教学理论和方法，他将教学过程最优化定义为是在全面考虑教学规律、原则，现代教学的形式和方法，该教学系统的特征及内外部条件的基础上，为了使过程从既定标准看来发挥最有效的(即最优)作用而组织的控制。[②] 他认为，教学过程的最优化是在一定的教学条件下寻求合理的教学方案，使教师和学生花最少的时间和精力获得最好的教学效果，使学生获得最好的发展。不难看出，教学过程实质是一个教师和学生之间的教学信息的传递与反馈的行为过程。教师把教学信息

---

①　维纳. 控制论[M]. 王文浩，译. 北京：商务印书馆，2022.

②　巴班斯基. 教学过程最优化：一般教学论方面[M]. 张定璋，译. 北京：人民教育出版社，1984.

编码成一种易于理解的形式传递出去，同时要增大输入信息，减少干扰信息的输入，输入的信息越清晰、简明，才能提高信息传输效率，学生才能有效接收并编码传递来的信息，或调整、重复原来的教学信息。语文单元整体教学也应重视教学信息的传递：教师层面，教学前，教师要认真研读课程标准和教材，抓住知识内容所蕴含的教学价值、教学重难点，予以突出，并编排好先后顺序，减少不必要的干扰信息，保证传输信息的简约有序；学生层面，要将自己的收获以表情、形体动作、语言、文字的形式表达出来，让教师获取正确信息，从而能够改进自己的教学行为。①

### (三)单元整体教学设计的基本特征

单元整体教学是以"单元"为基本单位，开展教学设计、实施与评价的教学，强调整体性和有序化。② 开展单元整体教学设计，是面对单元整体展开的教学设计，通常以"系统论""控制论""信息论"作为理论基础。同时，语文单元整体教学呈现出以下四个基本特征。

第一，系统性。既往的教学通常是一课一学、耗时低效、知识零碎、缺乏系统，而单元整体教学的系统性便是要以单元整体教学的方式组织教学，有效拆分成联系紧密的组织模块，站在系统的高度来组织教学。单元整体教学要有利于知识的结构化、教学组织的结构化、"教—学—评"的一体化。缺乏教学组织的结构化、"教—学—评"的一体化将制约单元整体教学系统的实施。

第二，整合性。语文单元整体教学对于系统性和整合性的追求，可以从教学内容和学习主体两个方面来进行分析。自教学内容看，孤立的知识没有活力，知识只有在联系中才能生长，才能产生新知识，这便是整体功能大于局部之和的道理。这里的联系，既有知识与其他知识的空间结构关系，也有知识自身发生、形成和发展内在过程的历史时间联系。自学生的学习看，学习的实质就是学生通过

---

① 姜凤平，侯丙生. 换一种教法：初中单元整体课程(总纲)[M]. 济南：山东文艺出版社，2013.

② 冯旭洋. 统编初中语文教材单元教学目标设计：基于单元整体教学的视角[J]. 课程·教材·教法，2021，41(12)：75-80.

新旧知识的相互联系作用，借助同化顺应机制，丰富原有认知结构，进行认知结构的组织和重新组织。组织就是建构，学习就是知识建构的过程。教育形式的知识是经过分化、重组、整合、改造和转换的，从而形成富有教育意义、适合学生理解和掌握的知识内容和知识形式。因此，单元整体教学的整合性需要考虑整合的意义和价值，落脚点在于促进学生的学习。这就需要：构建知识与知识的整合，形成知识的结构体系；关注知识与现象的整合，利于学生的情境学习；努力将知识与行动进行整合，便于学生的学用合一；将知识与学生的自我理解进行整合，更加便于学生的自我理解。

第三，阶段性。如果说系统性主要是为了突出单元整体教学的结构框架，它从宏观上把握了单元整体教学活动的整体及要素之间的内部关系和功能，那么，阶段性则是从单元整体教学的活动程序方面突出教学的有序性和可操作性。比如，学生可以经历感受—精学—拓展—整理的学习历程。感受，就是让学生明了单元整体教学的学习目标，就是让学生先爬上山顶，感受整个山头的风景；精学，即根据学生的学情和特点，将最难的内容作为精讲内容学习；拓展，即课内的学习是为了让学生有更为广阔的课余学习空间，课堂只是引发学生课外学习的欲望；整理，即格式塔理论提到的让学生对知识进行系统梳理，达成知识的整体网络结构。

第四，主体性。语文单元整体教学不仅强调所学内容的结构化，还期待学生通过单元整体教学，将细碎、零星的知识内化为一个立体网状的整体认知结构，通过联系和规律让知识组块存在于学生头脑之中，并能"自由出入"，让学生变得可以"举一反三""灵活运用"，从而达到"八方联系，浑然一体；漫江碧透，鱼翔浅底"的境界。在知识的主体建构和能力的主体历练中生成主体的自我人格，包括情感、态度、价值观等方面的自我生成。

### (四)单元整体教学设计的主要环节

单元整体教学应立足于单元整体，通过联系揭示出单元的特征，强调学习内容(知识)的结构化，在此基础上，开展整体教学，促进学生认知结构的组织和重新组织。单元整体教学一般包括四个基本要素，即：整合内容的学习主题化、学习主题的情境化、学习情境的任务活动化、任务活动的评价促学化。单元整体教学设计由四个主要环节组成，分别为：设计学习主题、确定学习目标、预设学习评价、开展任务活动。

主要环节1：设计学习主题

主题任务的设计，确定学习主题便解决了用语文做事过程中为何做的问题。确定学习主题在单元整体教学中有着重要的作用，主要有以下几个方面的考虑。首先，它为教学提供了目标性的保障，解决了用语文做事中的为何做与用什么做的问题，它是后续项目实施、问题提出、学习任务设计、学习活动开展的"魂"。其次，学习主题形成了相对完整的学习领域，凝聚成了一个极具张力的学习生长点，这就可以使得语文学习的正确价值观、必备品格和关键能力整体推进，也便于开展识字写字、阅读鉴赏、表达交流、梳理探究等丰富多彩的语文实践活动。学生在语文实践活动中学语文和用语文，在语文实践活动中提出问题、分析问题和解决问题，在语文实践活动中发展核心素养和挖掘潜能。最后，学习主题也促进着学生的学和教师的教，一方面，它激发学生的学习兴趣，另一方面，它具有一定的弹性，给教师和学生留有开发的空间。

如何确定学习主题？这就需要深度分析教材内容、课程标准和学生学情。深度分析教材内容和课程标准，可以对教材内容抽绎归纳生成学习的大观念，也可以对接课程内容确定学习的大观念。前者需要以语文教材中的一个单元或几个单元为基础构建学习单元，学习单元也可以打破教材单元的限制，研读学习单元内部的每个文本，发现其中的相互关联，通过自下而上的方式不断归纳提炼，最终确定学习单元的大观念。大观念通常是抽绎归纳的结果，这就要求我们具备从现象到本质、从事实到意义、从特殊到一般、从部分到整体的思路。后者则是要借助课程标准的高频词句，关注语文课程内容与教材内容的相互联结和彼此转化。确定学习的大观念需要根据课程内容进行深入分析、筛选和提炼，课程内容包括课程标准中的学习任务群、学科核心素养和课程目标，也包括教材中的课文、单元导语、课后练习等。大观念的结构性特点决定了它对学生的语文学习与素养形成具有整合作用。这种整合作用体现在：其一，大观念能够聚合每一课时、每一环节语文学习中的知识、技能和策略，使这些知识、技能和策略相互联系而产生意义；其二，在大观念的确定、活化和构建过程中，也整合了学生在正确价值观、必备品格和关键能力等多个方面的发展。对于大观念对单元教学的重要作用，李卫东如此认识："正如'unit'（单元）一词有'独立，完整'的意味，是大观念打造单元的逻辑结构，使单元学习成为'大单元'，具有了学习的一致性和完整性。如果没有大观念这一'透镜'，所谓的单元学习就可能是碎片化的学习、浅层学习和不能有效迁移的学习。"①

确定学习主题，还需要深度分析学生学情。分析学情要把握学习、发展和心灵三个基点。学生的学习应该在课堂上真实发生，这就需要把握学生学习的起点，学生的经验准备、知识技能基础，都是学习的"前理解"，要基于"前理解"来预测学生学习过程中会遭遇到的认知障碍，分析学生学习的精要之处，这些都是学生学习的困难点和关键处。学生的学习是为了发展，学情分析还需要把握发展点，明确发展点便是明确了学习走向何方。根据维果茨基的最近发展区理论，教师要把握学生的现实发展水平和潜在发展水平。明确了学习的起点和重点，在学习的过程中，应该触发学生的心灵世界，这就需要把握学生心灵的敏感神经，学生心灵中的敏感神经主要集中在对学习内容的好奇处、困惑处、共鸣处和挑战处，这些都能够成为学生学习的触发点。

在文学学习过程中，设计了多样的学习主题，这些学习主题包括光辉的历程、精忠报国、社会万花筒、人与自然的和谐共生等。学习主题作为特定的人文话题，要基于学生生活，打通课程学习与生活迁移的通道，这就摆脱了纯粹的文学知识的学习。同时，围绕学习主题的教学，会更加遵循学生认知发展的特点，利于学生开展持续的探究与发现，学生感兴趣的文学都是围绕着自然生活、日常生活、社会生活、历史生活展开的，这些生活既具有一定的亲近性，又存在着时

---

① 李卫东. 大观念和核心学习任务统领下的大单元设计[J]. 语文建设，2019(21)：11-15.

代经验和文学经验的距离，文学的学习便是要引导学生感受文字之美，以及文字中饱含的革命文化、历史文化、社会文化、自然生活之美，让学生获得个性化的审美经验，并在此基础上能够表达自己独特的体验和思考，尝试创作文学作品，促进其精神成长。

主要环节 2：确定学习目标

单元整体教学的目标以学生的学习目标为导向，它基于教师所构建的主题任务，是对语文主题任务完成所要实现的学生身心发展结果的预期和设计。确定单元整体教学的学习目标，不能直接将语文课程培养的核心素养与主题任务学习目标画等号，素养立意的语文课程目标体系是以语文学科核心素养为立意，并由课程总目标与学段要求两部分组成，是教育目的的下级目标，通常以语文课程标准为载体。主题任务的学习目标是指导、实施、评价主题任务学习的基本依据，它既包括课程标准中对学习任务群学习提出的要求，又包括教师基于教材的学习单元内容和学生的认知水平而设定的具体的主题任务学习活动目标。除此之外，要进一步认识到语文课程目标与主题任务学习目标在程度、稳定性和层级上存在的差异。从程度上看，语文课程目标与主题任务学习目标具体化程度不同，语文课程目标是对语文学习的总要求，对学习活动起着指导作用，主题任务学习目标是对学习活动的具体要求，对特定主题任务的教学活动起着规范作用。从稳定性上看，语文课程目标在一定时期内具有相对稳定性，而主题任务学习目标需要体现学习主体的需求，呈现出客观性与主体性的统一。从层级上看，语文课程目标与主题任务学习目标分属不同层级，从语文课程目标到主题任务学习目标需要经历复杂的层级转化。核心素养导向的中学语文任务群的学习目标转化机制并非是一蹴而就的，它经历着从课程标准层面目标到课堂教学层面目标的两级转化。

因此，主题任务学习目标的确定，一方面需要从大处着眼，与语文课程总目标、任务群课程目标、任务群学段课程目标形成逻辑对应关系；另一方面也需要从细处着手，充分考虑学习主题、学习任务内在的逻辑体系特征，仔细分析学习主体——学生的智力水平、学习风格、学习兴趣、学习意志等。在主题任务学习目标的表征方面，育人性是其最显著的特征。学习目标的育人性便要充分体现学科育人的价值，"育人"是目的，"语文"是前提。一方面，"育人"是"语文学科"的育人，主题任务的学习目标是经由单元学习后所展现的精神面貌、行为习惯、能力素质等。另一方面，"语文学科"是经过"育人"观照的语文。在"育人"的透视下，学习目标中关涉的学习内容应该体现学科本质和学科大概念；同时，经由"育人"的观照，学习过程便呈现新的教学意涵，"生活情境中学""阅读运用中学""问题情境中学"这些新的学习方式也被吸纳进学习任务群学习目标的表述之中。当然，学习目标的"育人性"也体现在任务群学习目标指向的是学生，关注的是学生的学习，并以"学生（将）能……"的陈述形式加以表述。在学习程度的表述方面，大多数研究者倡导从量与质的角度形成可测量、可观察的科学表达，但并非所有的学习目标都可以转化为行为目标，主题任务学习目标并非课时学习目标，它具有一定的抽象性。主题任务学习目标需兼顾关键能力和必备品格的培养，必备品格难以用量化的形式呈现，迁移能力、高阶能力等关键能力的培养很难用具体的行为目标表现。

　　主要环节 3：预设学习评价

　　评价和教学之间的关系是融合一体的，随着教学方式从关注教师教到促进学生学的转变，学习评价的促学功能也得到关注。所谓评价促学，便是要将评价视为"教—学"过程的有机组成部分。学习评价包括终结性评价和过程性评价。提升核心素养，离不开平时的积累和后天的养育，需要关注学生学习的发展性，因此过程性评价日益受到关注。设计过程性评价，需要处理好预设和生成的关系，逆向教学设计认为"确定合适的评估证据"是重要的阶段，通过评价的预先设计，保证了学习目标、学习评价和教学活动的一致性，在预设的基础上借助着过程性评价的开展，确保了学习目标的有效达成。因此，学习评价不应仅是教学行为的最终环节，而应该基于主题任务学习目标，预期每项任务的学习结果，有了预期评价之后，在实际的教学过程中，还需要重视学习过程的评价，帮助学习者在学习过程中借助评价来促进学习。

　　在预设学习评价基础上，在教学实践过程中，学习评价以外显的学习成果为依据，力图采用小节点和多表现的理念开发促学的评价工具。小节点，意味着教学过程和学习过程要步步为营，每一步都要能实现"教—学—评"的闭环结构，每一步与每一步之间会具有复杂多样的联系，每一步都需要设计具有特色的学习成果。多表现，指的是学生的学习成果应该是丰富多样的，纸笔测试固然是学习成果的外化形式，但是除此之外，还有制作表现类成果（戏剧表演、海报、网站、地图、音频、视频等）和解释说明类成果（演示、口头报告、PPT 报告、书面说明、研究报告、演讲等）。

当然，设计过程性评价要考虑评价反馈的效果，需要制订较为科学的学习评量表。基于主题任务完成过程中的读书笔记、诗集、演讲稿等极具个性的学习成果制订的评价量规应由师生共商共建，评价标准应具有引导成长的功能。有了评价量表，教师在主题任务的实施和活动的开展中，便可以基于规则、评价量表等表现性评价工具，全面关注活动中学生的学习表现，关注学生在真实的学习情境中主题任务解决的过程。这些学习量规，不仅能够推进主题任务的达成和活动的开展，还能帮助学生做好学习的实时监控，帮助学生开展自我评价，促进学生进行自主反思。设计过程性评价，要在通过课前评价了解学情和通过课后评价强化教学效果的基础上，更加关注主题任务层级推进中学生的学习过程，更要关注各个学习任务的达成。

主要环节 4：开展任务活动

明确核心学习内容后，围绕着学习主题，要为实现学习目标设计相应的学习任务和学习活动。如果说学语文就是学习用语文来做事，在做事的过程中学会做人，那么，"学习主题"便是明确为何做事，"学习任务"便是要解决做何事，"学习活动"就是要思考如何做事。设计学习任务和学习活动，应体现适应性、驱动性、生成性、逻辑性等特征。所谓适应性，便是学习任务和学习活动的设计，要以核心学习内容的整体分析和学生的学习需要为基础，围绕学习主题，以单元整体教学目标为指向，着力设计与学习目标相适应的学习任务和学习活动。所谓驱动性，便是学习任务和学习活动要与学生的经验背景、认知特点相一致，具有驱动的特点，能够吸引学生，让学生参与学习的过程。所谓生成性，便是学生完成学习任务与学习活动，就会衍生出新的可供探究的课题和项目，让学生获得进一步学习的心向。所谓逻辑性，便是好的学习任务与学习活动的设计，应该关注到学习主题与学习任务、学习任务与学习活动之间的密切关系。

设计学习任务，就需要在学习主题的引领下设计具有挑战性的情境任务。围绕学习主题的单元整体教学不同于浅层的知识学习。既往的知识学习，便是让学生围绕"课文"析取相应的语文知识，在相应的做题练习中掌握知识，这样的单元教学以语文知识为纲，暗含着以教为中心的教学观。与之不同，围绕学习主题的单元教学，其目的为育人，进行的是语文的事情，需要注重任务情境的设计。知识往往在情境中生成和显现，任何知识要具有生命力，都必须作为一个"过程"存在于一定的生活场景、问题情境或思想语境之中。知识本来产生于某种特定"境域"，按照科学社会学的观点，产生于知识发现者的生活、情感与信念，产生于研究者的知识，产生于研究共同体内外的争论、协商和各种思想支撑条件。① 因为语文是一门关于语言文字的综合性、实践性课程，语文课程所培养的核心素养需要学生在积极的语言实践活动中积累，在做语文的事情中建构。从教学的角度讲，所谓知识的情境化，就是指教师在教学过程中有意识地引入或创设一定的情境，把知识转化为与知识产生或具体运用的情境具有相似性结构的组织形式，让学生参与、体验类似知识产生或运用过程的情境，从而直观地、富有意义地、快乐地理解知识或发现问题乃至创造知识。语文学科核心素养的培养过程就是学生做成语文之事的过程，学生做成语文的事情便是关键能力。学生要做成语文的事情，就不能仅完成知识的接受和习题的操练，而应该认识到：语文知识具有情境性，只有在任务情境中开展语文实践活动方能培养关键能力，任务的情境性也决定着所学的语文知识具有在其他真实情境中表现的可能。首先，情境任务的创设要从学生的需要和经验出发，能够抓住学生的好奇心，激发学生挑战的好胜心，赋予学生特定的时空、身份角色等真实的情境来做语文的事情，学生在角色代入下，能够激发学习的兴趣，产生学习的需要，承担完成任务的责任。其次，情境

---

① 郭晓明，蒋红斌. 论知识在教材中的存在方式[J]. 课程·教材·教法，2004，24（04）：3-7.

任务的创设应该反映语文学科的本质，情境任务的解决离不开语文核心知识，语文核心知识包括三个层面："概念层面"包括语文知识的符号系统和信息系统，聚焦的是"知识是什么"；"逻辑层面"侧重语文知识的产生和形成，表现为语文学科的思维、方法等；"意义层面"关注的是"语文知识有何作用"，侧重的是语文知识背后所蕴含的情感、思想、精神和价值。最后，情境任务的创设以任务为结果，在任务的完成过程中倒推关键事件，在关键事件中引发学生的学科实践活动，在学科实践活动过程中，借由表现性评价，特别是学生的自我评价，最终来增强语文学习的自我效能感。

结构化的学习任务需要有体验性、系统性、互动性、实践性的学习活动来达成。"体验性"是学习活动的根本属性，"系统性"是学习活动的设计原则，"互动性""实践性"是学习活动的运行机制。自体验性看，学习活动要注重情境设置，"情境"由"情"与"境"组成。学习活动有了"情"的参与，语文学习活动便成为"情动"和"知动"共同作用的实践活动；学习活动有了"境"的参与，语文学习活动便能够在真实性的场景、真实性的角色、真实性的工作过程、真实性的成果运用中促进着知识的迁移、素养的提升，真正帮助学生适应时代和社会的发展。自系统性看，学习活动应有系统思维。活动与活动之间呈现进阶关系，形成结构化的活动链条；活动链条与任务的达成需要具有逻辑上的对应关系；活动的达成需要整合学习情境、学习内容、学习方法、学习资源等关系。自互动性看，识字写字、阅读鉴赏、梳理探究、表达交流并非简单的线性推进过程，阅读鉴赏中可以整合识字写字、梳理探究、表达交流，为了实现表达交流也需要阅读鉴赏、识字写字、梳理探究等活动的参与，学习活动之间以互动的方式共同推进任务的达成。自实践性看，语文学习活动固然离不开大脑的认知活动，但还需要外部的语文活动。课堂上的听讲、记忆、练习都需要大脑的认知活动，这里的认知活动是认知、情感、意志参与的综合结果，指的是学生在情绪、价值的参与下，已有知识经验与新知识相互作用，原有认知结构吸收新知识，自身改造、重组为新知识结构，并能在需要时"迅速提取"，转化为"灵活地运用""解决新问题"能力的过程。除此之外，语文学习也离不开眼、耳、鼻、舌、身、意的具身认知活动，在语文学习中，学生需要真正动眼去读，动口来说，动笔去写，动手去梳理。在具体语言实践活动中，学生通过眼、耳、鼻、舌、身等多角度，体验感知语言运用，在自身大量语言实践和体验基础上，能够将外部语文活动逐渐转为内部认知、情意活动，由此，学生或总结语文知识，或重组知识结构，进而重建言语经验，形成语文能力。

# 第五章　设计的打磨与研讨：单元整体教学设计的改进实践

## 【本章提要】

经过单元整体教学流程设计的主题培训，初中语文质量提升项目开始关注实践层面。教师首先开始了单元整体教学的流程设计与改进活动，用一种新的思维设计教学。郑州市第二初级中学李锦老师、石冰玉老师，郑州市二七区马寨一中赵梦梦老师、姚国笑老师、何丽伟老师，郑州市树人外国语学校张璐媛老师，郑州市第八十一中学郭珊老师，围绕统编版初中语文教材七年级下册第三单元从多种技术路线开展单元整体教学设计，项目组在 2020 年 10 月、11 月、12 月开展了三次备课研讨活动。在第五章中，各个教学设计由案例呈现、案例研讨、案例改进三部分构成。案例呈现部分试图展示经过一轮研讨打磨后的四个教学案例；案例研讨部分呈现的是对四个案例进行的备课研讨，研讨聚焦各个案例的核心问题；案例改进部分呈现的是经过二轮研讨、打磨后最终确定的两个教学设计。

## 一、单元整体教学设计的案例呈现

单元整体教学设计的案例呈现，项目组采用了说课的形式，并对优秀课例颁发了奖励证书。单元整体教学设计的说课围绕"设计背景""设计说明""设计方案""设计反思"四个方面展开。设计背景方面聚焦"学习主题"，要求回答"为何做"的问题。在学习主题的分析中，要从课程标准、教材分析、学生学习等三个维度具体展开。设计说明要求阐明学习单元、呈现设计框架，设计框架主要是呈现"学习主题""学习任务""学习活动"之间的内在关系，考验教师如何分解学习主题和学习任务，如何推进学习任务和学习活动，要求教师回答围绕学习主题"做什么"（学习任务）、"如何做"（学习活动）。设计方案以表格方式呈现学习目标、学习要求、学习情境、学习过程，整个设计采用了"以终为始"的理念，采用了逆向教学设计的思路，在确定教学目标后，首先考虑教学效果的评价（教学目标达到的证据），再设计教学活动。[①] 设计反思力图让教师成为反思性的设计者。

案例呈现部分，我们精选了四个案例，分别为："走近'小人物'""'小人物'故事会""走进'小人物'联结'小我''大我'""镜头下的人世间"。这四个案例由郑州市的一线教师与苏州大学学科语文的专硕学生一起分组合作完成。在打造案例的过程中，项目组力图打造具有各自鲜明特色的设计案例，也希望凸显各个案例设计研讨的典型意义。"走近'小人物'"指向"重现·重叠·重建"，"'小人物'故事会"试图通过项目学习提升文学素养，"走进'小人物'联结'小我''大我'"试图通过"联结·图像·转化"培养熟练的文学阅读者，"镜头下的人世间"既有项目学习的特点，同时又借助文字与媒体的转化来丰富学生的文学体验，加深学生的文学理解，提高学生的文学修养。

### （一）重现·重叠·重建："走近'小人物'"单元整体教学设计案例

张璐媛老师是郑州市树人外国语学校的骨干教师，该校是一所初中全日制寄宿学校。第一次案例设计说课时，张老师从"学情分析""教材分析""教学目标""情境任务""教学设计""评价设计"等方面展现了对案例设计的思考和实践。其学习主题为"走近'小人物'"，在学习主题引领下，案例设计了三阶段、四任务。所谓三阶段，便是主题单元学习的开启、推进、复盘三个阶段；所谓四任务，便是在推进主题单元学习过程中设置的四项学习任务。这四项学习任务分别为：第一，走进你的生活；第二，感受你的不凡；第三，书写你的故事；第四，认识更多的你。

围绕首次设计的教学案例，项目组与培训教师进行了细致的研讨。项目组肯定了张老师三阶段、四任务的设计架构，在研讨中试图激发张老师对教学设计的

---

① 威金斯，麦克泰格. 追求理解的教学设计［M］. 闫寒冰，宋雪莲，赖平，译. 上海：华东师范大学出版社，2017.

深度思考。

第一，案例设计需要进一步思考三阶段的价值定位。张老师认为单元整体教学需要经过主题单元学习的开启、主题单元学习的推进、主题单元学习的复盘三个阶段，那么这三个阶段各自的定位是什么？如果明确了各自的定位，便能够思考不同阶段的课型呈现出何种面貌。

第二，案例设计要加强学习主题的引领作用。张老师认为四项任务是对学习主题的分解，但是在案例阅读和教师说课过程中，项目组认为任务的安排并非"核心内容—学习主题—学习任务"的过程，而是"教材内容—学习任务"的过程。具体来说，教材自然单元开始是四篇文本《阿长与〈山海经〉》《老王》《台阶》《卖油翁》的学习，文本中的人物皆为"小人物"。针对"'小人物'之小"的学习内容，设置了"任务一：走进你的生活"；因为这些"小人物"具有人性的光辉，因此设置了"任务二：感受你的不凡"；接着，教材自然单元是"抓住细节"的写作部分，因此设置了"任务三：书写你的故事"；最后，教材自然单元是名著导读部分，在这里张老师设置了"任务四：认识更多的你"这一学习任务。针对这样的设计思路，项目组建议张老师在后续的案例改进中能够加强学习主题的引领作用，在设计的过程中能够让学生经历多轮任务拆解和丰富的语言实践活动，真正促进学生核心素养的提升和发展。

第三，案例设计需要进一步思考四项任务的进阶设计。在"走近'小人物'"这一学习主题引领下，如何理解"走近"？学生对"走近'小人物'"主题学习的认知过程是怎样的？能否结合课程标准关于文学阅读的相关内容对文学阅读能力框架进行思考？这些问题的提出，主要是为了引导张老师基于文学阅读能力的框架来分解主题或者推进任务。在文学阅读能力框架的基础上，项目组建议张老师从"重现""重叠""重建"的能力进阶来分解学习主题。

经过第一轮案例设计研讨，张璐媛老师和徐成煜同学从"重现""重叠""重建"文学阅读能力进阶的思路展开了单元整体教学设计，张老师负责主要设计，徐同学进行协助。何谓重现？重现重在"学习理解"和"图像表征"，让学生在文学作品的语言阅读中重现"小人物"的形象，了解围绕"小人物"发生的事件，体会富有意蕴的情感，学生在阅读中赏析"小人物"形象及对形象的刻画，感受文学形象与文学语言的独特魅力。何谓重叠？重叠重在"联结"与"对话"，如果说"重现"是走近文学，那么"重叠"便是构建文学与生活的联结和重叠部分，这种联结和重叠有人物形象的重叠、人物关系的重叠、复杂情感的重叠，这些重叠都让学生与文本产生了持续的对话，建立起了自我与他者、读者与文本之间的多重联结与对话，在这种联结与对话中形成了个性化的审美经验。何谓重建？"重建"便是学生受到了作者经历和情感的触动，内心的秩序得到重建、自身思想得到发育、价值观得以重建。在此基础上，项目组召开了案例设计的第二次备课活动，备课活动由教师说课和专家指导两部分组成。这里呈现的是该案例设计的说课，围绕"设计背景""设计说明""设计方案""设计反思"四个部分展开。

## 走近"小人物"

——统编版初中语文教材七年级下册第三单元整体教学设计

设计者：郑州市树人外国语学校　张璐媛；苏州大学文学院　徐成煜

指导者：管贤强

### 一、单元整体教学的设计背景

在初中阶段，文学作品的鉴赏需要基于自己的情感体验，能够初步领悟作品的内涵，从中获得对自然、社会、人生的有益启示。在此基础上，能够说出自己对作品中感人情境和形象的体验，能够品味作品中富有表现力的语言。

统编版初中语文教材七年级下册第三单元编排了"凡人小事"的主题单元，编选了散文、小说等一系列文学作品。作品中的人物平凡且有弱点，但是却闪现着人性的光辉。因此，遵循着教材的自然单元，我们设计了"走近'小人物'"的学习主题。选择这一学习主题，主要基于以下两个原因。

一是源自学生的语文学习。七年级学生在上册的学习中已经初步学习了写景抒情散文、叙事散文和小说的基本阅读方法。又在本册书第一单元的学习中初步了解了写人叙事散文，已经能够通过细节描写把握人物特征，通过具体事件分析人物形象，这些都为本单元的学习打好了基础。

二是契合了单元主题的教学要求。本单元是七年级下册第三单元，本单元选编《阿长与〈山海经〉》《老王》《台阶》《卖油翁》四篇课文。从内容看，都以写人记事为主，讲的都是关于"小人物"的故事。涉及人生多个方面，有利于深化学生对于"怎样做人"的认识，有助于启发学生更理性、更积极地看待身边的普通人，努力做到向善、务实、求美。从文体看，本单元设计了散文、小说，学生能够通过阅读了解叙事性作品的共性，体会不同文体在阅读欣赏中的差异性，获得阅读欣赏叙事作品的经验和方法。本单元还设计了"抓住细节"写作训练，旨在让学生学习捕捉生活细节，进而运用细节描写来刻画人物、表达情感。除此之外还设计了《骆驼祥子》的名著导读，帮助学生进一步了解"小人物"。

二、单元整体教学的设计说明

"走近'小人物'"学习主题适用于七年级下学期。根据与教材的关联，围绕学习主题构建的学习单元有遵循、调适、创生三种方式。本学习单元采用的是遵循方式，以七年级下册第三单元的四篇课文、"抓住细节"写作训练、《骆驼祥子》名著导读为基础。

"走近'小人物'"的学习主题关键词是"小人物"。学习主题关键在于聚焦"人物""事件""情感"，能够描述印象深刻的人物、细节，了解事件梗概，说出自己的喜爱、憎恶、崇敬、向往、同情等感受。根据文学作品的学习特点，文学的学习包括重现、重叠、重建等过程。重现重在"学习理解"和"图像表征"，重叠重在"联结"与"对话"，重建力求创造性，以突破性的创意表达为结果。①

单元教学围绕学习主题，从开启"走近'小人物'"主题学习、开展"走近'小人物'"主题学习、复盘"走近'小人物'"主题学习三部分展开。在开启"走近'小人

---

① 张玉新，马双. 转变既往范式，转化已有经验：文学阅读与创意表达的必由之路[J]. 中学语文教学，2022(06)：11-15.

物'"主题学习中，教师明确任务事项；在开展"走近'小人物'"主题学习中，教师带领学生解决任务，针对任务完成中的问题，开始探究；在复盘"走近'小人物'"主题学习中，教师带领学生展示任务事项的学习成果，展示最终的作品。整个单元整体教学，既兼顾了课内，又注重了课内外的结合，这体现了课内外组合系统之整体性的要求，强调了课内系统与课外系统的目标互通、功能互补①；不仅重视单堂课，还注重连堂课，连堂课科学探究教学的实施，可以有效地解决探究时间不足、探究不充分、探究流于形式等探究教学中易出现的弊端②。不难看出，单元整体教学三个部分形成了围绕主题单元学习的完整序列，如图 5.1 所示。

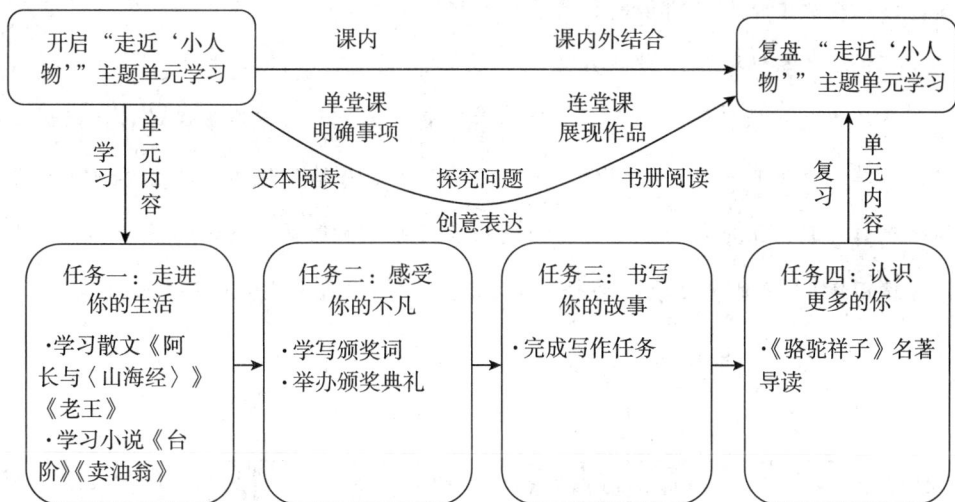

**图 5.1 "走近'小人物'"学习主题整体设计框架**

为了更好地展开围绕学习主题的单元整体教学，我们依照着做事的逻辑，设计了具有结构化的学习任务链。任务一：走进你的生活。在这一学习任务中，学生需要学习散文《阿长与〈山海经〉》《老王》及小说《台阶》《卖油翁》，梳理"小人物"

---

① 吴康宁，吴瑞霞. 关于"课内外教育教学一体化"的实验研究[J]. 教育研究，1994(08)：78-81.

② 周仕东，孙景霞，郑长龙. 连堂课的科学探究教学实践与反思[J]. 中国教育学刊，2006(11)：48-50.

的事件，感受"小人物"的形象，深度理解人物的刻画及描写手法。任务二：感受你的不凡。在这一学习任务中，学生重在体会这些"小人物"的人性光辉，核心内容的学习离不开学习活动的创设，学生需要为这些"小人物"撰写颁奖词、举办颁奖典礼。任务三：书写你的故事。学生需要关注自己身边的"小人物"，刻画人物，抓住事件，完成写作，在全班分享。最后，进行互相评价，以文会友，比较自己笔下的"小人物"与他人、作者笔下的"小人物"的相似之处和不同之处。任务四：认识更多的你。学生需要展开对《骆驼祥子》名著的阅读学习。在这一部分，学生将经历从文本读写到书册阅读的发展提升过程。在整个单元整体学习的过程中，学生经历着从文本研读到创意表达的进阶。

三、单元整体教学的设计方案

开展单元整体教学，在单元整体教学的设计背景中，力图阐释学习主题的确定，在单元整体教学设计说明中，呈现了学习主题与学习任务、相关学习活动之间的逻辑关联。正是在上述准备下，进一步明确了单元整体教学的设计方案，设计方案围绕"学习目标""学习要求""学习情境""学习过程"等维度进行呈现（如表5.1）。

表5.1 "走近'小人物'"单元整体教学设计的案例呈现

| 设计内容 | 具体设计 | 设计意图 |
|---|---|---|
| 学习目标 | 1. 关注细节描写，把握人物形象，发现平凡人物身上的闪光品格。<br>2. 体会散文、小说在阅读欣赏中的差异性，获得阅读欣赏叙事作品的经验和方法，指导名著阅读。<br>3. 学习运用细节刻画人物、表达情感。 | 1. 加强对"小人物"形象的感受。<br>2. 让学生体会和总结叙事作品阅读的方法。<br>3. 让学生获得创意表达的体验。 |

续表

| 设计内容 | 具体设计 | | 设计意图 |
|---|---|---|---|
| 学习要求 | **学习任务** | **学习要求** | 1. 在预设学习评价部分，针对各个学习任务开展评价设计，体现出单元学习评价较学期评价更加具体。<br>2. 学习评价离不开对学习成果的评价。对于学习成果的整理和收集，设计了"我的字词库""学案""绘制思维导图""举办颁奖典礼""开展读书报告会""进行写作训练"等多种成果表现方式。 |
| | 走进你的生活 | 1. 阅读《阿长与〈山海经〉》《老王》《台阶》《卖油翁》。阅读需具有一定的速度，阅读过程中勾画不认识、不理解、不确定的字词，借助工具书自学，积累"我的字词库"。<br>2. 能够借助思维导图，梳理叙事作品中的事件、人物、心情，能够完整地、有条理地复述作品内容。<br>3. 能结合课文的描写片段，通过人物的动作、语言、神态等细节描写，体会人物的特点。<br>4. 能够使用批注等方法阅读，能够梳理、总结批注的方法和意义。 | |
| | 感受你的不凡 | 1. 能结合课文内容，完成颁奖词的写作。<br>2. 能通过颁奖词的写作及颁奖典礼的举办，感受平凡人物身上的闪光品格。 | |
| | 书写你的故事 | 1. 能主动回忆，收集素材，交流自己遇到的"小人物"。<br>2. 能抓住人物特点，通过典型事例和适宜的描写手法，将人物写具体，并且能够体现出对人物的情感和态度。<br>3. 了解"小人物"的复杂性，洞悉社会生活的内涵，促进学生的社会化发展。<br>4. 能认真阅读同伴的习作，从"写得好""有疑问""有启发"等方面互相做批注。<br>5. 能比较单元课文与学生习作，联系生活经验，发现"小人物"之间的异同。 | |
| | 认识更多的你 | 1. 能够用自己的语言描述《骆驼祥子》中的"小人物"，并且能够梳理故事中表现"小人物"的描写手法。<br>2. 能够在阅读的过程中发现故事的表达结构，并且能够根据故事结构的提示讲述故事。<br>3. 能够在读书报告会中讲述《骆驼祥子》的关键内容。 | |

| 设计内容 | 具体设计 | 设计意图 |
|---|---|---|
| 学习情境 | 《人民日报》开设"'小人物'大世界"版面，向广大中学生约稿。希望同学们能够发现生活中那些平凡的"小人物"，为大时代的"小人物"作传。<br>我们首先需要走近那些生活里、故事里的"小人物"，认识他们、了解他们，并且学习如何用文字书写他们的故事，最后完成约稿任务。 | 学习情境方面，注重创设项目化的情境。 |
| 学习过程 | 任务一：走进你的生活。首先，聚焦图书资料、社会生活中接触到的"小人物"，引出与"小人物"相关的单元课文，扫清字词障碍，积累重要字词，开展顺畅阅读，初步感知文本。其次，借助思维导图等形式梳理人物事件、感悟作者心情，对文本内容进行复述。最后，结合文本，学习批注的方法，通过朗读、品读、评述、比较等方式，体会单元课文中的"小人物"形象，比较不同文体中人物刻画的异同。<br>任务二：感受你的不凡。首先，学生自己设奖项，为自己喜爱的人物和作家颁奖，教师指导学生撰写颁奖词。学生需要根据提示完成思维导图，回顾所学颁奖词的相关内容，在此基础上，学写、展示颁奖词。其次，学生小组交流，教师参与点评，确定评价标准，选出最好的颁奖词，由教师与学生共同修订，课后制作相应的展示PPT。再次，在撰写颁奖词的基础上，举办颁奖典礼。颁奖典礼需要确定好颁奖嘉宾和颁奖对象，在作业完成较好的小组中选择学生，分别为四个人物和四位作家颁奖。还需要进行颁奖筹备，学生需要提前安排小主持人、写好主持词，主持词包括开场白、串词、结束语。最后，需要对颁奖进行总结回顾，颁奖结束后，学生畅谈感受，教师进行点评和总结。<br>任务三：书写你的故事。首先，学生根据思维导图回顾所学的人物描写的写作手法，同时参考教材"写作—抓住细节"的相关提示，以"_____的你"为题书写故事，在50分钟内完成《人民日报》的约稿任务。其次，四人小组交换互评，推选优秀作品在班里展示并给出推荐意见，其他同学点评后，教师进行总结。 | 1. 两篇散文和两篇小说，分别采用对比阅读的方式进行学习，让学生在学习文本的过程中体会散文、小说在阅读欣赏中的差异性，获得阅读欣赏叙事作品的经验和方法。<br>2. 回顾所学内容，集中感受"小人物"的"小"与"不小"，体会平凡人物身上的闪光品格，完成第一个学习目标。同时在对不同作家文学创作的评价中进一步巩固学习写人叙事的方法。设计颁奖典礼环节，意在让学生在真实情境下进行实用性写作和口语表达的练习。<br>3. 本单元的学习目标是发现"小人物"身上的闪光品格，关注身边那些平凡而伟大的人们。情境任务是完成人民日报"'小人物'大世界"的约稿。所以在学习四篇文章后，学生可利用所学知识，借助教材"写作—抓住细节"的相关提示，完成本次写作任务。 |

| 设计内容 | 具体设计 | 设计意图 |
|---|---|---|
| 学习过程 | 任务四：认识更多的你。首先，进行《骆驼祥子》的片段展示。片段一：小说开篇对一众车夫的介绍；片段二：对祥子前后变化的描写；片段三：文中细节的环境描写；片段四：老舍文字中浓浓的京味儿。其次，通过以上片段的阅读、质疑激发学生的阅读兴趣，让学生带着疑问和兴趣(如所有车夫的命运真如作者所说吗？祥子经历了什么会有如此变化？)翻开老舍的《骆驼祥子》。最后，制订个性化阅读计划。 | 4.本单元重点了解"小人物"，在老舍的笔下也生活着许多"小人物"，可由此引导学生带着期待走进老舍先生的《骆驼祥子》。 |

### 四、单元整体教学的设计反思

在教师反思的部分，张老师认为好的语文教学，应该从教材逻辑的单元教学转变为素养逻辑的单元教学。以往教材逻辑的单元教学，便是按照教材单元的自然样貌，一堂课、一课时地按序完成，除了单元介绍和单元复习，其他很难体现单元教学的理念。① 所谓素养逻辑的单元教学，便是要考虑学生语文学科核心素养发展的需要，立足于学生的语文学习，加深学生对人文主题理解的深度，同时又需要关注到核心知识对素养发展的多重价值。因此，张老师在开展单元整体教学设计时，自觉有机地融入了单元整体教学的要素。

在和张老师的交流中，她谈到了单元整体教学具有学习的进阶性。学习进阶认为学习是一个发展性过程，学生在具体的学习活动中，能够获得对知识的理解、对问题的认识及思维的复杂程度的进阶。② 本次单元整体教学的关键在于通过文学阅读与创意表达构建素养发展的进阶。她谨守初中生文学学习的立场，基于学生文学学习的起点，遵循文学学习的规律，在学生积累的基础上，带领学生经历"整体感知—品读感悟—迁移运用"的学习过程。在文学的学习中，也带领学生经历"重现""重叠"到"重建"的学习历程，学生经历了自我与他者、读者与文本之间的多元多层对话，建构了个人的文学阅读经验和审美经验。张老师注意到了

---

① 伍雪辉. 大单元教学的内生逻辑与实践立场[J]. 教育研究与实验，2022(04)：91-96.

② 翟志峰. 语文学习进阶：特征、价值和教学实施[J]. 语文建设，2023(05)：22-26.

学习情境、学习任务对素养提升的积极作用。学习情境方面，张老师凸显了情境的真实创设，构建了"'小人物'大世界"约稿的任务情境。语文的外延与生活的外延相等，因此在教学过程中，我们须时刻保持课堂的生活化，与日常生活接轨，以实现语文课程的"致用"价值。① 这种任务情境与学生今后的学习和生活相互关联，不仅能够激发学生的学习兴趣，还有助于学生语文实践活动的开展。

除了素养发展进阶，张老师还兼顾了人文主题和语文要素的学习进阶。"走进你的生活""感受你的不凡""书写你的故事""认识更多的你"，这些学习任务形成了由"小人物"之"小"到"小人物"之"不小"、由读到写、从一些"小人物"到更多的"小人物"的学习进阶。在不同的学习任务中，学生不仅对于主题的认识不断加深，而且在语文学习的知识方面也逐层递进。单元的开始，让学生梳理主要事迹，聚焦人物语言、动作等的描写，运用联系上下文、对比前后语言、关注表达特点等方法感受人物品质；单元的后面，让学生用学到的方法，或做批注自主阅读，或进行作文的撰写，关注人物语言、动作等描写以体会人物品质。张老师逐渐意识到：单元整体教学形成了一条纵向设计主题任务、明确学习目标、预设学习评价、开展学习活动的线索，同时在单元整体教学推进过程中，形成了知识学习的进阶、素养学习的进阶、活动设置的进阶、学习评价推进的进阶等。张老师谈到在单元整体教学设计与实施的过程中，看到了学生在语文学习方面的种种变化，感受着自己摸索到的"主题性、结构性、进阶性、一体性"的新教学设计与实施方法，同时也感受到了自己在教师专业上的成长和进步，以及自己的教育工作价值与学生成长之间的彼此成就。

### (二)故事会下的项目学习："'小人物'故事会"单元整体教学设计案例

郭珊老师是郑州市第八十一中学的骨干教师。在第一次案例设计说课时，郭老师从学习主题确定、任务活动安排、学习目标分析、学习进程呈现等多个方面展现了对案例设计的思考与实践。其学习主题为"'小人物'故事会"，为了更好地开展主题学习，郭老师将学习主题分解为若干学习任务，分别为："任务一：聆

---

① 刘飞. 高中语文情境创设的价值与实践方法[J]. 语文建设，2018(08)：18-21.

听'小人物'故事""任务二：讲述'小人物'故事""任务三：创作'小人物'故事"。

围绕首次设计的教学案例，项目组与培训教师进行了细致的研讨。项目组肯定了郭老师对学习主题的确定，认为该学习主题体现出设计者遵循了项目学习的技术路线。所谓项目学习，就是教师将学生的学习任务项目化，指导学生基于真实情境而提出问题，并利用相关知识与信息资料开展研究、设计和实践操作，最终解决问题并展示和分享项目成果。[①] 针对案例设计，项目组提出了该案例需要改进的地方。

第一，学习主题的项目味与学习任务的学科味相互冲突，并未实现两者之间的相互关联。从学习主题看，"'小人物'故事会"是以项目学习为特色，对于"'小人物'故事会"的分解就需要按照做事的逻辑和项目的问题解决逻辑展开。但是，从三个学习任务看，"聆听、讲述、创作"更多体现的是语文的聆听与表达，属于学科逻辑。因此，郭老师在案例的后续打磨和修改上，应该构建关联，力求将语文的学科逻辑与围绕项目的做事逻辑相互关联，将语文的学科逻辑与围绕项目的解决问题的逻辑紧密联系，将学生的做事和解决问题的逻辑与学生核心素养的发展逻辑相关联。

第二，案例设计框架在进行设计逻辑转换的过程中，要呈现学习的进阶并且要搭建合适的支架。项目学习要围绕做事的逻辑和解决问题的逻辑，在做事和解决问题的过程中，需要对参与学科进行深度学习，这就实现了做事逻辑向学科学习的转化。在做事和解决问题的过程中，学生的学习作品要呈现迭代的进阶发展。面对项目学习，学生需要解决真实且复杂的情境问题，因此案例设计要为学生搭建进阶发展的支架，铺好必要的台阶，帮助学生拾级而上。

避免学习主题的项目化和学习任务的学科化两层皮，这对郭老师的案例设计也是一个巨大的挑战，需要郭老师具备教学的勇气、智慧、创新和坚持。尝试从项目学习的角度开展单元整体教学设计，这必然是一个学习和实践的过程。郭老

---

① 杨明全. 核心素养时代的项目式学习：内涵重塑与价值重建[J]. 课程·教材·教法，2021，41(02)：57-63.

师需要查阅更多资料、不断学习、尝试设计、反复打磨，项目组希望看到案例可以为学生搭建合适的学习平台，给予学生丰富且有效的学习活动，给予学生充足的学习空间和思路支持。更期待郭老师给予学生更多的开放度和尝试错误的机会，能信任我们的学生，让我们的学生在做事和解决问题的过程中真正获得素养的提升。

经过第一轮案例设计研讨，郭珊老师和刘轩志同学从项目式学习的思路展开了单元整体教学设计，郭老师负责主要设计，刘同学参与协助。改进案例从项目的启示、项目的推进、项目的成果等多个方面展开设计，围绕着项目的开展，能够设置具有挑战性和驱动性的问题及相应的语文实践活动，在教学过程中实现学生学习成果的迭代和升级。项目组召开了案例设计的第二次备课活动，备课活动由教师说课和专家指导两部分组成。下文呈现的是该案例设计的说课，围绕"设计背景""设计说明""设计方案""设计反思"四个部分展开。

## "小人物"故事会

——统编版初中语文教材七年级下册第三单元整体教学设计

设计者：郑州市第八十一中学　郭珊；苏州大学文学院　刘轩志

指导者：管贤强

### 一、单元整体教学的设计背景

"'小人物'故事会"的学习主题是从统编版语文教材七年级下册"凡人小事"的主题中生发出来的。确定学习主题中的"小人物"源自对教材的解读，在本册第一单元，我们与杰出人物同行，感受了崇高精神的震撼，沐浴于理想信念之中，提升了自己的人生境界，然而，社会杰出的人物毕竟只是少数，"小人物"才是这个世界的主体。教材七年级下册第三单元讲的都是"小人物"的故事，在他们身上，有着朴素的爱与单纯的善，有着平凡的向往与坚定的追求，因此，我们确定了以"小人物"作为学习主题的核心关键词。

确定学习主题中的"故事会"源自对学情的调查分析。学情的调查中有这样一道题："写人，特别是写'小人物'的文章，你们陌生吗？"大部分学生认为自己对写"小人物"的文章并不陌生，因为在小学阶段，曾经学习过《刷子李》《他像一棵挺脱的树》等文本，他们对粉刷匠刷子李、拉车夫祥子等留有深刻印象，学生也学习和运用过描写人物的基本方法，能够明了这些描写方法的作用是要具体表现一个人物的特点等。也有一部分学生认为在小学、初中的学习中遇到了许多写人记事类的文本，就七年级下册而言，七年级下册第一单元、第三单元、第四单元都是写人。第一单元，写的是邓稼先、闻一多、鲁迅等伟人，他们都是为国家做出重大贡献的知识分子、民族英雄；第三单元，写的是鲁迅笔下的阿长、杨绛笔下的老王、《台阶》中的父亲等几个平凡的人，这些人虽然平凡，但身上又闪烁着美好人性的光辉；第四单元，几篇文章所描写的人都是谦谦君子。对于写人记事的单元教学，教材编写无非将几篇写人的文本组成一个单元，不同文本写的人不同，不同文本的写作特点也各异。教师的教学思路大致相同，通常先分段分层，接下来概括大意、分析人物形象、品悟人物精神、归纳写作特点，一路分析过去，得出几句大同小异的知识性结论，最后再让学生写一篇写人的作文。一个单元四五篇文章学下来，索然无味。了解了学生的学情，通过多年的教学实践，我们对于学生的情况也有了自己的认识，我们发现学生借助已有的认知，对"小人物"的概念既熟悉又模糊，虽有一定的认识，但难以走到"小人物"的内心深处去体会他们友善、友爱、友情的一面，对文章重点内容的定位能力和对文章内涵意蕴的理解能力普遍较弱。学生对于自主感受、理解、质疑、探究文章普遍反映十分困难，学生的学习参与度不高，也呈现出浅表化的特点。

不难看出，学习主题"'小人物'故事会"的确定，有着教材分析和学情调查的基础。我们从"小人物"的学习内容、学习要求和学生的学习心理出发，设计出"'小人物'故事会"的学习主题，在学习主题的引领下，激发学生学习的兴趣，引领学生开展深度的语文学习。我们期待的深度语文学习，是动脑、动手、动心的语文学习。所谓动脑，便是要有大脑的认知加工过程，通过大脑的认知加工可以摆脱既往语文学习的"少慢差费"问题。学生的大脑加工需要由表及里，比如，对于人物的修辞描写，不再是比喻等修辞手法"把……比作……，生动形象……"的表面记忆，而是能够知晓比喻作为修辞手法在表情达意上的深层意义；学生也需要由点及面，就人物的学习为例，不应该只关注对人物特点、人物描写、人物事件等点的理解，而应该能够关注到人物特点与人物特点、人物特点与人物描写、人物特点与人物事件等之间的联系；学生还需要由内而外，将文本的学习、知识的学习、技能的掌握与实际生活进行联系。所谓动手，便是要让学生在项目任务的实施中，摒弃程式化文本分析的套路，改变听、说、读、写的分项训练模式，为学生主动积极探究、创造性学习提供新的机会和可能，有利于提高学习质量与品质，实现语言、思维、审美、文化等方面素养的提升。所谓动心，就是要走进学生的心坎里。走进学生心坎的语文学习，就要从学生的前理解，学生兴趣、情感、思维的触发点，学生学习中的疑难点，学生障碍突破的关键点，学生不断进步的发展区入手。因此，我们希望在"'小人物'故事会"学习主题的引领下，让学生的单元学习能够真正动起来。

二、单元整体教学的设计说明

"'小人物'故事会"学习主题适用于七年级下学期。根据与教材的关联，本学习单元采用的是调适方式。七年级下册第三单元由阅读、写作、名著导读、课外古诗词诵读四部分组成。阅读、写作、名著导读围绕着凡人小事的主题展开，阅读包括了鲁迅的《阿长与〈山海经〉》、杨绛的《老王》、李森祥的《台阶》、欧阳修的《卖油翁》四篇课文，写作需要"抓住细节"，名著导读聚焦《骆驼祥子》，关注圈点和批注，课外古诗词兼顾了学习时的时令——晚春，王维的《竹里馆》、李白的《春夜洛城闻笛》、岑参的《逢入京使》、韩愈的《晚春》等四首诗词都与晚春相关。本单元兼顾了白话文和文言诗文、散文和小说，试图将阅读与写作、课内与课外相结合，整个单元呈现的是多文本的混编。在"'小人物'故事会"学习主题的引领下，我们并未列入与晚春相关的古典诗歌，对于教材的自然单元，我们在设计时量体裁衣，进行了调适，构建了相应的学习单元。

"'小人物'故事会"学习主题的关键词是"小人物"和"故事会"。学习主题的关键在于"小人物""人物细节""传递意蕴"。自人物看，这些课文中的主人公都是"小人物"，甚至连名字都没有，但是这些"小人物"仍然给我们一种平实、直抵人心的感动，比如长妈妈切切察察却关爱孩子，人力车夫老王不幸却善良，父亲平凡却有着梦想，卖油翁虽不起眼却沉稳智慧，人力车夫祥子追逐梦想，最终梦想破碎。自细节看，要加强文本细读，关注细节描写及前后内容的内在关联，揣摩人物的心理，培养对普通人物的尊重，体会平凡人物身上的闪光品格。人物的刻画离不开细节，细节中同样蕴含着丰富的意蕴。每个事件有多个细节，每个事件中的多个细节存在相互关联，不同的事件有着许多细节，不同事件之间的细节有着彼此的内在关联。自意蕴看，意蕴是文本的灵魂，文学文本都在传递某种思想和情感，意蕴总是存在于语言的形式、叙事的形式、具体的形象之中。"故事会"的关键在于让学生在做事中展开语文学习和提升核心素养，围绕着故事会的开展，让学生做真事、真做事、真反思、真收获。具体单元设计如图 5.2 所示。

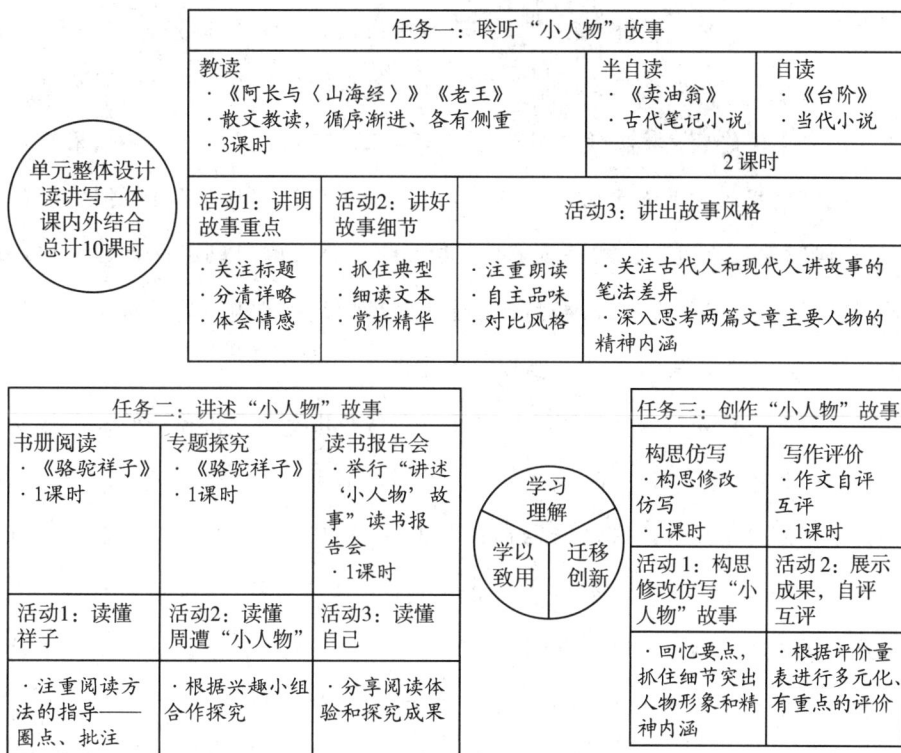

**单元整体设计 读讲写一体 课内外结合 总计10课时**

**任务一：聆听"小人物"故事**

| 教读 | 半自读 | 自读 |
|---|---|---|
| ·《阿长与〈山海经〉》《老王》<br>·散文教读，循序渐进、各有侧重<br>·3课时 | ·《卖油翁》<br>·古代笔记小说 | ·《台阶》<br>·当代小说 |
| | 2 课时 | |

| 活动1：讲明故事重点 | 活动2：讲好故事细节 | 活动3：讲出故事风格 | |
|---|---|---|---|
| ·关注标题<br>·分清详略<br>·体会情感 | ·抓住典型<br>·细读文本<br>·赏析精华 | ·注重朗读<br>·自主品味<br>·对比风格 | ·关注古代人和现代人讲故事的笔法差异<br>·深入思考两篇文章主要人物的精神内涵 |

**任务二：讲述"小人物"故事**

| 书册阅读 | 专题探究 | 读书报告会 |
|---|---|---|
| ·《骆驼祥子》<br>·1课时 | ·《骆驼祥子》<br>·1课时 | ·举行"讲述'小人物'故事"读书报告会<br>·1课时 |

| 活动1：读懂祥子 | 活动2：读懂周遭"小人物" | 活动3：读懂自己 |
|---|---|---|
| ·注重阅读方法的指导——圈点、批注 | ·根据兴趣小组合作探究 | ·分享阅读体验和探究成果 |

**学习理解 / 学以致用 / 迁移创新**

**任务三：创作"小人物"故事**

| 构思仿写 | 写作评价 |
|---|---|
| ·构思修改仿写<br>·1课时 | ·作文自评互评<br>·1课时 |

| 活动1：构思修改仿写"小人物"故事 | 活动2：展示成果，自评互评 |
|---|---|
| ·回忆要点，抓住细节突出人物形象和精神内涵 | ·根据评价量表进行多元化、有重点的评价 |

**图 5.2 "'小人物'故事会"学习主题整体设计框架**

围绕着"'小人物'故事会"这一学习主题，依据做事逻辑，从"听故事"到"讲故事"，最后到"创故事"，设计了具有严密关系的任务链条。任务一：聆听"小人物"故事。在这一学习任务中，无论是《阿长与〈山海经〉》《老王》这些回忆性散文，还是《卖油翁》《台阶》等小说故事，人物故事要让听众有好的聆听体验，就需要做到三个"有"：有重点、有细节、有风格。讲述故事有重点，就要从标题、详略、情感处抓住故事重点；讲述故事有细节，就要抓住典型、细读文本、赏析精华；讲述故事有风格，就要注重朗读、自主品味、对比风格。在聆听人物故事中，进行古今故事的风格对比，就需要注意到古今故事之间的差别，能够关注古代人和现代人讲故事的笔法差异，进而深入古今故事中主要人物的精神内涵。任务二：讲述"小人物"故事。在这一学习任务中，主要聚焦的是《骆驼祥子》书册阅读，围绕着书册阅读这一核心内容，学生学习圈点批注的阅读方法，根据兴趣小组开展关键内容的合作探究，最终分享阅读体验和探究成果。任务三：创作"小人物"故事。如何创作？学生需回忆要点，再次复盘如何通过抓住细节突出人物形象和精神内涵。完成写作后，根据评价量表进行多元化、有重点的评价。不难看出，整个单元学习过程形成了素养的发展进阶，从"听故事""讲故事"到"创故事"，从"学习理解""学以致用"到"迁移创新"，学生经历着从输入到输出的思维加工过程。从"讲故事"到"创故事"，学生经历着从复述模仿到建构创新、从文本研读到创意表达、从文本读写到书册阅读的发展过程。

围绕着学习任务，构建了基于任务开展的结构化活动。任务一的三个活动分别为：讲明故事重点、讲好故事细节、讲出故事风格。从讲明故事到讲好故事，从讲好故事到讲出风格，三个活动的设置和安排形成了学生语文素养发展的进阶。围绕任务二，设置了三个活动：读懂祥子、读懂周遭"小人物"、读懂自己。从祥子到周遭"小人物"，这是"小人物"范围的扩大；从"小人物"到自己，这是由彼及此。从书册阅读到专题阅读，这是从读懂到探究；从专题阅读到读书报告会，这是从探究到展示。三个活动构建了"阅读—深思—表达"的素养发展进阶。在任务三中，设置了两个学习活动：构思修改仿写"小人物"故事；展示成果，自评互评。学生要进行故事创作的过程性写作，从构思修改仿写"小人物"故事到展示成果，自评互评，经历着从构思到预写、从预写到创作、从创作到修改、从修改到互评、从互评到展示的过程。三个学习任务围绕着"'小人物'故事会"这个学习主题，前后连贯，层层递进；同一任务中的多项学习活动紧密关联，相互依托，递进提升。

三、单元整体教学的设计方案

围绕着"'小人物'故事会"这一学习主题，在单元整体教学的设计背景中论述了学习主题的形成过程。在单元整体教学设计说明的设计框架中，清晰呈现了"学习主题""学习任务""学习活动"之间的逻辑关联，勾勒出语文学科核心素养的提升进阶。在这一部分，将围绕改进项目单元整体教学的要求，从"学习目标""学习要求""学习情境""学习过程"等维度来呈现完整设计方案(如表5.2)。

表5.2 "'小人物'故事会"单元整体教学设计的案例呈现

| 设计内容 | 具体设计 | 设计意图 |
|---|---|---|
| 学习目标 | 1. 能够根据不同叙事文体的特征，从文本标题、详略安排、叙事角度等方面把握文章的重点，提高整体把握文章结构层次的能力。<br>2. 能够在细读文本中关注细节描写，把握前后细节描写之间的相互关联，在细节描写中把握人物形象，体会"小人物"的人性之美。<br>3. 能够结合文体特点和作者的叙事风格，在诵读的基础上体悟作者情感和文章意蕴，做到熟读精思。<br>4. 能够在阅读中学会捕捉细节，用文字记录生活和记忆中"小人物"的感动瞬间，用丰富的细节来创作"小人物"故事。<br>5. 能够在相关主题、相关文类的阅读中获得相通的阅读方法和体验，同时，在相关主题、相关文类的比较中，获得比较的意识，发展比较思维能力。<br>6. 能够观察周遭的"小人物"，体会到"小人物"的善良人性，学会尊重身边的每个平凡人。 | 1. 学习目标围绕"熟读精思"这一阅读策略的语文要素和"凡人小事"的人文主题展开。<br>2. 在"熟读精思"的阅读策略方面："熟读"便是要从文本标题、详略安排、叙事角度等方面把握文章重点；"精思"重在思考，要精思反复之处、反常之处、关联之处、意蕴之处。 |

续表

| 设计内容 | 具体设计 | | 设计意图 |
|---|---|---|---|
| 学习要求 | 学习任务 | 学习要求 | 1. 在学习要求部分，教师针对各个学习任务开展了评价设计。<br>2. 明确各个学习任务的学习要求，有利于任务学习步步为营，每一步都能实现"教—学—评"的闭环结构。<br>3. 学习评价以外显的学习成果为依据。学习评价离不开学习成果。学习成果应该是丰富多样的，应该兼顾纸笔测试、制作表现类成果（戏剧表演、海报、网站、地图、音频、视频等）和解释说明类成果（演示、口头报告、PPT报告、书面说明、研究报告、演讲等）。 |
| | 聆听"小人物"故事 | 1. 阅读《阿长与〈山海经〉》《老王》《台阶》《卖油翁》，能够运用熟读精思策略来欣赏文学作品，能够用普通话正确、流利、有感情地朗读。<br>2. 能够借助折线图等形式，梳理叙事作品中的详略事件、人物特点，有重点地讲述"小人物"故事。<br>3. 能结合课文的关键语句、叙事角度和描写片段，通过人物细节描写体会人物的特点，关注细节前后的密切关联，有细节地讲述故事。 | |
| | 讲述"小人物"故事 | 1. 能够使用批注等方法阅读，能梳理、总结批注的方法和意义。<br>2. 能够通过批注方法，整理故事的叙事结构，把握故事的人物描写，结合自己的体会，讲述喜欢的故事。<br>3. 能够勾连文学与生活，主动回忆，收集素材，读懂周遭的"小人物"，并且能够尊重"小人物"。<br>4. 能够根据读者对象确定讲述故事的注意事项。 | |
| | 创作"小人物"故事 | 1. 能够以"小人物"为话题创作故事，学会捕捉生活的细节，在写作中用丰满的细节来刻画人物，表达情感。<br>2. 能够开展过程性写作，注重构思、预写、草拟、修改、评价、呈现等写作过程的完整性。 | |
| 学习情境 | 各位同学，我校图书馆正在举办图书节的活动。一楼慧读馆正在筹备"'小人物'读书会"的活动。我们每个同学都要积极参加这项活动，让我们聆听"小人物"故事，讲述"小人物"故事，创作"小人物"故事吧。 | | 学习情境注重项目化的情境创设。 |

| 设计内容 | 具体设计 | 设计意图 |
|---|---|---|
| 学习过程 | 任务一：聆听"小人物"故事。活动1：讲明故事重点。活动1的学习目标是能够关注标题，分清详略，体会情感。学生进行叙事散文《阿长与〈山海经〉》的学习。活动2：讲好故事细节。活动2的学习目标是能够抓住典型，细读文本，赏析精华。学生进行课文《老王》的学习。活动3：讲出故事风格。活动3的学习目标是能够注重朗读，自主品味，对比风格。学生开展半自读课文《卖油翁》和自读课文《台阶》的学习。在叙事风格的比较上，教学重点放在了关注古代人和现代人讲故事的笔法差异，以及深入思考两篇文章主要人物的精神内涵，通过对比阅读，帮助学生掌握一些基本的对比策略和方法。任务一的五个课时以阅读为引领，旨在通过从教读到半自读再到自读的过程，培养学生自主阅读叙事性作品的能力。这样的设计一方面可以帮助学生了解叙事性作品的共性，另一方面可以指导学生体会不同文体在阅读欣赏中的差异，让学生获得欣赏叙事性作品的经验和方法，从而提升学生对文学语言的感受力和对作品意蕴的思考力。任务二：讲述"小人物"故事。从活动1到活动3，针对《骆驼祥子》分别展开书册阅读、专题探究、举行读书报告会三个语文实践活动，学生经历着从读懂祥子到读懂周遭"小人物"，从读懂周遭"小人物"到读懂自己的过程。在这个阶段，书册阅读的教学重点是注重阅读方法的指导，比如圈点、批注。在此基础上，专题探究的教学重点是注重小组合作探究。读书报告会的教学重点是注重分享阅读体验和探究成果。阅读祥子这类"小人物"故事的过程，也是学生审视人性、理解社会、净化心灵的过程。读懂了祥子，也会指引学生读懂周遭的"小人物"，进而读懂自己。任务三：创作"小人物"故事。在课堂上，鼓励学生大胆讲述祥子或者周围"小人物"的故事，通过思、写、改、评，形成文字作品，以便更好地去体会他们身上那种虽然平淡却久久不散的温暖。写作时，把教学重点依次放在指导学生回忆所学、掌握要点、抓住细节，以及突出人物形象和精神内涵上。同时，在评讲作文的时候，还应该鼓励学生进行自我反思、自我评价、自我修改，并且让学生能够根据评价量表进行多元化、有重点的评价。 | 1. 从讲明故事的重点、讲好故事的细节到讲出故事的风格，三个活动的设置和安排形成了学生语文素养发展的进阶。<br>2. 从祥子、周遭"小人物"到自己，由彼及此。从书册阅读、专题探究到举行读书报告会，从读懂、探究到展示，构建了"阅读—深思—表达"的素养发展进阶。<br>3. 构建了从构思到预写、从预写到创作、从创作到修改、从修改到互评、从互评到展示的过程。 |

续表

| 设计内容 | 具体设计 | 设计意图 |
|---|---|---|
| 学习过程 | 在具体的教学活动中，教师应该更加注重阶梯式的指导，由读到讲，再到写，形成一个完整的探究实践体系。 | |

### 四、单元整体教学的设计反思

作为一名骨干教师，郭老师在案例设计方面用心思考、踏实实践。在谈到对单元整体教学设计的感受时，郭老师用了两个词八个字：凝神聚力、层层推进。在她看来，凝神聚力便是要努力聚焦、力求统整，在案例设计的过程中，她一直提醒自己案例设计的"神"是学习主题，学习活动的"神"是学习任务，在学习活动的实施过程中，学习资源、学习工具、学习策略、学习作业都要围绕学习活动的开展来进行。在教学设计中，她认为凝神聚力对于一线教师的要求非常高，因为在平时语文课堂上的语文知识零散、孤立、碎片化特点明显，教师技能训练被窄化，更加关注做题训练，学生对知识的整体性、全局性把握不足[①]，单元的统整更多地停留在教材的层面，在我们的教学实践中，并未实现真正的统整。

在案例的设计中，郭老师逐渐认识到：因为要聚焦，就需要找到这个单元的核心教学内容，就需要了解学生的学情，把握核心教学内容的重难点；因为要统整，就需要处理好学习主题、学习任务、学习活动之间的彼此关联，就需要处理好学习活动、学习资源、学习工具、学习策略、学习作业的支持和促进。以"任务一：聆听'小人物'故事"为例，在学情分析方面，郭老师发现学生对文章重点内容的定位能力和对文章内涵意蕴的理解能力普遍较弱，在自主感受、理解、质疑、探究文章的过程中学生普遍反映十分困难。在"小人物"的认识方面，学生对"小人物"的概念既熟悉又模糊，虽有一定的认识，但难以走进"小人物"的内心深处去体会他们友善、友爱、友情的一面。鉴于此，郭老师把核心教学内容定位为

---

① 伍雪辉．大单元教学的内生逻辑与实践立场[J]．教育研究与实验，2022(04)：91-96.

"把握故事重点，走进'小人物'世界"。学习任务由三个学习活动的推动来达成，活动1为讲明故事重点，活动2为讲好故事细节，活动3为讲出故事风格。郭老师的基本设想是：第一，针对《阿长与〈山海经〉》《老王》进行教学，该部分侧重于精讲。讲明故事重点在第一课时进行，学生会通过关注标题、分清详略、体会情感来把握故事的重点；讲好故事细节在第二课时进行，学生对典型事件、典型细节开展文本赏析；讲出故事风格在第三课时进行，需要学生对文本进行品味比较，在叙事角度、语言形式的比较中把握风格的异同。第二，针对《卖油翁》《台阶》两篇文本，重在迁移拓展、比较异同。学生可以逐渐领略到写人记事在古今故事笔法上的异同，在对比阅读中，学生能够掌握对比策略和方法，深度思考主要人物的精神内涵。

如果说聚焦需要围绕着核心教学内容展开，那么统整便要注意到学习任务与学习活动的彼此关联。除此之外，还需要关注到学习任务、学习活动、学习活动推进的层次性和进阶性。比如，如何推进"讲明故事重点"这一活动的开展？郭老师设置了"制作身份识别卡"和"感怀'小人物'"两个子活动来推进落实，前者是为了让学生在"制作身份识别卡"的过程中学会筛选有效信息、把握文本的重点，后者试图让学生领会文章的意蕴、体会作者的情感。从"制作身份识别卡"到"感怀'小人物'"，从把握文章的重点到领会文章的意蕴，从读懂"小人物"到领会其人性光芒，这样的活动设计就有了层次性和进阶性。

在"制作身份识别卡"中，首先，需要提取重要信息。学生需要默读课文，梳理出文本围绕阿长和老王叙述的事件，从文章标题、时空转换、关键词句、背景介绍、事件详略中提取人物特点。其次，需要教师搭设表格支架。该表格要求学生梳理两篇文本的"文章标题""标题妙处""重点段落""时空转换词""主要事件""叙事详略""人物形象""人物特点"等八个方面。在表格梳理过程中，学生先自行默读思考，然后通过小组合作的形式达成共识，派代表来进行展示。最后，制作出阿长和老王的身份识别卡。在这个阶段，需要学生在梳理表格的基础上结合时代背景和拓展资料，梳理出"小人物"的职业、朋友圈等。在身份识别卡的名字一栏中，学生需要明白长妈妈名字的由来，就需要借助《朝花夕拾》中的《狗·猫·鼠》和《二十四孝图》中有关长妈妈的介绍。学生需要绘制老王的形象，就需要了解杨绛的《干校六记》《我们仨》等作品的时代背景。

在"感怀'小人物'"中，教师要引导学生绘制作者的情感波动曲线图，撰写文章感怀"小人物"。首先，学生面对绘制情感波动曲线图的要求，自行细读文本，筛选关键语句，梳理鲁迅对长妈妈和杨绛对老王的复杂情感。其次，基于文本信息的筛选，将作者情感进行可视化绘图，形成作者的情感波动曲线图。最后，根据情感波动曲线图，站在作者的角度分别给两位"小人物"撰写文章以表感怀，以此深化对文章意蕴的认识。在教学的过程中，要让学生针对"绘制情感波动曲线图"这一活动，进行活动的拆解，努力将教师拆解转变为学生自己拆解，让学生开展活动的反复探究，从而使学生在反复的探究过程中实现"情感波动曲线图"的持续优化和不断迭代。

### (三)成为熟练阅读者："走进'小人物' 联结'小我''大我'"单元整体教学设计案例

石冰玉老师是郑州市第二初级中学的青年教师，该校是一所由郑州市教育局主管的公办全日制完全中学，也是郑州市重点中学。在第一次案例设计说课时，石老师呈现出了相对完整的单元整体教学设计，其学习主题为"走进'小人物'，探索人生的意义"，为了更好地开展主题学习，石老师设计了相应的学习任务，分别为"任务一：咀嚼平凡苦涩中的甘甜""任务二：着眼平凡中的细微与光辉""任务三：驻足普通人物的点点微光"。

在第一轮的案例设计研讨中，项目组肯定了案例设计的优秀做法，认为该案例能够以学习主题为依托，使得学习任务逐层驱动，学习活动不断落实，整合渗透学习主题的相关知识，使得学生学习了细节描写、叙事视角、叙事关键等相关知识。在讨论案例设计框架时，项目组提出了案例设计需要改进的地方。

其一，学习主题部分，需要对学习主题的引领性展开综合论证，需要考虑如何表达和呈现学习主题。在综合论证部分，应该从课标研读、教材分析、学生学情等三个方面进行全面分析；在呈现和表达方面，能够经过萃取使学习主题更加精练。

其二，学习任务部分，"咀嚼""着眼""驻足"意义相近，"平凡苦涩中的甘甜""平凡中的细微与光辉""普通人物的点点微光"都在点明"小人物"之"小"与"小人物"之"不小"，也是同义的反复，三个学习任务没有学习的进阶，也难以满足学生语文学习的发展要求。如何设计学习任务的进阶，建议石老师阅读阿德丽安·吉尔的《阅读力：文学作品的阅读策略》一书。在这本书中，作者提出了希望学生成为熟练的阅读者，勾勒了成熟文学阅读者的五种阅读力，分别为"联结力""提问力""图像化力""推测力""转化力"①。在此基础上思考案例能否培养学生像成熟的文学阅读者一样阅读，学习任务可以从"联结""图像""转化"等三种阅读力的角度来构成相应的学习进阶。

经过第一轮案例设计研讨，石冰玉老师和高菲同学从培养熟练的文学阅读者的角度展开单元整体教学设计，石老师负责主要设计，高同学进行协助。案例试图让学生经历专家的文学阅读过程，发现和建构文学阅读方法，提升阅读力。项目组召开了案例设计的第二次备课活动，备课活动由教师说课和专家指导两部分组成。这里呈现的是该案例设计的说课部分，围绕"设计背景""设计说明""设计方案""设计反思"四个部分展开。

## 走进"小人物" 联结"小我""大我"

——统编版初中语文教材七年级下册第三单元整体教学设计

设计者：郑州市第二初级中学　石冰玉；苏州大学文学院　高菲

指导者：管贤强

### 一、单元整体教学的设计背景

统编版初中语文教材七年级下册第三单元着力于文学阅读与文学创造，遵循着由读到写的过程。教材自然单元选编了一组散文及小说，《阿长与〈山海经〉》和

---

① 吉尔. 阅读力：文学作品的阅读策略[M]. 岳坤，译. 南宁：接力出版社，2017.

《老王》是两篇回忆性散文，自读课文《台阶》是一篇小说，《卖油翁》是一则写事明理的寓言故事，单元的对应写作训练为"抓住细节"，"名著导读"的内容是《骆驼祥子》，这部分内容是对课文阅读内容的进一步拓展延伸。单元人文主题是"凡人小事"，展现平凡人物身上闪现的优秀品格，引导人们向善、务实、求美。语文要素为熟读精思、文学创作。"熟读"便是要让学生注重速读、感知文意，要求学生根据不同叙事文体的特征，从标题、详略、角度等方面把握文章重点，提高整体把握文章结构层次的能力；"精思"就是要让学生展开发散性思考和批判性思考，能够关注细节描写及前后内容的关联，把握人物形象，体会平凡人性之美，能够结合文体特点和作者的叙事风格，体悟作者情感态度和文章的意蕴。"创作"就是要让学生在写作中有意识地观察、使用细节描写。从具体的文本看，《阿长与〈山海经〉》典型地体现了回忆性散文中将写作时的回忆与童年感受两种视角彼此交错转换的特点，表达了作者的深情。《老王》将复杂而深刻的感受隐藏于平和含蓄的语言之中，杨绛回忆与车夫老王的交往，展现了闪光的人性之美，表达了对不幸者的悲悯及对自身的反省。教读时可引导学生从标题入手，感知文章内容，感受老王身上闪耀的人性之美，同时研读重点事件，从结尾、文中的反复及特别之处理解作者的情感。自读课文《台阶》主要表现父亲的追求与失落，文章开头简洁有力，结尾蕴含情思，学习本文可指导学生从"台阶"这一线索梳理情节发展的脉络，借助旁批，抓关键句，感悟以丰满的细节塑造出的"父亲"形象。《卖油翁》则语言简洁，通过对人物动作、神态、语言的精要描写刻画人物形象，体现了小故事中的大道理、大智慧。

如何开展文学阅读？语文要素"熟读精思、文学创作"和人文主题"'小人物'光辉"的教学如何体现出文学的意味？

自课程标准的表述看，文学阅读需要通过审美体验、评价等活动构建起审美意识、审美情趣与鉴赏品味，并在此过程中逐步掌握表现美、创造美的方法。文学阅读包含着有序发展的心智层级：感知—体验—鉴赏—评价—表现—创造……这基本覆盖了文学教育从低级到高级、由简单到繁复的发展过程。文学阅读要注重欣赏对话，文学表达要体现创造。文学阅读的欣赏对话，要有自己的情感体验，要获得自然、社会、人生的有益启示，能说出自己的体验，文学阅读要注重鉴赏，让学生说出自己对作品中感人情境和形象的体验，品味作品中富有表现力的语言。文学表达的创造就是要让学生多角度观察生活，发现生活的丰富多彩，能抓住事物的特征，有自己的感受和认识，表达力求有创意。

自专家思维看，阿德丽安·吉尔在《阅读力：文学作品的阅读策略》《写作力：创意思考的写作策略》中提出了"联结""图像化""转化"等策略在文学阅读中的重要性，吉尔的文学阅读策略也符合文学阅读的认知过程，即从整体感知、信息整合到理解阐释、鉴赏评价，从鉴赏评价到批判探究、文学创作。吉尔的文学阅读策略也体现出对个人诠释经验的重视和对文学现象的关注。朗格在《文学想象：文学理解与教学》一文中认为审美性阅读更注重个人诠释及读者的经验、立场、所处的社会文化情境，其目的是让读者个人沉浸在作品之中的同时获得丰富的情感经验。不同人在同一情境下、同一个人在不同情境下及同一个人在不同时间的同一情境下都会生成不同的想象。① 基于对话沟通理论，在读者与文本对话中，"想象"思维尤为重要，它追求的是一种介入双方互为主体的关系，在以互相关联而又自主、独立、富有意义的对话的基础上，通过双方的创造达成各自的完善和满足。②

自学生学情看，学生在文学联结、文学对话、文学图像化、文学转化等方面存在着学习的困难。对于初一的学生来说，在文学阅读方面，他们会以旁观者的心态来阅读"小人物"的故事，将其看作是别人的故事，一方面是故事所处的时代与学生具有距离感，但更主要的原因是文学作品采用"分析"的教学方法，过多追求整齐划一的标准答案，学生自然不会去真正感受作品中的人物形象，也就感受不到文学应有的感染能力。在文学转化方面，学生通常在进行长时段文学阅读后开始文学创作，认为有了文学阅读自然能够将阅读中学到的技巧和方法转化到写

---

① 朗格. 文学想象：文学理解与教学[M]. 樊亚琪，译. 上海：上海教育出版社，2015.
② 郑国民，黄显涵. 对话理论与语文教育[J]. 语文教学通讯，2003(15)：8-10.

作过程中，但是语文教学的现实却是好的文学阅读不一定能转化为好的文学创作。要帮助学生认识到他人的故事其实和自己有着千丝万缕的关联，提升文学阅读和文学创作的能力水平，我们可以借助"联通""图像化"等教学策略。正是基于上述思考，我们将单元整体教学的学习主题确定为"走进'小人物'联结'小我''大我'"。

二、单元整体教学的设计说明

"走进'小人物'联结'小我''大我'"学习主题适用于七年级下学期。根据与教材的关联，本学习单元采用的是遵循方式。七年级下册第三单元由鲁迅的《阿长与〈山海经〉》、杨绛的《老王》、李森祥的《台阶》、欧阳修的《卖油翁》的阅读，"抓住细节"的写作及《骆驼祥子》的名著导读组成。

"走进'小人物'联结'小我''大我'"学习主题的关键词是"走进"和"联结"。在文学阅读中，与文本产生联结的能力可能是学生最容易理解和掌握的策略，而它也是最强有力的一个策略[①]；联结的能力在文学创作中也需要，学生需要选择读者容易理解的题材或写作方式来邀请读者建立这种联结。"走进"文学阅读离不开图像化的想象，它兼具描述想象、提炼重要文本、建立新的概念联结的功能[②]，学生需要具备在阅读的过程中借助文字创造思维想象和多感官图像的能力来帮助理解文本。阅读中的图像化能力可以在写作中迁移，学生在写作的过程中能够创造出栩栩如生的图像，让读者可以看见。

基于文学阅读与文学创作，案例围绕"走进'小人物'联结'小我''大我'"学习主题，我们构建了相应的学习任务和学习活动，具体单元设计如图 5.3 所示。

---

① 吉尔. 阅读力：文学作品的阅读策略[M]. 岳坤，译. 南宁：接力出版社，2017.
② 顾倩. 图像化阅读策略理论研究与教学实践[J]. 语文建设，2019(24)：21-24.

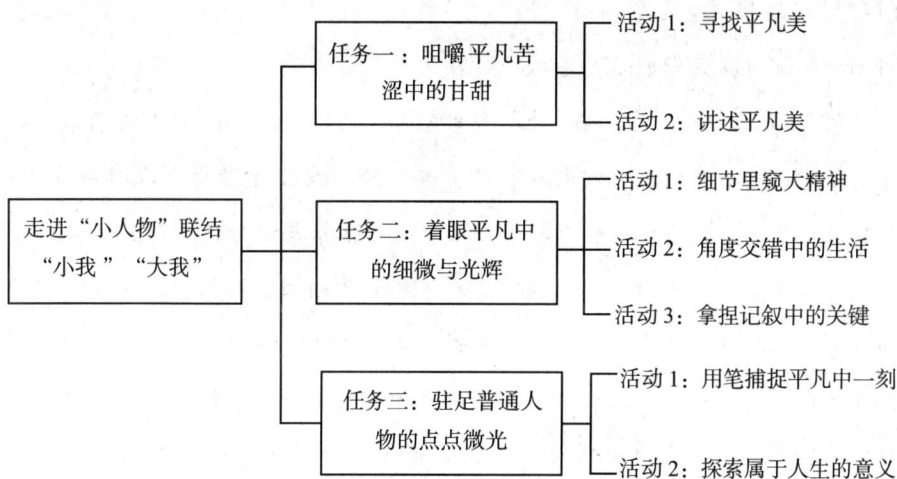

图 5.3 "走进'小人物'联结'小我''大我'"学习主题整体设计框架

围绕着"走进'小人物'联结'小我''大我'"这一学习主题，依据文学阅读"联结""图像化"的学科实践逻辑，我们设计了结构化的学习任务。

任务一：咀嚼平凡苦涩中的甘甜。任务一由两项学习活动组成，分别为"活动1：寻找平凡美""活动2：讲述平凡美"。该学习任务指向的是与文学文本建立联结。这种联结包括：文本与文本之间要相互联结，文本的学习要与生活联结，课内的学习要与课外联结，语文的学习要与学生经验联结。寻找平凡人，这些平凡人可以是当下生活中遇到的，也可以是记忆中留存的，还可以是身边的家人，更可以是阅读中积累的。对于这些平凡人，学生可以用语言讲述这些可以触碰的凡人小事。

任务二：着眼平凡中的细微与光辉。任务二由三项学习活动组成，分别为"活动1：细节里窥大精神""活动2：角度交错中的生活""活动3：拿捏记叙中的关键"。该学习任务指向的是确定重点、图像化的阅读策略。如何确定重点？学生需要抓住叙事文体的特征，从文章标题、详略安排、叙事角度等方面把握文章重点。如何进行图像化？学生应细读文本，关注细节描写，把握细节描写前后的关联，把握人物的形象。

任务三：驻足普通人物的点点微光。任务三由两项学习活动组成，分别为

"活动 1：用笔捕捉平凡中一刻""活动 2：探索属于人生的意义"。任务三注重文学阅读的转化，在文学阅读的基础上，在文学创作中进行迁移创新。

从任务一到任务三，案例设计契合文学阅读的发展进程。文学阅读需要经历踏入、投入、踏出及反思、创新等阶段。踏入阶段发生于读者初次接触文本时，读者从自身既有图式出发，借助固有经验，通过想象与新知发生碰撞、磨合；投入阶段，读者从语表走向语里，在对文本了解的基础上借助联想和想象，体验作家创造的艺术形象，产生共鸣和情感愉悦，或修正之前的想法，或深化原有的认识，或生成新的理解；如果说之前两阶段是读者借助想象来构建、理解作者所创造的艺术世界，那么，踏出及反思阶段是通过阅读所生成的想象来突破思维定势，展开文学评论和自我反思的阶段；创新阶段，便是要在文学阅读基础上实现从阅读到创作的转化。该案例设计主题的分解契合学科学习的进阶，任务与任务之间环环相扣，活动与活动之间紧密关联。

### 三、单元整体教学的设计方案

主题任务单元教学就是要让学生在实践和做事中提升素养。在单元整体教学的设计背景中，学习主题让师生明确"为何做"，学习任务让师生明确"做什么"，学习活动则让师生懂得"如何做"。设计者对于做事有了更加清晰的认识，接下来将从"学习目标""学习要求""学习情境""学习过程"等维度呈现具体的案例（如表5.3）。

表5.3 "走进'小人物'联结'小我''大我'"单元整体教学设计的案例呈现

| 设计内容 | 具体设计 | 设计意图 |
|---|---|---|
| 学习目标 | 1. 能区分不同叙事文体的基本特征，能从标题、详略安排、角度选择等方面定位文章重点，提高整体把握文章结构层次的能力，能用逻辑图示梳理文章内容与结构。<br>2. 能关注细节描写，在阅读中通过分析细节描写与主旨的关系，结合前后内容的内在联系，揣摩人物心理，把握人物形象特点，理解作者的情感态度，并能用准确的语言做出分析与简评。 | 1. 围绕"文学阅读"的能力提升展开。<br>2. 学习目标的确定基于能力的框架和文学阅读的认知过程。 |

| 设计内容 | 具体设计 | | 设计意图 |
|---|---|---|---|
| 学习目标 | 3. 能关注文章语言表达的独特之处，培养良好的语感；能抓住文章的细微之处，发现其中的复杂内蕴，并在统整中对文章进行评述，逐步培养高阶思维。<br>4. 能初步树立起作者意识与读者意识，逐步培养在写作和阅读时适时进行换位思考的习惯。<br>5. 能通过比较总结出同类文体相通的阅读经验和方法，形成比较意识，发展比较思维能力。 | | |
| 学习要求 | **学习任务** | **学习要求** | 1. 对学习任务、学习评价进行了有意识的设计与实施，力图实现"教—学—评"的一致性。<br>2. 学习评价以外显的学习成果为依据，需要考虑评价的可理解、可操作、可评价。因此，学习目标中增加了"准确的语言分析和简评""折线图"等内容。<br>3. 学习评价先行，试图组织和引导学生完成以评价为导向的教、评、学一体的活动，监控学生的学习过程，检测教与学的效果，实现以评促学，以评促教。 |
| | 咀嚼平凡苦涩中的甘甜 | 1. 能通过生活回忆、生活观察、文本阅读等方式积累、梳理平凡人物，并通过思维导图构建清单。<br>2. 能够以"小人物"为话题讲述平凡美，讲述力求有顺序、有细节、能够打动读者。<br>3. 能够结合时代读懂"小人物"，懂得尊重"小人物"，对"小人物"能做出正确的理解和评价。 | |
| | 着眼平凡中的细微与光辉 | 1. 能够加强文本细读，关注细节描写及前后内容的内在联系，揣摩人物心理，把握人物的形象特点，体会"小人物"身上的闪光品格，能用准确的语言分析和简评。<br>2. 能够探究不同叙事角度交错转换的妙处，能在多种形式的诵读中，加深对作者情感态度的理解和对文本意蕴的体悟。<br>3. 能够了解不同叙事文体的基本特征，学会从标题、详略安排、角度选择等方面把握文章重点，能够使用折线图等图式把握文章的结构层次。 | |
| | 驻足普通人物的点点微光 | 1. 能够在日常生活中观察普通人，体会普通人的善良人性，懂得尊重身边的普通人。<br>2. 能够以"驻足身边的普通人"为题撰写记述文，学会捕捉生活的细节，能在写作中用丰满的细节来刻画人物、表达情感。 | |

| 设计内容 | 具体设计 | 设计意图 |
|---|---|---|
| 学习情境 | 生活中有这样的一些人,传奇的经历,没有!渊博的学识,没有!他们在日常的生活中,演绎着普通人的百态人生,也有着别样的光辉。这些人就在我们的身边,可能是我们的亲人,可能是身边的陌生人。 | 学习情境创设联系了以往的生活经验。 |
| 学习过程 | 任务一:咀嚼平凡苦涩中的甘甜<br>引导学生制作人物名片。制作人物名片,不仅是"活动1:寻找平凡美"的成果形式,还是"活动2:讲述平凡美"的材料和依据。"寻找平凡美",需要包含单元各篇课文中的"小人物"及身边的"小人物",因此,"制作人物名片"就需要学生以课文或以了解的信息为依据填写主人公的个人信息。通过制作人物名片,学生一方面将生活和学习相关联,同时也根据课文梳理了教学内容,另一方面在整体感知和教师的引导下,将会从图表信息中发现:各篇课文没有波澜起伏的情节和宏大壮阔的场面,只是叙写了种种琐碎小事,此外各个人物身上存在着共性,即"平凡"。最终引出该单元的主题"凡人小事"。然而"凡人小事"有叙说的价值吗?这些人物给予作者的情感体验或是和故事本身一样平淡,抑或是起伏深刻的呢?学生将会带着这样的困惑,走进任务二的学习中。<br>任务二:着眼平凡中的细微与光辉<br>活动1:细节里窥大精神。以《阿长与〈山海经〉》和《老王》为精讲课文,用《卖油翁》一文进行延伸,同时用自读课文《台阶》检测学生对细节描写的掌握程度。<br>活动2:角度交错中的生活。设计目的在于从回忆性散文的角度出发,发现作者回忆中和经历时两种不同的叙述视角,从而感受作者所要表达的情感和心理体验,本部分精讲《阿长与〈山海经〉》,用七年级上册中的《从百草园到三味书屋》作为阅读拓展内容,用《老王》检测学生的理解和阅读程度,课后以《落在父亲生命中的雪》作为迁移训练内容。<br>活动3:拿捏记叙中的关键。主要是体会作品中位于开头、结尾或文中的关键句,体会作者在文章写作时记叙的关键情感。本活动精讲《老王》《阿长与〈山海经〉》《卖油翁》,以《台阶》为阅读拓展内容,同时以郑州市所使用的《语文经典读本》中的《独腿人生》《我的太爷老师》等作品作为拓展训练内容,考查学生对知识点的掌握。 | 1. 组织是学生学习和记忆新信息的重要手段,方法是从学习材料中提取关键信息,并以表格形式将关键信息置于适当的类别之中,从而使学生对人物形成有序而整体的认识。<br>2. 借助圈点与批注,养成自己批注的习惯和方式,对深入理解文本有着至关重要的作用。一要做到圈点与批注结合使用,不能脱节;二要注意整洁,不能乱涂乱画、潦草不堪,要做到既美观,又便于后续复习。<br>3. 设置"细节描写的特点及表现方法归纳表",让学生对本单元的几篇课文中的细节进行系统归纳。<br>4. 以评促学策略。评价标准就是学习目标,有目标就会有努力的方向,让学生对照标准,作自我评价及自我调整,实现反思性学习。 |

| 设计内容 | 具体设计 | 设计意图 |
|---|---|---|
| 学习过程 | 任务三：驻足普通人物的点点微光<br>无论是"活动 1：用笔捕捉平凡中一刻"，还是"活动 2：探索属于人生的意义"，这些活动都有赖于习作。在写作中，用笔来捕捉平凡人的生活，也用笔来表达学生对于人生意义的理解。进行凡人小事的写作，学生要在"如何表达"方面下功夫，这就需要"梳理细节描写的手法""完成叙写'小人物'的文章"。<br>梳理细节描写的手法。基于任务二的文学学习经验，让学生从特点和手法两个方面梳理细节描写的手法。<br>完成叙写"小人物"的文章。引导学生将生活中观察和记忆中留存的素材清晰化，努力做到细节描写有重点，细节描写够生动，细节描写融情感。学生需要借鉴并迁移单元内课文的细节描写，抓住主要情景刻画生活中的平凡一刻。教师需基于评价量表指导学生进行修改。 | |

## 四、单元整体教学的设计反思

作为一名优秀的青年教师，石老师在案例设计前认真阅读了《阅读力：文学作品的阅读策略》一书。书中，作者谈到了自己对熟练文学阅读者的认识，熟练的文学阅读者能够灵活地应时、应需、应文地使用阅读策略。这些文学阅读策略包括"联结""提问""图像化""推测""转化"，对应的阅读力便有"联结力""提问力""图像化力""推测力""转化力"。在案例的第二轮说课中，石老师将案例设计目标定位在培养学生成为熟练的文学阅读者上，特别是要让学生具有"联结力""图像化力""转化力"。

案例设计如何凸显"培养学生成为熟练的文学阅读者"？如何"培养学生的'联结力''图像化力''转化力'"？自学习主题看，石老师从学习主题的分析和学习主题的表述两方面进行了陈述。在学习主题的表述方面，她将学习主题调整为"走进'小人物'联结'小我''大我'"。对于学习主题表述的修改，她进行了学习主题分析：在学习主题中，明确提出了"联结"，同时，"走进"这个词暗含着"图像化""转化"，学生需要走进"小人物"就离不开对"小人物"图像化的想象，学生在文本阅读过程中借助文字展开思维想象，创造出多感官的人物图像，学生真正走进

121

"小人物"也离不开转化，真正走进"小人物"的学生可以在写作中进行有效迁移，伴随着写作过程，不断创造出读者可以见到的栩栩如生的人物形象。学习主题"走进'小人物'联结'小我''大我'"分解为三项学习任务，分别为："任务一：咀嚼平凡苦涩中的甘甜""任务二：着眼平凡中的细微与光辉""任务三：驻足普通人物的点点微光"。石老师认识到案例中三个学习任务名称仍然存在着意义相近的地方，对于"联结""图像化""转化"等策略的落实，她主要在学习活动的设置上予以解决。任务一中"寻找平凡美""讲述平凡美"两项活动让学生寻找平凡人，讲述平凡人的小事；任务二中"细节里窥大精神""角度交错中的生活""拿捏记叙中的关键"三项活动聚焦确定重点和图像化的学习策略；任务三中"用笔捕捉平凡中一刻""探索属于人生的意义"两项学习任务聚焦文学的阅读转化。

对于学习主题和学习任务的相互关联，石老师使用了隐喻"糖葫芦"。她认为：学习主题是贯穿糖葫芦的竹签，起着引领的作用；学习任务是竹签串联起来的糖葫芦，糖葫芦之间要有逻辑关联和上下进阶。学习主题是"神"，回答了"为何做事"的问题，"学习任务"是形，试图回答"要做何事"的问题，主题任务便是形神兼具。随着主题任务的确定，形成了相对完整的学习领域，这就使得语文学习的关键能力、必备品格和正确价值观能够整体推进，也便于开展识字写字、阅读鉴赏、表达交流、梳理探究等丰富多彩的语文实践活动。学生在语文实践活动中学语文和用语文，在语文实践活动中提出问题、分析问题和解决问题，在语文实践活动中发展核心素养，挖掘创造的潜能。

在整个设计过程中，石老师也提出了自己的困惑：第二轮改进案例注重培养学生成为熟练的文学阅读者，这和初次提交的案例存在着些许目的上的差异。初次提交的案例，石老师特别想实现读写结合，以及提升学生的文学创造能力。这次改进更多地是在文学阅读层面进行的，如果想在文学创造方面有所突破，案例还能如何设计？

### (四)镜头拍摄与文学学习："镜头下的人世间"单元整体教学设计案例

姚国笑老师是郑州市二七区马寨一中的优秀教师，该校坐落于郑州市食品机械工业基地——二七区马寨镇产业聚集区。在第一次案例设计说课时，她展现给大家的是教学内容饱满、技能训练严谨的单元教学设计。其学习主题为"致敬'小人物'"，设计采用了读写结合的思路开展篇章教学，每篇课文对教师教学用书中提及的重难点都进行了逐一落实。整体设计从"阅读中得法"到"迁移于表达"，最后到"写作指导"。

在第一轮的案例设计研讨中，项目组鼓励姚老师进行教学的创新。知识可分为"惰性知识"和"有活力的知识"，回应素养时代的变革挑战，要求知识教学从"惰性知识"转向"有活力的知识"①。语文学习有被动学习和主动学习，我们希望实现的是学生积极主动地对教师所传授的知识进行选择、理解、整合和内化，并在这一过程中使新知识纳入自己原有的认知结构之中，以达到对新知识的把握和理解。② 项目组建议姚老师尝试单元整体教学的一条技术路线，即项目化学习。项目组期待姚国笑老师和汪楠同学可以努力做到：在项目的开始，让学生直面具有挑战的项目情境，清楚项目解决的思路和后续的学习任务，在对学生思路的梳理过程中，让学生逐渐构建学科大观念和大概念；在项目的推进过程中，要按照做事的逻辑或者问题解决的逻辑，关注学习任务的推进和学习活动的开展，把更多开展学习任务和进行学习活动的机会让给学生，真正促进学生素养的提升；在项目的结尾，使得学生能够展示作品的改进过程和小组分工等，同时能够对项目作品展开评价。

经过第一轮案例设计研讨，姚老师和汪同学从项目化学习的思路展开了单元整体教学设计。项目组召开了案例设计的第二次备课活动，备课活动由教师说课和专家指导两部分组成。这里呈现的是该案例设计的说课，围绕"设计背景""设计说明""设计方案""设计反思"四个部分展开。

---

① 张良. 论素养本位的知识教学：从"惰性知识"到"有活力的知识"[J]. 课程·教材·教法，2018，38(03)：50-55.

② 孟庆男. 对接受式学习与发现式学习的比较分析[J]. 中国教育学刊，2003(02)：27-29.

# 镜头下的人世间

——统编版初中语文教材七年级下册第三单元整体教学设计

设计者：郑州市二七区马寨一中　姚国笑；苏州大学文学院　汪楠

指导者：管贤强

## 一、单元整体教学的设计背景

对于初中阶段的文学阅读，学生需要有所感，能够获得自我的情感体验；还需要有所悟，能够初步领悟作品的内涵，从中获得对自然、社会、人性的有益启示；更需要有所得，能够品味富有表现力的语言，对作品中感人的情境和形象，说出自己的体验。对于文学创作，通过文学阅读，学生能够细腻其情感、丰富其表达。在文学创作中，就需要学生多角度观察生活，发现生活的丰富多彩，能够抓住事物的特征，有自己的感受和认识，表达力求具有创意。在实际的教学过程中，文学阅读教学需要开展学生、教师、编者、文本之间的多重对话，注重培养学生感受、理解、欣赏、评价的能力，加强对学生文学阅读方法的指导，带领学生随文学习必要的文学知识。文学创作教学需要鼓励学生自由表达和有创意地表达，善于将文学阅读与文学创作、文学表达与文学创作有机结合，相互促进，能够利用信息技术与网络优势丰富写作形式，激发写作兴趣，增加学生创造性表达、展示交流与互相评改的机会。同时，开展文学阅读、文学创作教学要遵循语文课程综合性、实践性特征，从学生语文生活实际出发，创设丰富多样的学习情境，设计富有挑战性的学习任务，激发学生的好奇心、想象力、求知欲，促进学生自主、合作、探究学习，充分发挥现代信息技术的支持作用，拓展语文学习空间，提高语文学习能力。

从教材编选来看，统编版语文教材七年级下册编排了杰出人物、家国情怀等主题单元，本单元是七年级下册的第三单元，着眼于"小人物"的故事，包含了四篇课文（两篇回忆性散文《阿长与〈山海经〉》《老王》、小说《台阶》、文言文《卖油翁》），写作（抓住细节），名著导读（《骆驼祥子》圈点与批注），四首课外古诗。本单元的人文主题以"小人物"贯穿整个单元，引导学生发现普通人身上的优秀品质，发现普通人的闪光点，从而进一步感悟人生的意义和价值。前两个单元已经学习过散文这种文体和通过细节写出人物精神，以及精读，这些为本单元的熟读精思打下了基础，并能让学生从更多角度去把握文章的重点，也为本单元写作提供了更多的思路。

基于课程标准研读与教材分析，案例设计了"镜头下的人世间"这一学习主题。将"镜头下的人世间"作为学习主题，还有以下方面原因。

从学科学习角度出发，镜头的设计、拍摄要求学生能够抓住细节，精准地捕捉到人物的神韵。镜头脚本的写作则充分锻炼学生的语言文字运用能力，全景、远景、近景、特写等维度正好对应着写作手法的场面描写、环境描写、外貌描写、细节描写等。通过"镜头下的人世间"微电影创作这一学习情境的构建将语文学科与新媒体媒介进行融合，加强语文学科学习与时代、生活的联系，培养学生跨媒介的信息获取、筛选与表达能力，培养阅读与理解、辨析与选择等关键能力，能够让学生在潜移默化中提升语文学科素养①，提高语文实践能力。

从文学实践来看，媒介环境在不断发展、变革，新媒体的出现与传播为学生提供了更多的学习资源，拓宽了学生实践活动的空间。媒介环境的变化丰富了教师的教学手段，语文教育理念与培养目标开始关注学生语文学科素养的全面发展。越来越多的教师倾向于选择集文字、图片、音频、视频等多种媒介于一体的教学手段。语文教学活动更加强调教学内容的整合性，让教师与学生利用网络资源扩展课程内容，丰富语文教学内容。短视频、微电影的创作既能调动学生的学习积极性、学习兴趣，还能锻炼学生的语文学科素养、综合实践能力。跨媒介阅读侧重于培养学生阅读与理解、辨析与选择等关键能力，实际上就是培养学生形成与发展阅读力。

从学生生活看，2021 年改进的初期，我们考虑的学习主题为"镜头下的'小人物'"，在学生的手机和相机镜头下，这些照片更多记录的是"小人物"的烟火

---

① 王跃江，马占军. 跨媒介阅读视域下学生阅读力培养的实施路径[J]. 语文建设，2021(02)：66-69.

气。随着 2022 年电视剧《人世间》的播出，我们想到了学生生活的变化，这促使我们对学习主题做出了调整，最后调整为"镜头下的人世间"。电视剧《人世间》播出之后，好评不断。一则，镜头下有一群立得住的人物群像，其中还包含了近五十年的历史众生相，有足够的时代纵深，还有鲜活的故事和人间烟火味。二则，观众在观看中找到了真实的生活，找到了曾经生活的影子，找到了周围林林总总的熟悉的陌生人面孔，让我们懂得，人应该坚守人性的底线。三则，电视剧与文学作品的双向赋能。电视剧将部分角色和情节从概念化变为具象化，更加智慧地进行戏剧展现，这些都契合文学阅读"图像化"策略的要求。正如作家协会主席铁凝所言，文学与影视，这是一种相互区分、相互激励而又相互启发、相互成全，最终相互增强和放大的关系。

"镜头下的人世间"的主题学习，旨在融合语文学习与媒介语言，让学生通过尝试微电影的创作，将项目学习与学科学习相互融合，共同来提高学生的语言文字运用能力、审美创造能力，进而提升学生的语文学科素养。在主题学习过程中，学生以个性鲜明的"小人物"形象作为理解文本的抓手和积累素材、学习写作技巧的范例。该主题充分发挥了其在阅读与写作方面的教学价值，学生通过分析教材中"小人物"形象、寻找身边"小人物"形象，提高了归纳分析、文字表达等学习能力。

二、单元整体教学的设计说明

"镜头下的人世间"主题学习适用于七年级下册第三单元的语文学习。根据与教材的关联，学习主题的任务单元有遵循、调适、创生三种建构方式，本单元采用调适的建构方式。以《阿长与〈山海经〉》《老王》《台阶》三篇记叙文为基础，将《卖油翁》后移到同册第四单元中与《陋室铭》等文言文一起学习，另外将《骆驼祥子》及小说《人世间》、人物短视频作为本单元的学习资源。

"镜头下的人世间"采取项目化学习方式，要求学生分组合作完成一部微电影的创作，聚焦一位"小人物"的人生经历，探寻"小人物"的喜怒哀乐，展现人世间的岁月变迁、人情冷暖，在提高综合能力的同时获得丰富的情感体验和人生感悟。随着时代的发展，互联网的出现为我们提供了个性化、交互式的媒介环境，受众既能通过互联网实现与传播者的对话，又能通过各种途径成为信息的传播者。语文教学应当顺应媒介环境的变革，因势利导，引导学生用批判的眼光与正确的价值观审视媒介传播内容，尝试创造积极向上的传播内容。

"镜头下的人世间"主题微电影创作让学生在学习教材内容的同时将所学融入实践中，设置了三个学习任务，分别是："闪闪发光的'小人物'""熠熠生辉的那一刻""生生不息的人世间"。任务一旨在确定微电影的主人公，从教材中的阿长、老王、父亲的形象分析入手，发现人的复杂多面，看到"小人物"身上的闪光点，去寻找身边同样平凡而闪光的"小人物"，从而确定微电影的主角。这一过程能够让语文学习更加贴近学生的生活，让学生发现生活与语文之间的关联性，更能够让学生有所触动、印象深刻。任务二旨在为分镜脚本的创作提供合理的素材。这就需要从情节入手，探讨教材选文中作者塑造人物形象的方法，从材料的选择与编排等方面发现详略安排、细节描写的重要性。任务三旨在创作解说词。学生在创作过程中既要能思考、组织、运用材料，又要能自然而然地融入自己对人生的思考与感悟。这就需要引导学生透过人物看人间，看到人间百态、人情冷暖，通过普通人的人生经历看到社会的发展、时代的变迁，关注普通人的生活。

由此，我们以"镜头下的人世间"为学习主题，设计了三个前后连贯的情境任务，建构了学习主题统领下的任务单元（如图5.4）。为了更好地完成三个学习任务，我们依据微电影创作流程的实践逻辑，将情境任务做了活动分解，设计了结构化的活动链。

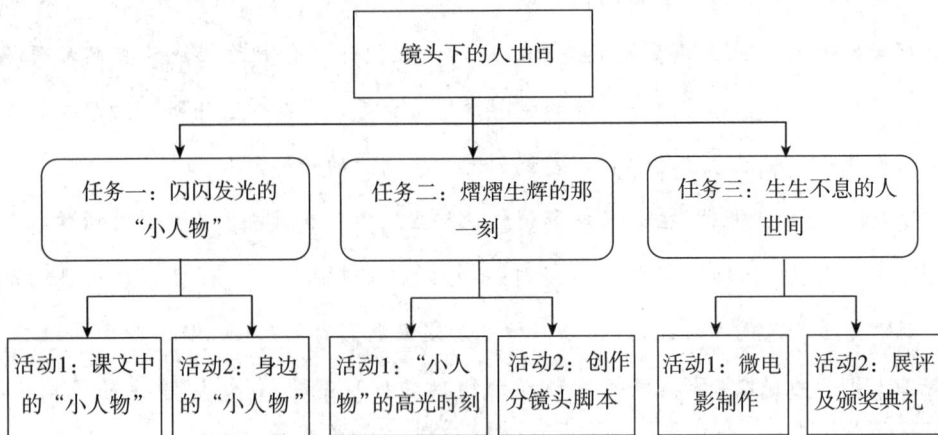

图 5.4  "镜头下的人世间"单元整体教学设计框架

任务一：闪闪发光的"小人物"。先阅读三篇课文，全面认识人物形象，分析作者对主人公的情感态度，感受"小人物"形象的真实、饱满，发掘"小人物"的闪光点。再寻找身边同样平凡而拥有美好品质的普通人，进行采访，了解其经历。小组通过交流讨论选择一位典型人物，确定为微电影的主人公，并对其进行线下采访，根据采访提纲填写人物信息表，再根据信息表撰写人物小传。

任务二：熠熠生辉的那一刻。在精读课文的基础上寻找阿长、老王、父亲的高光时刻（即最能表现人物品质的典型事例），再读文本，探析作者叙写典型事例的写作手法。教师提供人物短视频作为补充的学习资源、参照模板，探讨该视频成为爆款的原因，汲取可行的经验，并根据人物小传确定微电影要着重表现的主人公的高光时刻，以及视频需要重点采集的素材等，进行分镜头脚本的创作。

任务三：生生不息的人世间。小组成员分工合作，根据分镜头脚本线下收集照片、视频、音频等素材，创作微电影的人物解说词。素材收集完成后进行剪辑创作，自拟片名，完成微电影创作。要求各小组提前将微电影成品投稿到相关平台，一周后统计各组播放量。在此基础上，教师及其他小组成员进行打分、评价，评选出最闪光人物奖、最佳影片奖、最佳配乐奖、最佳摄影奖、最佳剪辑奖、最具人气奖。全班集思广益，为最佳影片奖创作颁奖词。

### 三、单元整体教学的设计方案

学习主题"镜头下的人世间"呈现出鲜明的项目特色。之所以说学习主题具有项目特色，是因为教师选取了从作品到电视剧的真实情境作为素材，这就使得整个案例设计具有了项目味。与此同时，围绕"镜头下的人世间"的项目学习，案例设计对项目主题和学习任务从做事的逻辑上进行了有效且恰当的分解。基于对整个项目学习"学习主题""学习任务""学习活动"逻辑关联的清晰认识，在具体的设计方案中，我们进一步厘清了"学习目标""学习要求""学习情境""学习过程"等（如表 5.4）。

表 5.4　"镜头下的人世间"单元整体教学设计的案例呈现

| 设计内容 | 具体设计 | 设计意图 |
|---|---|---|
| 学习目标 | 1. 能够通过文本细读，关注细节描写等人物描写方法及前后内容的内在联系，揣摩人物心理，把握人物的形象特点。<br>2. 能够发现"小人物"的闪光点，看到"小人物"的人生经历所折射出的时代背景、社会生活，感受普通人的美好品质。<br>3. 能够从标题、详略安排、角度选择等方面把握文章重点和结构层次，体会作者的情感态度。<br>4. 能够做到读写结合，学习并借鉴名家名篇作品的写作手法进行创意性的写作实践。<br>5. 能够通过项目化学习方式，提高组织协调、团队协作、语言文字运用等综合实践能力。 | 学习目标围绕"文学读写"和"项目实践"能力的提升展开。 |

| 设计内容 | 具体设计 | | 设计意图 |
|---|---|---|---|
| 学习要求 | 学习任务 | 学习要求 | 1. 对学习任务、学习评价进行了有意识的设计与实施,力图实现"教—学—评"的一致性。<br>2. 学习评价以外显的学习成果为依据,考虑到了评价的知识度、认知度、实践度,在真实度、协作度等方面仍有改进空间。<br>3. 学习评价先行,试图组织和引导学生完成以评价为导向的"教—学—评"一体的活动,监控学生的学习过程,检测教与学的效果,实现以评促学、以评促教。 |
| | 闪闪发光的"小人物" | 1. 细读课文,全面分析主人公形象,形象分析能做到全面具体、有理有据,能够看到人物的复杂性。<br>2. 能够感知文字背后蕴含的作者的情感态度。<br>3. 能够小组讨论并确定一位典型人物作为微电影主人公。<br>4. 在进行人物采访前能列好提纲,采访时条理清晰、逻辑通畅。<br>5. 人物小传的写作全面、客观,能够合理地组织收集到的信息。 | |
| | 熠熠生辉的那一刻 | 1. 学习课文中作者组织材料的方式,把握文章重点,在创作过程中学会抓住典型事例,将人物形象塑造得更加立体。<br>2. 探讨视频制作要点时能够独立、深入思考,并能从多个角度发现要点。<br>3. 在视频脚本的创作过程中能够合理分配镜头,重点鲜明突出,细节处理得当。 | |
| | 生生不息的人世间 | 1. 人物解说词能够有一定的文学性,以及融入对人生的思考与启迪。<br>2. 微电影作品主题明确且完整流畅。<br>3. 能够运用新媒体媒介对作品进行展示、传播。<br>4. 微电影制作过程中小组成员能够团结协作、分工合理、氛围融洽。<br>5. 在评价环节有一定的审美鉴赏能力,能够做到客观公允。 | |
| 学习情境 | 近年来,无论是文学作品还是影视作品的创作,都更加关注"小人物"。新媒体的传播让普通人拥有更多被看见的机会。这一单元的学习就让我们尝试制作一部以"镜头下的人世间"为主题的微电影,一起走近"小人物",通过创作让身边的"小人物"也能够闪闪发光地被看见。首先,我们要确定微电影的主角。让我们一起向名家们取取经,看看他们选择了哪些"小人物",以及他们是如何塑造人物形象的。 | | 学习情境的创设联系了当前的生活经验。 |

| 设计内容 | 具体设计 | 设计意图 |
|---|---|---|
| 学习过程 | 任务一：闪闪发光的"小人物"<br>活动1：课文中的"小人物"。<br>1. 读一读：细读课文《阿长与〈山海经〉》《老王》《台阶》，略读《骆驼祥子》，全面分析文章主人公形象。形象分析应当全面具体、有理有据，能够看到人物的复杂性。<br>2. 品一品：作者对主人公怀有怎样的情感态度？从原文中找出依据。<br>3. 理一理：将自己的阅读成果整理在表格中。<br>活动2：身边的"小人物"。<br>1. 这些"小人物"也许并不完美，却体现了无比真挚、淳朴的情感，正是他们的存在让社会变得温暖真实，他们平凡的同时也有着许多珍贵的闪光点。作家们用细腻的笔触带我们结识了他们身边可亲可爱的"小人物"，其实我们每个人的身边都有这样闪闪发光的"小人物"存在。请用你善于发现的眼睛去寻找生活中的"小人物"，提前列好采访提纲并对其进行采访，了解其经历，填写采访记录表。<br>2. 小组内讨论交流，选出一位你们小组认为最为典型、最具代表性的"小人物"，作为微电影主角S。<br>3. 根据采访记录表整理出人物S信息表，为人物S撰写人物小传。<br>任务二：熠熠生辉的那一刻<br>活动1："小人物"的高光时刻。<br>1. 议一议：小组讨论，谈谈你认为阿长、老王、父亲的高光时刻是哪里？作者用了何种手法来表现那一刻的？<br>2. 想一想：人物S的高光时刻在哪里？要如何表现出来呢？<br>3. 写一写：试着学习课文中名家的写法，将人物S的高光时刻用文字表述出来。<br>活动2：创作分镜头脚本。<br>1. 观看人物短视频，谈谈视频最打动你的地方。<br>2. 探讨这一视频为何能够成为爆款视频。（可以从内容、形式、社会环境等多个角度进行探讨）<br>3. 小组合作，撰写微电影分镜头脚本。 | 1. 任务一旨在确定微电影的主人公。从教材中的阿长、老王、父亲的形象分析入手，发现身边同样平凡而闪光的"小人物"，从而确定微电影的主角。<br>2. 任务二旨在为分镜脚本的创作提供合理的素材。这就需要从情节入手，探讨教材选文中作者塑造人物形象的方法，从材料的选择与编排等方面发现详略安排、细节描写的重要性。<br>3. 任务三旨在创作解说词。学生在创作解说词的过程中，既要能思考、组织、运用材料，又要能自然而然地融入自己对人生的思考与感悟。这就需要引导学生透过人物看人间，看到人间百态、人情冷暖，通过普通人的人生经历看到社会的发展、时代的变迁，关注普通人的生活。 |

| 设计内容 | 具体设计 | 设计意图 |
|---|---|---|
| 学习过程 | 任务三：生生不息的人世间<br>活动1：微电影制作。<br>1. 根据画面脚本收集照片、视频、音频等素材。<br>2. 根据分镜头脚本及素材创作微电影的人物解说词。<br>3. 小组合作进行剪辑创作，自拟片名，完成微电影成品。<br>活动2：展评及颁奖典礼。<br>1. 各小组提前将微电影成品投稿到相关平台，一周后统计各组播放量。<br>2. 各小组轮流展示成品，汇报本组在影片制作过程中的心得体会，并就遇到的问题进行探讨。<br>3. 教师及其他小组成员进行打分、评价。<br>4. 评选出最闪光人物奖、最佳影片奖、最佳配乐奖、最佳摄影奖、最佳剪辑奖、最具人气奖。<br>5. 请学生仿照第十届茅盾文学奖获奖作品《人世间》的授奖词为本次学习活动的最佳影片奖创作颁奖词。 | |

### 四、单元整体教学的设计反思

作为一名优秀骨干教师，姚老师有着教学扎实、注重落实的优点，在初次案例设计中就体现了这些优点。教学设计改进后的说课，姚老师首先对于项目组的期待表示了感谢，也明白项目组派汪同学参与这次案例设计的用心。这些努力都是为了帮助她打开教学设计的思路。

姚老师在案例反思的开始，首先谈到了整个项目设计的思路。整个项目学习，他们设想让学生能够分组合作拍摄、制作微电影，聚焦"小人物"的人生经历，探寻"小人物"的喜怒哀乐，从而让学生获得丰富的情感体验和深刻的人生感悟。既然要拍"小人物"微电影，应该要经历选材、准备、制作三个过程。任务一是选材，"小人物"的选择可以是文本中的阿长、老王等，也可以是生活中的"小人物"，选定的"小人物"既要填写在人物信息表上，还要撰写人物小传。任务二是准备，学生在拍摄中会遇到很多难题，因此要给学生提供支架。有的支架为人物描写和人物刻画的范例，有的为讲述"小人物"的短视频，学生逐渐懂得了分镜头脚本、人物素材采集等的方法。任务三是制作，学生需要根据脚本来收集照片、视频、音频等素材，创作微电影的人物解说词。素材收集完成后进行剪辑创作，自拟片名，完成微电影的制作。除此之外，还需要进行平台发布、颁奖、撰写颁奖词等活动。

除了介绍设计思路，姚老师还特别谈到了文学语言和镜头语言相互转换的价值。这种转换，对于文学学习来说，能够在转换的"真活动""真问题"中激活学生的"真解决"，这种转换也让学生在真实的任务情境中学语文、用语文。这种转换过程，伴随着"正向"和"逆向"两种方式。所谓正向，便是从阅读文本入手，采用结构梳理、写法对比的方式，促进项目的完成；所谓逆向，便是从项目拍摄、表达输出入手，借助视频来开展文本的学习，内化习得语言及其表达方式。

对于案例设计，姚老师也提出了许多担心。首先，郑州市二七区马寨一中的学生基础比较薄弱，这种基于真实任务情境下的语文学习会不会让学生觉得难度较高？其次，学校的课时比较有限，每个项目涉及很多步骤、活动、成果的展示，如何在有限的时间内完成这些教学任务？对于这些问题，姚老师也期待项目组能够给予更多的指导和帮助。

## 二、单元整体教学设计的案例研讨

经过第一轮的案例研讨，各位老师明确了各自案例的技术路线和鲜明特点，在与各位硕士生的合作中获得了新的设计体验，也有了新的设计困惑。项目组认为老师们的改进案例设计和说课彰显了以下几个鲜明特点。

第一，立意高。尽管当时《义务教育语文课程标准（2022 年版）》仍在修订之中，但是老师们结合《普通高中语文课程标准（2017 年版 2020 年修订）》的课改精神，探索着郑州市初中语文教学的发展方向。

第二，路径多。老师们在文学阅读与文学创作中，延续着读写结合、先读后写的设计思路，但是，在新的案例中，老师们呈现出四种技术路线。"走近'小人物'"遵循着文学阅读能力培养的技术路线，学生的文学阅读就是要"重现""重叠""重建"；"'小人物'故事会""镜头下的人世间"遵循着项目学习的技术路线，学生要在"做项目"和"学语文"之间进行有效融合;"走进'小人物'联结'小我''大我'"则是遵循着熟练的文学阅读者阅读的技术路线,培养优秀文学阅读者;"转动'错位'齿轮,放映精彩人生""品细节悟意蕴,感受凡人风采"两个案例立足于单元大概念开展读写结合尝试,经过二轮讨论后,又进行了修改,将在改进案例中呈现。

第三,做事情。老师们在教学设计中都让学生"做事",开展学科实践,让学生参与语文的实践活动,做语文的事情。教学设计中融合了丰富的语文课程资源,创设了真实的学习情境,项目学习的老师们梳理项目整体思路、核心活动思路,基于文学阅读能力培养和培养熟练阅读者路线的老师们也试图情境化、活动化,在活动设计上充分考虑活动实施中可能遇到的问题,并积极主动寻找解决对策。老师们也重视评价的设计,它一方面为判定学生是否达到预期结果提供判定依据,另一方面指引着学习经验的设计[1]。在做设计的过程中,也发现了很多问题,我想这些问题会持续地激发思考,推动着教师持续进行探索。

第四,结构化。结构化就是通过把握事物的内部结构,从而清晰地掌握与描述这一事物。真正认识事物的结构,就需要将其中分散的、零碎的东西加以归纳和整理,使之条理化、纲领化,这一过程就是结构化思维的过程。[2] 在这些案例的设计中,都越发关注到:学习主题的引领作用,学习主题与学习任务的分解与关联,学习任务之间的逻辑关联与层次递进,学习任务与学习活动的相互联系,学习活动与学习活动之间的层次性和逻辑性。正是有了这样的联系,才有了单元整体教学的结构。同时,老师们也逐渐发现单元整体教学的结构化,并不仅仅是求同。单元整体教学的结构化,需要顾及每个文本的独特性,也要注重单篇的教学,在此基础上,单元整体教学注重的是功能上的彼此相关、彼此促进。学习内容应该注重内容与内容、知识与知识之间的有机联系;学习设计要考虑以主题任

---

① 郭元勋,张华. 论素养本位表现性评价设计[J]. 全球教育展望,2022,51(09):91-103.

② 陈家尧. 实现结构化:初中语文大单元教学设计的核心[J]. 语文建设,2022(01):41-44.

务为核心，实现"学习主题、学习任务、学习活动"的结构化；学习效果要注重学生学习经验、心智模式的构建。

第五，更开放。在大家的案例中，老师们和学科语文的专硕学生们开始逐渐意识到好的语文教学应该让学生从"他主、他导、他律"转变为"自主、自导、自律"。在案例中，大家鼓励学生主动思考、主动尝试，期待学生改变以往不敢想、不敢做的学习面貌。案例中也透露出教师角色的改变。老师们在悄然改变着自己的角色，逐渐懂得"让"的智慧。所谓"让"的智慧，就是拥有过多权力的教师主动释放部分权力，这一行为中既有教师对学生发自内心的尊重，也有教师对自身主导作用的坚守，"让"不是放任不管与不负责任，而是有原则、有策略、有步骤地释放其权力，来促进学生的学习。"让"的智慧，就是要求教师改变传统课堂中面面俱到和过于关注细节的情况，更多呈现框架性的内容和进行方法上的指导点拨，这就为学生留出更多想象、自主探究、发展批判性思维的空间。"让"的智慧就是要对学生的语文学习始终保有一种期待，教师的行为仅仅是为了促发、维持、促进学生的学习行为，最终实现学生学习的"自动"。

总的来说，经过上一轮修改，老师们的案例设计已经达到了一定的水平，但是各个路径的案例设计对各组老师都有着不小的挑战，相信老师们对案例理解得越深，将案例在教学中实践得越深，案例的呈现就会有更加不同的面貌。对于一轮研讨后案例存在的问题，有的问题是个性问题，问题涉及"在设计规范中深思""遵循着做事的逻辑""创新语文学科实践""内含语文学科学习"。有些问题是共性问题，问题涉及"推进实践活动的开展""借评价促学生发展"。期待各个案例经过第二轮研讨，能够持续改进。

## （一）在设计规范中深思

张璐媛老师做了"走近'小人物'"单元整体教学设计的说课，该案例经过了一轮打磨，遵循着文学学习"重现·重叠·重建"的认知过程，这是该案例设计的显著特色。项目组充分肯定了张老师教学案例的设计思路，认为这样的设计有助于学生获得文学的审美体验、审美理解和创意表达。张老师是第二轮案例研讨中第一位说课教师，因此，对于该案例的研讨，项目组主要聚焦教学设计的规范。案例设计的规范应该体现在两个方面：案例设计撰写的形式规范、案例设计中任务活动等教学行为的规范。因此，改进团队围绕"设计主题任务""明确学习目标""预设学习评价""开展学习活动"等单元整体教学的实施环节展开了研讨，提出了各个实施环节可以进一步提升的空间（如图5.5），目的是在案例研讨中加深老师们对各个实施环节的认识。

| 设计主题任务 | 明确学习目标 | 开展学习活动 |
|---|---|---|
| • A1 应聚焦阅读能力提升<br><br>• A2 提升学习任务之间的逻辑关联 | • B1 存在新瓶装旧酒的情况<br><br>• B2 需要关联挑战性的学习任务和学习活动 | • C1 活动设计表述应简明<br><br>• C2 学习活动的设计要注重关联性<br><br>• C3 学习活动的设计应体现完整性 |

**图 5.5 "走近'小人物'"单元整体教学设计的问题清单**

在设计主题任务方面，在"走近'小人物'"的学习主题中，"小人物"揭示出了"小人物"的核心观念和写人记事的核心知识，"走近"明确了学生的认识角度和认识思路，更加便于在认识的过程中呈现学生的素养表现，"走近'小人物'"将这些核心观念、知识、认识方式等概括性地表现了出来。围绕着学习主题，张老师设计了四大学习任务——"走进你的生活""感受你的不凡""书写你的故事""认识更多的你"。需要注意如下内容。

第一，应聚焦文学阅读能力的提升。从"重现·重叠·重构"来看，应该设置三项任务，这三项任务可以体现这些能力的发展进阶。从案例中四大学习任务的设计来看，案例设计仍然遵循着教材的自然逻辑，缺少了整合重构的勇气。教师面对《阿长与〈山海经〉》《老王》《台阶》《卖油翁》的文本学习，从"小人物"之"小"到"小人物"之"不小"，于是便有了"任务一：走进你的生活""任务二：感受你的不凡"这两项任务；面对"抓住细节"的写作部分，设置"任务三：书写你的故事"；因为要开展名著导读，所以设置了"任务四：认识更多的你"。

　　第二，学习任务之间内在逻辑关联性有待加强。比如，"走进你的生活""感受你的不凡""认识更多的你"立足点在阅读和鉴赏方面，"书写你的故事"着力点在表达和创作方面。前三个任务构建的是读写结合的思路，但是学习任务四"认识更多的你"力图开展整本书阅读，这就使得学习任务之间的逻辑关联并不紧凑。此外，张老师设计了为《人民日报》中的"'小人物'大世界"版面约稿的学习情境，而学习任务并未完全按照约稿的做事逻辑展开。因此，教师在设计时应依据约稿的问题解决思路展开，注重将真实情境转化为项目问题，从而能够让学生自主展开研究。

　　在明确学习目标方面，当前的学习目标关联着学习主题，无论是对平凡人物形象的把握，还是对平凡人物闪光品格的发现，抑或是对人物细节刻画及其中寄寓情感的挖掘，都是关联学习主题的外在表现，这也是张老师学习目标设定方面的突出特点。但是，在研讨的过程中，大家也能够感受到张老师在学习目标确定过程中存在如下困难。

　　第一，该案例的学习目标存在着新瓶装旧酒的情况。如何设置素养导向的学习目标，专家建议教师可以在义务教育语文课程标准仍处在修订的时刻，领会《普通高中语文课程标准（2017 年版 2020 年修订）》的精神，特别把握"文学阅读与写作"学习任务群的学习目标。"阅读古今中外诗歌、散文、小说、剧本等不同体裁的优秀文学作品，使学生在感受形象、品味语言、体验情感的过程中提升文学欣赏能力，并尝试文学写作，撰写文学评论，借以提高审美鉴赏能力和表达交流能力""结合自己的生活经验和阅读写作经历，发挥想象，加深对作品的理解，力求有自己的发现"[①]。这段话揭示的任务有四项：一是大量阅读不同类型的文学作品，理解作品内涵；二是丰富审美体验，鉴赏文本得失；三是激发灵感，尝试创作；四是总结文学阅读的方法，交流分享阅读经验。这些都是文学活动的基

---

　　① 　中华人民共和国教育部. 普通高中语文课程标准：2017 年版 2020 年修订［S］. 北京：人民教育出版社，2020：17.

本内容和形式，可帮助学生获得基本经历和体验。① 因此，学习目标可以让学生在人物重现中读懂、在生活重叠中读通、在内心重构中读透，形成学生个性化的审美体验、阅读理解和语言运用的能力、文学表达的创造性能力，获得精神的涵养和成长。

第二，学习目标还需要关联挑战性的学习任务和学习活动。在"素养""育人"的观照下，任务群的学习目标理应汲纳"思维导图中学""阅读运用中学""问题情境中学""项目展示中学"等新的学习方式。此外，该案例的学习目标在具体化程度上有待提高，学习目标的陈述应尽可能贴近可理解、可操作、可评价，覆盖学习行为、达标条件、表现水平等关键要素。

在开展学习活动方面，张老师有了明晰的学习任务，但是每个学习任务里的活动设计存在着如下的问题。

第一，活动设计表述并不十分简明。张老师未将学习活动用简洁的语言概括出来，在案例的设计中，学习任务下面并未呈现出清晰的学习活动。比如，学习任务一"走进你的生活"中的学习活动为"学习散文《阿长与〈山海经〉》《老王》""学习小说《台阶》《卖油翁》"。

第二，学习活动的设计要注重关联性。学习活动要关联学习任务的解决，要关联学习主题，要关联素养导向的学习目标。比如，学习任务三"书写你的故事"中的学习活动为"完成写作任务"，不具体，也无法体现出活动对任务的支撑。

第三，学习活动的设计并未注意其完整性。在注重学习活动关联性的基础上，还需要考虑学习活动的完整性。完整的学习活动要指向学习目标，需要思考活动任务、交互过程、学习成果、学习资源、学习工具、活动规则等要素。交互过程便是要考虑学生与信息技术、教师及其他学习伙伴之间的交流过程和组织形式，学习成果便是要考虑活动过程中产生的和活动结束后形成的某种成果实体及其形式，学习资源便是要考虑学习活动过程中需要的相关文本、信息载体和实物

---

① 郑桂华."文学阅读与写作"任务群的理解与实施[J].语文建设，2019(01)：8-13.

媒体，学习工具便是要考虑学习活动中所需要的认知工具、关联工具等，活动规则主要是教师管理学生活动的规则、学生相互协作的规则及学习成果星级评定的规则。

对于"走近'小人物'"案例设计的研讨，项目组聚焦设计规范，在规范设计中，主要交流了设计主题任务、明确学习目标、开展学习活动等三个方面。预设学习评价部分将在本书第六章中进行集中交流。项目组之所以研讨教师在设计规范中存在的共性问题，主要有两点考虑。第一，项目组希望教师在主题任务的确定、教学目标的设定、教学评价的预估、教学活动的开展等方面按照项目组的设计规范进行。第二，在基于规范的同时，真正躬身实践的教师一定会产生很多问题，也还有一些地方有待进一步提升，比如：在学习主题明确方面，如何提炼大概念和大观念，如何考虑学科学习，如何思考学生的生活；在教学目标设定方面，如何联结学习主题，如何思考学生的学情，如何思考教学的内容，如何思考活动的开展；在教学评价预估方面，如何考虑学习主题的开展和学习目标的达成，如何考虑各个任务的"教—学—评"的闭环，如何考虑学习成果的样式和评价学习成果的量规；在活动开展过程中，如何琢磨学习活动与学习任务的关联，如何琢磨学习活动与学习主题、学习目标的关联，如何琢磨学习活动开展过程中学习资源、学习工具、学习策略、学习作业等的支持。项目组希望教师在案例的设计过程中能够基于设计的规范进行自己的探索和思考，同时在思考和探索中完善自己的教学案例。项目组更加期待经过二轮案例研讨后，张老师可以带给我们更加科学严谨、促进学生发展的单元整体教学案例。

### (二)遵循着做事的逻辑

如果说在张璐媛老师的研讨中，项目组关注的是设计规范及针对各个设计流程所引发的思考的话，那么，在郭珊老师的案例"'小人物'故事会"中，研讨聚焦的是单元整体教学设计的层次性和整合性。对于单元整体教学设计的层次性和整合性，郭老师在教学反思中的语言表述为"层层推进""凝神聚力"。

"层层推进"在案例设计中仍有提升的空间。什么是"层层推进"？就是要从单元整体的逻辑关系出发，加强主题与任务、任务与任务、任务与活动、活动与活动、主活动与子活动之间的衔接。任务、活动的衔接与递进，意味着要有一条递进的线索将其串联，同时又要设置合理的思维梯度，学生经历了前任务和前活动，可以在后任务和后活动中得到持续的发展。就任务与活动的层次性看，以任务一为例，任务一为"聆听'小人物'故事"，设置的三个活动线索均为"讲"——"活动1：讲明故事重点""活动2：讲好故事细节""活动3：讲出故事风格"，学习任务"聆听"与学习活动"讲"的逻辑关系不当。再以任务二为例，任务二为"讲述'小人物'故事"，任务聚焦在"讲述"，可是设置的三个活动线索为"读懂"——"活动1：读懂祥子""活动2：读懂周遭'小人物'""活动3：读懂自己"，任务的"讲述"与活动的"读懂"难以真正实现有效的递进关系。

除了"层层推进"，项目组主要聚焦案例设计的"凝神聚力"，结合郭老师的案例设计，交流了相关的思考和认识。也希望通过案例研讨，能够使得郭老师对"凝神聚力"有更加深刻的反思。

第一，"凝神聚力"需要遵循学习主题做真事的实践要求来进行案例设计。

在郭老师的案例设计中，她是如何使案例设计"凝神聚力"的呢？她清晰地把握了单元教学的核心内容，这是她凝神聚力的重要方式。她认为本单元的核心内容为：在"小人物"的塑造中，事件叙述的详略引导关注"小人物"的重点，细节描写塑造立体"小人物"，叙事视角内含作者复杂意蕴。有了教学的核心内容，郭老师将其转化为主题任务"'小人物'故事会"的学习。

项目组认为"凝神聚力"固然要把握核心的学习内容，但是还需要发挥学习主题在案例设计中的引领作用。"'小人物'故事会"这个学习主题，具有增强语文学习实践性和情境性的功用，需要基于真实的生活脉络来构建学习任务①。那么，这种真做事的逻辑如何转化为语文学科的逻辑呢？我们可以将做事逻辑和学科逻辑比喻为"糖衣"和"药丸"的关系。学科逻辑中的核心内容就是糖衣药丸中的药

---

① 李卫东. 检视大概念、主题、学习任务群与学习项目：基于知识观的视角［J］. 课程·教材·教法，2021，41（06）：82-88.

丸，项目化的学习主题是糖衣药丸中的糖衣。在案例设计过程中，郭老师需要考虑这种不同于常规教学的学习方式，它需要在真实的项目情境下贯穿核心内容的学习，它需要思考糖衣如何贴合药丸，这种双线合一的设计对郭老师具有一定的挑战性。这些问题，在一轮研讨中已经提了出来，但是从改进案例的情况来看，郭老师仍然存在实施的困难，项目组将通过案例设计的示范带领教师来思考和学习。

如何实现核心内容与项目学习的双线合一？这就需要郭老师将语文学科的逻辑调整为做语文之事的逻辑，在做事逻辑中嵌入语文学科逻辑，立足于提升学生的核心素养(如图 5.6)。

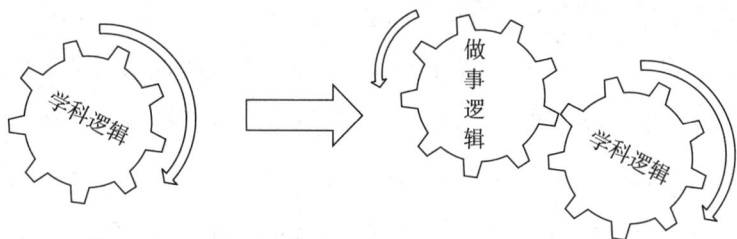

**图 5.6　"'小人物'故事会"单元整体教学设计逻辑的转变**

单元整体教学要遵循学生的身心发展规律和核心素养形成的内在逻辑，核心素养是学生通过课程学习逐步形成的正确价值观、必备品格和关键能力。关键能力就是能做语文之事，必备品格是做正确的语文之事，价值观就是把语文之事做正确，因此素养导向的单元整体教学要遵循做语文之事的逻辑，围绕学习主题，以语文实践活动为主线，以学习任务为载体，基于统编版初中语文教材展开单元整体教学设计。从学习主题的引领看，学习主题是告诉学生为何要做事，学习任务则是告诉学生要做什么事。如果我们将学习主题确定为"'小人物'故事会"，这一学习主题意味着要做的是项目之事，那么围绕着"'小人物'故事会"要设置哪些任务，做哪些事情呢？很明显，郭老师的"聆听'小人物'故事""讲述'小人物'故事""创作'小人物'故事"更多的是遵循着"聆听—讲述—创作"，即从输入到输出的学科逻辑展开，而非凝神聚力在"'小人物'故事会"的做事逻辑上面。因此，郭老师需要对案例设计的逻辑进行调整，从学科的逻辑转变为基于真人解决真事的逻辑。

如果说学习主题要做真事，那么学习任务就要真做事。按照做事的逻辑，围绕"'小人物'故事会"学习主题，可以设置如下任务。任务一是"'小人物'故事会"项目发布，项目发布由三项活动组成。活动1：发布项目任务；活动2：明确编创要求；活动3：选择创编方向。不难看出，"'小人物'故事会"的项目发布，核心功能在于激发学生的项目实施兴趣、热情，培养学生的情感态度，让师生共情后可以直面真实复杂的语文实践问题，激发解决语文实践问题的勇气和动机。在"'小人物'故事会"的项目发布中，学生应该是学习的主体，师生共同来明确项目实施的思路和需要解决的核心问题。任务二是编撰创作"小人物"故事。这一任务是基于项目实施思路的推进，也是基于核心问题的解决而设置的，包括三项活动。活动1：编撰"小人物"故事；活动2：编创"小人物"故事；活动3：创作"小人物"故事。在编撰"小人物"故事中，基于《阿长与〈山海经〉》《老王》《台阶》《卖油翁》等文本，师生合作探究，力图实现"编撰人物故事有重点""编撰人物故事有细节""编撰人物故事有感情"，"小人物"故事的编撰也需要从个案的示范到师生的合作。如果说编撰"小人物"故事是因文得法，那么编创"小人物"故事的活动便是注重学以致用。该活动面向《骆驼祥子》展开，需要学生自主运用活动1中的相应方法。在学习理解、学以致用的基础上，创作"小人物"故事便是迁移创新，学生基于身边的"小人物"，或访谈，或观察，或记录，或创作，最终自己创作"小人物"故事。不难看出，在编撰创作"小人物"故事项目的实施过程中，活动的开展和教学的思路要符合项目问题解决的过程，力图将语文的学科学习与项目问题的解决结合起来，要基于学科的视角来解决项目问题、推进项目的实施。任务三是召开"小人物"故事会。这一任务是项目实施后的成果展示，成果展示包括三项活动。活动1：我来编"小人物"故事集；活动2：我来讲"小人物"故事；活动3：我来评"小人物"故事。在这个环节，学生需要将自己完成的作品转化为实际的作品，同时展现自己的作品并与同伴进行深度互动。具体教学设计如图5.7所示。

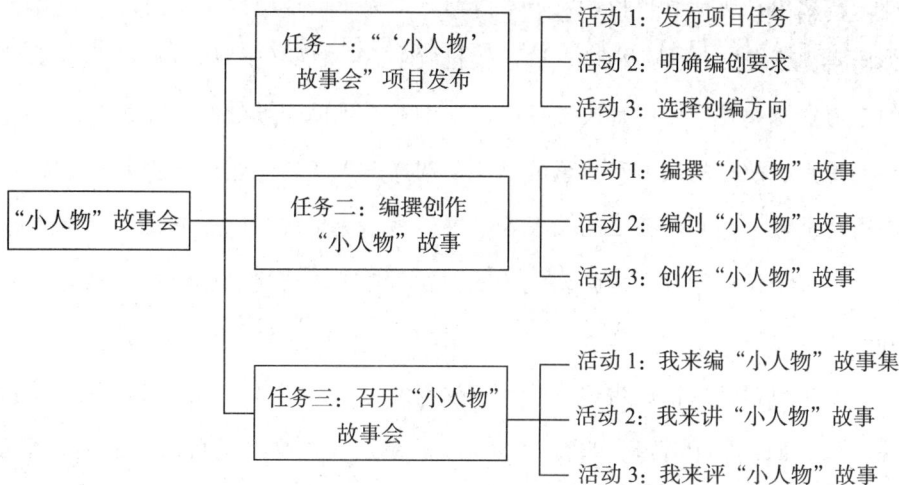

图 5.7　遵循做事逻辑的"'小人物'故事会"学习主题整体设计框架

　　围绕"'小人物'故事会"学习主题，可以有不同的做事逻辑，也就有了丰富灵动的案例设计。这里，项目组介绍另一种基于做事逻辑的案例设计。该案例设计针对的学习单元由《阿长与〈山海经〉》《老王》《台阶》《卖油翁》《骆驼祥子》组成，学习单元关注阅读策略，聚焦的核心学习内容为熟读精思，"熟读"便是要在文章标题、详略安排、叙事角度等方面选择重点，"精思"就是要关注细节描写及其前后关联、关键句中蕴含的丰富情感。案例创设了"'小人物'故事会"的学习项目和学习主题，基于项目情境，师生凝聚了项目实施中的核心问题——如何讲述"小人物"故事？围绕着这个驱动性问题，开展了项目式的任务设计，具体设计了如下四项任务。任务一：初试身手，讲述短小故事。《阿长与〈山海经〉》《老王》《台阶》《卖油翁》等课文作为练习讲述短小故事的学习资源，讲述短小故事这一核心问题的解决需要语文学科学习的有效参与，要讲好故事就需要有重点、有细节、有意蕴、有技巧。所谓有重点，就需要回到文章的标题、叙述详略、叙事角度等方面把握重点，提高整体把握文章结构层次的能力；所谓有细节，就需要回到人物的细节刻画及人物细节之间的内在联系等方面，把握人物形象，体会平凡人物的人性之美；所谓有意蕴，就是要结合文体特点和作者叙事风格，体悟作者的情感态

143

度和文章意蕴；所谓有技巧，就是要借助卡片提示讲述内容，使用恰当的语气和肢体语言。任务二：牛刀小试，讲述较长故事。《骆驼祥子》作为练习讲述较长故事的学习资源，在问题的解决过程中，学生需要借助圈点勾画、批注点评来把握故事的重点、故事的细节和故事的意蕴，选择感兴趣的专题进行研读并且有自己的心得。从任务一和任务二的关系看，讲述短小故事成为讲述较长故事的铺垫和支架，形成了素养的发展进阶。任务三：方法梳理，传递讲述经验。如果说任务一和任务二是在用中学，任务三则是在用的基础上对讲述"小人物"故事进行经验总结，学生可以简要回顾讲述"小人物"故事的方法，同时在小组练习中不断进行优化。任务四：展示筹备，举行"小人物"故事会。这是对项目成果的集中展示、评价与反思。具体教学设计如图 5.8 所示。

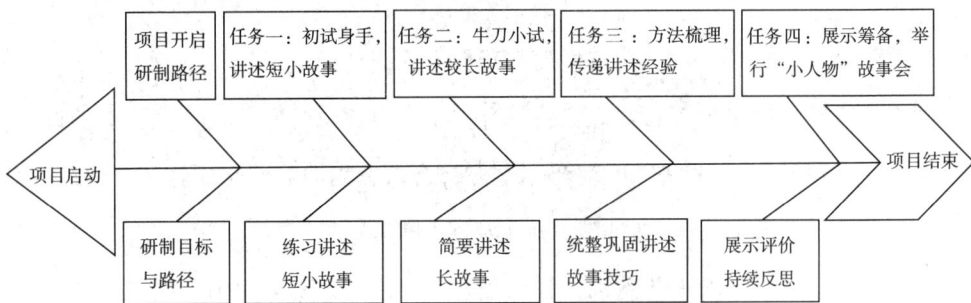

**图 5.8 "'小人物'故事会"项目主题整体设计**

第二，"凝神聚力"需要实现学习主题与学习目标、学习要求等的一致性。

实现"凝神聚力"，案例设计除了将学科逻辑转变为做真事、真做事的逻辑外，还需要加强学习主题的引领作用，实现学习主题与学习目标、学习要求等的一致性。在学习目标方面，郭老师的目标确定也体现着"阅读""思考""表达"的能力目标和品格目标的结合，更多地体现了目标的学科育人逻辑。在原目标的基础上，如何进行微调，实现学习主题"'小人物'故事会"的引领作用，这是郭老师需要进一步思考的地方。

自原目标看，阅读目标为目标 1、目标 2、目标 3，分别为："能够根据不同叙事文体的特征，从文本标题、详略安排、叙事角度等方面把握文章的重点，提高整体把握文章结构层次能力""能够在细读文本中关注细节描写，把握前后细节描写之间的相互关联，在细节描写中把握人物形象，体会'小人物'的人性之美""能够结合文体特点和作者的叙事风格，在诵读的基础上体悟作者情感和文章意蕴，做到熟读精思"。思考目标为目标5："能够在相关主题、相关文类的阅读中获得相通的阅读方法和体验，同时，在相关主题、相关文类的比较中，获得比较的意识，发展比较思维能力"。表达目标为目标4："能够在阅读中学会捕捉细节，用文字记录生活和记忆中'小人物'的感动瞬间，用丰富的细节来创作'小人物'故事"。品格目标为目标6："能够观察周遭的'小人物'，体会到'小人物'的善良人性，学会尊重身边的每个平凡人"。

在后续的改进中，如果说"'小人物'故事会"的核心问题是"如何讲好'小人物'故事？"，那么，我们在学习目标中需要针对核心问题做些调整，以阅读目标1、目标2、目标3为例，做如下调整："能够根据不同叙事文体的特征，从文本标题、详略安排、叙事角度等方面把握文章的重点，能够在讲述人物故事时有重点""能够在细读文本中关注细节描写，把握前后细节描写之间的相互关联，在细节描写中把握人物形象，在讲述人物故事时有细节""能够结合文体特点和作者的叙事风格，在诵读的基础上体悟作者情感和文章意蕴，从而在故事讲述中体现风格特点"。在改进后的学习要求中，"能够在讲述人物故事时有重点""在讲述人物故事时有细节""在故事讲述中体现风格特点"，这些便能够更加贴合学习主题。

第三，"凝神聚力"需要去粗取精，增强案例设计的紧凑感。

实现"凝神聚力"这一目标，就需要教师在教学设计过程中紧紧牵住"学习主题""学科逻辑""做事逻辑"这些牛鼻子。之所以"学习主题""学科逻辑""做事逻辑"是牛鼻子，是因为这些是教学设计中的主要线索。因此，在教学设计的过程中，教师需要抓住主要线索，对于与主线联系不紧密的学科知识点或者学科训练点，或者进行内容的弱化，或者进行相关内容的合并，根据教学内容的内在逻辑设置教学梯度①，或者进行教学顺序的调整，让单元整体教学的节奏更加紧凑。

在原本的案例中，"任务一：聆听'小人物'故事"由以下四项活动组成。活动1：讲明故事重点；活动2：讲好故事细节；活动3：讲出故事风格；活动4：古今小说比较阅读。很明显，"活动4：古今小说比较阅读"明显偏离了"讲故事"这一主线。如何解决偏离任务主线的学习内容？一种方法，我们可以将活动4与活动3合并，故事风格具有独特性，要呈现出各自故事风格的独特性离不开比较阅读的思维；另一种方法，我们可以删去活动4。

在项目式学习的设计思路下，项目组希望未来郭老师的案例设计能够将做事逻辑和学科逻辑双线合一，做出治病救人的糖衣药丸，在项目实施方面能够顾及真实做事的逻辑，在真实做事的逻辑之下，考虑到各个环节、各个阶段语文学科的学习。在做事的逻辑和学科学习的逻辑中，要考虑"凝神聚力"，抓住项目学习和学科学习的迷思部分，又要形成学生语文学习的能力进阶和素养发展的进阶。

### (三)创新语文学科实践

石冰玉老师做了"走进'小人物'联结'小我''大我'"单元整体教学设计的说课，经过了一轮打磨，该案例基本遵循着"培养成熟的文学阅读者"的思路，沿着"联结·图像化·转化"等阅读策略发展过程展开，这是该案例设计的显著特色。

项目组围绕特色的打造，给予石老师一些修改建议：第一，学习主题具体表述需进行调整。对于学习主题的确定，一方面需要做论证分析，另一方面要关注其具体表述。既然石老师采用了"联结·图像化·转化"等阅读策略发展过程开展案例设计，那么，在学习主题中，先"走进'小人物'"后"联结'小我''大我'"明显在逻辑上存在瑕疵。可考虑是否需要调整为先"联结"后"走进"的思路。第二，学习任务的设置可以遵循策略发展过程。有了学习主题，接下来便是要分解学习主题，形成学习任务，这是学习主题任务化的过程。在设计反思中，石老师也认识到目前三项任务的表述"咀嚼平凡苦涩中的甘甜""着眼平凡中的细微与光辉""驻

---

① 王鹏伟. 教学梯度与教学节奏[J]. 中学语文教学，2018(04)：25-30.

足普通人物的点点微光"是同一意思的不断反复，那么如何改变这种面貌呢？项目组建议任务一围绕"联结"展开，任务二围绕"图像化"展开，任务三围绕"转化"展开。在此基础上，我们再对学习任务情境化，构建真实且有意义的任务情境。

第三，学习活动的设置需要体现学习的进阶。以任务二的学习活动设计为例，三项活动分别表述为："细节里窥大精神""角度交错中的生活""拿捏记叙中的关键"。从活动表述看，项目组认为主要还是核心的教学内容的细化体现，活动 1讲细节描写，活动 2 讲叙事角度，活动 3 讲叙事重点。项目组认为三项学习内容之间有学习的难易和先后之分，叙事重点学生好把握一些，细节描写要放在细节之间的关联上，叙事角度学生把握起来有难度，可以不要让学生太专业地进行研究，注重学生的文学体验。因此，从学习进阶的角度看，活动的顺序可考虑调整为："拿捏记叙中的关键""角度交错中的生活""细节里窥大精神"。

对于石老师案例的研讨，项目组想聚焦她的一些困惑，做些未来设计思路的拓展。石老师特别希望能够通过读写结合来提升学生的文学创造能力，这样的迫切希望，可能与石老师所在的教学班级写作质量有待提升相关。教学设计要从文学阅读走向文学创造，学界其实有相关方面的研究，大家可以去做进一步了解。学者潘涌从国家语言战略的角度提出了"积极语用观"，他呼吁，全面培养学生从内语用到外语用、从输入性语用到输出性语用的完整语用能力，以"听、说、读、写、视、思、评"这七字语用能力来超越传统"听、说、读、写"的四字能力，极大地彰显每位学习主体积极向上、主动输出的"表达力"和"思想力"。[①] 外语教学研究者文秋芳也提出了"产出导向的教学法"，该教学法理论体系包括教学理念、教学假设、教学流程三个部分。教学理念方面她遵循着"学习中心说""学用一体说""全人教育说"。教学假设包括三个部分：输出驱动、输入促成、选择性学习。教学流程由驱动、促成、评价三部分构成。在整个流程中教师要恰当地发挥中介

---

① 潘涌：积极语用释放语言创造潜能[J]. 七彩语文（中学语文论坛），2020(06)：55.

作用。① 石老师有提升学生文学创造能力的愿望，结合语文教学、外语教学等领域学者的研究，未来我们可以尝试从"输出驱动、输入促成、评价展示"的思路进行案例的研制。

### (四)内含语文学科学习

姚国笑老师做了"镜头下的人世间"单元整体教学设计的说课，经过了一轮打磨，该案例基本遵循着项目式学习的思路，围绕"小人物"拍摄微电影，安排了选材、准备、制作三项任务。"任务一：闪闪发光的'小人物'"便是要确定微电影拍摄的"小人物"，落脚点在于完成选定人物的信息表及撰写人物小传。为此，教师带领学生研读课文中的"小人物"，寻找、采访身边的"小人物"，小组确定微电影拍摄的"小人物"。"任务二：熠熠生辉的那一刻"就是要为微电影拍摄做好素材和脚本等方面的准备，也需要让学生懂得好的微电影应该呈现何种样貌。为此，引导学生从文本精读中了解如何刻画人物，将教师提供的短视频作为模板并了解其热度高的原因，积累素材，撰写脚本等。"任务三：生生不息的人世间"就是要展开拍摄，进行成果的展示。这里就需要让学生撰写解说词、剪辑创作、自拟片名、完成成品、发布成品，后续还需要进行评比、颁奖、撰写颁奖词等。

在姚老师的说课中，项目组专家都会有这样的一种感觉：案例充分体现了项目学习的真实性和项目的驱动性，教学活动都是以项目成果和项目完成为目标的。项目学习也具有完整性，在小组微电影的评比和展示中，项目的评比展示不仅仅关注项目的成果，更关注学生项目实施和学科学习的探究历程。但是，项目组也会有一种担心：在这一项目学习中，存在着项目知识和学科知识两种知识，项目知识涉及采访、素材、脚本、镜头、解说、拍摄、剪辑、自拟片名、发布、评比、颁奖等多种知识，相对项目知识来说，学科知识较为明确并且数量较少。项目知识多于学科知识的情况就与拍摄"小人物"微电影这一项目的复杂度有着紧密的关联。这一问题的实质就是：在开展项目学习的同时，如何能够让项目学习

---

① 文秋芳. 构建"产出导向法"理论体系[J]. 外语教学与研究，2015，47(04)：547-558＋640.

不脱离学科学习，如何将项目线与学科线进行有机融合，如何在项目学习中推动学生的学科学习和素养提升。对于案例的关键问题，项目组有以下几点建议。

第一，需要思考项目学习中学生的核心发展点是什么。《普通高中语文课程标准(2017年版2020年修订)》中提出语文学科核心素养的培养要注重创设真实且有意义的学习情境。真实的情境，通常是一种复杂的情境，它指向的是生活中用语文。有意义的情境，通常是要利于开展语文学习，它暗含着学科学习，也暗含着要促进学生的素养发展。创设真实且有意义的学习情境就是要实现项目学习、学科学习、学生发展的多线合一。在这一案例中，项目组也认识到：如果复杂的情境给学生带来学习的恐惧，带来学习或者认知操作的负荷，这时候就需要重新思考项目学习中学生的核心发展点。

第二，简化项目情境问题，将真实问题简化处理。以"镜头下的人世间"案例设计为例，如何实现项目学习、学科学习、学生发展的多线合一，减轻在复杂项目学习中学生的认知操作负荷？

其一，简化项目情境问题。开展项目式学习，皆有其生活原型，从生活原型进入教学情境，可以进行原生活情境的瘦身，项目组做如下示范。

---

**简化项目情境问题**

《人世间》电视剧刻画的并不是"大写的人"，更多的是一些像我们一样的平凡人物。他们在寻找真实的生活，在曾经的苦难生活中寻觅那仅存的一丝人性光辉。其实，这部电视剧的拍摄依据了梁晓声的文学作品《人世间》，它经历着从文学作品到影视剧拍摄的转化过程。进行本单元的学习，学生能否以导演的角色尝试将所学文本的"小人物"拍摄成"小人物"微电影，让更多的人可以看到我们每个人生活的影子，去寻找我们周围林林总总的熟悉的陌生人的面孔，去慰藉普通百姓生活不易却坚守人性底线的心灵。

---

这就将复杂的项目情境问题转化为"将教学文本的文学语言转变为影像语言"的核心问题上来。解决这一核心问题，无非涉及两种媒介"讲什么故事"和"如何讲故事"的教学内容。学生要经历导演的真实角色，既要阅读文本，也要实现文

学语言向影视语言的转变，学生需要化文字的抽象为影视的具象，需要考虑影视人物与作品人物的契合程度，需要将作品人物心理活动转变为影视画面，需要在影视语言中实现人物形象的复杂化，需要调整时间叙事和整合叙事的结构和角度。

其二，要将真实问题简化处理。学生要制作"小人物"微电影，在实际的视频拍摄准备、制作、展示中，学生的主要障碍点就是要充分考虑到微电影准备的诸多要素，如制作过程中脚本、技术的挑战等。对于这些复杂问题，教师可以带领学生进行发散思考和充分的讨论。但是，在具体的教学过程中，教师应该在发散思考之后按照素养提升、学科学习、学生发展等标准进行问题的筛选和集中。

总之，教师需要对项目学习的利弊有所了解，它的优点在于项目任务的驱动性强，更利于发展学生在真实情境中运用复杂思维真正解决问题的能力。它的缺点在于教师的素养现状、教学的环境限制与项目学习需要之间的矛盾冲突。在实施的过程中，教师要尽可能趋利避害。在项目的实施过程中，教师要有详有略，重要的地方浓墨重彩，可以简洁的地方应该惜墨如金，尽可能做到"简洁不简单"。

### (五)促进"教—学—评"一致性

在教学改进的过程中，教师已经意识到评价在促进学生学习、转变教师教学过程中的重要性，但是在案例的设计中并未充分地发挥学习评价的促学功能。既往教师教学更加关注评价的甄别和选拔功能，评定筛选学习结果的学习阶段评价占据主要位置。现在教学更加注重评价的检查、诊断、反馈、激励、发展的功能，学习性评价、学习化评价更加受到关注。《普通高中语文课程标准（2017年版2020年修订）》要求教师不应仅仅关注终结性评价，还要关注诊断性评价和形成性评价，要根据教学实际需要，整合多种评价方式。最终，努力实现"教—学—评"一致。"'教—学—评'一致性"就是将学习目标视为课程与教学的核心，要求教、学、评三者共享目标，将评价视为课程与教学的关键，要求设计匹配目标的评价，并将评价嵌入学习活动，以此来利用评价促进教与学，增进教学实效。

　　实现单元整体教学的"教—学—评"的一致，需要构建基于主题任务的单元整体教学下的"教—学—评"的逆向关联。基于主题任务的单元整体教学下"教—学—评"的逆向关联指向素养的培养，坚持育人为本的理念，遵循依学定教的设计思路。主题任务单元下，"教—学—评"逆向关联的建构起始于学生的学习结果，以终为始，指向锤炼学生的核心素养，清晰的目标、预期的学习结果是基于主题任务的单元整体教学下"教—学—评"一致的前提和灵魂；其过程为预估学习评价、开展学习体验活动。预估学习评价有助于对学习成效的持续观察和评估，确保学习目标和预期结果的达成，也是基于主题任务的单元整体教学下"教—学—评"一致的重要保障。而要获得有效的学习体验，需要教师教学的帮促，也需要评价的持续促学、促教。设计学习体验成为基于主题任务的单元整体教学下"教—学—评"一致性的作用机制，其最终的落脚点为生成学习经验，锤炼学生的关键能力，发展学生的必备品格。基于主题任务的单元整体教学下"教—学—评"的逆向设计以核心素养目标为导向，具体包括三个阶段：确定预期结果、形成合适评价、设计学习体验。明确学习目标、确定预期结果，这是教师服务学生学习的"目标路线图"，有了素养导向的学习目标，"教—学—评"就有了清晰的路标指引。形成合适评价是师生共同评价效果的"评价指标图"，它旨在向上衔接学习目标、向下统筹学习活动、进行学习评价预设，因为有了评价的预设，更能利于在学习活动中设计出合理的评价任务，促进"教—学—评"的紧密联系。设计学习体验便是学生的"学习路线图"，它遵循着实践性、进阶性的设计思路，秉承"教—学—评"一致性的原则，参考评价任务，使学习活动最终指向学习目标的达成，形成了整个教学设计的闭环结构。目标路线图、评价指标图、学习路线图三部分构成了基于主题任务的单元整体教学下"教—学—评"逆向关联的规划图。

　　实现单元整体教学的"教—学—评"的一致，就需要开展基于主题任务的单元整体教学下"教—学—评"的学程活动。如果说逆向关联呈现了主题任务单元教学的规划图，那么，开展学程活动便是落实整体规划的重要抓手，它进行着正向的施工，首先要确定学程活动，然后在学程活动中融入"学习评价"，最后在活动推进中力求实现"'教—学—评'一致性"。之所以基于主题任务的单元整体教学要开展学程活动，是因为素养导向的单元学习目标无法通过语文知识和语文技能的师生人际传递获得，而需要学生主体在具有逻辑关联的学程活动中主动建构。基于主题任务的单元教学关注学生学习经验的自主建构，呈现着"学习主题""学习任务""学习情境""学习活动"等引发学生主观建构的环境性因素。之所以学程活动要融入学习评价，是因为活动任务与评价任务是一体的两面，共同指向学习经验的主观建构、核心素养的培养发展。要落实素养导向的学习目标，教师需要开展有助于学生体验、探究的情境任务和学习活动。为了在学习活动中引领学生进行学习经验建构，教师需要在学生的活动进程中随时评估和及时了解学生的认识和理解、困惑和疑虑，并且根据评估所得的信息来对学习活动的进程进行调整。不难看出，学程活动与学习评估唇齿相依，学习评价贯穿于整个课堂，俨然已经成为课程教学实践的重要组成部分。因此，教师教案、学生学案中的任务既是教学任务和学习任务，又是教师了解学生学习情况的评价任务。课堂教学任务和评价任务实则是"同一个硬币的两个方面"①，遵循着共同的学习目标。同时，评价工具和评价量规的有效使用，也确保活动任务与评价任务硬币两面的相互翻转。之所以要在学程活动中推进"'教—学—评'一致性"，是因为学程活动是联结学与教、评与学、教与评的有效纽带。在主题任务单元教学下，学程活动设计将学生的整个学习进程拆分为具有学习活动、子学习活动的蜂窝状单元结构，并且呈现出结构化、小节点和动态循环的特点。所谓结构化，指的是每个子活动、子活动与学习活动之间有着复杂多样的联系。所谓小节点，就是每个子学习活动都是一个完整的"教—学—评"的闭环结构。所谓动态循环②指的是在"学与教—学与评—再教与再学……"的关系中循环往复，在螺旋上升中实现素养导向学习目标。基于上一轮的评价结果，在每一轮的"教—学—评"的循环中不断产生新的学与教

---

① 杨向东. 把评价贯穿于整个教学过程[J]. 人民教育，2015(20)：46-49.
② 吴欣歆，管贤强，陈晓波. 新版课程标准解析与教学指导：小学语文[M]. 北京：北京师范大学出版社，2022.

的需求，又进行着"教—学—评"的新的循环。

在基于主题任务的单元教学下，如果说构建"教—学—评"的逆向关联是规划，开展"教—学—评"的学程活动是施工，那么基于证据的教学评价则是完工的重要保障。所谓证据，便是学习活动得以发生的表征方式，它是学生在学程活动中持续产出、不断收集、用来检测的学习材料，也是反映学程活动真实发生的事实材料，它是判断学习活动的真实依据，也是开展评价的相关依据。学习证据呈现丰富的形态特征：从表现形态看，学习证据可以是实物报告，也可以是书面报告、口头报告、自我评价报告、对他人评价报告，还可以是演读、表演；从学习过程看，学习证据可以是完成阶段性学习活动的学习成果，也可以是完成所有学习活动后的最终学习成果。学习证据有着评价促学、评价促教的功能。自促学功能看，教师引导学生进行基于证据的学习，在教师引导下，学生开始自主探索、获取证据，最终建构个性化的学习经验；自促教功能看，教师开展基于证据的教学，引导学生根据证据而非经验来做决策，解决真实的学习问题，从而达到素养导向的学习目标。无论是基于证据的学习，还是基于证据的教学，都以证据作为核心的教学流程，在教学过程中实现着"教—学—评"的一致性，真正提升主题任务单元教学的质量。在教学过程中，学生成为学习经验、知识建构的主体，教师成为学生学习的帮促者，发挥着问题解决的"脚手架"角色，帮助学生发现证据，解决问题，发展素养。

总体上看，"教—学—评"一致性之所以为基于主题任务的单元整体教学所重视，是因为它在从教师之教向学生之学的转型过程中厘清了学生学的线索、教师教的线索、学习评的线索，并且实现了教学运行过程中"教—学—评"的相互关联，共同指向素养导向学习目标的培养。也正是因为有了基于主题任务的单元整体教学下"教—学—评"一致的实践探索，解决了单元教学中"教师讲，学生听""教、学、评彼此分离""忽视对评价结果的反思与应用"的问题。① 在主题任务的学习统整下，更加注重学习者的自主探究和成果表达。围绕着成果表达，教师开

---

① 李倩. 初中语文实践探究活动中的学习评价设计[J]. 中学语文教学，2021(10)：4-8.

展有证据的教学，利用证据反映学生学习过程、呈现学习结果、促进学生学习，提升教学有效性和针对性①。学生进行有证据的学习，进行着积极的实践，获取学习的证据成果，也建构了自己的知识结构，将经验转化为自己的核心素养。教师进行着有证据的评价，基于学习过程中的证据来推论学生的知识掌握和能力发展水平②，实现着基于主题任务的单元整体教学下"教—学—评"的一致性。

### 三、单元整体教学设计的改进案例

经过两轮说课及案例研讨，项目组和参与教师对于案例设计更加明晰。单元整体教学的最终设计将从"设计背景""设计思路""课例呈现"三个方面展开。设计背景聚焦学习主题，要从课程标准、教材分析、学生学习三个维度展开。设计思路重在阐明具体的设计框架，要求呈现适用年级、学习单元，说明"学习主题—学习任务—学习活动"之间的逻辑关联。课例呈现要求呈现完整的单元整体教学的各个环节和过程，包括学习目标、学习要求、学习准备、学习进程。在学习进程中，要求呈现各个任务、各个活动的推进过程，呈现在活动的完成过程中，所需要的学习任务单、学习策略。为了加强参与教师的反思，项目组要求教师在每个任务后面撰写设计者手记。在改进案例的呈现部分，我们精选了两个案例，分别为："转动'错位'齿轮，放映精彩人生""品细节悟意蕴，感受凡人风采"。两个案例，均由郑州市一线教师与苏州大学学科语文专硕学生共同完成，案例虽然经过了两轮研讨，但仍然有改进的空间。

**(一)基于单元大概念的读写教学："转动'错位'齿轮，放映精彩人生"教学设计的改进案例**

何丽伟老师是郑州市二七区马寨一中的优秀教师。在第一次案例设计说课时，她抓住了七年级下册第三单元文本的诸多矛盾之处，通过这些矛盾之处，引

---

① 崔友兴. 论循证教学的内涵、结构与价值[J]. 教师教育学报，2019，6(02)：53-58.
② 冯翠典."以证据为中心"的教育评价设计模式简介[J]. 上海教育科研，2012(08)：12-16.

发学生的认知冲突，在此基础上，感知"小人物"的人性之美和人性之善。因此，她确定了"探寻矛盾，感知人性"的学习主题。围绕着主题单元学习，她呈现单元教学背景、单元教学学情、单元教学目标、单元教学规划。在呈现单元教学背景时，《阿长与〈山海经〉》中阿长的形象就兼具不幸与善良，作者的情感也随着童年视角和成年视角呈现出差异。《老王》中，无论是老王的不幸与人性的美，还是杨绛的悲悯与愧怍，形象和情感中都包含着某种矛盾形成的张力。《台阶》中，父亲追求后的失落，让人感觉到一种人生的错位境遇。在这些文本中，何老师抓住了"矛盾""张力""错位"进行了贯通。在呈现单元教学学情时，她分享了马寨一中学生的实际情况，学生的整体情况表现为语文基础薄弱，具体表现为：对文本的解读容易游离文本、浮于表面，缺少对文本的深入思考和解读；在学习的过程中，缺少问题意识，对待问题思维单一，不会思辨性思考。在呈现单元教学目标时，她将教学目标确定为：第一，梳理故事情节，说出人物特点；第二，细读课文，圈点勾画关键词，体会作者对人物的情感。教学重难点放在了细读课文、理解人物形象、体会作者对人物的情感上面。在呈现单元规划时，学习主题的引领作用并不突出，学习主题与学习任务、学习活动之间的逻辑关联并未呈现出一种结构关系，在"探寻矛盾，感知人性"的学习主题下，她展开了读写结合的实施路径，在阅读中力图培养学生的思考能力，让学生在思辨中了解"小人物"之"小"与"小人物"之"大"，能够将阅读中所学的细节描写、表达真情实感的方法运用到写作中，由段到篇、循序渐进地提升学生写作能力。

在针对说课开展的第一轮设计研讨中，项目组肯定了何老师基于马寨一中教育教学实际情况的单元整体教学设计，设计中也呈现出了对"整合""探究""深刻"的自觉追求。与此同时，项目组也谈到了案例设计的不足：学习主题的引领性不够，学习主题与学习任务、学习活动之间的结构化程度有待提升，学习活动中给予学生的支持还需要加强，等等。项目组特别希望在单元整体教学设计改进中，何丽伟老师和刘洁同学一起探索"小人物"的"矛盾""张力"和作者情感、视角的"错位"等单元大概念，打造出基于单元大概念的单元整体教学设计。单元大概念的析取有多种方法，这里试图从教材文本中提取潜藏的单元大概念"错位"，教师采用了从特殊到一般的抽象概括方法。

在第二次围绕单元整体教学设计的说课活动中，何老师和刘同学一起围绕着"错位"这个单元大概念展开了单元整体教学设计。学习主题确定为"转动'错位'齿轮，放映精彩人生"。围绕着学习主题，教师分解学习主题，设置了三项学习任务。任务一：拨动"错位"齿轮，梳理文本意脉。教师以"错位"分析法为抓手引领学生掌握梳理文章意脉的方法。"错位"分析法包括视角错位、情感错位、态度错位。任务二：破译"错位"密码，品析立体人物。在任务二中，教师带领学生走近立体人物，这些人物都有着身份与人性的错位，按照"分析特色""归纳共性""融合拓展"的思路设计三个教学活动。任务三：定格"闪光"瞬间，共振心灵频率。在这一部分，便是要完成从书本到现实的迁移，让学生在策展的过程中聚焦细节，转动一个个闪光的齿轮，让齿轮传递真实的"小人物"之声，叩响时代的门扉。在第二次研讨过程中，项目组肯定了何老师和刘同学的持续探索：聚焦"错位"展开单元整体教学，这就让案例更加整合。

案例的改进方面，项目组希望教师在以下方面做出探索。第一，注重构建学生能力发展、概念发展的学习进阶。在能力发展进阶方面，任务一试图让学生从幼时鲁迅和成年鲁迅的两种视角错位中把握作者的情感，这样的学习难度非常大，处理的方法是可以将任务二对于人物形象的探讨与任务一对于视角错位和情感错位的探寻进行调整。在单元大概念学习方面，基于大概念的单元整体教学具有两条线索，明线是单元整体教学的线索，需要确定学习主题、学习任务、学习活动等，暗线是单元大概念的学习进阶，在单元整体教学推进过程中，学生要经历确证单元大概念、活化单元大概念、建构单元大概念的素养发展进阶①。第二，在语文实践活动的开展过程中，要整合学习内容、学习情境、学习方法和学习资源等要素。项目组希望在设计的改进过程中，教师能够提供更多开展学习活

---

① 周丽，薛法根. 基于学科大观念整合的主题任务单元教学设计：二年级上册第五单元教学实践与思考[J]. 语文建设，2023(04)：10-13.

动的支架。这些支架包括：学习资源、学习任务单、学习策略等。第三，能够关注到持续性评价的重要性。持续性评价既要关注不同层次学生的需求，增强评价的指导性，也要力图呈现评价指标的内容进阶，引导学生确定自己目前的活动状况和未来的努力方向。① 在教学实践过程中，学习评价可以根据学习活动不断外显的学习成果开展，力图采用小节点和多表现的理念开发促学的评价工具。小节点，意味着教学过程和学习过程要根据学习活动步步为营，学习活动的每一步都能实现"教—学—评"的闭环结构，每一步与每一步之间又具有复杂多样的联系，每一步都需要设计具有特色的学习成果。多表现，指的是学生的学习成果应该是丰富多样的，纸笔测试固然是学习成果的外化形式，但是，除此之外，还可以有制作表现类成果(戏剧表演、海报、网站、地图、音频、视频等)和解释说明类成果(演示、口头报告、PPT报告、书面说明、研究报告、演讲等)。

与上述四个案例不同，该案例进行了第三轮的研讨和打磨。在第三次围绕单元整体教学设计的说课活动中，何老师和刘同学汇报了案例在"注重构建学生能力发展、单元大概念形成的学习进阶""在语文实践活动的开展过程中，要整合学习内容、学习情境、学习方法和学习资源等要素""能够关注到持续性评价的重要性"三个方面的落实成果。项目组肯定了案例改进的效果，希望教师未来能够根据新颁布的课程标准进行案例的打磨，使案例与新的课程标准有效衔接，更好地为郑州市义务教育高质量发展提供建设性的力量。在2022年，教师依据《义务教育语文课程标准(2022年版)》进行了案例的最终完善。这里呈现的是该案例经过完善后的完整设计，围绕"设计背景""设计思路""课例呈现"三个部分展开。

---

① 徐国珍. 序列延展性活动 层次发展性目标 持续性评价：综合性学习活动设计与实施的几点思考[J]. 语文学习，2021(01)：21-24.

# 转动"错位"齿轮，放映精彩人生
## ——统编版初中语文教材七年级下册第三单元整体教学设计
设计者：郑州市二七区马寨一中　　何丽伟；苏州大学文学院　　刘洁

指导者：管贤强

## 一、单元整体教学的设计背景

《义务教育语文课程标准（2022年版）》第四学段"文学阅读与创意表达"任务群要求"引导学生在语文实践活动中，通过整体感知、联想想象，感受文学语言和形象的独特魅力，获得个性化的审美体验；了解文学作品的基本特点，欣赏和评价语言文字作品，提高审美品位；观察、感受自然与社会，表达自己独特的体验与思考，尝试创作文学作品"①。这个学习任务旨在考察学生对语言、形象、情感、主题的领悟程度，锻炼学生研讨、交流及创意表达的能力，因而在教学时要注重引导学生学习品味作品的语言和形象，在沉淀审美感受的过程中体会作品的情感和思想内涵，并将相应的思维方法延伸至现实生活，学会化用所学来观察真实生活，记录真情实感，表达创意想法，展现自己的独特思考。

统编版初中语文教材七年级下册第三单元的人文主题是"凡人小事"，选编的课文包括回忆性散文和小说，旨在展现"小人物"身上闪耀的优秀品格，引导学生以"小"觅"大"，从"小人物"的身上探寻向善、务实、求美的通径。单元选编的课文将"小人物"们澄澈而热烈地展现在读者面前，以萦绕着情意与生气的"生命"能量唤醒着灵魂的共鸣，震动着时代的频率。时代机器轰然向前，我们看到了其升腾的烟气，却很少关注时代车轮中一个个无声转动的齿轮。"小人物"们便是这齿轮，他们以淳朴之质闪现人性之辉，散发出莹润的人格光芒，他们的经历值得关注和尊重。

本单元的语文要素是"熟读精思，既要注意从标题、详略安排、角度选择等

---

① 中华人民共和国教育部. 义务教育语文课程标准：2022年版[S]. 北京：北京师范大学出版社，2022：26.

方面把握文章重点，还要从开头、结尾、文中的反复及特别之处发现关键语句，感受文章的意蕴"。文章意蕴的理解离不开对具体篇目特色的把握，作者个性化、独特的情感意蕴是一篇文章的灵魂所在，但放置在语文学习的语境下，我们更要关注从"单篇"到"整类"的迁移运用，以语文思维的延伸来拓展文本新的意蕴空间，让文章在整合中走向统一，于统一中更显个性。

因此，本单元整体教学设计整合课程标准要求、人文主题与学习要素设计了"转动错位'齿轮'，放映精彩人生"这一学习主题，核心任务是破译"错位"密码，定格"小人物"的闪光形象，策划"转动'错位'齿轮"互动体验展。

一是从学科素养来看，文学中有"圆形人物"这一大概念。所谓圆形人物，通常指文学作品中具有复杂性格特征的人物。这类人物在小说中往往都是多义与多变的人物。这类人物的特点是性格有形成与发展的过程。圆形人物的基本特征是：圆形人物的塑造打破了好的全好、坏的全坏的简单分类方法，按照生活的本来面目去刻画人物形象，更真实、更深入地揭示人性的复杂、丰富，具有更高的审美价值。这种塑造人物的方法给读者一种多侧面、立体可感的印象，往往能够带来心灵的震动。本单元人物的圆形表现在"小人物"和作者内蕴的情感方面呈现出不同的面貌。"小人物"呈现出人物外在与内在的矛盾性，在"小人物"的刻画中，作者所内蕴的情感也体现出"视角错位""情感错位""心理错位"。"错位"的密码为语文阅读素养的进阶提供了清晰的思路和方法，而解读"错位"则能够帮助学生在涵泳文字魅力的过程中理顺作者的情感脉络，自然地将整体感知和细节探究融为一体，建立起有依据、有支点、有层次的分析支架，为学生指明探究"小人物"立体形象的方向。

二是从现实关怀来看，"小人物"是真实鲜活的存在，他们"留痕"于各类文学作品中，具有强大的生命能量。"小人物"们扎根于广阔的现实土壤——"小人物"就在我们的身边，甚至就是我们自己，"小人物"转动的齿轮推动着时代向前，他们在静流中沉默，却不应被沉默掩盖。关怀"小人物"是为了看到他们的真实：虽有弱点，但却不能磨灭他们身上善与美的光芒。

三是从创新表达来看，检验学生学习状况的方法并不应止于书面练习，更应在于体现学生现实情境下的担当意识，因而在筹办互动体验展的主情境下，聚光灯打向的不仅仅是一份份静止的作品，更是其背后涌流着的闪光力量——既有被记录的"小人物"，又有记录者的设计，更有策展者的诠释。学生从研读文本出发，在感知鲜活人物的基础上聚焦"小人物"的人格闪光，于合作交流中实现创新表达，在学语文、用语文的过程中内化闪光品质，并向社会传递赤忱、青春和朝气。

二、单元整体教学的设计思路

本单元设计采用"遵循"的建构方式，以七年期下册第三单元选编的四篇课文为基本教学资源，在教读课文《阿长与〈山海经〉》《老王》《台阶》的基础上，迁移拓展文言文《卖油翁》，引导学生品味"错位"的魅力，在"错位"的拉扯中伸展语言和情感的张力。梳理"错位"是为了更好地走进篇目细节，破译作者书写"错位"的秘密，让"小人物"的人格力量穿越维度空间，直达心灵深处。因此，在策划互动体验展的主情境下，以"转动错位'齿轮'，放映精彩人生"为学习主题，设计了三个情境任务，建构了学习主题统领下的任务单元(如图5.9)。

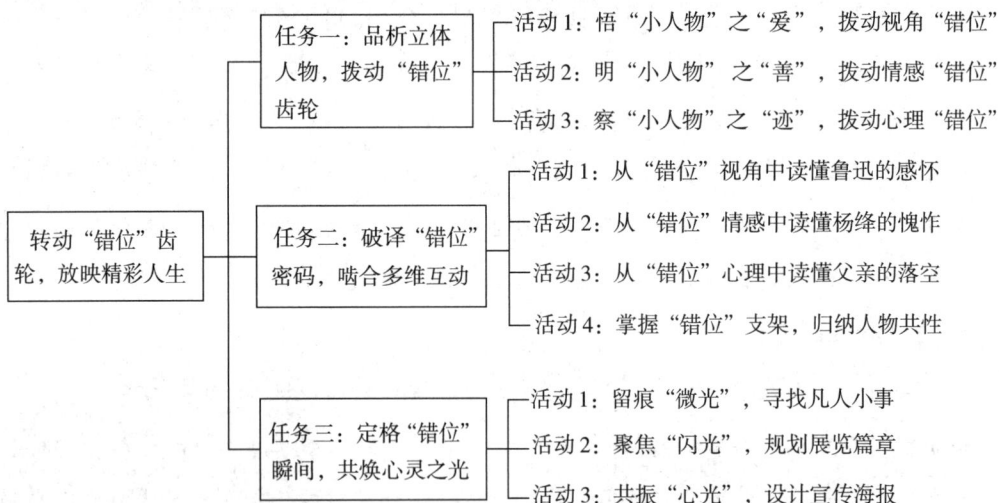

图 5.9 "转动'错位'齿轮，放映精彩人生"主题任务单元整体设计框架图

转动"错位"齿轮，放映精彩人生

任务一：品析立体人物，拨动"错位"齿轮
- 活动1：悟"小人物"之"爱"，拨动视角"错位"
- 活动2：明"小人物"之"善"，拨动情感"错位"
- 活动3：察"小人物"之"迹"，拨动心理"错位"

任务二：破译"错位"密码，啮合多维互动
- 活动1：从"错位"视角中读懂鲁迅的感怀
- 活动2：从"错位"情感中读懂杨绛的愧怍
- 活动3：从"错位"心理中读懂父亲的落空
- 活动4：掌握"错位"支架，归纳人物共性

任务三：定格"错位"瞬间，共焕心灵之光
- 活动1：留痕"微光"，寻找凡人小事
- 活动2：聚焦"闪光"，规划展览篇章
- 活动3：共振"心光"，设计宣传海报

　　为了更好地完成三个学习任务，本单元教学设计将情境任务做了活动分解，以不同的角度深入文本肌理，每部分任务按照层次梯度进行设计，带领学生走进文本和人物。

　　任务一：品析立体人物，拨动"错位"齿轮。"小人物"单元最为核心的任务便是感知人物形象，构建对"小人物"们的立体认知，因而任务一在"品析立体人物"的基础上为理解作者视角、情感、心理错位奠定基础。"活动1：悟'小人物'之'爱'，拨动视角'错位'"中，学生将走进《阿长与〈山海经〉》，通过作者欲扬先抑、风趣活泼的语言风格去感受矛盾的阿长形象——她既饶舌多事、粗俗率真、迷信真诚、不拘小节、淳朴无知，又满是慈爱、充满包容、真诚热情。把握阿长人物形象的变化就为理解童年鲁迅和成年鲁迅视角、情感的错位打下了坚实的基础。"活动2：明'小人物'之'善'，拨动情感'错位'"中，学生将通过杨绛平和恬淡、含蓄隽永的语言感受那个活得既苦又善的老王，这也为学生理解杨绛内心情感的错位奠定了基础。"活动3：察'小人物'之'迹'，拨动心理'错位'"中，学生将通过《台阶》的学习来把握父亲建造台阶的整个事迹的始终，这为学生把握作者心理和情感的变化提供了便利。整个任务设计，从语言特色出发，捕捉"小人物"们的个性闪光，能让"小人物"们的形象更加立体、生动、丰厚。正是这些文本为"小人物"的个性生长提供了肥沃丰茂的土壤，让"小人物"得以扎根、拔节、繁盛。此外，破译"错位"密码这一学习方向为学生提供了思维伸展的途径，也为之后的深入学习奠定了坚实的基础，在破译"视角错位""情感错位""心理错位"的过程中，学生有了实在的分析目标，更有了强大的分析工具，二者一齐发力，能够极大地助力学生走进"小人物"们的世界，丰富对于他们的理解，为互动体验展的呈现贮存充盈的"原料"。

　　任务二：破译"错位"密码，啮合多维互动。以"错位"分析法为抓手引领学生掌握梳理文章意脉的方法。进一步阅读《阿长与〈山海经〉》，梳理出鲁迅对于阿长情感态度的变化，在此基础上，明晰态度变化背后有着成年鲁迅和童年鲁迅两种叙述视角的"错位"，进而梳理"写作时的回忆"和"童年时的感受"的语句。在视角的错位中，启发学生思考"错位"的魅力——视角的错位与交织让学生坚实地行走于鲁迅蜿蜒而深邃的记忆里，读出鲁迅对于长妈妈的深厚情感。深入引领学生阅读《老王》，梳理老王与杨绛之间的情感错位，不幸的老王将杨绛一家看作亲人般的存在，投注了热烈的情感，在艰苦的岁月中给予杨绛及家人温暖的关怀，但是杨绛却未能对等地回应这份热烈的情感，探析杨绛与老王之间情感错位更有助于深入理解杨绛的"愧怍"。逐层分析课文《台阶》中的细节，梳理父亲对于台阶的态度变化过程，进而总结心理错位——理想与现实间的不对等折磨困扰着父亲。从视角错位到情感错位，再到心理错位，学生对于文本的分析逐步深入，更在不同文本中收获了丰润的滋养。在学生掌握"错位"分析法的基础上，迁移学习文言笔记体小说《卖油翁》，体会对人物的动作、神态、语言等细节的精妙描写，这既能够帮助学生体会细节对于"小人物"的"塑形"作用，还能够进一步引发学生的思考，提炼卖油翁的生动个性，壮大"小人物"的队伍。在此基础上提炼"小人物"们的共性特征，感受齿轮与齿轮的啮合所传递出来的蓬勃力量。

任务三：定格"错位"瞬间，共焕心灵之光。前期的分析准备为互动体验展积累了丰富的素材和资源，更拓展了思考支架，让学生掌握了捕捉闪光、定格美好的方法。任务三便是要完成从书本到现实的迁移，实现"由知而能"的实践转化，让学生在策展的过程中聚焦细节，转动一个个闪光的齿轮，让齿轮传递真实的"小人物"之声，叩响时代的门扉。活动1为征集、分类、整合"小人物"形象，留痕生活中的"凡人微光"；活动2则是以"错位"为主线设计互动体验展中不同的子主题篇章，真正形成齿轮间的联动；活动3则是在征集的基础上，设计宣传海报，吸引社会关注，生发文化感染力，同时布展交流，举办"转动'错位'齿轮"互动体验展，邀请各篇章的负责人进行交流，与观展人分享心路历程。

"小人物"的形象底板上，是无数默默转动着的齿轮，只有用心去倾听才能发现齿轮拨响间的细微差别，正是这些细微差别铸就了鲜活的"小人物"。"错位"的齿轮转动不"错位"的人生，三个学习任务围绕"转动错位'齿轮'，放映精彩人生"这一学习主题，以书本联结现实，完成对于所学内容的创意转化和输出，真正抵达"小人物"精彩的人生境界。

三、单元整体教学的课例呈现

**【学习目标】**

1. 能在阅读中欣赏和评价语言文字作品，获得个性化的审美体验，在充分熟悉文本的基础上，深入解读人物形象。

2. 能够把握文本中的"错位"现象，梳理文本意脉，在解读语言特色的过程中体会作品的情感和思想内涵。

3. 以组内合作研讨的方式对"小人物"形象进行分析、比较、归纳，唤起学生对"小人物"的关注及对自身的体察。

4. 学会化用所学来表达创意想法，并能够观察真实生活，体会平凡人物身上的善良人性，记录真情实感，展现自己的独特思考。

**【学习要求】**

表5.5 "转动'错位'齿轮，放映精彩人生"学习要求

| 学习任务 | 学习要求 |
|---|---|
| 任务一：品析立体人物，拨动"错位"齿轮 | 1. 概括课文中和阿长有关的主要事件，理解阿长的人物形象，演绎"阿长买书"的活动，感受视角的省略和留白，体会阿长买书的艰难与不易。<br>2. 品读平实语言下蕴含的深意，分析杨绛与老王相处过程中的"矛盾"，并在此基础上归纳老王的人物形象。<br>3. 抓住父亲"修高台阶"中的细节描写，感受文中"父亲"的形象特点，挖掘结尾段"怎么了呢，父亲老了"的内涵，绘制父亲"老了"的阶梯示意图，思考父亲建成台阶后产生心理落差的原因。 |
| 任务二：破译"错位"密码，啮合多维互动 | 1. 寻找出文中表现"我"对阿长情感态度的词句，理解作者对阿长的情感变化，发现并探究作者童年视角与成人视角错位转换的妙处。<br>2. 寻找出文中有关杨绛和老王对待彼此态度的词句，分析情感的"错位"，读懂字里行间流露的"愧怍"之情。<br>3. 归纳父亲建造台阶过程中的心理变化，理解父亲心理上的"错位"，读懂父亲在理想与现实裂隙中的失衡。<br>4. 拓展迁移课文《卖油翁》，借助支架破译人物"错位"，从选材、矛盾与细节中解读卖油翁的形象特点。<br>5. 抓住三个"错位"密码，概括提炼"小人物"身上的共性特质，构建起对于"小人物"形象的立体认知体系。 |

续表

| 学习任务 | 学习要求 |
|---|---|
| 任务三：定格"错位"瞬间，共焕心灵之光 | 1. 联动已学习的"小人物"形象，寻觅身边的"凡人小事"，填写"微光"人物征集表。<br>2. 梳理从这些"小人物"身上获得的启示和感悟，设计互动体验展的展览篇章。<br>3. 小组分工合作，为每一展览篇章拟定一句话的宣传语。<br>4. 整合资源素材，设计篇章海报，结合"小人物"形象说出设计理念。<br>5. 开展班内分享会，展示设计作品，检验海报的宣传效果。 |

【学习过程】

### 任务一：品析立体人物，拨动"错位"齿轮

• 学习情境

语文不仅是书本上静态呈现的知识，更是游弋在我们身边的鲜活能量，为了帮助同学们更好地感受语文的魅力，七年级将举办一场大型语文课本互动体验展。筹办组为每个班级都分配了一个学习单元作为设计蓝本，我们班分配到的是七年级下册第三单元——"凡人小事"，要为参观者展现的是"小人物"的生命剪影。"小人物"之"小"，在于其朴素平凡的身份，他们并不能激荡起时代的洪波浪涌，只能充当一个个"微小"的齿轮，于无声中推动时代的车轮。但无声中亦酝酿着"惊雷"，于平凡小事中显现的人格光芒便是他们的坚守之"大"，只有用心感知，才能进入这"小"与"大"之间的"错位"空间，感受他们身上涌动着的磅礴能量。小齿轮也有大力量，为了在互动体验展中复现这些"小人物"，请你抓住"小人物"身上的灵动细节，破解"错位"的密码，品析人物饱满而立体的形象，真正抵达"小人物"的内心世界。

• 活动1：悟"小人物"之"爱"，拨动视角"错位"

1. 概括《阿长与〈山海经〉》中和阿长有关的事件，并分析事件叙述上的详略形式，从中理解阿长的人物形象(如表5.6)。

表5.6 阿长相关事件与人物形象整理

| 选材的详略 | 与阿长有关的事件 | 阿长的人物形象 |
|---|---|---|
| 略写 | 阿长喜欢"切切察察" | 饶舌多事 |
| 详写 | 阿长睡相不佳，摆成"大"字 | 粗俗率直 |
| 详写 | 阿长讲究元旦的古怪仪式和各式各样的烦琐规矩 | 迷信真诚 |
| 详写 | 阿长给"我"讲"长毛"的故事 | 淳朴无知 |
| 略写 | 阿长谋害了"我"的隐鼠 | 不拘小节 |
| 详写 | 阿长给"我"买来《山海经》 | 善良关心 |

明确：选材的详略安排使阿长的形象更为全面立体地展现了出来：她虽然平凡，但同时身上也闪现着优秀品格的光辉。在童年鲁迅的眼中，阿长好管闲事、不拘小节、礼节烦琐和愚昧迷信。然而等到成年鲁迅再来回看这些琐事时，感受到的却是"善意"和"爱意"。巧妙的选材与安排将文字背后的"真意"藏在"错位"叙述视角下，并通过含蓄蕴藉的语言传递给读者。

2. 演绎"阿长买书"的活动，感受视角的省略和留白（如表5.7），体会阿长买书的艰难与不易。

表5.7 寻觅"阿长买书"中的留白

| 人物 | 地点 | 剧情概述 |
|---|---|---|
| 阿长、卖书老板 | 街市书摊 | 阿长无意间知道鲁迅想要一本书，四方打听，在说不清楚书名的情况下，为找有画儿的"三哼经"跑了很多地方，终于在一个书摊看到，买下，带回家。 |

小结：阿长买《山海经》的部分，鲁迅的"留白之笔"给人留下了充足的想象空间，以小剧场形式可以再现这部分"一掠而过"的内容，体会到大字不识的阿长在买《山海经》过程中的艰难、不易，以及内心的急切、纠结，更能展现阿长为了鲁迅克服困难的爱之伟大，这爱便是超越一切的伟大神力。矛盾破译情感"错位"，感受"小人物"之"善"。

• 活动 2：明"小人物"之"善"，拨动情感"错位"

1. 扣住矛盾，分析杨绛眼中的老王形象和他人眼中的老王形象(如表5.8)，感受杨绛为老王带去的尊重和关照。

表5.8　梳理杨绛眼中的老王与他人眼中的老王

| 矛盾 | 杨绛——老王 | | 他人——老王 | |
|---|---|---|---|---|
| "常坐"与"不愿坐" | "我常坐老王的三轮" | 车夫 | "乘客不愿坐他的车" | 单干户 |
| "老实"与"不老实" | "胡同口蹬三轮的我们大多熟识，老王是其中最老实的" | 老实的车夫 | "有人说，这老光棍大约年轻时候不老实，害了什么恶病，瞎掉一只眼" | 不老实的单干户 |

2. 深入矛盾，分析杨绛眼中的老王形象和老王对杨绛一家的态度(如表5.9)，感受老王为杨绛家人送去的善意和温暖。

表5.9　梳理杨绛眼中的老王与老王眼中的杨绛

| 矛盾 | 杨绛——老王 | | 老王——杨绛 | |
|---|---|---|---|---|
| "他家"与"住那儿" | "后来我坐着老王的车和他闲聊的时候，问起那里是不是他的家" | 老实且可怜的车夫 | "他说，住那儿多年了" | 无亲无故渴望温暖 |
| "给钱"与"不要钱" | "我一定要给他钱" | 金钱关照 | "坚决不肯拿钱""我不是要钱" | 真心付出 |
| "僵尸"与"鸡蛋香油" | "直僵僵的""面色死灰" | 吃惊害怕 | "好香油""多得数不完" | 情意回馈 |

小结：只有抓住文本中的这些矛盾，深入分析内在原因，才能真正还原老王赤诚善良的高贵品格及他对家庭温暖的渴望。正是因为缺少温暖、渴望温暖，在收到杨绛一家的善意时老王才会倍加珍惜，尽他所能地回报杨绛。但老王对杨绛一家绝不仅仅是知恩图报那么简单，送冰、送钱先生、送香油鸡蛋这三"送"表明渴望家庭温暖的老王将杨绛一家当作自己的亲人对待。

• 活动3：察"小人物"之"迹"，拨动心理"错位"

1. 抓住父亲"修高台阶"中的细节描写，提炼文中父亲的形象特点（如表5.10）。

表5.10 梳理"修高台阶"的细节描写，提炼文中的父亲形象

| 阶段 | 细节描写 | 父亲形象 |
|---|---|---|
| 九级台阶建成前的"父亲" | 他的脚板宽大，裂着许多干沟，沟里嵌着沙子和泥土。 | 不辞辛苦任劳任怨 |
| | 他今天从地里捡回一块砖，明天可能又捡进一片瓦，再就是往一个黑瓦罐里塞角票。 | 坚持不懈吃苦耐劳 |
| | 然而，父亲的精力却很旺盛，脸上总是挂着笑容，在屋场上从这头走到那头，给这个递一支烟，又为那个送一杯茶。终于，屋顶的最后一片瓦也盖上了。 | 憨厚待人执着追求 |
| | 许多纸筒落在父亲的头上肩膀上，父亲的两手没处放似的，抄着不是，贴在胯骨上也不是。他仿佛觉得有许多目光在望他，就尽力把胸挺得高些，无奈，他的背是驼惯了的，胸无法挺得高。 | 老实厚道俭朴谦卑 |
| 九级台阶建成后的"父亲" | 父亲按照要求，每天在上面浇一遍水。隔天，父亲就用手去按一按台阶，说硬了硬了。再隔几天，他又用细木棍去敲了敲，说实了实了。又隔了几天，他整个人走到台阶上去，把他的大脚板在每个部位都踩了踩，说全冻牢了。 | 仔细耐心一丝不苟 |
| | 正好那会儿有人从门口走过，见到父亲就打招呼说："晌午饭吃过了吗?"父亲回答没吃过。其实他是吃过了，父亲不知怎么就回答错了。第二次他再坐台阶上时就比上次低了一级，他总觉得坐太高了和人打招呼有些不自在。然而，低了一级他还是不自在，便一级级地往下挪，挪到最低一级，他又觉得太低了，干脆就坐到门槛上去。 | 心理错位失落茫然 |

父亲形象（右侧）：
满怀希冀 目标坚定 不辞辛劳

身体逐渐衰老 精神若有所失

2. 挖掘结尾段"怎么了呢，父亲老了"的内涵，绘制父亲"老了"的阶梯示意图(如图 5.10)，思考父亲建成台阶后产生心理落差的原因。

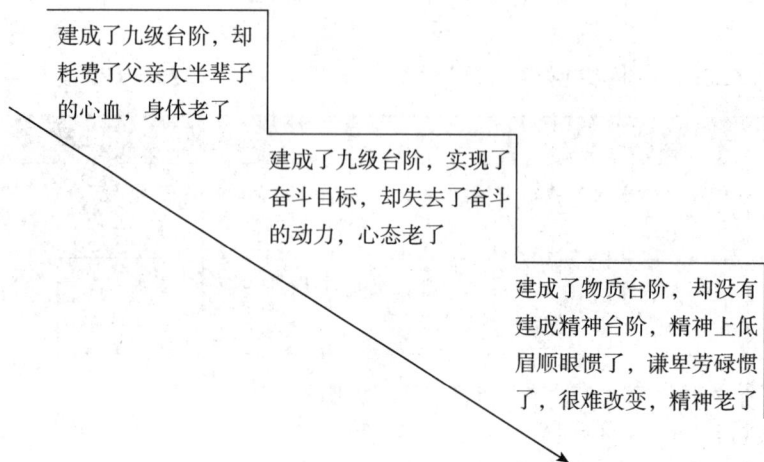

建成了九级台阶，却耗费了父亲大半辈子的心血，身体老了

建成了九级台阶，实现了奋斗目标，却失去了奋斗的动力，心态老了

建成了物质台阶，却没有建成精神台阶，精神上低眉顺眼惯了，谦卑劳碌惯了，很难改变，精神老了

图 5.10　父亲"老了"的阶梯示意图

小结：一方面，父亲感觉自己的身体和精神日渐不如当年，走向了无法避免的衰老，这让他心有不甘；另一方面，九级台阶建成，父亲陡然失去了奋斗的目标和方向，他茫然无措，无法摆脱困住他一生的精神"枷锁"。

• 学习策略

1. 靶向聚焦策略。"瞄靶"能够帮助学生明确学习方向，指明学习道路，只有心有目标，才能"有的放矢"，在品析人物形象的过程中，"人物形象"便是学习的"标靶"，不同的箭矢齐发，最终的落脚点都是建构立体的人物形象。因而，"视角错位""情感错位""心理错位"这三支铭刻着同样"错位"标记的箭矢能够在统一的思维框架下引领学生走向不同的人物形象，感知"小人物"形象的缤纷多彩与波澜壮阔。不同的文本，同样的思维，这样的"靶向聚焦"在一定程度上凝聚出了学生的核心思考点，让学生能够在破译"错位"密码的过程中感知阿长之"爱"、老王之"善"和父亲之"失"。

2. 情境体验策略。适时引导学生开展角色扮演活动，基于学习情境的角色体验活动有助于学生转化视角，从体验中真切地再现人物的形象，触摸情感的流动。如开设"小剧场"活动，让学生在把握阿长形象特点的基础上，演绎"阿长买书"的经过，合理揣摩阿长在替鲁迅买书时的神态、语言和动作，这不仅能够让学生进一步深化对阿长的理解和认识，更能够让学生在想象和表演中再现文中的"留白之笔"，品出成年鲁迅对阿长的感激和怀念。"伟大神力"在具体真实的演绎体验中再次显现，带给学生触动和深思，沉浸到丰富的语言实践活动中，也帮助学生积累结构化的学科事实，形成经验化的学科理解①。

3. 思维显化策略。通过形象化的图表能够直观形象地呈现"错位"的对比，让学生更好地理解人物的情感变化。学习《台阶》的过程中，利用"台阶图"逐层分析结尾段落的重点句子，能够让学生更好地感知台阶砌成之后父亲心理上的落差与失衡：父亲的追求是不断垒砌的台阶，而"老了"的过程则是逐层向下的阶梯，这"上"与"下"的反差中隐藏着父亲的失落与懊丧。在阶梯示意图的绘制过程中，学生能够具象化地感知这向下的趋势，思维的分析过程得以显形，直观展现了"父亲老了"背后的多重情感意蕴。

• 设计者手记

"品析立体人物，拨动'错位'齿轮"这个学习任务是单元整体学习的基石，该单元的深入学习离不开鲜活具体的人物形象。这些"小人物"的身上掸不去朴实的"灰尘"，他们总是"风尘仆仆"，时间的车轮向前滚动，他们似乎只能做一个齿轮，但"尘土"并不能掩盖他们灵魂上的"花火"，一个齿轮，也能转响人格的闪光，传递善与美的力量。渺小着，也伟大着，这样的"错位"就发生在每一个"小人物"身上：保姆阿长无知粗笨，却有着"伟大的神力"，为一个孩子点亮了文学的启蒙灯；"不老实"的车夫老王捧出好香油、大鸡蛋，一颗火热的心穿破了人与人之间的隔膜与障壁；普通的农民父亲勤恳厚朴，却也有执着一生的追求……渺小，却伟大，"小人物"们也拥有着"大写的人生"。

为了更好地建构起对人物形象的立体认知，教学时需注重"错位"分析法的引入和运用。在教读《阿长与〈山海经〉》的过程中，注重引导学生发现视角上的变

---

① 徐鹏. 核心素养语境下的大单元教学反思[J]. 中学语文教学，2021(04)：4-8.

化，从中挖掘阿长的多元形象，适时介入"错位"的概念，为之后的学习奠定思维起点。同时，破译"错位"现象的过程中不能忽视每篇文本的语言特色，要能够从不同的角度切入，既给学生统一的思维支架，又给学生特色的拓展角度。

任务二：破译"错位"密码，啮合多维互动

• 学习情境

鲜活生动的"小人物"为互动体验展提供了丰沛的能量，在展览上我们不仅要展出立体的"小人物"剪影，更要捕捉他们的闪光，留痕他们的微光。作者与笔下人物的互动交流便是我们定格"光芒"的重要依凭，流淌的脉脉情感让齿轮能够真正地"转动"起来，并触发强大感染力。平凡的"小人物"为何不凡？在于见证者的慧眼捕捉。这些"小人物"是怎样与周围人发生互动的？在互动的过程中又给周围的人留下了怎样的印象呢？让我们进一步深入文本，读懂作者笔下的"小人物"。

• 活动1：从"错位"视角中读懂鲁迅的感怀

1. 寻找文中表现"我"对阿长情感态度的词句，从"过去的'我'""现在的'我'"两个叙事的角度入手，理解作者对阿长的情感变化（如表5.11）。

表5.11　梳理不同时期的作者对阿长的情感变化

| 童年时的感受<br>（过去的"我"） | 写作时的回忆<br>（现在的"我"） |
|:---:|:---:|
| 不大佩服 | |
| 无法可想 | |
| 磨难 | |
| 不耐烦 | 感激、佩服、怀念、愧疚、悲悯 |
| 空前敬意 | …… |
| 敬意消失 | |
| 憎恶 | |
| 新的敬意 | |

2. 根据两种视角绘制情感齿轮图（如图5.11），找出童年视角与成人视角的啮合点。

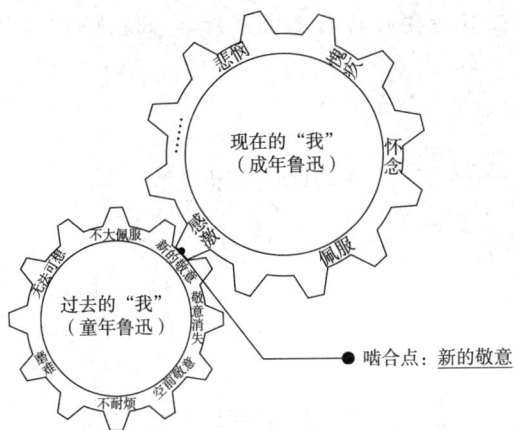

**图 5.11　探寻童年视角与成人视角的啮合点**

明确："我"念念不忘的宝书是我的不识字的保姆阿长给"我"买来的，这让鲁迅感到"震悚"的"新的敬意"成为了成年鲁迅感念阿长的情感依托。

3. 拨动"错位"齿轮，发现并探究作者童年视角与成人视角转换的妙处。

阿长是一位"小人物"，更是成人视角的鲁迅怀念的一位故人，童年视角与成人视角这两种视角的交织让鲁迅的童年记忆又鲜活起来，在过去和现在的思绪交杂中，阿长的形象更为"立体"。

小结：一种是回忆时空的"过去的'我'"，也就是儿时的我；一种是"现在的'我'"，也就是现在写文章的"我"。在文章中，"回忆过去"与"现实话语"混杂在一起，或隐或现，呈现着文章的主旨：现在的"我"回望着过去的"我"，二者对比，凸显对阿长的愧疚与感怀之情。

• 活动 2：从"错位"情感中读懂杨绛的愧怍

1. 寻找文中描述杨绛和老王相处过程的内容，概括两人对待彼此的态度（如表 5.12）。

**表 5.12　梳理杨绛和老王对待彼此的态度**

| 阶段 | 杨绛对老王 | 老王对杨绛 |
|---|---|---|
| 最初 | 同情怜悯 | 感激、关心、亲近 |
| 交往中 | 感动抱歉 |  |
| 老王死后 | 不安愧怍 |  |

171

2. 从杨绛和老王对待彼此的态度中分析二人情感的"错位"，绘制情感齿轮传动图（如图 5.12）。

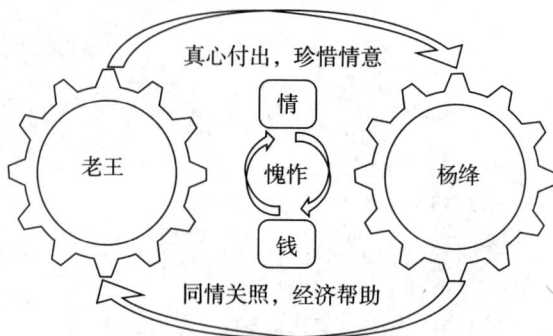

真心付出，珍惜情意

老王　情　愧怍　钱　杨绛

同情关照，经济帮助

图 5.12　情感齿轮传动图

3. 课文结尾写道："那是一个幸运的人对一个不幸者的愧怍。"事情已经过去十几年了，作者为什么依然"愧怍"？细读课文，探究杨绛对老王心怀"愧怍"的深刻原因。

明确：老王因为"我们"一家对他饱含同情，以及"我"为人谦和与不占人便宜的做人素养，让他产生了误解，使他误以为"我们"一家已经把他当成朋友，甚至是亲人，所以他也把"我们"当作了他的朋友，甚至是亲人。然而，"我"对老王的"疏离"态度，无形中却化为一堵墙，拒老王的"亲近"于千里之外，因而产生了"愧怍"之情。

• 活动 3：从"错位"心理中读懂父亲的落空

1. 归纳父亲建台阶过程中的心理变化（如表 5.13），理解父亲心理上的"错位"。

表 5.13　归纳父亲修建台阶过程中的心理变化

| 建台阶的过程 | 父亲的感受 |
| --- | --- |
| 建新台阶之前 | 嫌弃旧台阶低 |
| 准备建新台阶 | 认真勤恳 |
| 建造新台阶中 | 兴奋、充满干劲 |
| 新台阶建好后 | 尴尬、不自在、失去生机 |

2. 填写"精神台阶"与"物质台阶"的代表含义(如图 5.13)，读懂父亲在理想与现实裂隙中的失衡，理解父亲落空的追求。

精神满足
物质期待

精神台阶
地位象征

物质台阶
九级台阶

**图 5.13　"精神台阶"与"物质台阶"的代表含义**

小结：每个人的精神高地都值得被看见。一位平凡的、操劳一生的父亲，执着如一地追求他的目标，他的追求之迹深深地刻进了泥土里，也深深地印在了台阶上，彰显着一位农民的"使命"。

• 活动 4：掌握"错位"支架，归纳人物共性

1. 掌握分析"错位"现象的基本支架，找出文中描写人物动作、语言等细节的词句，通过比读矛盾，分析陈尧咨和卖油翁的形象特点(如表 5.14)。

表 5.14　比读矛盾，分析陈尧咨和卖油翁的形象特点

| 选材 | 矛盾 | | | |
|---|---|---|---|---|
| "大人物"陈尧咨 | 善射，当世无双，以此自矜。<br>(动作细节) | 汝亦知射乎?<br>吾射不亦精乎?<br>(语言细节) | 尔安敢轻吾射!<br>(语言细节) | 笑而遣之。<br>(神态、动作细节) |
| | 自矜自得 | 目中无人 | 傲慢忿然 | 自知惭愧 |

| 选材 | 矛盾 | | | |
|---|---|---|---|---|
| "小人物"卖油翁 | 睨之久而不去。但微颔之。（动作细节） | 无他，但手熟尔。（语言细节） | 以我酌油知之。（语言细节） | 我亦无他，惟手熟尔。（语言细节） |
| | 不动声色 | 不卑不亢 | 淡定自若 | 熟能生巧 |

小结：行走江湖的贩夫卖油翁，身在底层也身怀绝技，面对"大人物"能镇定自若，以精湛的酌油技术淡定回应陈尧咨的自矜和忿然。活用分析支架，能让学生准确把握人物的形象特点。陈尧咨的三句话中，呈现了称呼的转变、语气的调整和神态的变化，于言语中立体呈现了陈尧咨恃才傲物、骄矜暴躁的人物形象。卖油翁现身说法演示酌油之技，"大人物"与"小人物"的技艺比拼于"一笑而遣"中升腾微烟，一笑传神，余韵无穷。

2. 寻觅"小大之间"，在归纳"小人物"共性的基础上感知"小"与"大"之间的错位魅力，生成对"小人物"的情感理解（如表5.15）。

表5.15 "小人物"之"小"与"大"

| 姓名 | 职业 | 体貌特征 | 家庭状况 | 主要事件 | 人物形象 |
|---|---|---|---|---|---|
| 阿长 | 保姆 | 矮而黄胖 | 孤孀 | 买《山海经》 | 善良慈爱 |
| 老王 | 车夫 | 瘦高眼瞎 | 孤老，无家 | 送鸡蛋香油 | 善良老实 |
| 父亲 | 农民 | 个高脚大 | 贫困 | 建造九级台阶 | 老实厚道 |
| 卖油翁 | 贩夫 | / | / | 酌油 | 求精臻善 |
| "小人物"之"小" | | | "小人物"之"大" | | |
| 普通平凡、贫苦质朴 | | | 务实真诚、温暖良善 | | |

小结：他们没有传奇的经历和壮丽的事业，但在他们身上，有着相互的爱与单纯的善，有着平凡的向往与坚定的追求，还有着自信与智慧。"小人物"之魅力正在于这"小"与"大"之间的错位，于"错位"齿轮的啮合中，"小人物"的灵魂也迸发出了磅礴的能量。

• 学习策略

1. 贯通深化策略。在任务一的基础上，学生已经建立起了对"小人物"的立体形象认知，更掌握了"错位"分析法的思维逻辑，任务二则是在衔接任务一的基础上，进一步结合文本语言特色，强化学生对"错位"现象的品读与提炼能力。选材的详略反映了鲁迅童年与成年视角变化中的情感浮动；杨绛与老王相处中的种种矛盾，埋下了"愧怍"的种子；父亲则是在"老了"的细节堆叠中踏空精神台阶，未能完成从物质台阶到精神台阶的跨越……在聚焦人物形象的基础上，任务二贯通了作者与主要人物之间的互动桥梁，让情感真正地流动了起来，更能深化学生对"小人物"的认识。

2. 对比分析策略。寻觅"错位"的根本在于发掘不同的对比，在积累了一定分析材料的基础上，学生能够敏锐感知"错位"。从成年鲁迅和童年鲁迅、杨绛之钱与老王之情，到父亲的物质期待和精神满足，在这些对比中学生进一步发掘"小人物"的特点，建构起他们的社会身份。而对比并不仅存在于文本内部，更存在于文本和文本之间的互动联系中，借由同一种思维分析方法，本单元的四篇文本之间也建立了紧密的关系，这种错综却有序的综合对比相较于单篇学习而言，更能有效激活学生的思辨能力、鉴赏能力。

3. 归纳迁移策略。前期的学习活动为学生装备了一件有力的分析"道具"——"错位"分析法，而"道具"威力的发挥则体现在真实学习情境中。因此学生在学习《阿长与〈山海经〉》《老王》《台阶》之后，需要归纳总结"错位"分析法的使用秘诀，从选材、矛盾和细节等角度填充"能源"，搭建起分析支架并迁移运用至《卖油翁》的理解品读中，以"错位"分析法为抓手品析"康肃公"和"卖油翁"的形象特点，并在感知卖油翁"求精臻善"的个性特征后，将其纳入"小人物"的共性图谱，建立"小人物"形象的立体认知体系。

• 设计者手记

"破译'错位'密码，啮合多维互动"这一学习任务引领学生贯通了读者、作者与文本之间的联系，更完成了"分析者"到"建构者"的角色转化。"小人物"并不是孤立存在的，他们背后依靠的是广阔的现实。正如齿轮只有彼此啮合才能传动向前，"小人物"的人性闪光也需在与他人的互动中得以展现。学生首先要作为"分析者"，踏入作者构织的语境，分析"小人物"的喜与忧，触摸他们在与人相处中的情感流动。人因交流而丰富，人物也因互动而立体，在探寻了作者与人物之间的互动关系后，学生更要能够跳出文本，归纳"小人物"的分析支架，建构起共性的形象图谱。

在教学中需要落实一个"转"字，一方面要引导学生将掌握的思维方法转接至新的文本，建构起的思维支架要切实作用于学习过程中，并能"转"出不同层次、"蕴"出不同风采。另一方面，教师也要灵活运用"转"字，基于文本特色开辟出不同的切入通道，带领学生在"峰回路转"之中联系、比照、建构起多维互动，贯通人物、作者、读者之间的联结纽带。

任务三：定格"错位"瞬间，共焕心灵之光

• 学习情境

在前两个任务中，我们深入文本感知了"小人物"于"错位"密码下掩藏的强大力量，现在我们要带领这些"小人物"走出文本、走入现实，将生动的形象剪影呈现在互动体验展中。互动体验展的精髓在"互动"，在与文本"小人物"的互动过程中，肯定勾起了你的众多联想：你的身边是否也有这样的平凡却不凡的"小人物"？请填写"微光"人物征集表，设计展览篇章与海报，拟定宣传标语，放映精彩的"小人物"人生，助力班级获得"最佳体验奖"吧！

• 活动1：留痕"微光"，寻找凡人小事

1. 联动已学习的"小人物"形象，寻觅身边美好的凡人小事，填写"微光"人物征集表(如表5.16)。

表5.16 "微光"人物征集表

| 推荐参展人物 | 典型事迹 | 品质特征 | 一句话立意 |
|---|---|---|---|
|  |  |  |  |

2. 人物"错位"的幅度越大，审美价值越高，在初步征集的基础上进一步提炼典型事迹中的"错位"现象，汇聚"小人物"的璀璨星光。

(1)用错位的视角去观察"微光"人物，在视角的变化中挖掘其立体多面的形象特点；

(2)留心"微光"人物身上的矛盾，体会复杂的情感变化；

(3)定格"微光"人物的细节特点，准确抓住人物特征，书写人物的典型性。

• 活动2：聚焦"闪光"，规划展览篇章

1."小人物"也可以活得精彩，也能够抵达某种人生境界，梳理从这些"小人物"身上获得的启示和感悟，设计互动体验展的展览篇章(如表5.17)。

表5.17 互动体验展的展览篇章设计表

| 篇章 | 主 题 | 展览人物及互动体验项目 |
|---|---|---|
| 第一篇章<br>阿长篇 | 转动"爱"之齿轮，<br>展现无限的神力 | 展览人物：阿长<br>互动体验：买"三哼经" |
| 第二篇章<br>老王篇 | 转动"善"之齿轮，<br>打破情感的障壁 | 展览人物：老王<br>互动体验：送好香油、大鸡蛋 |
| 第三篇章<br>父亲篇 | 转动"实"之齿轮，<br>领悟执着的追求 | 展览人物：父亲<br>互动体验：建造九级台阶 |
| 第四篇章<br>卖油翁篇 | 转动"巧"之齿轮，<br>体验求精的底气 | 展览人物：卖油翁<br>互动体验：以勺酌油 |
| 第五篇章<br>群星闪耀篇 | 转动"心"之齿轮，<br>捕捉生活的闪光 | 发现生活中"小人物"的"错位"<br>寻觅身边的美好，转换微光能量。 |

2. 出色的宣传语能高度凝练展览细节，吸引观众参观，请小组分工合作，为每一篇章拟定一句话的宣传语(如表5.18)。

表5.18 互动体验展的展览篇章宣传语

| 篇章 | 宣传语 |
|---|---|
| 第一篇章<br>阿长篇 | 因为爱，无所不能。 |

| 篇章 | 宣传语 |
|---|---|
| 第二篇章<br>老王篇 | 这次，我不给钱了。 |
| 第三篇章<br>父亲篇 | 台阶上下，一个农民的使命。 |
| 第四篇章<br>卖油翁篇 | "公"or"翁"，无他，惟手熟耳。 |
| 第五篇章<br>群星闪耀篇 | 错位时空，留痕微光，我看到了…… |

• 活动 3：共振"心光"，设计宣传海报

1. 整合资源素材，设计海报，结合"小人物"形象说出设计理念(如表 5.19)。

海报是一种信息传送艺术，更是一种大众化的宣传工具，具有相当强大的影响号召力与艺术感染力。海报设计时要注意调动形象、色彩、构图、形式感等因素，形成强烈的视觉效果。

表 5.19　海报设计思路

| 篇　章 | | |
|---|---|---|
| 标　语 | | |
| 设计思路 | 图案素材 | |
| | 文本内容 | |
| | 色彩寓意 | |
| | 排版形式 | |
| 设计草图 | | |
| 设计理念 | (海报如何体现出"错位"下的"小人物"形象？请结合图案素材、文本内容、色彩寓意和排版形式等方面对设计草图进行阐述。) | |

2. 班内分享展示，呈现海报初稿，收集修改建议。

开展班内分享会，展示设计作品，后续根据修改建议进一步打磨海报，增强

宣传效力。

3. 布置展厅，准备正式的互动体验展，留待观众评价后，再次进行整合调整。

• 学习策略

1. 联结现实策略。单元整体场域要将学生的语文经验和现实生活经验相互渗透，创设真实的语文学习生态。① 现实是"小人物"勃发生命力的丰厚土壤，从文本中凝练出来的"小人物"形象和建构起的"小人物"感怀需真正落实到现实中，扎根真实世界。"微光"人物征集活动便是从书本到现实的一次联结，带着从文本中收获的感悟和温暖，以慧眼捕捉生活中的"凡人微光"，这才是涌流"小人物"生命力量的最佳途径。只有不断地发现、汲取，"小人物"的齿轮才能真正转动起来，以个人的灵魂闪光给世界带来向前的精神动力。联结现实的"小人物"形象并不是为了概念化"小人物"和消磨"小人物"的个性，而是为了记录身边那些鲜活的人，记录是为了留下他们的印迹，"小人物"之"小"在于他们如一痕涟漪，水花波动后便消匿踪迹，但纵使微弱、短暂，于瞬间中迸发的花火也值得定格，带着这样的理念去观照现实，那么现实中的种种平凡便有了不平凡的意义。

2. 创意输出策略。输出是检验学生掌握情况和融会理解情况的有效途径，不同的输出形式能够调动起学生不同的体验，促使他们以不同的形式调动知识。常规的文字输出，即作文，能够让学生成文地表达自己的感受和想法，但常规的输出方式在激活学生积极性方面棋差一着，运用创意性的输出形式能够调动学生的多重感知力，引领其从形象、色彩、布局等多方面思考知识的表达，形成以语文基本素养为基础的综合能力。展览篇章的规划贯通了单元之间"小人物"的联系，让典型的"小人物"形象成为篇章的启幕人，辐射一系列的人物图景；"一句话宣传语"让学生重新思考文本的核心价值，提炼"小人物"的璀璨之光；"宣传海报"让学生由文本思维转向图像思维，在元素的组合中生发直触心灵的力量，以更直观的表现形式展现学习成果。这样多元的输出形式能最大程度上调动学生的

---

① 单思宇，徐鹏. 大单元视域下高中散文教学建议[J]. 中学语文教学，2020(08)：13-16.

创意，灵活学生的思维，让其在任务驱动中学会"活用语文"，语文也就真正铺垫了创意的鲜明底色，留下了可以无尽延展的感知空间。

3. 互评共促策略。输出的过程并不是"单向通行道"，必须要有反馈来构建多维的互动空间，在反馈的回响中重新审视输出内容的价值，以焕发更加莹润的色泽。共享与评价便是检验输出效果和呈现反馈思考的有效途径。学生打磨的展览篇章、标语和海报需经由内部分享会的讨论进行进一步的调整和完善，每一种表达形式都不是孤立静止的，需要在碰撞与交流中不断激荡能量，分享会便是多重理解的汇合平台，为学生搭建这样的一个平台，能够有效促进他们的再思考与再创造，从而更好地呈现"小人物"人格上的斑斓光彩。

• 设计者手记

"定格'错位'瞬间，共焕心灵之光"任务侧重于学生的输出与表达，每个时代语境下都有不一样的"小人物"，我们既是"小人物"本身，也是"小人物"的记录者，因而调动学生的记录心便显得格外重要。虽有时代背景的区别，但是"小人物"向善、务实、求真的力量总是纯粹且炽烈，如果没有一双独具灵光的慧眼，这些炙热的力量很可能就会于时光烟尘中消散殆尽，所以为"小人物"策展，在这个时代显得意义非凡。一场互动体验展的展出，既留下了鲜活灵动的"小人物"剪影，又在真切的体验互动中呈现了"小人物"的情感波动，更在无形中延展了"小人物"的篇章——群星璀璨，方能映亮生命，实现另一种形式上的"永恒"。

该任务重点强调的是学生对于"小人物"的诠释、理解与表达，只有经过了前两个任务的铺垫和积累，才能在"小人物"的理解支架和共性图谱中注入新力量，因而活动1"微光"人物的征集需要做好衔接工作，为学生铺垫关怀现实的坚实基础。此外，在拟定宣传语和设计海报的过程中，要能够抓住一条主线进行贯通，聚焦人物内部的"小""大"错位或人物互动中的情感错位进行延伸，不能让篇章成为零散的个体，而要让他们在紧密的共性连缀中蔓延个性的力量。

开放感知、包容多元是本任务的基本逻辑，因而在活动的开展过程中要充分尊重学生的独到理解和创意表达，引领他们说出自己的想法，呈现自己的观点。教师在教给学生方法之后，方法之武器便交由学生自己来打磨，以形成契合自身的思维和表达模式。教师在教学过程中要充分引导学生的灵动思维，让学生用青春的视角去丈量时代中的"小人物"，为展览注入蓬勃的生命气息。

**(二)单元大概念整合的单元教学："品细节悟意蕴，感受凡人风采"教学设计的改进案例**

李锦老师和赵梦梦老师分别为郑州市第二初级中学、郑州市二七区马寨一中的优秀语文教师，也是本次项目改进的样本教师。教学案例的前期打造，邀请了东北师范大学的徐鹏教授进行指导。徐鹏教授从单元大概念出发来探索读写单元教学的新理路，尝试建构语文核心素养发展机制。[1] 初次教学案例的研发经历了三个步骤。

步骤一：分析教材特点，提炼单元内含的单元大概念。分析语文教材编排单元的人文主题和语文要素，厘清每个单元需要培养的语文关键能力，是探寻和提炼单元大概念的前提。同时，也需要向上衔接学科大概念，学科大概念可以是蕴含在语文学科事实中的核心概念，包括学科思想、学科原理和思维方法，是落实语文核心素养的重要抓手[2]，也是促进语文核心素养落实和转化的第一要义。纵观统编版语文教材七年级下册前三个单元，第一单元主要展现杰出人物的精神，第二单元侧重体会家国情怀，第三单元倾向讲述平凡人物的生活。把握单元之间的编排逻辑，有助于我们由外而内地探寻语文学科大概念。第三单元导语部分将人文主题放在"小人物"身上，他们虽然有缺点，但闪现着人性的光辉；语文要素方面除了注重熟读精思，还要求学生掌握细节描写和关键语句的解读；培养关键能力主要落在对文章重点的定位和对文章内涵意蕴的理解两个方面。阅读篇目包括《阿长与〈山海经〉》《老王》《台阶》《卖油翁》，写作主题为"抓住细节"，名著导读选择的是《骆驼祥子》。在梳理教材编排逻辑和分析七年级学情的基础上，我们将单元大概念确定为"精读文学类文本，体会人物描写的精妙，理解细节之中蕴藏的人性之美和情感主题"。

---

① 单思宇，徐鹏. 基于学科大概念的初中读写教学理路探寻[J]. 语文建设，2020(23)：32-35.

② 徐鹏. 基于语文学科大概念的教学转化[J]. 中学语文教学，2020(03)：4-10.

步骤二：将单元大概念具体化，形成学习内容的结构化理解。单元大概念具有抽象性、概括性、适用性和生成性①，学生单凭表层的读写训练无法真正感知和理解。因此，我们需要将单元大概念进一步具体化，分解出更具有操作性的关键概念。关键概念能够聚焦学习重点，为学生理解单元大概念提供思考的落脚点。就统编版语文教材而言，关键概念可以等同于人文主题和语文要素统摄下的子概念。例如：人文主题"凡人小事"的子概念包括人的生命姿态、生存境地、生活情感、人性品质等；语文要素的子概念包括细节描写、关键语句、熟读精思等。围绕这些子概念，我们将本单元的关键概念确定为：揣摩关键语句，分析不同文本使用的细节描写，在精读中把握人物情感变化和形象特点；比较多篇文本中的"小人物"形象，归纳他们的共性和差异；体会作者的情感态度，研讨和理解文本主题。

此外，我们还可以统览本单元阅读、写作、名著导读的要求，进一步分解关键概念。比较本单元选入的作品和导读的名著，作者们以或幽默或温润的笔触真实而细腻地再现"小人物"的生命姿态与生存品质，反映"小人物"在人生困境中悄无声息的坚持与挣扎，以及对温情的憧憬与对希望的追求。阅读这些作品能够引导学生对"小人物"的人格尊严与权利给予应有的尊重，肯定"小人物"的人性光辉和生存价值。因此，在学生把握并理解本单元所有作品的基础上，我们还可以结合写作要求分解出另一个关键概念：结合阅读体验和生活经验，运用生动的细节描写刻画身边的人物。分解本单元的语文关键概念具有一定的挑战性，但适宜的关键概念能够引领学生将读写经验转化为学科认知图式，通过阅读熟知人物描写视角，掌握细节描写的类型和方法，促进自身对语文单元大概念的理解和应用。

步骤三：设计学习任务，创设富有意义的读写活动情境，活化单元大概念。基于单元大概念的读写教学并不是摒弃语文知识，而是引导学生学会在特定情境中迁移应用语文知识，从学科事实走向学科理解。为了促进学生更快地获得学科理解，我们需要运用多样的学习任务来创设富有意义的读写活动情境。这里所说

---

① 徐鹏. 基于语文学科大概念的教学转化[J]. 中学语文教学，2020(03)：4-10.

的"富有意义"是指活动情境聚焦语言文字运用，突出对重要问题的探究和解决。比如，从本单元的语文关键概念出发，我们教学《老王》时可以设计这样的学习任务："'我渐渐明白：那是一个幸运的人对一个不幸者的愧怍。'请以小组为单位探究这句话的意蕴。"具体研讨以下问题：为什么"我"是"渐渐明白"的？老王的"不幸"是否因"我"而起？"我"为何会感到"愧怍"？如何看待作者笔下的"幸"与"不幸"？这一任务力求引导学生借助文中细节描写和关键语句，把握作为知识分子的幸运者"我"与"小人物"不幸者老王之间不变的"亲/疏"关系样态，深度挖掘作者情感反思过程，进一步认识老王形象的特质。该学习任务创设了富有意义的问题情境，引导学生在问题探究中把握作者的情感波动，准确理解老王形象。

　　如果从本单元整体着眼，我们设计两大学习任务。任务一：分析文本关键细节，把握人物特点。在精读的基础上，可以从比较视角追问学生一些重要问题：阿长、老王、父亲三个人物形象有什么共性特点？这些"小人物"的故事带给你怎样的感受和思考？学生通过研讨概括提炼"小人物"的共性——对生活持有希望的生命诉求，朴实的生活姿态，温情而不失心酸的生存现实。与此同时，学生分享自己的阅读体验，尤其是对人物和生活的感知。任务二：运用细节描写方法，刻画身边的人物。在阅读的基础上，可以引导学生回顾关键语段，总结每位作者使用的人物描写手法，在比较中深入理解细节描写的方法和功能。通过片段写作、完整写作、课堂评讲相结合的方式，安排学生循序渐进地完成学习任务。由此可见，对语文单元大概念的"结构化"分解和理解，以及运用学习任务对单元大概念进行"情境化"的包装和呈现，是重构语文课程内容的重要通道，也是落实语文学科核心素养的有效路径。

　　针对第一轮设计，项目组、徐鹏教授及样本教师进行了深入研讨，项目组肯定了该案例试图让学生在教师的引导下深入理解单元大概念，并且能够在特定情境中灵活运用单元大概念的做法，获得单元大概念是获得语文关键能力及发展语文学科核心素养的重要表征。但是，项目组也提出了相应的建议。第一，在对学习主题"品细节悟意蕴，感受凡人风采"的拆解上，可以将学习主题拆解为三个学习任务，分别为"任务一：感知形象把握细节，领悟情感意蕴""任务二：分析文本关键细节，把握人物特点""任务三：运用生动的细节描写，刻画身边人物"。三项任务的设计，可以改变两项学习任务设计中活动分布不均的局面。比如，在之前的案例设计中，任务一中有五项活动，任务二中有三项活动。修改之后，任务一聚焦单篇教学，由三项活动组成；任务二聚焦专题研习，由三项活动组成；任务三注重由读到写的迁移运用，由四项活动组成。第二，单元整体教学越来越注意到"教—学—评"一致性的重要性，因此，在接下来的案例改进过程中，样本教师要充分发挥评价促学的作用。

在第二轮案例打造的过程中，徐鹏教授带领着教师围绕着"教—学—评"一致性进行了案例的完善，并且也关注到了"学习支架"对学生开展语言实践活动的重要作用。

自"教—学—评"一致性看，案例打造需要预估学业表现，转变语文学习评价取向。围绕单元大概念开展读写教学，应该秉持"评价即学习"的评价取向，采用过程性评价策略，全面考察学生对概念的理解和运用过程。在教学本单元之前，我们需要预估学生的学业表现，明确本单元的学业要求，并将这些要求作为设计学习任务的依据进行详细描述。根据本单元语文关键概念，我们将学业要求描述为五条：1. 熟知不同叙事作品的基本特征，学会从标题、结构、内容等方面把握作品；2. 掌握熟读精思的阅读方法，能够通过文本细读揣摩人物心理、情感变化，体会和比较人物形象的特点；3. 运用思维导图、曲线图、表格等可视化学习工具，归纳不同作品在叙事视角、人物描写等方面的共性和差异；4. 体会作品主题意蕴，形成对人性、对社会的理性思考；5. 结合阅读体验和生活经验，恰当运用细节描写和表达方式，描写自己生活中印象深刻的人物。

根据这些学业要求，我们可以将学习任务和学业评价相结合，设计更为具体的读写活动，引导学生逐步完成每一项学习任务。我们以前面提及的任务一和任务二为例，在任务一中可以设计以下学习活动：1. 在精读课文的基础上运用思维导图，分别归纳阿长、老王、父亲三个"小人物"的形象特点；2. 比较三个"小人物"形象的特点，用表格形式呈现三者的共性和差异；3. 写出自己从这些"小人物"的人生故事中获得的对人性和社会的思考，不少于200字。在任务二中可以设计以下活动：1. 运用文字或者思维导图总结每篇课文中作者使用的人物描写手法；2. 比较每位作者的描写手法，运用表格归纳他们的共性和差异；3. 在小组内研讨细节描写的具体方法和功能效果，对照课文重要语段体会其精妙之处并做好小组讨论记录；4. 选取一个生活中熟悉的人物，运用学到的细节描写手法刻画这个人物形象，课上完成片段描写，课下补充完善，形成完整描写，不少于 300 字。这些读写活动整合了自主、合作、探究等学习方式，本质上是每项任务的具体化。学生参与活动产生的学习材料和学业作品勾勒了学生的学习轨迹，是考察学生对单元大概念理解和运用的证据，也是监控他们语文学科核心素养发展的重要参照，从而实现学业评价从重结果到重过程的转变。

　　自学习支架看，案例打造就需要提供学习支架，整合语文言语实践活动。围绕单元大概念开展读写教学，无论是完成学习任务还是开展学业评价，都需要为学生提供学习支架。从维果茨基的学习支架理论来看，学生的最近发展区在于现有的语文学科核心素养水平与可发展的语文学科核心素养水平之间的区域，具体表现为现有单元理解程度与潜在单元理解程度之间的落差。根据前面提及的课程内容重构问题，在单元大概念结构化和情境化之后融入多样的学习支架，能够更好地加速学生从单元事实走向单元理解，消弭学生语文学科核心素养水平存在的落差，充分发挥单元大概念贯通单元事实和单元理解，加速学生语文学科核心素养发展的独特功能，进一步实现单元大概念在认识论、方法论、实践论等不同层面的统一。纵观本单元的读写教学理路，设计语文学习任务本身就是在使用程序性支架，通过任务驱动学生参与读写活动，沉浸到语文实践活动之中。在完成任务时我们嵌入思维导图、表格等可视化学习工具，则是在运用策略型支架，引导学生运用语文积累解决现实问题。在创设读写活动情境中呈现重要问题引发学生思考，也是在运用元认知型支架引导学生研讨人物特征和情感主题，发展高阶思维。

　　具体而言，本单元的教学理路在学习支架的使用方面还呈现以下特点。第一，以学生为主体。采用自主、合作、探究等学习方式，学生课堂展示为主，教师点拨引导、总结评价为辅。第二，以学习任务为导向。三大任务贯穿活动始终，实现读写思维和关键能力的深度融合。第三，以学习活动为载体。运用多样的读写活动，兼顾口语、书面语表达，倡导图文并茂地呈现学业成果，提高学生听说读写能力和非连续文本运用能力。第四，以课程整合为取向。1.整合学习内容。以细节描写和情感变化为抓手，适当点拨、追问、总结，综合情节、人物、主题、情感等多样学习内容。2.整合学习活动。在读写教学中始终贯穿阅读与鉴赏、表达与交流、梳理与探究等学习活动，引导学生沉浸在语文实践之中。3.整合学习情境，创设富有意义的任务情境，促进学生在问题解决中从学科事实走向学科理解。4.整合学习方法。注重语文学习方法和策略的总结和分享，引导学生形成对语文学科大概念结构化的认知。5.整合学习资源。有效利用写作要求、名著导读和拓展资料，挖掘现实中的写作素材和资源。我们力求运用各类学习支架促进学生语文学科核心素养的发展。

与其他案例不同，李锦老师、赵梦梦老师在教学展示课中呈现了该案例的"活动1：感知形象，把握细节，体察鲁迅的深厚感情"部分。同时，在教学案例的最后打造过程中，样本教师也参考和借鉴了周若卉、高国丽两位老师的案例。① 2022年，样本教师依据《义务教育语文课程标准（2022年版）》进行了案例的最终完善。这里呈现的是该案例经过完善后的完整设计，围绕"设计背景""设计思路""课例呈现"三个部分展开。

## 品细节悟意蕴，感受凡人风采

——统编版初中语文教材七年级下册第三单元整体教学设计

设计者：苏州大学文学院　朱羽歆　徐成煜；郑州市第二初级中学　李锦；

郑州市二七区马寨一中　赵梦梦

指导者：管贤强

### 一、单元整体教学的设计背景

《义务教育语文课程标准（2022年版）》中的"文学阅读与创意表达"任务群，

---

① 周若卉，高国丽. 品读细节领悟意蕴，感受平凡人物风采：七年级下册第三单元整体教学设计[J]. 语文教学通讯，2022(增刊2)：21-27.

旨在"引导学生在语文实践活动中，通过整体感知、联想想象，感受文学语言和形象的独特魅力，获得个性化的审美体验；了解文学作品的基本特点，欣赏和评价语言文字作品，提高审美品位；观察、感受自然与社会，表达自己独特的体验与思考，尝试创作文学作品"①。第四学段的这一学习任务群包括四个方面的内容，其中一个便是"学习欣赏、品味作品的语言、形象等，交流审美感受，体会作品的情感和思想内涵；尝试写诗歌、小小说等"②。这一任务群旨在通过阅读、交流讨论，体会作者的独特表达，实现阅读能力与写作能力的共同提升，任务群的价值定位对学生发展思维能力提出更高的要求。

高阶思维作为创新型人才的必备素养，成为21世纪国内外人才培养的主要目标。"21世纪核心素养5C模型"将批判、创造、创新、问题解决等高阶思维作为核心素养培养的关键。高阶思维的提出始于布鲁姆的教育目标认知领域的分类，通常将识记、领会和应用作为低阶思维，将分析、综合和评价作为高阶思维。换句话说，高阶思维是建构思维层次理论的应有之义。③此外，全语言运动的学说认为，读写综合教学应将学习者同时视为读者和作者，这是一个共享的过程。读写综合是对建构意义、监控理解、解决问题等一系列灵活策略的发展，是对产生观念、构思、修改、编辑和出版自己作品的一系列灵活策略的发展，是对不同文学作品及在写作中运用的各种文体的欣赏，是对写作惯例和学习策略的接受，是运用书面语言去思考和创造。④

统编版初中语文教材七年级下册编排了"杰出人物""家国情怀""平凡人物"等主题单元，选编了小说、散文等一系列文学作品，为构建"文学阅读与创意表达"任务群提供了丰富的学习资源。我们以七年级下册第三单元为依托，参照"文学

---

① 中华人民共和国教育部. 义务教育语文课程标准：2022年版[S]. 北京：北京师范大学出版社，2022：26.

② 中华人民共和国教育部. 义务教育语文课程标准：2022年版[S]. 北京：北京师范大学出版社，2022：27-28.

③ 潘庆玉. 论语文学科高阶思维的培养[J]. 语文建设，2021(23)：4-9.

④ WEAVER C. Understanding whole language：from principles to practice[M]. Portsmouth, NH：Heinemann Group of Publishers Ltd.，1990.

阅读与创意表达"任务群的学习内容，设计了"品细节悟意蕴，感受凡人风采"这一学习主题。

一是从生活角度看，顺应了此阶段学生的认知特点和情感需要。初中时期的学生在知觉方面有了许多新的特点，有意性和目的性有了较大提高，能自觉进行察觉和感知，同时知觉的精确性和概括性也有了一定的发展，初步具备逻辑性知觉，能够发现事物之间的联系。以上特性能够助推学生从细微之处阅读记录他们生活的文学作品，观照自己的内心世界，可以体会人物心情，产生情感共鸣，汲取精神力量。初中生也有表现美、创造美的需要，结合自身经历和体会，以敏锐的眼光和真挚的笔触对身边人物、事件的发掘、思考与记录，可以增强学生创意表达的学习热情。

二是从学科角度看，对于细节的把握，一方面契合了本单元的教学要求，同时也是语文阅读与写作的重要方面。本单元的单元导语要求学生熟读精思，从开头、结尾、文中的反复及特别之处发现关键语句，感受文章的意蕴。单元教学中引导学生通过批注、绘制思维导图等方式，帮助其形成对细节描写的整体认知，以此感受人物的情感寄寓。基于"精思"把握细节描写，是学生把握文章结构层次能力的重要体现，也是窥探作者情感深蕴的隐秘通道，是对学生思维能力的综合考察，帮助其有效提升读写能力。

三是从学习角度看，基于大概念分解了三个学习任务，并将学习任务情境化，基于读写能力进行分解，配置了言语实践的思维支架。从整体上看，三个任务具有一定逻辑性，其实质是从"感知人物形象""把握人物特点"到"刻画身边人物"，体现了层层递进的过程，符合学生的认知规律。同时，通过复合支架的搭建，让学生感受细节描写与情感表达的内在联系，激发了学生的学习兴趣，思维能力也得到了提升。

二、单元整体教学的设计思路

"品细节悟意蕴，感受凡人风采"主题学习适用于七年级下学期。学习主题的确定考虑了单元大概念。第三单元导语部分将人文主题放在"小人物"身上，他们虽然有缺点，但闪现着人性的光辉；语文要素方面除了注重熟读精思，还要求学生掌握细节描写和关键语句的解读；从培养语文关键能力上来看，主要落在对文章重点的定位能力和对文章内涵意蕴的理解两个方面。阅读篇目包括《阿长与〈山海经〉》《老王》《台阶》《卖油翁》，写作主题为"抓住细节"，名著导读选择的是《骆驼祥子》。基于教材筛选其中暗含的单元大概念，要实现的是对教材的深度理解，超越了教材中语文要素的知识点、能力项。① 在梳理教材编排逻辑和分析七年级学情的基础上，我们将单元大概念确定为"精读文学类文本，体会人物描写的精妙，理解细节之中蕴藏的人性之美和情感主题"。

　　本单元大概念的确定，为学习主题的确定提供了依据，也为语文课程内容、语文关键能力和语文核心素养之间搭建了融通和转化的桥梁，而如何让学生在具体的读写训练中实现感知和理解，还需要对单元大概念进一步具体化。七年级下册第三单元人文主题"凡人小事"的子概念包括人的生命姿态、生存境地、生活情感、人性品质等；语文要素的子概念包括细节描写、关键语句、熟读精思等。围绕这些子概念，我们将单元大概念具体化为：揣摩关键语句，分析不同文本使用的细节描写，在精读中把握人物情感变化和形象特点；比较多篇文本中的"小人物"形象，归纳他们的共性和差异；体会作者的情感态度，研讨和理解文本主题。此外，在学生理解并把握本单元所有作品的基础上，结合写作要求分解出另一个关键概念：结合阅读体验和生活经验，运用生动的细节描写刻画身边的人物。

　　根据与教材的联系，学习单元有遵循、调适、创生三种建构方式。根据已定的学习主题，本单元适宜采用调适的建构方式。以本单元中的《阿长与〈山海经〉》《老王》《台阶》《卖油翁》为基础，将八年级上册第二单元的《藤野先生》调到本单元，另外将《庖丁解牛》作为本单元的学习资源。基于以上分析，我们依据单元大概念的提取与重构，将单元大概念任务情境化，并设计了以下活动链（如图5.14）。

---

① 周丽，薛法根. 基于学科大观念整合的主题任务单元教学设计：二年级上册第五单元教学实践与思考[J]. 语文建设，2023(04)：10-13.

```
                          ┌── 活动1：感知形象，把握细节，体察鲁迅的深厚感情
            任务一：感知形象把握    ┤
            细节，领悟情感意蕴    ├── 活动2：抓住细节，分析形象，明白杨绛与老王对待彼此的态度
                          └── 活动3：通过细节，概括形象，读懂父亲建台阶的心理变化

                          ┌── 活动1：比较"小人物"形象，领会艺术价值
  品细节悟意    任务二：分析文本关键    ┤
  蕴，感受凡    细节，把握人物特点    ├── 活动2：细节何以动人心，专题研习为己用
  人风采                  └── 活动3：迁移专题研究成果，开展批注阅读

                          ┌── 活动1：归纳细节描写方法
            任务三：运用生动的细节    ├── 活动2：源头活水，选材要新颖
            描写，刻画身边人物    ├── 活动3：精雕细琢，观察要细致
                          └── 活动4：精益求精，描写要生动
```

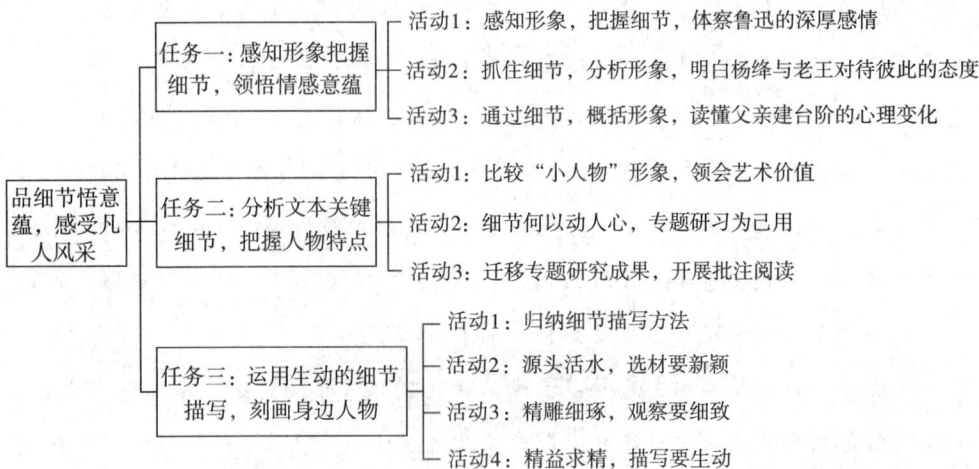

图 5.14 "品细节悟意蕴，感受凡人风采"主题任务单元整体设计框架图

任务一：感知形象把握细节，领悟情感意蕴。本阶段学习任务主要以单篇教学的方式展开，首先，要梳理作者的情感脉络，除了需要抓住情感转折的词语外，还需要关注课文中和阿长相关的细节描写及主要事件，感受作者的深情。接着，以思维导图的形式梳理作者与老王之间发生的事件，以及对事件的细节描写，在细节描写中感受二人的交往关系，体会老王"最熟悉的陌生人"的形象，感受作者的愧怍之思。最后，围绕"修台阶"的核心事件梳理叙述节奏，画出示意图，通过选取典型画面的方式感受父亲的情感变化。

任务二：分析文本关键细节，把握人物特点。本任务是建立在前一阶段的整体感知后进行的群文阅读和专题研讨，其内在逻辑为"感受不同的人物形象—体会细节描写在人物刻画中的呈现形式—以批注之法实现迁移运用"。主要分为以下三项学习活动：首先，通过抓取典型事件、转换评价视角等方式，帮助学生认识到人物形象是丰满的而非单一的，是立体的而非扁平的；接着，再次细读文本，在了解人物形象的基础上，以"细节描写何以打动人心"为议题，进行探究性学习，归纳出优秀的细节描写应具备的特征，以专题汇报为呈现形式；最后，通过专题迁移的方式，在充分了解批注符号的标注对象、运用方式、注意事项的基础上，对古典文学作品《卖油翁》《庖丁解牛》进行自主学习，实现课内外文本对比

迁移，领悟人物描写的特点。在此阶段，学生经历了比较阅读、专题阅读、迁移运用的三个过程，最终落脚点在文言学习上，有助于学生在运用中加深理解，实现内化。

任务三：运用生动的细节描写，刻画身边人物。首先，学生经历了一系列学习和实践，对细节描写已经产生了较为成熟的了解，因此在这一任务中，先结合八年级上册课文《藤野先生》与本单元课文的对比、归纳，对细节描写的类别、特征等设置了一次梳理和回顾。接着，设置了三个层层递进的活动来为学生最后的写作进行指导——第一是选材的方法，第二是细节的发现，第三是细节的叠加。通过三个维度的指导，帮助学生进行课内外的迁移，以学习任务单的形式为最后的小试牛刀做铺垫，带领学生共同发掘"小人物"身上的平凡之光，书写一曲波澜壮阔的"凡人歌"。

## 三、单元整体教学的课例呈现

【学习目标】

1. 能区分不同叙事文体的基本特征，能从标题、详略安排、角度选择等方面定位文章重点，提高整体把握文章结构层次的能力，用逻辑图示梳理文章内容与结构。

2. 能在具体的任务情境中，进行批注式阅读，并通过思维导图等方式进行梳理和归纳，逐步提高阅读理解、语言运用的能力。

3. 能在小说和散文的阅读中，结合自己的阅读与生活体验，交流自己的感受；善于发现身边"小人物"的故事，体会其鲜明的人物特征和不凡的精神品质。

4. 能在真实的生活情境中，有逻辑、有顺序地叙述人物故事，并重视细节的描摹，表达自己的真挚情感。

【学习要求】

从学习结果的角度评价学习目标的达成状况，需要对三个学习任务的完成过程及最终结果提出具体的、可观测、可评价的学习要求(如表5.20)。

表5.20 "品细节悟意蕴，感受凡人风采"学习要求

| 学习任务 | 学习要求 |
|---|---|
| 任务一：感知形象把握细节，领悟情感意蕴 | 1. 概括课文中和阿长相关的主要事件及相关细节，梳理作者的情感脉络，感受作者的深情。<br>2. 以思维导图的形式梳理作者与老王之间发生的事件，在单个事件中感受二人的交往关系，体会老王"最熟悉的陌生人"的形象，感受作者的愧怍之思。<br>3. 围绕"修台阶"的核心事件梳理叙述节奏，画出示意图；细读文本，选择一个合适的场景作为插图内容，并说明理由。 |
| 任务二：分析文本关键细节，把握人物特点 | 1. 细读三个文本，通过抓取典型事件、转换评价视角等方式，认识到人物形象的丰满性和立体性。<br>2. 在了解人物形象的基础上，以"细节描写何以打动人心"为议题，进行探究性学习，归纳出优秀的细节描写应具备的特征，以专题汇报为呈现形式。<br>3. 通过专题迁移的方式，在充分了解批注符号的标注对象、运用方式、注意事项的基础上，对古典文学作品《卖油翁》《庖丁解牛》进行自主学习。 |
| 任务三：运用生动的细节描写，刻画身边人物 | 1. 结合《藤野先生》与本单元所学，对细节描写的类别、特征等进行梳理和回顾，完成学习任务单。<br>2. 学会选材的方法，懂得捕捉细节，尝试进行细节的叠加，通过三个维度的学习，实现课内外的迁移。<br>3. 小试牛刀，在写作中加深对细节描写的理解，感受其中情感的安放之法，发掘"小人物"身上的平凡之光。 |

【学习准备】

1. 资源准备

(1)《庖丁解牛》原文。

(2)《藤野先生》原文。

(3)《古汉语常用字字典(第5版)》。

(4)一部系列纪录片资源。

2. 工具准备

(1)思维图：提纲图、思维导图。

(2)学习单：收集表、归纳表、评分表等。

【学习过程】

任务一：感知形象把握细节，领悟情感意蕴

·学习情境

生活中有一些"小人物"，他们没有传奇的经历、壮丽的事业，也没有精湛的学识、豪迈的语言，但是他们仍然带给我们深深的感动。因为他们的身上，有着朴素的爱与单纯的善，有着对平凡的向往与坚定的追求。让我们一起跟随名家的笔触走近他们的生命世界。

·活动1：感知形象，把握细节，体察鲁迅的深厚感情

1.概括课文中和阿长相关的主要事件及相关细节，梳理对应的人物形象特点，画出思维导图，结合思维导图谈谈对标题的理解(如表5.21)。

表5.21　《阿长与〈山海经〉》的事件和形象特点

| 阿长相关的事件 | 体现出的阿长形象特点 | 对标题的理解 |
| --- | --- | --- |
|  |  |  |
|  |  |  |
|  |  |  |
|  |  |  |

2.(1)圈出文中体现作者情感的句子，并结合相关事件完成下方的"作者情感变化示意图"(示例如图5.15)。

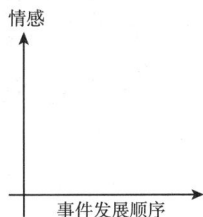

(情感词："憎恶"—"不大佩服""讨厌"—"不耐烦"—"空前敬意"—"敬意消失"—"新的敬意"—"怀念""感激""同情""愧疚")

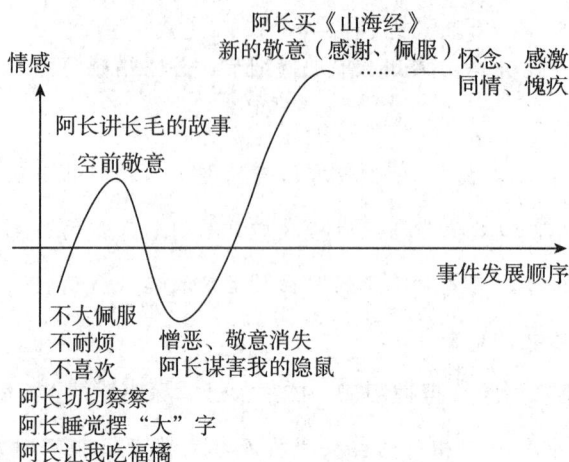

**图 5.15 作者情感变化示意图示例**

（2）展示交流，提出疑问。

预设 1：在情感变化示意图的绘制中，"新的敬意"与"空前敬意"的情感程度是否一致？为什么？

预设 2：在情感变化示意图绘制中，从"敬意消失"到"新的敬意"，鲁迅的情感发生着何种转变？

（3）在情感变化示意图的绘制中，文本最后的部分为什么有怀念、感激、同情、愧疚四种情感？

3. 文章其实还有一个特别的地方：谋害隐鼠事件。按照文章顺序，是先谋害隐鼠，"我"憎恶阿长，再买《山海经》，"我"敬佩她。但周作人指出，阿长买《山海经》的事情其实发生在谋害隐鼠之前。他把鲁迅这种改动称为"无意或有意的诗化"。你对鲁迅先生的这一改动有什么看法？请你根据作者的写作视角进行分析（如表 5.22），感受回忆性散文的特点，思考其中的原因。

表 5.22　两种视角表深情

| 分析维度 | 童年视角 | 成人视角 |
|---|---|---|
| 文中词句 | | |
| 写法 | | |
| 作用 | | |

• 活动 2：抓住细节，分析形象，明白杨绛与老王对待彼此的态度

1. 以思维导图的形式梳理作者与老王之间发生的事件和细节（示例如图 5.16）。要求：在方框中概括人物形象，一个方框中可填写多个；在大括号后填写具体事件或表现。

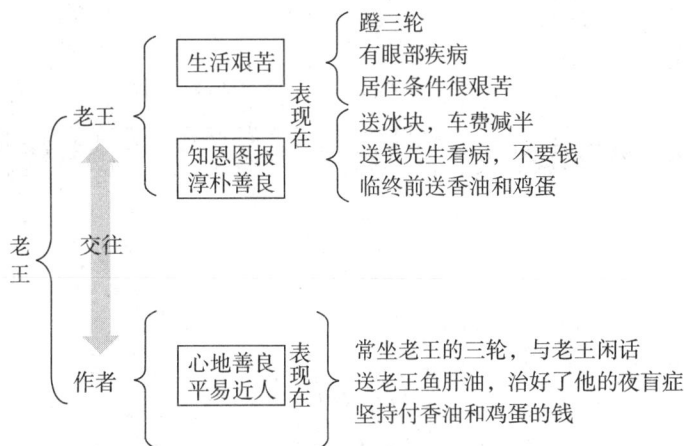

**图 5.16　杨绛与老王的交往事件及其细节示例**

2. 请你在梳理典型事件的基础上，再次研读文本，寻找表现"我"和老王"交往关系"的句子并填写表 5.23 和表 5.24。边填边思考："我"和老王之间的关系是怎样的？"我"和老王对待彼此的态度如何？

表 5.23 "我"和老王的"交往关系"

| 序号 | 表现两人"交往关系"的地方 | 原文 | 同义改写 | 我的理解 |
|---|---|---|---|---|
| 1 | 关于"我"坐车时候的表述 | "他蹬，我坐，一路上我们说着闲话。" | 我坐在他的车后面，一路上两人说着闲话。 | |
| 2 | 问及老王住处 | | | |
| 3 | | "有一年夏天……我们当然不要他减半收费。" | | |
| 4 | | | | |
| 5 | | | | |

表 5.24 "我"和老王对待彼此的态度

| 老王与杨绛的交往 | 杨绛对老王的态度 | 老王对杨绛的态度 |
|---|---|---|
| 坐车闲话（独干、独眼、独居）<br>给鱼肝油 | 同情<br>关心 | 感激 |
| 送冰<br>送医<br>送货<br>送香油鸡蛋 | 尊重<br>感激<br>同情<br>感念<br>愧怍 | 关心<br>尊重<br>帮助<br>感谢 |

3."我渐渐明白：那是一个幸运的人对一个不幸者的愧怍。"这是文章的最后一句，同时也是我们体味作者情感的重要切入口，你认为作者"愧怍"的原因是什么？请小组讨论，完成表5.25。

表 5.25　探究"愧怍"的原因

| "愧怍"的原因 | 文本依据 |
|---|---|
| | |
| | |

• 活动 3：通过细节，概括形象，读懂父亲建台阶的心理变化

1. 围绕"修台阶"的核心事件梳理叙述节奏，围绕父亲的主要行为，分别用一个四字词语拟定每个层次的小标题(示例如图 5.17)。

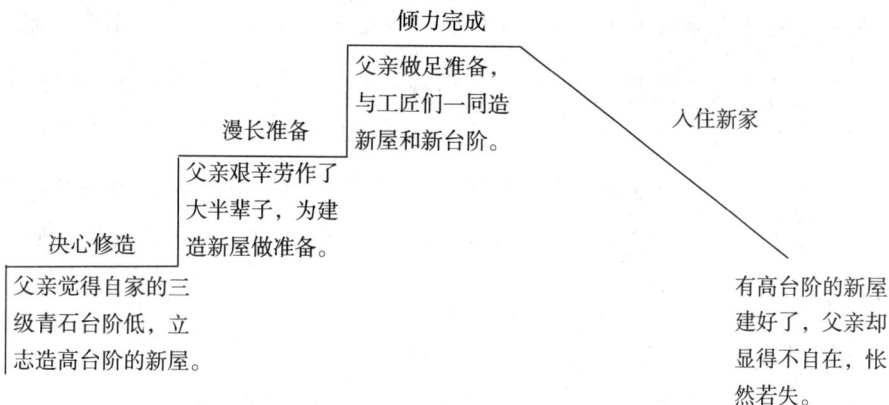

图 5.17　"修台阶"事件梳理图示例

2. 默读课文《台阶》，边读边对其中描写父亲的语句进行圈点勾画。如果需要根据课文内容为这篇小说配一组插图，你认为应该画些什么？并说明理由。

示例 1：

"台阶旁栽着一棵桃树，桃树为台阶遮出一片绿荫。父亲坐在绿荫里，能看见别人家高高的台阶，那里栽着几棵柳树，柳树枝老是摇来摇去，却摇不散父亲那专注的目光。这时，一片片旱烟雾在父亲头上飘来飘去。"

这是有关父亲的神态描写，形象传神地写出了父亲对高台阶的美慕与渴望、向往与执着，代表着父亲建造台阶前的一种典型心境。

示例 2：

"我就陪父亲在门槛上休息一会儿，他那颗很倔的头颅埋在膝盖里半晌都没动，那极短的发，似刚收割过的庄稼茬，高低不齐，灰白而失去了生机。"

这是对父亲的动作描写、外貌描写，同时运用了比喻的修辞手法，生动地表现了父亲建好台阶后的失落、沮丧、痛苦、茫然，以及精神颓废的状况，代表了台阶建造好后的另一种典型的心境。

• 学习策略

梳理归纳策略。不论对阅读还是写作来说，了解并掌握文章的行文结构和主要内容都是极为重要的，学生梳理事件、厘清文章脉络的过程，其实也是训练自身逻辑思维的过程。学生通过绘制思维导图、示意图等方式，对本单元几篇课文进行归纳，从而对叙事类散文的结构、详略分布及小说的情节安排都有了初步的把握。与此同时，最为重要的是，学生通过逐一梳理单篇课文的情感线索，实现了对阿长、老王、父亲三个人物形象的感知，这对进一步分析文本细节，把握人物形象特点打下了坚实的基础。

• 设计者手记

在任务一的设计中，主要还是遵循了传统教学中最为常见的形式——单篇教学，这种形式不论对学生还是教师来说，都是比较容易熟悉和接受的。本阶段任务为"感知形象把握细节，领悟情感意蕴"，其中感知人物形象的对象是阿长、老王、父亲，而情感意蕴则对应着鲁迅、杨绛、父亲。因此，对任务一所分解出的三个活动而言，其内在逻辑和意图走向都是一致的，即通过梳理文章事件和分析情感脉络，形成对人物形象的初步感知。感知，即为本阶段任务的核心词汇。在具体活动内容的设计上，我们通过绘制情感折线图、曲线图、思维导图，以及为课文选定插图内容等方式，将学生的思考内容具象化，从而为之后细节描写的学习提供基础。

## 任务二：分析文本关键细节，把握人物特点

• 学习情境

"致广大而尽精微"，人物形象的刻画除了依托于典型事件的抓取，还需要进

行细致入微的描摹。作品带给读者共鸣力量，而共鸣往往来源于细节，细节如露珠折射太阳的光芒，使作品生动多姿、形象传神。这些名家笔下的"小人物"让我们看到了平凡中的不平凡，让我们一起从文字的细微处入手，感受"小人物"的形象特征，探究这些细节何以打动人心，共同体会"小人物"的点点星光。

• 活动1：比较"小人物"形象，领会艺术价值

1. 聚焦《山海经》事件，回读之中"见阿长"。

(1)赏析原文第19~28段。思考作者在写阿长给"我"买《山海经》的过程中是如何安排详略的？（详略安排示例如表5.26）

表5.26　详略安排示例

| 详略情况 | 内容概括 | 我的思考 |
|---|---|---|
| 起因(详写) | 远房叔祖让"我"接近书籍，爱上看书，使我渴慕《山海经》。 | |
| 经过(略写) | 阿长为"我"买来《山海经》。 | |
| 结果(详写) | 我得到了不识字的阿长买来的《山海经》，还搜集了许多绘图的书。 | |

思路要点：

第一，《山海经》对于小鲁迅而言，不只是一本书，更是一个全新的世界；

第二，与他人行为的对比，别人都忽视我，只有阿长真正关心"我"想要什么；

第三，"我"一开始对阿长并不抱有期望，甚至有些轻视阿长。

(阿长形象：朴实、善良、慈爱)

(2)回读原文第1~18段，边读边圈点勾画，体会成年鲁迅视角中的"长妈妈"形象，完成表5.27。

表 5.27　阿长人物形象表

| 人物形象 | 依据 |
|---|---|
| 例：不幸 | 阿长的身世、名称的来历。 |
| 例：心地善良、质朴而迷信 | 阿长懂得很多规矩，要"我"遵守，如元旦的古怪仪式等。 |
|  |  |
|  |  |
|  |  |
|  |  |

2. 代入三种角色，体会不同视角下的老王其人。

请你继续研读文本，边读边圈画，从不同角色视角梳理老王的形象特点，制作"小人物"档案卡。

3. 再读"台阶"上的父亲，重思"我"眼中的父亲。

再次阅读文本，感受不同事件中父亲形象的特征，《台阶》中的父亲有着千千万万"中国式父亲"的影子，请你从中思考，谈谈你的体会，填写表 5.28。

表 5.28　探寻"我"眼中的父亲

| 事件 | 父亲情感 | 父亲形象 | 作者情感 | 我对"中国式父亲"形象共性的思考 |
|---|---|---|---|---|
|  |  |  |  |  |
|  |  |  |  |  |
|  |  |  |  |  |
|  |  |  |  |  |
|  |  |  |  |  |

• 活动 2：细节何以动人心，专题研习为己用

1. 认识细节。

之前我们学习了鲁迅的《从百草园到三味书屋》，相信你对其中捕鸟这一趣事

印象深刻，请你阅读下列语段，谈谈自己的感受。思考并讨论：什么是细节描写？观察细节需要注意什么？

语段一：

雪后，他在茫茫的雪地里用竹筛子捕了几只鸟。

语段二：

冬天的百草园比较的无味；雪一下，可就两样了。拍雪人(将自己的全形印在雪上)和塑雪罗汉需要人们鉴赏，这是荒园，人迹罕至，所以不相宜，只好来捕鸟。薄薄的雪，是不行的；总须积雪盖了地面一两天，鸟雀们久已无处觅食的时候才好。扫开一块雪，露出地面，用一支短棒支起一面大的竹筛来，下面撒些秕谷，棒上系一条长绳，人远远地率着，看鸟雀下来啄食，走到竹筛底下的时候，将绳子一拉，便罩住了。但所得的是麻雀居多，也有白颊的"张飞鸟"，性子很躁，养不过夜的。

①明确：细节描写是指对表现人物性格和情节发展有特殊作用的一些细小环节进行具体、形象、生动的描写。

分类：肖像细节、行动细节、语言细节、心理细节、环境细节、场面细节等。

②明确：观察细节要仔细；用词要准确；要紧扣写作主题(与写作目的有关联)等。

2. 寻味细节。

(1)阅读反复之处。

细读文本，圈点勾画，小组间分工合作，对细节描写进行"话题式"探微，完成学习任务单(示例如表 5.29)。

表5.29 "话题式"细节描写探微学习任务单示例

| 课文 | 话题 | 写法 | 出现段落 | 赏析 | 我的理解 |
|---|---|---|---|---|---|
| 《台阶》 | 例：父亲的"坐姿" | 标志性动作反复描写 | 文中共出现 8 次，分别在第 5 段（2次）、第12段（1次）、第 13 段（1次）、第 15 段（1次）、第26段（1次）、第 27 段（1次）、第 30 段（1次）。 | 第5段第一次写"坐"，写出了父亲的内心感受（舒服），同时与第27段修建好坐在台阶上的感受（不自在）形成对比，说明父亲长时间形成的谦卑思想根深蒂固，不易改变，反映了人物性格，揭示了中心。除此之外，也说明台阶之低，推动着情节的发展。第12、第15段的"坐"，形象地写出了父亲在准备修建台阶过程中的辛苦、劳累。第13、第26段的"坐"，主要作用是引出下文对父亲神态的描写，表现父亲的心态。第30段的"门槛上休息"，父亲坐的位置的变化，形象表现了父亲心境的变化，揭示了中心。 | 它既是行文的一个线索，也是塑造父亲形象的一种手段，更是父亲的一种生命状态的体现，同时还是作者写作构思的一种巧妙。 |
| | 例：父亲的"头发" | 准确的动词＋修辞（拟人、比喻） | 文中共出现 2 次，分别在第19段和第30段。 | 一"挑"一"埋"准确生动地写出了父亲建台阶时的兴奋、高兴、精力旺盛、激情满怀、干劲十足和台阶建成后的茫然、失望、痛苦、精神颓废的状态。 | 反映了人物不同的心态，第一次对头发的描写还表现了父亲劳作的辛劳。 |
| | 例：父亲的"脚" | 外貌＋侧面描写＋心理感受；动作；动作＋联想想象。 | 文中共出现4次，分别在第5段、第19段、第24段、第28段。 | 第5段表现了父亲的终年辛劳；第19段表现了父亲的勤劳；第24段写出了父亲的认真；第28段生动传神地写出了父亲在台阶级数改变后的不适。 | 侧面暗示了人物固有思想改变的不易。 |
| 《老王》 | 例："我"与老王的"距离" | | | | |
| …… | | | | | |

（2）阅读关联之处。

再次细读文本，在梳理文章中发生的事件的基础上，进行合作探究，发现同一事件与不同事件中细节的关联，通过关联细节的方法感受人物形象。首先在小组内选定一个事件，找出其中的多处细节描写。其次思考细节中的关系，形成思维导图。最后各小组选一代表上台汇报自己的发现，其余小组学生在倾听他人汇报中，把不同事件中的细节记录下来，并标注在自己的思维导图中，发现多个事件中细节描写的关联(示例如图 5.18 所示)。

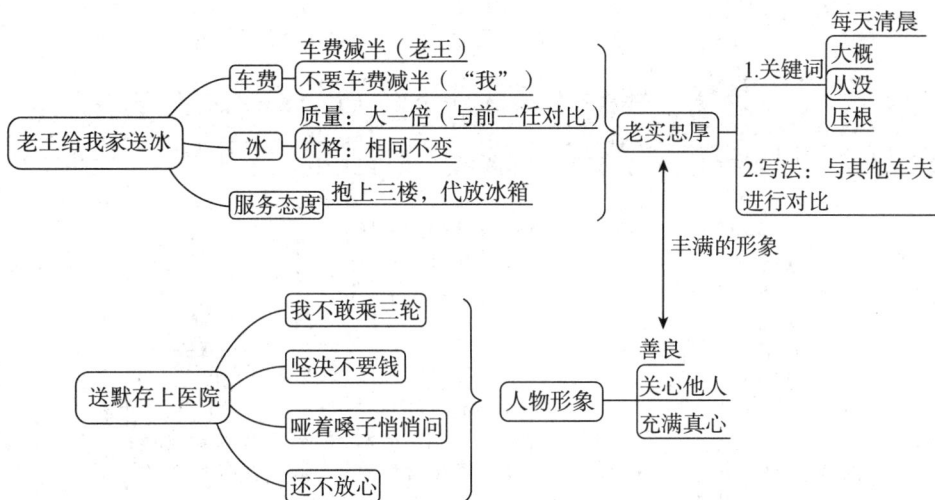

图 5.18 "通过关联细节的方法感受人物形象"示例

(3)阅读反常之处。

阅读有关"表里值"的补充资料，完成"表里值探究表"(如表 5.30)，并尝试寻找文中其他词句予以赏析。

"表里值"思想借用了邢福义先生在研究现代汉语语法时提出的"小三角"理论的名称，即"语表形式""语里含义""语用价值"①。此处的"表里值"思想是指在理解某个语言单位的含义和作用时，遵循着由"语表形式"到"语里含义"再到"语用价值"这一思维路径的一种思维方式。"语表形式"是指词句在文章中的原

———————

① 邢福义. 语法研究中"两个三角"的验证[J]. 华中师范大学学报(人文社会科学版)，2000，39(05)：38-45.

貌形式，即这个词语、句子是以怎样的方式出现在文章中的，它的字面意思是什么；"语里含义"是指这个词语、句子在上下文语境或交际语境中的内里（言语）含义是什么；"语用价值"是指这个词语、句子在文章语境中有什么价值，包括表达上的、结构上的、主旨上的等。

表5.30 "语表形式、语里含义、语用价值"初探

| 范例：《阿长与〈山海经〉》中作者对阿长的情感词变化 | | | | | |
|---|---|---|---|---|---|
| 词句 | 课文表述 | 语表形式 | 语里含义 | 语用价值 | 批注 |
| 例：憎恶 | 但到憎恶她的时候，——例如知道了谋死我那隐鼠的却是她的时候，就叫她阿长。 | 憎恨、厌恶 | 是当时"我"对阿长极度讨厌、痛恨情绪的写照。 | 准确地写出了"我"对阿长的情感，又从侧面写出"我"的童真和孩子气。 | 体会到了成年后的作者在用贬义词时背后的爱意。 |
| 例：震悚 | 我似乎遇着了一个霹雳，全体都震悚起来； | 身体因恐惧或过度兴奋而颤抖 | 表达了"我"对阿长买来《山海经》这一事件的意外、惊奇、诧异之情，也将"我"对此不敢相信的心理状态和外表动作表现得淋漓尽致。 | 表现出了"我"在此前对阿长的轻视（因为从未想过一个目不识丁的农村妇女还会给"我"买来别人都不愿帮买的书），为"我"对阿长情感的转折提供了依据。 | 大词小用，体会到阿长作为一个保姆，能够关心"我"的渴求和生命成长的需要，这很难得。 |
| …… | | | | | |

（诸如："三哼经""敬意""伟大""神力""渴慕""仁厚黑暗的地母呵，愿在你怀里永安她的魂灵！"。）

3. 品味细节。

成功的细节描写有何共同特征？结合对《藤野先生》的研读，完成表5.31。以"细节何以打动人心"为议题，完成一次三分钟的专题汇报。

表 5.31 归纳成功的细节描写的共同特征

| 成功的细节描写的共同特征 | 本单元课文 | 《藤野先生》 | 我的启发 |
|---|---|---|---|
| 真实 | 《老王》中杨绛对老王送香油和鸡蛋时的描写——"直僵僵地镶嵌在门框里""简直像棺材里倒出来的"，因为真实而给人强烈的印象。 | | |
| 典型 | 《台阶》中过年时，结束了一年劳作的父亲洗脚"要了个板刷在脚上沙啦沙啦地刷"，水盆里"是一盆泥浆"，父亲觉得洗干净了的脚"轻飘飘的没着落"等细节，典型地表现了父亲勤劳能干的特点。 | | |
| 生动 | 《卖油翁》中写卖油翁观看陈尧咨射箭的表情和动作，只用了"睨"和"微颔"两个动词，就生动地表现出了他不以为然的心理。 | | |
| …… | | | |

• 活动 3：迁移专题研究成果，开展批注阅读

1. 认识中的批注之法。

(1)批注的形式。

第一是符号式。所谓符号式，即是阅读时，用相应的符号把自己以为重要或应注意的字、词、句、段进行标记。教师和学生可以共同制订一套规范的批注符号，借以进行简单的批注，从而便捷地进行交流与探讨。初读文章时，符号批注用得相对较多。

第二是文字式。阅读时将所思进行文字批注是很重要的，学生应重视自己独

特的阅读理解与感受，用文字在文本中留下阅读的痕迹。文字批注时，注意在文章篇首空白处对文章标题、作者、写作背景等做眉批；在行文中间对字、句等进行夹批；在文章旁空白处做旁批；在文末空白处将读后的心得体会、感受等进行尾批。养成不动笔墨不读书的阅读习惯。

(2)批注的类型。

批注式阅读的类型很多，如基础性批注、感受式批注、点评式批注、联想式批注、方法式批注、赏析式批注、质疑式批注、补充式批注、仿写式批注等。例如，在《阿长与〈山海经〉中》，学生可以在开头进行感受式批注："阿长原来是大字不识一个的保姆啊，她是多么的封建粗俗啊，鲁迅竟然还专门为她写文，真是不可思议。"在《老王》中，可以让学生找一处自己喜欢，或一个留给自己印象深刻的句子进行点评式批注。例如，对杨绛与老王最后一次见面时的外貌描写批注道："此句读得让人毛骨悚然，将老王行将就木的骷髅形象刻画得淋漓尽致！特别是句中一个'绷'字，更是将老王骇人的病容形象地展现在众人面前。"

2. 案例中的批注之法。

请阅读《老王》中的相关文段，体会两个示例(如表 5.32 和表 5.33)中的批注方式，在此基础上补充完善示例 2 的表格。

示例 1：

表 5.32　《阿长与〈山海经〉》相关文段细节描写批注

| 文段 | 文字批注 |
|---|---|
| 　　过了十多天，或者一个月罢，我还很记得，是她告假回家以后的四五天，她①穿着新的蓝布衫回来了，一见面，就将一包书②递给我，③高兴地说道：　　④"哥儿，有画儿的'三哼经'，我给你买来了！" | ①肖像细节描写（服饰）<br>②动作细节描写<br>③肖像细节描写（神态）<br>④语言细节描写 |
|  | 人物特点：热心、关心孩子 |

示例2：

表5.33　《老王》相关文段细节描写批注

| 文段 | 文字批注 | 我的感受 |
|---|---|---|
| 　　有一天，我在家听到打门，开门看见老王直僵僵地镶嵌在门框里。往常他坐在蹬三轮的座上，或抱着冰侧着身子进我家来，不显得那么高。也许他平时不那么瘦，也不那么直僵僵的。他面色死灰，两只眼上都结着一层翳，分不清哪一只瞎，哪一只不瞎。说得可笑些，<u>他简直像棺材里倒出来的，就像我想象里的僵尸，骷髅上绷着一层枯黄的干皮，打上一棍就会散成一堆白骨。</u>?我吃惊地说："啊呀，老王，你好些了吗？" | 肖像描写："镶嵌"一词用得很好，用夸张的手法表现出老王身形的干瘪和身体的枯瘦、单薄与毫无生气。 | |
| 　　他"嗯"了一声，直着脚往里走，对我伸出两手。他一手提着个瓶子，一手提着一包东西。 | 肖像描写：读得让人毛骨悚然，将老王行将就木的骷髅形象刻画得淋漓尽致，从他骇人的病容可以想见他命不久矣。此处的"?"表示：为何作者会以这样的笔触去描写老王呢？ | |
| 　　我忙去接。瓶子里是香油，包裹里是鸡蛋。我记不清是十个还是二十个，因为在我记忆里多得数不完。我也记不起他是怎么说的，反正意思很明白，那是他送我们的。 | | |
| 　　我强笑说："老王，这么新鲜的大鸡蛋，都给我们吃？" | 作者感到于心不安，也为老王的不幸和善良感到悲酸与感动，故而欲笑又笑不出，只能"强笑"。 | |
| 　　他只说："我不吃。" | | |
| 　　我谢了他的好香油，谢了他的大鸡蛋，然后转身进屋去。他赶忙止住我说："我不是要钱。" | 语言描写："我不是要钱"体现了老王的＿＿＿＿人物形象。 | |
| 　　我也赶忙解释："我知道，我知道——不过你既然来了，就免得托人捎了。" | 语言描写：两个"赶忙"分别读出了＿＿＿＿＿＿；"免得托人捎了"可以看出之前作者一家也会找老王帮忙带东西并给钱，不是第一次了。 | |
| 　　他也许觉得我这话有理，站着等我。 | | |

3. 实践中的批注之法。

（1）默读语段，借助课下注释为课文划分句读。

陈康肃公善射当世无双公亦以此自矜尝射于家圃有卖油翁释担而立睨之久而不去见其发矢十中八九但微颔之康肃问曰汝亦知射乎吾射不亦精乎翁曰无他但手熟尔康肃忿然曰尔安敢轻吾射翁曰以我酌油知之乃取一葫芦置于地以钱覆其口徐以杓酌油沥之自钱孔入而钱不湿因曰我亦无他惟手熟尔康肃笑而遣之

（2）借助工具书，疏通文意，并根据课文内容进行翻译。选出一份最佳译文，进行展示分享。

（3）找出文中动作、神态、语言描写的词句，比读分析陈尧咨和卖油翁的形象特点，在比较中思考二人的性格、形象，填写表5.34。

表5.34 《卖油翁》形象比读表

| 人物写法 | 相关词句 | 陈尧咨 | 卖油翁 | 人物性格、形象之比较 |
|---|---|---|---|---|
| 动作描写 | | | | |
| 神态描写 | | | | |
| 语言描写 | | | | |

（4）借助注释与工具书，拓展联读《庖丁解牛》，注意在阅读中正确运用批注之法，对比庖丁和卖油翁形象，并说说这两篇文章对你有怎样的启示。

• 学习策略

1. 圈画批注策略。圈点勾画与批注是学习语文必须掌握的方法。它是学生主动感知文章的思想内容和表达艺术的反映，帮助学生走进文本深处，实现"人"与"文"之间的主动对话。[1] 读书动笔，能够帮助记忆，积累资料，特别是能够加深理解，透彻把握书中精髓。四大古典小说在历史上就有多个批注版本，可见圈点勾画与批注对读书来讲，确实是一种好方法。所谓圈点勾画，是指在阅读的过程中，用一些比较固定的简单符号标出字、词、句、段。尽管目前圈点勾画

---

[1] 崔新月. 多重对话 深度批注：谈批注式阅读教学[J]. 语文建设，2016(01)：32-35.

的符号并不像标点符号那样固定统一，但几种常见的符号已经实现通用，学生应加以掌握。当然，个人可以根据自己的阅读习惯设计符号，符号应简单、易记、好用，不宜过多、过繁，否则将适得其反，给阅读制造麻烦。此外，还需注意"批"和"注"的区别。"批"指批语，主要反映读者的看法、思想感悟和对内容的理解与概括；"注"指注解，如字音、词义、作家作品介绍、内容出处等。在这一阶段的学习当中，第一层次的"处处志之"就是意在引导刚入初中不久的学生学习系统的批注和梳理之法，养成自己批注的习惯和方式，这对深入理解文本有着至关重要的作用。为此，一要做到圈点勾画与批注结合使用，不能脱节；二要注意整洁，不能乱涂乱画、潦草不堪，做到既美观，又便于后续复习。

2. 关联转换策略。活动1从整体上看，从单元大概念出发，实现了以下四点：首先是整合关联，通过小组合作和对事件的梳理，带领学生对分散的多重细节进行关联整合，让知识和思维从零散走向整合；其次是抽象概括，将关联思维提炼概括成概念性抽象知识和策略，从而内化成学生的能力与素养；再次是深度思维，学生在学习过程中，通过多重细节的关联，探究文本的丰富意蕴，自主建构完整的思维网络，对人物形象也有了更深刻的认知，发现了人物的艺术价值，走向了思维的纵深处；最后是通过复合支架的搭建，实现了细节的构建，让学生认识到不同事件中的种种细节也可以关联，前后看似不经意的细节也可以关联，为后面的细节梳理与系统归纳提供了思维路径和方向。

3. 迁移运用策略。叶圣陶先生曾说，课文无非是个例子，本节学习意在让学生在系统学习和探究本单元的几篇文章后，培养一双发现文章精妙之处的慧眼，形成模仿的意识。在活动2中，以专题研习的形式，设置了三个学习环节，从"认识"到"寻味"，再到"品味"，由浅入深，层层递进，不仅加深了学生对细节描写类别的认知，还通过"话题式"探微及对"细节何以打动人心"的探讨等方式，帮助学生体会并归纳出细节描写的奥义，在此过程中将陌生文本——《藤野先生》融入进来，让学生在"练"中"悟"，最终将批注之法落实到对课内外两篇文言文的学习上，形成对细节描写的多维度认知。

• 设计者手记

"分析文本关键细节，把握人物特点"这一学习任务的设置，旨在帮助学生深入到文本之中，在前一阶段的单篇教学后进行纵深化探索，是一个从基础到进阶的过程，符合循序渐进的教学要求。

本阶段的学习任务主要以细节描写为抓手，从单篇阅读走向群文阅读，通过专题研讨来呈现学习成果，并通过迁移运用的方式巩固深化。活动2是本阶段任务的核心，在活动1和活动3之间起到了承接和呼应的作用，活动1中，我们不仅对课文的事件进行了回顾，还发现了多个事件之间细节的关联，从而有助于学生加深对人物形象的理解，感受"这一篇"的魅力，并通过话题讨论的形式，激发学生对"小人物"艺术价值的思考。活动3中，学生最终落脚点在《卖油翁》的文言学习上，实现了对学习成果的检验和运用。而活动2作为承上启下的环节，其内部也是层层递进的：首先回顾之前所学的《从百草园到三味书屋》，厘清细节的概念，唤起以往对细节描写的认知；接着通过小组分工的形式，进行"话题式"细节描写探微，在此基础上思考不同细节描写的表现形式；最后思考成功的细节描写有何特征，领悟细节描写在写作中的独特作用。

### 任务三：运用生动的细节描写，刻画身边人物

• 学习情境

其实，在我们的身边也不乏"小人物"的身影，他们身处各行各业，有着自己独特的生活故事，只是我们脚步匆匆，在纷繁的世界里时常忽略了他们的存在。相信经过前面的学习，你也逐渐拥有了一双慧眼，那就让我们静下心来，仔细观察身边的"小人物"，捕捉他们的典型细节，书写他们的生活故事，感受别样的人物风采。

• 活动1：归纳细节描写方法

1. 借助树型图的形式，归纳细节描写的类别、作用、方法（示例如图5.19）。

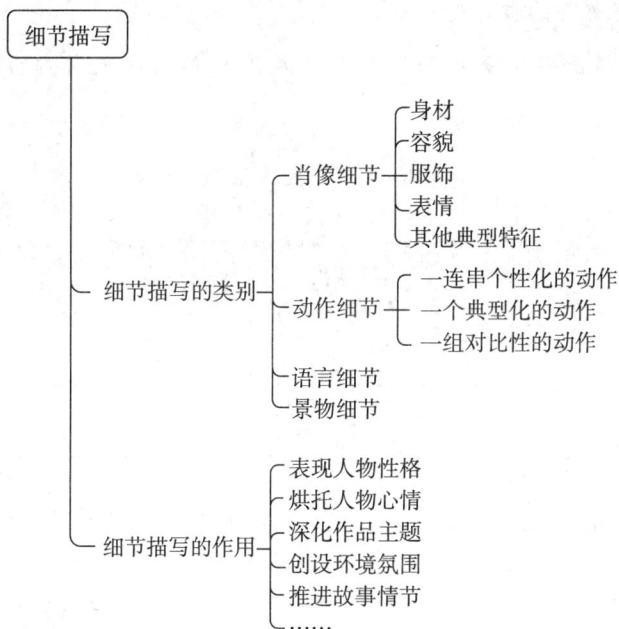

**图 5.19 "归纳细节描写的类别、作用、方法"示例**

2. 阅读回忆性散文《藤野先生》，在阅读中做好批注。结合《藤野先生》及本单元所学的四篇文章，思考细节描写的类别，完成表 5.35。

**表 5.35 细节描写类别归纳表**

| 细节描写类别 | 本单元课文 | 《藤野先生》 | 我的启发 |
|---|---|---|---|
| 语言描写 | 《阿长与〈山海经〉》中阿长买来《山海经》的一声高兴地呼喊："哥儿，有画儿的'三哼经'，我给你买来了！" | | |
| 心理描写 | 《阿长与〈山海经〉》中写"我"收到《山海经》时激动的心情："我似乎遇着了一个霹雳，全体都震悚起来。" | | |
| 环境描写 | 《台阶》中，写父亲坐在老屋台阶上、桃树绿荫下休息，"别人家高高的台阶"旁栽着柳树，柳枝摇来摇去，"却摇不散父亲那专注的目光"。 | | |
| …… | | | |

• 活动2：源头活水，选材要新颖

1. 观看一部系列纪录片并选择其中最有感触的片段复原分镜脚本（如表5.36），思考如此拍摄的用意。

表5.36　记录他人镜头下的人物故事

我选择的纪录片名字是：

| 镜号 | 景别 | 镜头运动 | 时长 | 画面描述 | 台词 | 机位 | 备注 |
|---|---|---|---|---|---|---|---|
| 1 | | | | | | | |
| 2 | | | | | | | |
| 3 | | | | | | | |
| …… | | | | | | | |

提示：景别可分为"全景""中景""近景""特写"等；镜头运动可分为"固定"和"移动"；机位可分为"正拍""侧拍""俯拍"等，也可结合使用。

2. 小组讨论，揣摩拍摄者的用意，并在备注一栏中写下自己的理解。

• 活动3：精雕细琢，观察要细致

继续迁移所学，选定所写人物，确定所写事件，构思细节描写，填写表5.37、表5.38和表5.39。

表5.37　迁移所学

我选择写的人物是：＿＿＿＿＿＿。我与他/她的关系是：＿＿＿＿＿＿。他/她令我深受触动的是＿＿＿＿＿品质特征。我的选材是源于＿＿＿＿＿。我着重观察了他/她＿＿＿＿＿。他/她引起了我＿＿＿＿＿的情感或思考。我选择这个素材的独到之处在于＿＿＿＿＿。

表 5.38　谋篇布局

| 我打算用一件事还是多件事来表现主题？事件分别概括如下。 | |
| --- | --- |
| 一件事 | 多件事 |
| | ① |
| | ② |
| | ③ |
| | …… |

表 5.39　细节捕捉

| 每件事中我印象最明晰的细节是什么？透过这些细节我想表达什么（人物特征/情感态度）？ | |
| --- | --- |
| ①细节： | 意蕴： |
| ②细节： | 意蕴： |
| ③细节： | 意蕴： |
| …… | …… |

• 活动 4：精益求精，描写要生动

1. 从"单一"走向"叠加"。

（1）展示摄影集《俺爹俺娘》中的一幅作品：娘病倒了，爹在给娘试体温。

①你能用一句话描述爹的神态吗？爹在给娘试体温前，可能还有哪些举动？

②四人为一小组，每个人用一句话说一个"单一细节"，共同记录，分享交流。

③"叠加"即把同一意图、同一方向的一些细小动作、细小情节等进行逐句的有效组织和累加，同时发力，集中突破。请你在整理"单一"细节后，小组讨论如何将它们进行"叠加"，并优化完善，形成一段文字。

（2）活动 3 中，我们通过课内外迁移，已经选取了典型的细节并梳理了它们的意蕴，请你结合表 5.40，使用"叠加"的方法，对细节进行丰富，形成文段。

表 5.40　细节叠加

| 我最想着重描写的事件中，印象最明晰的细节是什么？这些细节我该如何去进行组合和优化？ | |
| --- | --- |
| 梳理零散细节 | 叠加优化后的文段展示 |
| | |
| | |

2. 捕捉平凡之光，书写人物风采。

(1)根据活动 1 到活动 4 的构思内容，完成一篇写人叙事散文。

要求：

①选取典型事件，写出人物的特点；

②根据需要进行适当的细节描写。

(2)小组内分享作文，并完成"对照评价检查表"(如表 5.41)。(注：标准仅作参考，可通过集体讨论进行修改完善。)

表 5.41　对照评价检查表

| 标准(每项 10 分) | 自评(分) | 互评(分) |
| --- | --- | --- |
| 细节描写真实可信 | | |
| 能抓住典型特征描写细节，重点突出，特色鲜明 | | |
| 语言生动、简洁，表现力强 | | |
| 能根据表达需要对人物、景物、事件等进行细微刻画 | | |
| 总分 | | |

• 学习策略

1. 跨媒介转换能力。本阶段任务最为核心的部分即是将镜头语言和文学语言进行联系和转换。在学生观看纪录片，以复原脚本的形式进行记录时，会对描摹人物、刻画细节产生更加直观的感受，尤其是其中的"特写""定格"等镜头，这些镜头实质上是细节描写的典型表现，学生在观看画面的同时也形成了深刻印象，这有助于培养学生抓取细节、描摹细节、品味细节的能力，从而能更深入理解作者（或拍摄者）的深意。与此同时，选取的这部系列纪录片，内容都是贴近日常生活的，里面的"小人物"来自各行各业，他们在自己的世界里感受着酸甜苦辣，展现出平凡中的不平凡，这样的题材能够让学生联想到自己的生活实际，在选材上也会有所启发。

2. 以评促学策略。评价标准就是学习目标，有目标就会有努力的方向，从而能够引导学生对照标准，作自我评价及自我调整，实现反思性学习。在活动 4 中，设计了"对照评价检查表"，将自评和互评相结合，通过集体讨论来制订一个评价标准，旨在讨论过程中增强学生对写作目标的认识与认同，以此增加训练的自觉性。这种身份角色的变化赋予了学生一定的自主权，在培养了学生小组合作能力的同时，也激发了学生的直接学习动机，与初一学生的心理相契合。此外，将单一的作文评价置于一定的情境当中，让学生讨论修改脚本，能够加深对细节描写的理解，以此进一步激活学习状态，让学生自觉自愿地进入角色。

• 设计者手记

本阶段的学习任务是"运用生动的细节描写，刻画身边人物"。活动 1 中，先让学生对细节描写的方法进行归纳，通过思维导图的形式，将细节描写的类别、作用等进行梳理，并通过自学、批注《藤野先生》这篇尚未接触过的课文，进行运用。接着三个活动，其实质是三层复合支架的搭建，最终以写人记事的文章为最终呈现形式。活动 2 主题为"源头活水，选材要新颖"，让学生以纪录片编导的身份，去观看优秀纪录片。学生在观看的时候，并不是漫无目的的，而是带着任务的，这个任务就是"复原脚本"。在前两个阶段的学习中，学生已经通过本单元中四篇课文的学习，对细节描写有了较为全面的认识，而通过这一活动，学生可以更加清晰地把握整个故事的脉络，体会细节的表现形式，这种跨学科的方式有着一定的趣味性，又调动了学生的感知和思维能力，也为学生寻找新颖的写作素材提供了方向。活动 3 的主题为"精雕细琢，观察要细致"，确定了写作素材，如何让事件的书写更加生动，让人物的刻画更加丰满、立体，则需要带着一面"放大镜"去观照细节的描写，因此在这一活动中，我们尝试进行横向迁移，引导学生对细节及其意蕴进行梳理。活动 4 的主题为"精益求精，描写要生动"，细节不仅需要抓取，还需要进行有机的组合，即"叠加"，在这一阶段中，我们设置了对摄影作品进行联想和想象的任务，培养学生对细节的整合能力，并通过片段撰写的方式呈现出来。

学生经过了单篇学习、群文阅读和专题研讨，对文章结构的梳理、"小人物"艺术形象的勾画、细节描写的书写方式有了一定的了解，加之三个活动设置的复合支架，由此"捕捉平凡之光，书写人物风采"这一活动应运而生，给予了学生一次小试牛刀的机会。

最后，通过让学生自行制订并完善评价标准，实现以评促学，这是小组内对细节描写、人物刻画的一种"再探索"，同时也是在互帮互助中实现反思的过程，学生也正是在这样"写"和"改"的过程当中，逐步认识到如何将情感安放在细节描写之中，实现了读写能力的双向提升。

### (三)改进案例的启示与反思

与"走近'小人物'""'小人物'故事会""走进'小人物'联结'小我''大我'""镜头下的人世间"等案例不同，"转动'错位'齿轮，放映精彩人生""品细节悟意蕴，感受凡人风采"，两个案例都锚定了单元大概念来开展单元整体教学。在教学案例的反复设计、持续改进过程中，最终项目组逐渐形成了基于单元大概念开展单元整体教学设计的流程。

流程一，确证单元大概念：单元整体教学设计的起点。学科大概念是学科知识内容体系中最有解释力、统整力和渗透力的知识，其中蕴含着学科思想、学科方法、学科思维，积蓄着丰厚的核心素养转化资源。大概念是一个具有相对性的概念，强调其"高阶性""中心性""深刻性""灵活性"，它可以是"跨学科大概念""单元间大概念""单元大概念""课时大概念"。在单元整体教学设计中，主要确定的是单元大概念。确证单元大概念是单元整体教学的起点，只有实现大概念的"析出""凝结"和"联合"，才能真正联动教师教学和学生学习，让大概念服务师生的共同成长。确证单元大概念首先要基于教材单元筛选单元大概念，深入文本的肌理，分析教材单元在人文主题和能力要素两部分的联系点，进入学理的深处，贯通理解单元内部文本的逻辑联结，实现大概念的"析出"。其次，确证单元大概念要能够寻求课程标准的支撑，对接课程标准中的素养培养要求，锚定有效的教学点，实现大概念的"凝结"。最后，确证单元大概念要结合教学的实际形成学习主题，教学实际是单元大概念生长的广袤土壤，只有设定符合学情的单元学习主题，才能有效引领学生认同单元大概念，开启单元整体教学设计的学习之旅，实现单元大概念的"联合"。

流程二，活化单元大概念：单元整体教学设计的路径。单元大概念的确证为单元整体教学目标的明晰提供了方向指引，但若要真正发挥单元大概念的主轴贯通作用，需借助真实的学习情境和丰富的学习活动，推动大概念的情境"活化"。在主题情境的驱动下，学生能够建构生成单元大概念与情感、认知和行为之间的内在联系，在真切地参与中内化单元大概念。情境任务型的语文学习活动需调用广泛的教学工具和教学资源，为学生提供丰沛的活动能源，学生在不同情境任务下承担着多重身份，在创造性解决问题的过程中实现核心素养的发展。单元大概念的活化就是在教学中不断激活生长点、创新思维点，重循单元大概念的生成之路，并在此过程中不断深化体会、丰富感受、开拓思路，于动态生成的路径中赋予单元整体教学以无限的可能性。

流程三，建构单元大概念：单元整体教学设计的落地。具体的学习情境和学习活动推动着单元整体教学设计的落地，而单元大概念的建构和落地更需要在持续的评估中得以显化。教师的教学成效与学生的领会情况都依托于点滴的学习成果，因此，在建构单元大概念的过程中要关注关键节点，留下真实印迹，运用"过程监测"的形式开展形成性评价，尊重并顺应单元整体教学的内在逻辑，做好内容梯度和能力梯度的扎实建构，为教师的专业成长和学生的素养生成提供必要支撑。

# 第六章　从备课到教学：教学展示课的多轮改进实践

## 【本章提要】

　　单元整体教学设计案例为整个教学实践绘制了蓝图，如何基于郑州市语文教学的现状将这张蓝图落实到课堂教学中去，这给整个项目的改进培训工作带来了新的挑战。初中语文质量提升项目将单元整体教学实践设置为"单元导引课""单元推进课""单元复盘课"三种课型，并且对"单元推进课"课型展开了探索。样本教师李锦（郑州市第二初级中学）、赵梦梦（郑州市二七区马寨一中）分别展开了"诊断·发展·总结"单元整体教学推进课、基于微专题研讨的单元整体教学推进课的探索。在课型的探索过程中，样本教师在 2021 年 3 月、4 月、5 月进行了三次试讲，试讲后的每次改进研讨包括课堂教学、学生访谈、互动交流、专家点评四个环节，最终在 2021 年 6 月，样本教师在二七区嵩山路学校进行了"义务教育质量改进提升"项目汇报课的展示。第六章主要呈现单元整体教学推进课的探索过程，包括两部分内容。第一部分，呈现"诊断·发展·总结"单元整体教学推进课的探索，该课型主要探索"有证据的教学"。第二部分，呈现基于微专题研讨的单元整体教学推进课的探索，该课型主要探索"深度思维"教学。

## 一、"诊断·发展·总结"单元整体教学推进课的改进实践

　　在单元整体教学设计的案例中，项目组和培训教师沿着四种技术路线展开教学设计，"走近'小人物'"遵循着文学阅读能力培养的技术路线，"'小人物'故事会""镜头下的人世间"采用了项目学习的技术路线，"走进'小人物'联结'小我''大我'"则是遵循着熟练的文学阅读者阅读的技术路线，"转动'错位'齿轮，放映精彩人生""品细节悟意蕴，感受凡人风采"两个案例采用了立足单元大概念开展单元整体教学的技术路线。在教学设计的基础上，单元整体教学便是要基于设计案例展开教学。为了便于培训研讨，项目组将单元整体教学的课型分为三种，分

别是：单元整体教学的导引课、单元整体教学的推进课、单元整体教学的复盘课。三种课型都有着各自的职能，需要达到不同的教学目的。项目组和样本教师致力于探索单元整体教学推进课的实施方式，教师呈现的教学展示课便是单元整体教学推进课的一部分。基于郑州市第二初级中学语文教学的实际情况，项目组着力打造"诊断·发展·总结"流程的单元整体推进课模型。

### （一）基于"诊断·发展·总结"流程的单元整体教学推进课的学理依据

"诊断·发展·总结"，便是"先诊断""促发展""后总结"的意思，这是对单元整体教学推进课流程的一种提炼。之所以探索"诊断·发展·总结"的单元整体教学推进的教学流程，一来是因为当前单元整体教学中对于"教—学—评"一致性的关注，学习评价逐渐融入学习活动之中，学习任务单、学历案在课堂中得到了充分的运用，基于学习任务单和学历案的学习和教学得到了大家的重视。学历案的运用实现了由教师立场转向学生立场的教案变革，学历案是学生通向目标达成的脚手架，是学生学习的认知地图，是师生、生生、师师互动的载体，也是学习评价的依据。二来是因为"先诊断""促发展""后总结"的推进课流程探索也源自诊断式教学。"教—学—评"一致性试图以评促教、以评促学，"诊断式教学"力图先学后教，两者都暗含着对学生学习的关注。从现象学角度看，无论是个人的成长还是人类的发展，学都先于教而存在，教主要是为了服务学；从目的论角度看，语文教学是一种特殊的认识活动、实践活动和交往活动，它有着鲜明的目标导向，亦有着独特的育人功能，好的教从来都是促使学习者从"他主、他导、他律"转变为"自主、自导、自律"的学习过程。

### 1. "教—学—评"一致性

"教—学—评"一致性在历史的长河中不断发展。泰勒是国外最早开始对目标、教学和评价的一致性问题进行相关研究的教育家，20 世纪 40 年代，提出要根据目标评价教学效果，评价的前提是要清晰地阐述目标，以教学目标为前提设计教学评价方式，以此来确定目标的实现。但是由于泰勒所处时代的工具技术限制，对于"'教—学—评'一致性"的研究，还是处于课程理念阶段。在将"'教—

学—评'一致性"的课程理念转化为课程实施的道路上，布鲁姆、加涅等学者作出了积极贡献。为"清晰地陈述目标""测验如何与目标相匹配一致"，布鲁姆等人提出教育目标分类学，根据认知水平从记忆、理解、运用、分析、综合、评价等六个层次对学习进行划分①，对每个层次匹配了描述学习行为的动词，这将有助于教师教学目标向具体化和可操作化方向发展，还可以指导教师的教学活动和学生的学习活动，确保教学活动和教学目标的一致性，使得"'教—学—评'一致性"研究从理论走向实践。20世纪70年代，他们又创立了"掌握学习"教学模式，该教学模式关注到了教学评价的重要性，倡导教学评价贯穿于教学过程。学生通过形成性测验确认达成教学目标的情况，从而调整学习活动。已达成目标的学生，能够更积极地参与后续的学习；未达标的学生明确未能掌握的知识与能力，找到努力的方向。不难看出，将教学评价贯穿于教学全过程，这是"教—学—评"一致性在实践中的继续发展。沿着教学评价对教学活动的促进作用，加涅在分类教学的教学设计中意识到了学习结果与教学策略保持匹配的重要性，从而促进了目标、策略和评价的一致性研究。自20世纪80年代开始，美国展开了"基于标准的教育改革运动"，此项改革强调严格而科学的学业标准设置②，关注课程与教学的一致性，关注学生"应学会了什么""实际学会了什么"，试图通过课程标准来指导学习三要素的一致性并驱动教学，"'教—学—评'一致性"的概念就此建立。到21世纪初，以美国、日本、英国为代表的各国的科研人员和教育工作者越来越重视一致性的研究，对于"教—学—评"一致性的追求逐渐成为国际基础教育课程改革的主流。

　　"教—学—评"一致性在我国的发展经历着从国际视野借鉴到逐步本土化实践的过程。华东师范大学崔允漷等教授对"教—学—评"一致性及其相关理念进行了系统的研究。自要素关系看，"教—学—评"一致性的实施中，目标是教师教学的核心，也是整个课堂教学的起点和归宿。没有清晰的目标，就无所谓"教—学—

---

①　施永川. 美国高校创业教育教学模式研究[M]. 上海：上海交通大学出版社，2020.
②　李欣. 高中学业水平考试的中美比较[M]. 福州：福建教育出版社，2012.

评"活动；没有清晰的目标，也就无所谓一致性，因为判断"教—学—评"是否一致的依据就是教学、学习与评价是否都是围绕共享的目标展开的①。在教师的教学中，教师的教、学生的学、学生的评价，这些因素相互关联且均在教学目标的统摄之下，正因如此"教—学—评"一致性的教学实践才得以发生。自实践层面看，"'教—学—评'一致性"包括三种含义：教与学的一致、教与评的一致、学与评的一致。教与学的一致，又称所学即所教，它是指在目标的指引下学生的学习与教师的教学之间的匹配程度；教与评的一致，又称所教即所评，它是指教师的教学与对学生学习评价的匹配程度；学与评的一致，又称所学即所评，它是指学生的学习与对学生学习的评价之间的匹配程度。② 这些一致最终都要促成教学目标的实现和达成。教与学的一致性方面，教师是为了实现学习目标而教；教与评的一致性方面，教学评价是为了检测教学目标的达成度而评；学与评的一致性方面，学生是为了达成学习目标而学。

"教—学—评"一致性理念研究突破的同时，"教—学—评"一致性的实践也在不断丰富和发展，"追求基于标准的'教—学—评'一致性""基于逆向教学设计的'教—学—评'一致性"在教学实践中得到不断运用。"追求基于标准的'教—学—评'一致性"就是以课程标准的内容和要求作为引领，以知识作为载体，以教与学的证据作为依托，教师和学生在课堂中彼此交互活动，探索知识的发生、发展和变化的过程。在此基础上，教师应该具备将评价融入教师的教学和学生的学习全过程的能力，通过多元评价来了解学生在问题解决过程中运用学科核心素养解决真实情境问题的水平。"基于逆向教学设计的'教—学—评'一致性"试图改变传统教学中目标模糊、活动随意、评价单一的问题，而采用"逆向设计、正向施工"的理念。首先，教师确定预期的学习目标，明确希望学生达到的学习结果；其次，根据学习目标来预估学习评价任务；最后，教师将学习评价融入学习活动中去。不难看出，学习目标是核心，规划着学生学习和教师教学的方向；评价是证据，

---

①　崔允漷，夏雪梅."教-学-评一致性"：意义与含义[J]. 中小学管理，2013(01)：4-6.

②　崔允漷，雷浩. 教-学-评一致性三因素理论模型的建构[J]. 华东师范大学学报（教育科学版），2015(04)：15-22.

监控目标的达成，助力教师了解教学效果，优化和改进教学活动，更加紧密地配合着目标的实现；活动是落实学习目标和学习评价的重要手段。

2. 诊断式教学

诊断式教学强调教学要基于诊断。"诊断"是一个医学术语。"诊"就是要结合病情来进行分析，在"诊其所疾"中，"诊"就有察看病情的意思；"断"就是决断、判断之意，在"事不目见耳闻，而臆断其有无，可乎"中，"断"便是判断的意思。"诊断"即在给病人做检查之后判定病人的病症及其发展情况。因此，"诊断"不仅要对问诊对象进行病情的察看，还需要根据察看的病情进行判断，只有判断了病情程度，才能有的放矢地施行治疗。教育教学与医生治病有共通之处，教学的开展也离不开诊断，需要进行学习诊断和教学诊断。将"诊断"应用到教育领域，产生了独特的教育术语并且给予其独特的含义：所谓学习诊断就是要了解学生的年龄特征、经验准备、知识技能基础及学习需求，以便教师根据诊断的学情信息来调整教学方法。学习诊断需要了解学习者的年龄特征，因为不同年龄有着不同的思维能力、自我意识和人际能力；需要了解学习者的经验准备，如果学习没有直接的经验作为基础，那么就无法理解复杂知识中所蕴含的意义和无法实现知识的内化；需要了解学习者的知识技能基础，皮亚杰就用"同化"和"顺应"来解释学习者的认知发展，布鲁纳也认为学习的基础是学习者认知结构的形成和改组；需要了解学生的学习需求，如学生在学习过程中碰到的困难和障碍。所谓教学诊断，便是对教师的教育教学中出现的问题进行全面详细的解剖、分析、归纳，从而找出原因，并提出相应的解决策略。医生进行诊断离不开把脉、听诊等途径，学习诊断和教学诊断也需要依靠实地观察、作业与检测、访谈、问卷调查、经验判断等方式。

与教学诊断和学习诊断不同，诊断式教学是一种教学模式，它以学生的课堂行为活动为主体进行诊断，在此基础上，分析诊断得到的信息，精准定位问题，探寻原因，解决问题。诊断式教学从 20 世纪 70 年代兴起于西方，并得到逐步的发展与完善。它的发展从差异诊断开始，差异诊断就是教学诊断，目的是测试学生是否具有学习能力障碍①，具体包括视听能力、交叉感官知觉能力及心理语言能力等。在差异诊断基础上，诊断式教学得到发展，它将教师的教学行为类比医生的临床诊断，给病人看病，医生要先"诊断"后"开处方"，教师的教学也需要先"教学诊断"后"开处方"。对于诊断式教学，不同学者有其不同的观点，随着众多学者的阐释，诊断式教学的内涵和外延也不断丰富，大致有如下观点。其一，根据学生学习能力的差异制订有效的教学策略。教师需要了解学生知识学习的程度，诊断学生的学习效果，采取一定的教学行为以达成既定的教学目标。其二，关注到教学中环境、内容等变量。诊断式教学不应仅仅依赖于对学生及其学习效果的评估，还需要考虑当时的教学环境、教学内容、教学理论等的影响。其三，以不同的视角看待学生学习的错误。学生学习的错误也是一种积极学习的过程，教师应在学生的错误中辨别其使用的学习策略，分析其错误的原因，积极搭建支架，展开积极的教学。

对于诊断式教学，国内学者见仁见智。有学者把诊断式教学定义为：教师鼓励学生自由自主地依据以往的感受、认识和体验，表达自己对将要学习知识的原始感受、认识和体验，并以此为基础，通过教师引导重新建构科学合理的知识，使学生的原始感受、认识和体验在教学过程中加以完善和修正，建构新的知识体系，提高能力的一种教学模式。②不难看出，诊断式教学是指教师采取一定的方法、手段及时了解学生知识的掌握程度，对学生学习效果作出诊断，并采取相应措施进行矫正、解救，帮助学生达成教学目标的一种教学形式。教师相应地需要具备一定的教学诊断能力，即教师基于教育教学理论，对教学中的偏常现象进行诊断、改善和矫正的能力。③诊断式教学是在班级授课组织内，依据学生个别差异来强化学习过程的一种集体教学与个别化教学相结合的教学方式，它包括对学生学习问题的有效诊断与有效解决两大核心环节，其诊断的有效性指向学生学习过程中的目标达成度。教学诊断是诊断式教学的前提和基础，它既包括对学生学

①②　邓红英，聂俊俊，李兰杰. 英语教学研究［M］. 北京：经济日报出版社，2017.
③　王后雄，王世存. 新理念化学教学诊断学［M］. 北京：北京大学出版社，2014.

的要素的诊断，也包括对教师教的要素的诊断，其主要作用在于教师通过被诊断者的反馈结果来提升自己的能力。在教育领域，教师通过教学诊断对自身的教与学生的学的相关情况进行及时的综合分析与判断，并主要依据学生的个别差异对学生进行有针对性的教学指导，使学生的个性得到良好发展，这种教学形式即为诊断式教学。

在诊断式教学中，教学即诊断，高效的教学离不开有效的诊断。常用的教学诊断方式有纸笔测验、问卷调查、课堂观察和学习档案袋等。教师需要具备良好的教学诊断能力，将其教学诊断从基于经验的诊断转变为基于事实与数据的诊断。运用信息技术对收集到的数据、文本和影像资料等进行分析转化，可以提升教学诊断的科学性和有效性；利用信息技术得到的证据能对教与学过程中的问题进行有效的诊断，及时反馈教情、学情和考情，找准教学低效的症结，适时采取改善和矫正措施，借此提高课堂教学效率、提升教育教学质量。①

### (二)基于"诊断·发展·总结"流程的单元整体教学推进课的探索历程

如何推进单元整体教学？如何开展单元整体教学的课时教学？如何形成两位样本教师和样本学校的推进课型的教学风格？项目组并未在培训中规限教师，而是发挥教师的主动性，让教师在实践中涌现单元整体教学推进课型的教学流程。基于样本教师所展示的语文课堂教学，提炼出二七区乃至郑州市教师可以借鉴的教学样式，然后进一步借助总结概括去提升扩展。在课型探索的过程中，教师可以超越原有教育教学认识的局限，我们的项目工作也将超越或脱离教师教学实践的局限。

1. 特别的爱留给你：是多文本阅读课还是单元整体的课时教学

2020 年 12 月 3 日，郑州市教研室携手北京师范大学专家团队开展"郑州市义务教育质量提升项目"初中语文学科 11 月份的改进活动，活动在郑州市第二初级中学举行。改进活动以"同课异构促教学，异彩纷呈展风采"为主题，来自郑州市

---

① 王后雄，李猛. 卓越教师核心素养的内涵、构成要素及发展路径[J]. 教育科学，2020，36(06)：40-46.

第二初级中学的李锦老师、石冰玉老师和来自郑州市二七区马寨一中的赵梦梦老师、姚国笑老师进行了同课异构活动。李锦老师进行了单元整体教学推进课的展示。本次试讲活动分为三个环节：课堂教学、学生访谈、教学研讨。

(1)课堂教学：多文本阅读教学

在单元整体教学推进课的展示中，李老师开设了多文本阅读课，名称为"特别的爱留给你"。聚焦多文本阅读教学，既是李老师的个人教学兴趣，又是河南省教研室持续推进多文本阅读教学的课题与实践研究的结果。多文本阅读教学，有利于扭转既往单篇教学碎片阅读和浅层阅读的弊端，让学生在大量、多面的阅读中，通过分析综合、比较分类、抽象概括、梳理归纳等思维加工方法，深入理解和把握语言运用规律，在复杂的阅读情境中运用掌握的阅读策略和阅读方法，这对于激发学生的阅读兴趣和提升学生的阅读能力有着积极的作用。

何为多文本阅读教学？它是要在单位教学时间内围绕一个议题选择一组文章，通过师生集体建构，从而达成共识的阅读教学方式。[1]"单位教学时间""多文本""互文性""议题""集体建构""整体性"是其主要特征。多文本阅读教学中的文本具有"多"和"互文性"的特点。文本之"多"，就是通常在多文本阅读教学中需要选择两篇以上的文本同时进行教学；文本之"互文性"，就是这些文本不是一个个单一的个体，而是相互关联的整体，或是主题的关联，或是语文要素的关联，或是大概念的关联，或是作者的关联。

多文本阅读教学的起点是"议题"的确立，师生可以从所选文本中生成展开讨论的话题，多文本阅读中议题存在的可能性应是开放式的[2]。议题不同于主题，主题一般是关于人文性的，而议题既可以关注人文性，也可以关注语文教学的工具性。议题最主要的特质是可讨论性，应是能够开拓学生思维的话题，而不是束缚学生思维的话题。多文本阅读的教学过程是师生围绕议题进行集体建构的过程，这与单篇课文以听说读写思等语文活动为主要教学内容有所不同，议题建构

---

[1]　于泽元，王雁玲，黄利梅. 群文阅读：从形式变化到理念变革[J]. 中国教育学刊，2013(06)：62-66.

[2]　管勇. 议题：群文阅读教学的学理反思[J]. 语文建设，2020(23)：21-24.

的内容可以是语文知识、技能，也可以是文本理解、审美体验和文化陶冶。①

多文本阅读教学的过程强调"集体建构"中的"整体性"，所谓"集体建构"，是指在多文本阅读教学中不事先确定议题的答案，由师生在课堂中共同解读文本而达成共识。集体建构体现了语文阅读教学的生成性，尊重学生的主体地位。此外，由于是集体建构，因此教师在教学中也起到了引导的作用，指导学生的阅读进程，纠正学生的不恰当理解。所谓"整体性"，是指在多文本阅读教学中对文本的阅读应该呈现整体的阅读状态。"整体性"则立足于教师的课堂具体教学操作。多文本阅读不应只是多篇文本的合理组合，更应在多文本阅读中着力培养学生阅读多文本的能力。

多文本阅读教学的终点是达成共识，达成共识是多文本阅读教学的目标。这里的共识不是唯一标准的阅读答案，而是师生在阅读过程中提出自己不同的看法，在讨论与思考中得到理解的过程。但寻求共识也不是不要知识的准确性，而是强调教师在教学过程中，一定要克服用自己的思想压制和取代学生思想的冲动，虚心倾听来自学生的意见和智慧，然后通过不同意见之间的对比分析和学生一起取得对知识的认同②。主要教学思路如图 6.1 所示。

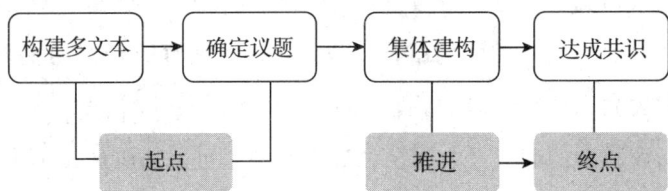

图 6.1　多文本阅读教学思路图

在这样的教学思路下，李老师进行着《阿长与〈山海经〉》和《老王》的多文本阅读教学，围绕着多文本阅读教学的实施过程，李老师按照"确定议题""集体建构""达成共识"的思路开展整个教学环节。本节课的教学功能便是提升学生的阅读能

---

① 潘庆玉. 群文阅读：由链接而群聚，因秘响而旁通[J]. 语文建设，2018(01)：26-33.

② 于泽元，王雁玲，黄利梅. 群文阅读：从形式变化到理念变革[J]. 中国教育学刊，2013(06)：62-66.

力、审美能力和思维能力。具体来看，便是要：引导学生熟读文本，制作身份信息卡，培养学生筛选文本信息的能力；引导学生精读文本，以虚词为支架，鼓励学生在自主、合作、探究人物形象的过程中积极发现问题，对文本人物进行多元化的鉴赏；勾勒文本人物情感变化，运用对比手法，触摸作者心灵，探究文章主旨，读懂文本的时代意义。具体的教学环节如下。

环节一：引入议题。教师直接引入议题，并且试图将议题学习主题化。李老师如此引入："中国文学中有很多的特别，昆明的雨在汪曾祺的眼里与众不同，我们才有幸从他的文字里读出千里之外的云南的风土人情。济南的冬天在老舍的眼里别有味道，于是便有了名篇《济南的冬天》。背影在朱自清的心里如此特别，留下难以磨灭的印象，才有了那篇虽无华丽辞藻却蕴含深沉父爱的《背影》。每个人的心中总有一个角落留给特别的人和事。阿长在鲁迅的人生中，老王在杨绛的生命中又有何特别之处呢？今天我们一起走进多文本阅读'特别的爱留给你'"。在课堂引入中，李老师将议题确定为"阿长在鲁迅的人生中，老王在杨绛的生命中有何特别之处呢？"，本课的学习主题为"特别的爱留给你"。从研讨议题到学习主题的转化过程如图 6.2 所示。

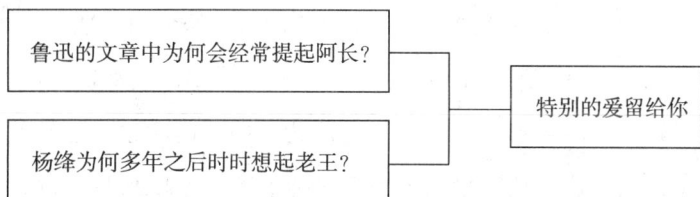

图 6.2　议题的学习主题化过程图

环节二：集体建构。在具体建构部分，李老师关注对议题的探究，展开探究性学习。探究的过程由三个任务构成。任务一：熟读课文，结合文本内容，展示课前制作的身份信息卡。学生填写身份信息卡，在展示的过程中，需要使用"我展示的是……的身份信息卡，从这张卡中我读出了……"的句式来进行表达。学生在填写和展示的过程中，了解了阿长、老王的身份及生活的贫苦等。任务二：精读文本，依托虚词，探究"老王""阿长"人物形象及情感。学生依托事件，抓住虚词，通过小组合作，分别对阿长和老王的形象展开分析。在此基础上，从具体

227

到一般，经过小组探究，学生逐渐把握这些人物身上的共同品质。通过对人物形象的把握，抓住人物形象刻画中虚词的运用，学生逐渐体会到鲁迅对阿长、杨绛对老王的深厚情感。任务三：分组探究，透过情感，探究文章主旨。在任务解决过程中，将学生分成两个小组，分别探究鲁迅对阿长的情感和杨绛对老王的情感。探究鲁迅对阿长的情感，需要关注叙事视角的作用，学生勾勒"小时候的鲁迅"和"成年时期的迅哥"的视角，来对比不同时期鲁迅对阿长的情绪变化。探究鲁迅对阿长的情感，还需要聚焦关键事件，学生细读阿长买《山海经》这一事件，深入理解"霹雳""震悚""新的敬意"。探究杨绛对老王的情感，也需要关注视角的变化，勾勒出"那时的杨绛"和"现在的杨绛"对老王的情绪变化。探究杨绛对老王的情感，就要抓住对比手法，结合写作背景，思考"那时杨绛周围的人"对杨绛一家人的态度，将周围的人物与老王进行对比，学生逐渐明晰了杨绛写老王的原因。

环节三：达成共识。最后教师总结了鲁迅的文章中为何会经常提起阿长，以及杨绛为何多年之后时时想起老王。第一，杨绛、鲁迅在当时的时代背景下，他们有梦想。他们认为自己不够幸运，有才但无用武之地。第二，同时，他们何尝不是幸运的，在人生最不得意的时候，有善良的人牵挂他们，把他们当亲人，把特别的爱给了他们。直到很多年之后他们才懂得，在追求美好的时候，实际上很多人都忘记了社会中的"小人物"。多年之后读懂一切的时候，已经是物是人非，留下的唯有那深深的愧疚。正是因为愧疚，他们才把心中那个角落留给了阿长、老王，用文字怀念这份特别的爱。因此，鲁迅祈求"仁厚黑暗的地母呵，愿在你怀里永安他的魂灵"，杨绛忏悔"我渐渐明白：这是一个幸运的人对一个不幸者的愧怍"。在这样的社会中，身为其中一员，这种愧疚是一种自责，是一种反省，同时也是一种担当。

（2）学生访谈：明晰教学目标而不明晰议题

李老师结束单元整体教学推进课之后，项目组对四位学生进行了访谈。首先，项目组对学生是否明晰教师的授课意图进行了了解。访谈学生都回顾了教师PPT出示的教学目标，有的学生谈到了制作身份信息卡，有的学生谈及多角度鉴赏文本人物，也有的学生说到对艺术手法的学习和作者情感的理解。为什么学生将教师的教学目标等同于教学意图？为什么学生没有关注到多文本阅读教学的议题"阿长在鲁迅的人生中，老王在杨绛的生命中有何特别之处呢"？这些问题都引发了项目组的思考。

然后，项目组对议题的解决过程进行追问，探寻学生整体建构的思路。从访谈过程看，学生仍沿着写人记事散文的教学目标展开任务的学习。他们认为：任务一，他们梳理了人物的基础信息；任务二，他们提取了阿长与老王两位人物的特点；任务三，聚焦作者写人背后所抒发的感情，这种感情呈现出复杂性的特点，主要是由于作者的不同叙事视角导致的。学生谈到前两项任务相对来说比较容易，对于第三项任务中叙事视角、情感的复杂性的理解存在学习的困难。

接下来，项目组追问了学生的学习收获。学生谈到了文学作品的鉴赏方法，要知人论世，结合鲁迅和杨绛的时代背景来读懂"小人物"及作者的情感，要紧扣手法，对比手法、细节描写、叙事视角等都是分析"小人物"和把握作者情感的重要抓手。项目组也追问了学生对这样的鉴赏方法是否熟悉和了解，学生认为这些方法他们都能掌握，但是，要做到结合具体的文本不断进行迁移运用比较困难。

最后，项目组也希望学生提出一些教学的建议。部分学生认为课堂教学将《阿长与〈山海经〉》和《老王》两篇文本进行比较阅读，存在着混乱的情况。在任务一提取人物信息中，对两篇文本进行有效信息的提取；在任务二多角度鉴赏人物中，先阿长，后老王，再对两者进行总结归纳；在任务三探究复杂情感部分，分成两个小组，先探究鲁迅对阿长的情感，后探究杨绛对老王的情感。两篇文本忽合，忽分，忽分，忽合，学生感觉这种方式的比较阅读不利于他们对文本的深入鉴赏和阅读。

（3）教学研讨：课时教学定位要有单元意识

经过观摩李老师的多文本阅读课及课后对学生的访谈，项目组意识到：在教学实践中，教师"多文本阅读教学"的前经验很大程度上影响了单元整体教学的实践。因此，教学研讨聚焦两个方面：第一，探索多文本阅读教学的合理样态；第二，推进课的课时设计要有单元整体教学的定位。探索多文本阅读教学的合理样态，这是为了回应培训教师在多文本阅读教学中的困惑。在此基础上，逐渐带领教师从多文本阅读教学转为单元整体阅读教学。

研讨一：多文本阅读教学，从知识解析和能力训练到基于议题的学习

从多文本阅读教学的实际来看，李老师的预设与学生学习的实际并不完全统一。从李老师的预设来看，多文本阅读教学，不仅关注学生议题探究学习的过程，还需要在议题探究过程中进行知识的学习、能力的训练、素养的提升。从学生学习的实际看，学生眼中的多文本阅读教学仍然为知识解析和能力训练。

为何会出现教师预设与学生生成不一致的情况？如何解决这种教学现状？第一，教师教学并未实现议题的学习目标化。议题的呈现，意味着多文本的教学应该遵循探究学习的思路，教师应该关注学生提出的问题并且能够生成真实且有意义的议题，面对议题时能够带领学生研究问题、分析问题和解决问题。议题的目标化，就是要把这种议题探究的思路融入教学目标中，借助着议题的解决有效地融入语文的知识学习、能力训练。但是，从李老师的教学实际看，议题和教学目标是"两张皮"。议题试图围绕议题开展探究学习，而李老师的教学目标更多呈现的是知识学习和技能训练。在李老师的教学过程中，教师指明课堂教学目标，学生通过阅读教学目标来强化对目标的认识，这也最终导致学生忽视了议题的探究，而关注了知识学习和技能训练。第二，议题的探究需要形成结构化的议题探究方案。对于议题的探究，师生可以在研讨中形成议题导图，让师生彼此明晰议题探究方案。对于"鲁迅的文章中为何会经常提起阿长？""杨绛为何多年之后时时想起老王？"这样的探究议题，不应仅仅是在导入语的部分点到为止，而是要引导学生进行议题拆解，形成议题导图。清晰的议题导图，是议题探究的方案。议题探究，是围绕议题展开的探究过程。李老师应该在探究过程发生前，引导学生明晰议题导图。议题导图并非只是教师明了，更要让学生懂得。事实上，从课堂教学实践看，李老师有着较为清晰的议题导图。首先，鲁迅对阿长的经常提起，杨绛对老王的时时想起，这是正常现象吗？李老师预设的是这种惦念并不正常。于是，引导学生梳理作品中的身份信息卡，在此基础上，学生认识到鲁迅和杨绛的经常提起和时时想起并非正常的事情。其次，由于这种"经常提起""时时想起"不

正常，却能够"经常提起"和"时时想起"，一定是阿长和老王两位人物做了一些特别的事情，在作者心中有着特别的形象，那么，阿长在鲁迅的人生中，老王在杨绛的生命中有何特别之处呢？最后，"经常提起"和"时时想起"，一定是鲁迅对阿长、杨绛对老王有着复杂的情感，那么这复杂的情感究竟如何呢？第三，教师的任务推进并未回扣核心的议题。李老师在学习任务的实施推进中，要明确这些学习任务是在落实议题框架中由议题分解而成的各个问题。在每个任务结束时，要回扣分解的各个问题，回扣核心的议题。在任务一中，李老师可以如此回扣议题分解的问题："大家可以看到，阿长连具体的姓名也不清楚，鲁迅的身份具有一定的优越感；老王生活贫苦，在当时，作为知识分子的杨绛也许受到打击，但是在精神上也具有一定的优越感。他们之间有着阶层差异。因此，我们说，鲁迅对阿长的经常提起、杨绛对老王的时时想起，这并不是稀松平常的事情。但是，鲁迅对阿长的经常提起、杨绛对老王的时时想起，阿长也好，老王也好，他们一定有着一些特别之处，那就让我们走进任务二。"随着任务的推进，教师要不断回扣分解的议题。最后，到达成共识的阶段，教师还需要通过总结再次回扣总的议题。第四，板书的呈现要体现议题及对议题的拆解。从李老师的板书呈现来看，板书更多的是语文知识要点、主题要点的展示。板书（如图6.3）的一端为"善良的人（阿长与老王）"，另一端为"他们（鲁迅、杨绛）"，"善良的人"视"他们"为亲人，给予"他们"特别的爱，而"他们"视"善良的人"为朋友，因此内心产生着愧疚之情。不难看出，这样的板书设计无法体现出多文本阅读基于议题的探究学习。因此，在板书的设计方面，教师要尽可能呈现一个完整议题的拆解和解决的探究过程。第五，PPT课件也要凸显议题的探究学习。李老师呈现的PPT，更多的是语文知识的提示和语文技能的步骤等内容，多文本阅读教学

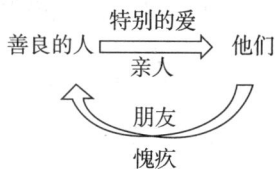

图6.3　教师板书呈现

的PPT课件应该要呈现出议题、具体的任务活动、用来解决议题的情境支架和素材支架、关于议题的结论等内容。项目组认为，做好上述五点内容，可能会让教师的教学目标从知识的习得、能力的操练层面转化到基于议题的提出问题、分析问题、解决问题的能力的层面，伴随着议题的探究，学生的自主学习、小组学

习和合作学习也会呈现新的面貌。

为何会出现部分学生认为多文本阅读教学存在着"忽视单篇学习、忽视比较阅读"的混乱情况？如何解决这种情况？项目组认为多文本阅读教学呈现出整合性的特点，在具体的教学实施过程中，可以基于学情适当降低整合学习的深度和广度，让学生多次经历学习的迭代过程，贴近学生的学习。在李老师的多文本阅读课中，可以先探究一个议题"鲁迅的文章中为何会经常提起阿长？"，围绕这个议题，学生经历议题拆解、议题探究、议题结论的学习过程。在此基础上，学生再探究"杨绛为何多年之后时时想起老王？"这一议题，再次经历议题拆解、议题探究、议题结论的学习过程。两次学习过程，就经历着两次议题探究、议题拆解的迭代，构成了较好的语文素养发展进阶，也比较贴合郑州市第二初级中学学生学习的特点。在这两轮议题学习的基础上，教师可以充分发挥总结提升功能，将两个议题的探讨进行再次提炼和归纳。

经过上述教学研讨，项目组与培训教师一起，尝试构建郑州市第二初级中学多文本阅读教学的实施模型，如图 6.4 所示。

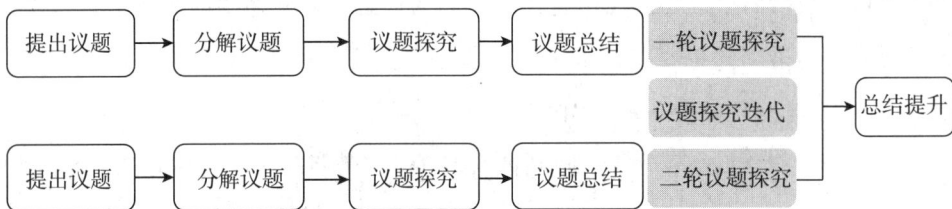

图 6.4  郑州市第二初级中学"二轮迭代议题探究"多文本阅读教学模型

在上图中，郑州市第二初级中学的多文本阅读教学模型经历着二轮迭代议题探究，学生需要经历一轮议题探究、二轮议题探究的迭代过程，在这个过程中，学生更好地实现了议题解决能力、技能训练、知识学习的有效迁移。同时，每轮议题探究更加侧重单篇阅读教学，二轮探究后的总结提升实现基于单篇基础上的多文本阅读教学，呈现语文教学由分到总的递进关系。每轮议题探究要围绕"提出议题""分解议题""议题探究""议题总结"四部分展开。

研讨二：单元整体课时教学，应在单元整体教学的思路下开展课时教学

在多文本阅读教学研讨的基础上，项目组因势利导，引导教师思考单元整体教学推进课型的相关问题。本单元整体教学的学习主题为"品细节悟意蕴，感受凡人风采"，三项学习任务分别为："任务一：感知形象把握细节，领悟情感意蕴""任务二：分析文本关键细节，把握人物特点""任务三：运用生动的细节描写，刻画身边人物"。学习任务的达成离不开学习活动的开展，以任务一为例，该学习任务由三项学习活动组成，分别为："活动1：感知形象，把握细节，体察鲁迅的深厚感情""活动2：抓住细节，分析形象，明白杨绛与老王对待彼此的态度""活动3：通过细节，概括形象，读懂父亲建台阶的心理变化"。不难看出，任务一的三项学习活动分别针对《阿长与〈山海经〉》《老王》《台阶》开展了基于单篇的课题学习。任务二也由三项学习活动组成，分别为："活动1：比较'小人物'形象，领会艺术价值""活动2：细节何以动人心，专题研习为己用""活动3：迁移专题研究成果，开展批注阅读"。在任务二的三项学习活动中，学生经历了比较阅读、专题阅读、迁移运用的三个过程，最终落脚点在《卖油翁》的文言学习上。不难看出，三项学习活动构建了从"单篇精读"到"群文比读"、从"群文比读"到"专题研读"、从"专题研读"到"迁移运用"的素养发展进阶（如图6.5）。任务三由四项活动组成，分别为："活动1：归纳细节描写方法""活动2：源头活水，选材要新颖""活动3：精雕细琢，观察要细致""活动4：精益求精，描写要生动"。

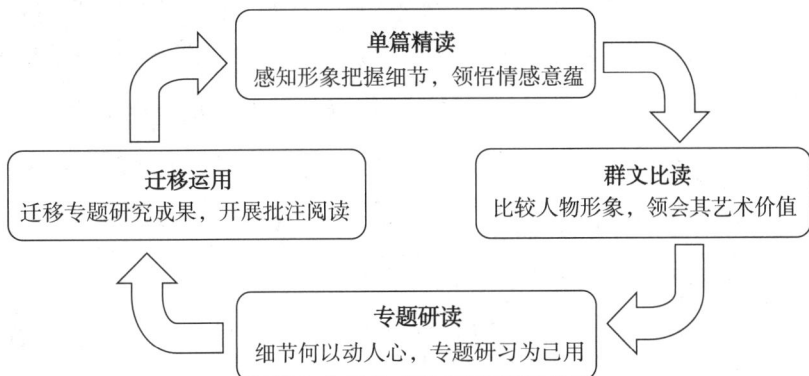

图6.5　单元整体教学框架下的素养发展进阶

　　在单元整体教学思路下，推进课单课时的教学要站在单元整体教学的宏观视角下进行通盘考虑。在单元整体教学思路下，李老师对《阿长与〈山海经〉》《老王》的多文本阅读应该调整为单篇精读。单篇精读，就是要分析人物形象，领悟情感意蕴。在《阿长与〈山海经〉》中，学生需要分析阿长形象，体察作者深情；在《老王》中，阅读老王形象，明白杨绛的愧怍；在《台阶》中，阅读父亲修建台阶的过程，真正读懂父亲修建台阶的心理变化。在单元整体教学思路下，在专题研讨中，探讨细节描写为何打动人心，为《卖油翁》开展批注式阅读做准备，归纳细节描写的方法，为描写真实人物做铺垫。项目组建议李老师明确课时教学的单元定位，将课时教学内容确定为"在《阿长与〈山海经〉》中，学生需要分析阿长形象，体察作者深情"，这一部分内容的学习，应该基于单篇，以学习任务为载体，以学习活动为主线，整合学习情境、学习资源、学习工具、学习评价开展教学。

　　经过项目组的教学研讨，李老师决定对"多文本阅读教学""单元整体的课时教学"进行改进。李老师展示了多文本阅读教学"特别的爱留给你"改进后的课堂教学。经过改进，多文本阅读教学进行两轮迭代的议题学习。第一轮，针对《阿长与〈山海经〉》展开，议题探究学习呈现出清晰的教学环节。环节一，引出议题，形成教学的核心问题——"鲁迅为何还对阿长念念不忘?"环节二，分析议题，形成议题探究方案。要探究议题，就要从阿长形象的独特之处和鲁迅对阿长的复杂情感两个方面入手。环节三，探究议题，分解议题逐个开始探究。环节四，议题总结，对结论进行再提升、再拓展。第二轮，针对《老王》展开，这一部分也从引出议题、分析议题、探究议题、议题总结四个方面展开。第一轮针对《阿长与〈山海经〉》的议题探究学习，教师领着学生开展探究学习，第二轮针对《老王》的议题探究学习，学生自主地进行探究学习。针对两轮议题探究学习，教师最后总结提升道："一个真正的知识分子是有责任担当的，一个有道德的人对人间的苦难总是充满同情和悲悯。多年之后，他们才意识到，才真正感受到，那些守候陪伴他们的'小人物'给予他们的感动，所以他们内心愧疚。作者写'小人物'是希望我们能关注身边的'小人物'，用爱心去唤醒爱心，用善良去体察善良。"

## 2. 分析形象与体察深情：基于任务的单元课时教学

经过对多文本阅读教学的改进，李老师的教学改进进入第二阶段。这一阶段主要探索基于单元整体思路的课时教学，李老师选择的学习内容为"分析阿长形象，体察作者深情"，学习内容位于"任务一：感知形象把握细节，领悟情感意蕴"中活动1的位置。学习内容位置用"＿"表示，如图6.6所示。

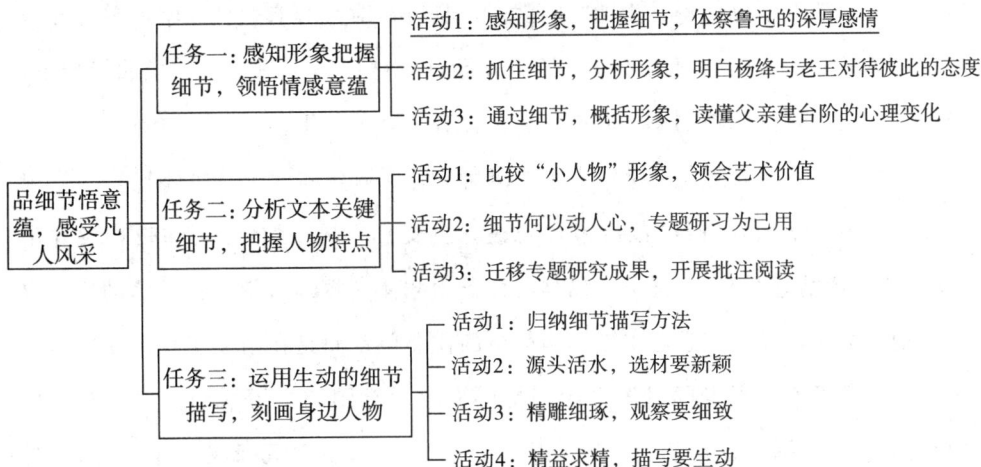

**图6.6　"分析阿长形象，体察作者深情"在单元整体教学中的逻辑位置**

明确了"分析阿长形象，体察作者深情"的单元定位，李老师开始单元课时教学。2021年4月、2021年5月，李老师打磨了课时教学的教案并且进行了两次课时教学的试讲，每次试讲结束后，项目组都进行了学生访谈和教学研讨活动。2021年6月，李老师最终敲定了单元课时教学设计，开设了面向郑州市全市的单元课时教学汇报课。在这里，我们呈现的是2021年4月单元课时教学的初次磨课，此次磨课活动分为三个环节：课堂教学、学生访谈、教学研讨。

(1)课堂教学：基于诊断的单元课时教学

当前，语文课程改革经历着从关注"教"到注重"学"的转变，教案设计要日益从"教学设计"到"学习设计"，实现由教师立场转向学生立场的教案变革。这就需要教师从学生的心理需要出发，根据学情选择适合的学习内容、学习路径和学习方法，开发任务学习单、活动学习单等。

这些任务学习单和活动学习单是教师教学和学生学习的抓手，需要契合课文学习内容，顺应着教师的教和学生的学，围绕着学习目标有层次、有梯度地展开。一个结构化的任务学习单能保证学习的有序性、重点性、关联性，促进学生自主建构、深度阅读①。围绕着任务学习单和活动学习单，教师的教学就有了清晰的思路，可以教得清清楚楚，学生的学习也就有了学习地图，可以学得明明白白。同时，学习单也使得学生的"全程学习"具有针对性和有效性，学习单外显着学生任务学习和活动学习的成果，便于开展过程性评价。正是在这样的背景下，李老师开始了基于诊断的单课时教学，具体教学环节如下。

环节一：课前布置学习单。课前李老师制作了预学单。与作业不同，预学单更加注重做事逻辑，围绕"品细节悟意蕴，感受凡人风采"的学习主题，设计了"谈形象，说情感"的学习任务。以学习任务为载体，教师将学习任务活动化，有了活动化的学习任务，学习单就不是简单的作业单，而是在语文实践活动中学习语文、提升素养。李老师设置了绘制情感变化示意图的学习活动，她希望学生"走进阿长，对话鲁迅，绘制情感变化示意图"，具体的学习活动如下："阿长是鲁迅年少时期的保姆，是鲁迅生命中一个特别的存在。请你熟读《阿长与〈山海经〉》，谈谈阿长给你留下了什么印象？并跟随鲁迅的文字追寻他对阿长的情感变化，制作情感变化示意图。"在活动的开展过程中，学生需要素材的支持和知识的支持等。对于什么是情感变化示意图，教师在工具介绍中予以说明："什么是情感变化示意图？其实就是把一个人情感的变化用流程图、曲线图、折线图、表格等形式展现出来，也可以用不同的颜色来呈现心情的变化。这样我们对一个人的变化就一目了然了。"如何绘制情感变化示意图，教师给予了提示："摘抄原文—选择关键语句—选择形式—绘制完成。"

环节二：诊断学习情况。学生在课前完成布置的学习单之后，教师基于学生学习单的完成情况诊断学生学情。教师通过观看学生学习单的这种展示，可以了解不同学生的差异，学生存在差异，学习单的呈现也展示着水平层次的不同和思

---

① 丰向日. 深度学习视野下小学语文阅读学习单的设计[J]. 语文建设，2021(08)：20-24.

考角度的各异，只有基于这种丰富性和差异性才能真实直观地基于学习单证据进行诊断和评价。基于丰富且异质的学习单，李老师选取了典型且具有教学意义的两位学生的学习单。选择两份典型且具有教学意义的学习单，主要是为了更加有效地组织教学。学习单的选取，要基于班级学生的不同水平。学习单的使用，就是要让不同的学习单在教学中帮助学生参与评价、发现学习的差距，从而真正激励学生的学习。

环节三：引出学习课题。根据设定的单元课时教学内容"分析阿长形象，体察作者深情"，李老师让学生一起阅读本节课的教学目标——"熟读精思，学会分析关键语句的含义，探究作者情感变化过程，理解文章意蕴"。在此基础上，逐渐引出本节课的学习课题——通过情感变化示意图探讨鲁迅对阿长的情感。李老师这样和同学们交流："《阿长与〈山海经〉》作为一篇写人的回忆性散文，我们不可避免地要关注鲁迅对阿长的情感。今天上午老师看了同学们学习单上的情感变化示意图，同学们通过不同的形式画出了鲁迅对阿长的情感变化。这节课，我们就通过同学们绘制的情感变化示意图来探讨鲁迅对阿长的情感。"

环节四：了解诊断学习起点。与既往教师随机选取学生所绘的情感变化示意图进行展示不同，在课前，李老师已经选择了代表不同水平的学习单。这样的操作，主要是基于如下考虑：一方面，课堂教学时间有限，无法让学生随机展示各自绘制的情感变化示意图；另一方面，随机选取的学生学习单的水平不能代表全班学生水平，不能诊断班级大多数学生的学习情况以及促进大多数学生的发展。在李老师的课堂上，首先，她展示水平一学生的情感变化示意图，教师不做任何评价，让水平一的学生展示，让水平二的学生来进行评价。接着，她展示水平二学生的情感变化示意图，让水平二的学生展示，教师来做出引导。通过学生的展示、生生的交流、师生的研讨，学生自己就能发现学习中的不足及彼此之间的差距，形成了良好的学习效果。经过交流和研讨，教师最后归纳了对于情感变化示意图的评价指标：第一，情感与事件是否匹配；第二，示意图是否体现了情感的波澜；第三，情感的概括是否清晰。

环节五：明确诊断学习终点。如果说了解学生情感变化示意图的学情是诊学习的起点，那么如何设置诊断学习的终点呢？李老师也完成了情感变化示意图的绘制，通过展示教师学习单，让学生明确诊断学习的终点。教师绘制的情感变化示意图如图 6.7 所示。

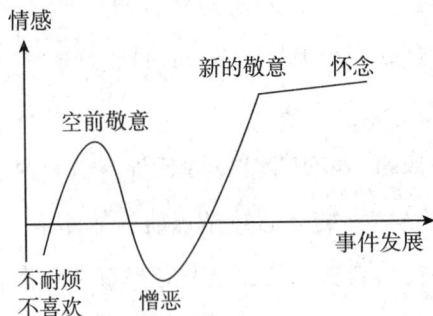

**图 6.7　教师绘制的情感变化示意图**

与学生展示的作业相比，李老师注意到了情感之间的波澜，特别是"空前敬意"和"新的敬意"之间的相似情感差别，也能够体现情感概括全面、简洁的特点。李老师不是通过讲解的方式来绘制情感变化示意图，而是让学生来发现教师情感变化示意图的优点，她如此循循善诱："现在老师展示自己设计的示意图，请同学们根据这三个评价指标来点评老师的这幅示意图。"

环节六：设计促进学习发展进阶。通过诊断明确了学生学习的起点，了解了诊断学习的终点，如何从起点走向终点？教师和学生一起将重心放在了"空前敬意"和"新的敬意"程度孰高孰低的研讨及从"空前敬意"到"新的敬意"的转变过程上。

在"空前敬意"和"新的敬意"程度孰高孰低方面，李老师经过与学生的研讨，大家认可"新的敬意"在情感变化示意图上波动程度更高，因为：第一，"空前敬意"和"新的敬意"，同是"敬意"，在讲长毛故事的时候，鲁迅只是敬佩这样一个迷信愚昧的阿长还有守城的能力。在阿长买《山海经》的时候，敬意中却包含了深深的感谢。第二，详略安排也与作者情感的程度有关，阿长买《山海经》是详写。伴随着购买《山海经》，作者的情感从"震悚"到"新的敬意"，文本的篇幅更长，作者的详写也反映了"新的敬意"程度更深。

在"空前敬意"到"新的敬意"的转变过程方面，李老师和学生关注了从"震悚"到"新的敬意"的演变过程。教师带领学生经历了问题的研讨：第一，"震悚"是因为阿长为鲁迅买来了他一直渴望得到的《山海经》，鲁迅用"震悚"一词形容得到书时的心情合适吗？能不能换成欣喜？第二，阿长买来《山海经》的时候，"我"震悚的原因仅仅是因为"我"曾经不喜欢阿长吗？为了解决这两个问题，李老师和学生重新回到"我渴望得到《山海经》"和"阿长买来《山海经》"的部分，通过抓住关键词、叙事视角的变化、情感的变化来理解从"震悚"到"新的敬意"的变化过程。

环节七：总结学习成果。诊断学习情况便于教师了解学生原有认识，促进学习发展进阶可以让学生发展出新认识，总结学习成果这一环节便是要让学生稳定新的认识。李老师将学习成果的总结落在把握文章情感脉络变化的方法上面，她认为可以从四个方面把握文章的情感变化：第一，关注关键之处细节描写的语句；第二，关注表达特别的语句；第三，关注文章开头结尾及反复出现的语句；第四，关注叙事的视角。

（2）学生访谈：课堂教学应处理好教学的节奏

课后，项目组专家对部分学生进行了访谈。学生一致对共同评价不同水平的情感变化示意图表示印象非常深刻。学生充分认识到从水平一、水平二到教师的情感变化示意图，形成了情感变化示意图的三次迭代。在三次迭代的交流探讨中，学生明白：好的情感变化示意图就像人一样，既要有"才华"，又要有"颜值"。从情感变化示意图的"才华"看，第一种水平的示意图并没有结合文章的关键语句，与文本内容不相关或解释不清楚；第二种水平的示意图结合了文章的关键语句，与文本内容相关并能解释清楚；第三种水平的示意图结合了文章的关键语句，与文本内容高度相关，并能清晰阐释。从情感变化示意图的"颜值"来看，第一种水平的示意图仅仅是文字的描述；第二种水平的示意图与情感变化具有一定的关系，能够表达情感的波澜但不够清晰；第三种水平的示意图能够准确表达情感的变化，清晰明了。学生认为这种基于诊断的学习，可以让他们更加清楚学习的方向，也更加明确教师课堂教学的方向，即通过诊断来真正促进学生的学习和教师的教学。

在学生回答的基础上，项目组专家询问了学生上课前后对"空前敬意"和"新的敬意"认识上的变化，继续探查了学生对作者"从'空前敬意'到'新的敬意'如何转变"的分析，并通过追问进一步探查学生是否掌握通过抓住关键之处的细节描写、表达特别的语句、开头结尾及反复出现的语句、叙事的视角来整理情感脉络的思路方法。从学生的回答来看，学生基本上能够认识到"空前敬意"和"新的敬意"程度的不同，能够从详略的角度来分析。对于鲁迅从"空前敬意"到"新的敬意"的转变过程，学生不能抓住关键词语、文本细节等进行系统且有条理的分析，也不能将分析的角度与具体的文本相互结合，学生的学习存在缺失。

对于学生语文学习存在缺失的情况，项目组追问其原因。学生谈到了在后面的课堂教学中教师开始赶进度，教学的节奏呈现出前松后紧的状态。一方面，可能因为前面对学生学习水平的诊断用时过多；另一方面，整个教学中对于从"空前敬意"到"新的敬意"转变过程这一问题解决的线索不够清晰。

项目组也希望学生提出一些对于诊断教学的建议。部分学生认为诊断不是致力于做到标准答案，而是要关注学生的认识角度、思维类型。也许教师的示意图更加概括、完整地体现了情感的波动，但是学生的示意图呈现出了结合阿长相关事件来梳理作者情感的思维方式。

(3)教学研讨：简化基于诊断的课时教学流程

经过观摩李老师的基于诊断的单元课时教学及课后对学生的访谈，项目组意识到教师在此种类型的单元课时教学中存在着教学节奏不合理的情况。教学节奏之所以不合理，主要是因为教师的教学流程较为复杂。因此，教学研讨聚焦以下几个方面：第一，基于诊断的课时教学如何落实单元教学的课时定位；第二，基于诊断的课时教学如何发挥诊断促学的功能；第三，如何让基于诊断的单元课时教学流程更加简明；第四，如何使得教师在课堂教学中呈现较为稳定的教学节奏。

研讨一：在课题引入和总结提升中，明确课时定位，发挥课时功能

李老师开设的基于诊断的课时教学，应该明确其课时定位，发挥其在单元教学中的课时功能。自单元整体教学看，围绕着学习主题"品细节悟意蕴，感受凡

人风采"，李老师要开展三项任务的学习，分别是："任务一：感知形象把握细节，领悟情感意蕴""任务二：分析文本关键细节，把握人物特点""任务三：运用生动的细节描写，刻画身边人物"。在任务学习中，首先，学生通过梳理作者对人物形象的情感变化，把握文章结构。其次，归纳知识和方法，用任务单的形式引导学生思考和描述课文中鲜活生动的细节在选材、写法上的特征，基于细节描写的知识和方法，对《卖油翁》开展批注式阅读。最后，引导学生将阅读中积累的知识和方法引入写作实践，完成相关写作。在学习任务的推进过程中，首先针对《阿长与〈山海经〉》《老王》《台阶》，学生经历了从单篇精读"感知形象把握细节，领悟情感意蕴"到群文比读"比较人物形象，领会其艺术价值"，在群文比读基础上，开展对《卖油翁》的批注式阅读的过程。然后开展专题研读"细节何以动人心，专题研习为己用"，最终实现对细节描写人物的迁移运用。自单课时教学看，李老师的课时定位便是精读《阿长与〈山海经〉》，把握人物形象，理解作者复杂的情感。

如何让学生明确课时教学在单元整体教学中的定位？在课堂教学课题引入环节中，项目组建议李老师应该对课时的功能定位进行系统梳理，确认课时教学的功能需求。为了让学生更加形象地了解课时定位，项目组将主题学习隐喻为列车旅行，将任务学习隐喻为列车到站，将活动开展隐喻为景点观光。在此基础上，项目组为李老师做如下示范。

---

课题引入

同学们，欢迎大家登上"品细节悟意蕴，感受凡人风采"学习主题号旅游列车。列车前方到达旅游地的第一站"感知形象把握细节，领悟情感意蕴"。在这一站，如何把握细节描写？我们不能就细节描写谈细节描写，我们要在感知形象的基础上关注细节描写，我们要关注细节描写之间的前后联系，更要在情感意蕴的脉络中理解细节描写。到站后，我们会前往第一处景点《阿长与〈山海经〉》，通过绘制情感变化示意图的方式体察作者深情，读懂阿长形象。

在课前，同学们已经完成了《阿长与〈山海经〉》的情感变化示意图，我们完成了这样的学习单。这是同学们完成学习单的具体情况，请大家一起来看课件。

---

在课堂教学总结迁移环节中，项目组建议李老师再次回扣课时教学的功能。

"在情感变化示意图的绘制中，我们梳理了事件，把握了人物形象，逐渐了解到了作者情感的认识有着一个演变的过程。开始的时候，同学们都记得，我们关注到了作者情感的变化，从'憎恨''不大佩服''讨厌''不耐烦'到'空前敬意'，从'空前敬意'到'敬意消失'，又到'新的敬意'，最后到'怀念、感激'。紧接着，我们一起研讨交流，发现从'敬意消失'到'新的敬意'并非一蹴而就，中间还经历着作者的'震悚'。我们也发现了最后作者的情感异常丰富，这里面包含着至少四种情感：怀念、感激、同情、愧疚。在这样的演变过程中，我们逐渐明白绘制示意图就需要：第一，关联事件与情感的联系；第二，筛选文中情感的句子；第三，对情感句子归纳提炼；第四，辨析相似情感的程度；第五，梳理情感转变的历程；第六，品味复杂情感的句子。那么，同学们可以将这些方法迁移运用到《老王》情感变化示意图的绘制中去。"

研讨二：三板块、五环节，构建基于诊断的单元课时教学流程

在访谈中，学生谈到了教师赶进度、教学节奏前松后紧的问题。从李老师的教学环节看，整个教学过程共有七个环节。与前期诊断相关的教学环节有五个：课前布置学习单；诊断学习情况；引出学习课题；了解诊断学习起点；明确诊断学习终点。后期与总结提升相关的教学环节为"总结学习成果"，而真正需要教师重点投入精力的教学环节为"设计促进学习发展进阶"。不难看出，教学环节的安排方式也导致了整个教学节奏前松后紧的问题。因此，项目组对其教学流程进行了"板块—环节"的重构，具体流程如图 6.8 所示。

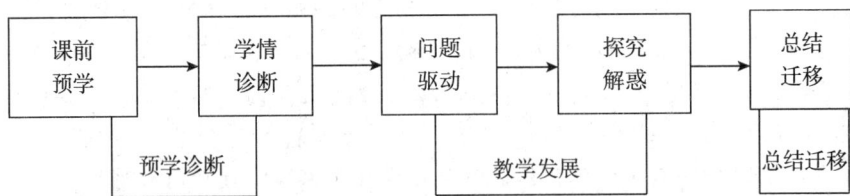

图 6.8　基于诊断的单元课时教学流程

在上图中，基于诊断的单元课时教学流程由三个板块五个环节组成。三个板块包括预学诊断、教学发展和总结迁移。在整个教学过程中，最具有本质意义的

便是"预学诊断"板块，有了学生的预学，有了对预学的诊断，教学的提问、讲解、研讨就有了针对性。教学的针对性是基于诊断的教学的关键所在，教学有了针对性，才能真正实现教师少教、学生多学。在有的放矢的基础上，教师通过教学来促进学生的发展，这就是"教学发展"板块。对于学生的发展问题，维果茨基就教学与发展提出了两种发展水平的观点，第一种是学生的现有发展水平，第二种是最近发展水平。"教学发展"板块就是要教师针对学生的最近发展水平展开教学，让教学走在学生发展的前面。学生经过教学而获得发展，如何将发展稳定下来，这就到了"总结迁移"板块。在这个板块，总结是要稳定学习成果，迁移就是要在运用中迁移学习成果。在"迁移"中，经验得到了扩展与提升，在"应用"中，学生将内化的知识外显化、操作化，是学生学习成果的体现①。

"板块一，预学诊断"具体包括"课前预学"和"学情诊断"两个环节。

"课前预学"不同于"课前预习"，"预习"注重的是预先练习，学生在反复练习中熟练掌握，"预学"旨在激发促进学生学习，帮助学生激发自主学习意识、掌握自主学习方法、培养自主学习能力，能够学而生疑，带着自己的思考、问题参与课堂学习。李老师的课前学习单让学生绘制鲁迅对阿长的情感变化示意图来进行预学，情感变化示意图需要学生筛选、概括、整合信息，并且将有效的信息以"情感变化示意图"这种有意味的形式表现出来。

"学情诊断"就是要力图改善既往教师的教学设计对学情的了解多凭借经验判断而缺乏调查依据的面貌，虽然既往教师的经验判断有其合理性，但是也容易导致教学情境未能真正激发学生动机，教学内容缺乏实质的针对性，难以激发学生真正的兴趣。"学情诊断"就是借助学习单来真正探查学生的已有认识和真正的学习需求。"学情诊断"包括教师预判和集体诊断两个部分。自教师预判看，在李老师的设计中，学生可以完成预学单，教师可以基于学生"绘制情感变化示意图"的预学单对学生学情和学习需求进行预判。从李老师的课前预判来看，她对于学情

---

①  刘月霞，郭华. 深度学习：走向核心素养（理论普及读本）[M]. 北京：教育科学出版社，2018.

的认识，停留在学生对作者情感的梳理是否结合关键语句、是否解释清楚文本内容上。自集体诊断看，教学起始部分，教师展示不同水平学生绘制的情感变化示意图，师生共同研讨，这是集体诊断。从课堂上对不同水平学情的集体诊断来看，集体诊断比教师预判的信息更加丰富，对于促进学生的学习更为有效。就李老师的集体诊断部分，项目组肯定教师所做的展示不同水平的情感变化示意图，让学生展示、生生评价、师生交流，共同针对绘制情感变化示意图进行集体建构。但是，在课堂的集体诊断部分，也存在着如下一些有待改进的地方。第一，在集体诊断中，教师应是学生学习的帮促者。在课堂教学中，项目组发现存在教师迫不及待地想要打断学生回答的情况，因为教师心里有较为确定的答案。但是，在集体诊断的教学过程中，项目组希望教师能够等待学生进行较为完整的回答，教师不应仅仅是权威者的角色，还应是帮促者的角色。因为是帮促者，教师应通过示范、解释等方式，帮助学生建构完成情感变化示意图的意义和方法。因为是帮促者，教师应该促进学生将新的信息与先前的知识相互关联，促进学生改进其解决问题的策略，发展学生解决问题的能力。在课堂教学中，教师可以扮演主持人的角色，鼓励学生更多地表达各自看法，在学生充分表达的基础上，教师再帮助其外显思路方法，尽量避免干扰学生的思路。第二，在集体诊断中，教师应引导学生进行完整表述。在集体诊断的教学过程中，项目组发现：面对学生交流不同水平的情感变化示意图时，李老师总是习惯插入式地干扰或者帮助学生。项目组认为教师可以采用让学生完整表达的方式来代替一问一答，以便呈现其思考的逻辑性和思维的路径化特点。这也便于教师作出科学的评价和合适的指导。第三，在集体诊断中，要聚焦学生的思考角度和绘制过程。对于绘制情感变化示意图的诊断，教师不应仅仅关注结果性的内容，还应该关注学生呈现的核心思考角度和相应绘制过程。项目组带领教师重新回顾课堂上不同水平学生对各自绘制情感变化示意图的言说，针对水平一的学生，项目组发现：该水平的学生关注到了情感变化示意图的绘制需要结合事件的详略，也需要筛选文中与情感相关的语句并进行概括。针对水平二的学生，项目组发现：该水平的学生注意到了关键句中蕴含的复杂情感和情感变化示意图的绘制形式。因此，教师帮助学生回溯这些完成活动的历程，能让教师懂得学生已经在使用通过叙事详略、关键语句来梳理情感路线的思路方法。第四，在集体诊断中，教师自身应是一个高水平的解读者。教师有专业的视角才能保证课堂观察的有效性及问题诊断的准确性，从而确保指向实践改进的"处方"的针对性①。基于诊断的教学，特别是在集体诊断阶段，教师心里要有一把标尺，这把标尺就能够衡量出学生已经达到的学习水平，能够意识到下一步学生需要发展到何种水平。可以说，这把标尺的高度也决定着学生学习的高度。从教师所呈现的自己绘制的情感变化示意图来看，对于文本的解读，对于建构的标尺，仍有改进的空间。如果教师能够认识到作者从"憎恶""敬意消失"到"新的敬意"的转变过程中经历了"震悚"的阶段，那么也许情感变化示意图的绘制就会揭示不同情感细微的转变历程。如果教师能够深度理解文本结尾句，并结合上下文，就会知道这句话至少包括了当时鲁迅对阿长的怀念、感激、同情、愧疚四种情感。鲁迅之所以怀念阿长，是因为阿长离开人世三十年；鲁迅之所以感激阿长，是因为阿长买《山海经》这件事对他的文学创作和文学收藏产生影响，里面有阿长对他的爱；鲁迅之所以同情阿长，是因为阿长是一个"小人物"，她没有姓名，青年守寡，经历不明；鲁迅之所以对阿长表示愧疚，是因为他始终不知阿长的姓名，以及童年的时候对阿长的态度并不友善。因此，教师呈现的自我绘制的情感变化示意图可以有所优化，具体如图 6.9 所示。

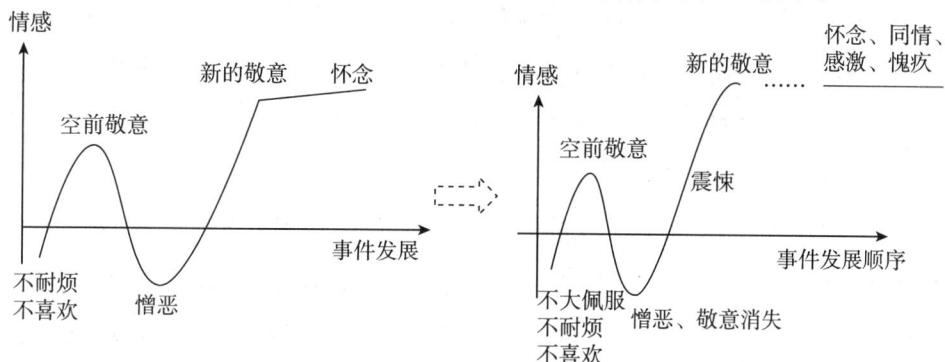

图 6.9　基于深度理解而绘制的情感变化示意图

---

①　代天真，李如密. 课堂教学诊断：价值、内容及策略[J]. 全球教育展望，2010，39（04）：41-43+66.

"板块二，教学发展"具体包括"问题驱动"和"探究解惑"两个环节。

如果说"板块一，预学诊断"就是了解学生情感梳理的认知需求，那么"板块二，教学发展"便是要将学生的认知需求转变为教学中的驱动性问题。那么如何生成驱动性问题？

首先，要从课程标准的维度和教材的维度确定学生应该学习的内容。自课程标准看，在谈到文学阅读教学的实施建议时，课程标准就强调了通过朗读体会作者情感的重要性。自教材看，七年级下册第三单元要求学生结合文体特点和作者的叙事风格，通过诵读，体悟作者的情感态度和文章的意蕴，做到熟读精思。熟读就是要做到：阅读有速度，能够感知文意；二读文本，能够梳理内容；三读文本，能够厘清结构。精思就是要针对文本的反常之处、反复之处、不解之处、前后关联之处进行发散性思考和批判性思考。

其次，将学生的认知需求转化为驱动性问题，除了考虑学生应知的内容，还需要了解学生应知内容中还有哪些是未知的及学生的认知需求。"板块一，预学诊断"试图发现学生应学内容的认知盲区和认知需求，李老师将"绘制情感变化示意图"的学习情况分为三种不同的水平。针对三种不同水平的师生交流，学生就会发现自己在绘制情感变化示意图中的差距，教师就会发现学生在绘制情感变化示意图中的不足。这种不足体现在三方面：第一，学生没有关注到"新的敬意"与"空前敬意"情感表面相似，实则程度不同；第二，从"敬意消失"到"新的敬意"，学生没有注意到鲁迅情感的转变过程；第三，对于关键句"仁厚黑暗的地母呵，愿在你怀里永安她的魂灵！"的理解，学生容易理解简单化，并未关注到其中蕴含着怀念、感激、同情、愧疚等多种情感。

基于对课程标准、教材的分析，教师明晰了应教内容，同时，针对预学的教师诊断和集体诊断，教师厘清了学生的认知盲区和认知需求。在此基础上，项目组和李老师确定了驱动性问题：第一，在情感变化示意图绘制中，"新的敬意"与"空前敬意"的情感程度是否一致？第二，在情感变化示意图绘制中，从"敬意消失"到"新的敬意"，鲁迅的情感发生着何种转变？第三，在情感变化示意图绘制中，文本最后的部分为什么会有怀念、感激、同情、愧疚四种情感？

有了驱动性问题，接下来便是要设计"探究解惑"的活动。首先，针对"辨析相似情感的程度"的问题，师生展开了探究活动。他们从"空前敬意"和"新的敬意"篇幅长短中探究发现"新的敬意"篇幅更长，也可以从"空前敬意"之后"敬意消失"及"新的敬意"后《山海经》的影响中探究发现"新的敬意"影响更持久，还可以从《二十四孝图》及周作人回忆等资源中探究发现"新的敬意"内涵更丰富。正是在三次持续性的探究发现下，学生认识到了"新的敬意"相较于"空前敬意"，其敬意的程度更深刻、更持久、更丰富。其次，针对"情感转变历程"的问题，师生去探寻是否有情感的转变，他们发现从"敬意消失"到"新的敬意"转变中还经历了内心的"震悚"。师生也一起深思为何要有内心的这种"震悚"，他们逐渐发现之所以产生震悚的情感，是因为：第一，鲁迅认为阿长不可能买来《山海经》，现在买来了《山海经》；第二，震悚的效果源自鲁迅在写他渴慕并且多次购买《山海经》的时候做了层层的铺垫，经历了这种努力购买的失败，之后再经历着不识字的阿长买来《山海经》，这才引发他内心的"震悚"。最后，针对"关键语句的复杂情感"的问题，教师的处理有略有详，对于学生能够理解的"怀念""感激"之情，教师惜墨如金，对于学生不能理解的"同情""愧疚"之情，教师浓墨重彩。学生逐渐懂得了：作者怀念阿长是因为阿长离开人世三十年；作者感激阿长是因为阿长买《山海经》这件事影响了作者的文学创作和文学收藏，且影响深远，同时这件事中饱含着阿长对鲁迅的爱；作者同情阿长是因为阿长是一个"小人物"，她没有姓名，青年守寡，经历不明；作者对阿长愧疚是因为始终不知她的姓名及童年时候对阿长的态度并不友善。

"板块三，总结迁移"具体包括"总结迁移"这个环节。

在"总结迁移"部分，"总结"就是要稳定学生的认知成果，"迁移"就是要对认知成果进行应用。"迁移"是学习发生的重要指标，以"应用"为其重要表征，即学生能否将认知成功进行应用是检验学习结果的最佳途径[1]。

---

① 刘月霞，郭华. 深度学习：走向核心素养（理论普及读本）［M］. 北京：教育科学出版社，2018.

在"总结"部分，项目组建议李老师要充分利用好黑板板书。板书设计要注重板书的运行过程，在"问题驱动"环节，板书可以呈现"相似情感的程度""情感转变的历程""复杂情感的语句"这三个关键问题。在"总结迁移"环节，教师可以询问学生"'相似情感的程度'这一问题是否已经解决?"在学生回应解决之后，可以擦去相应的板书，以此类推。在此基础上，教师可以通过板书设计外显师生问题解决的思路，学生已经知道绘制情感变化示意图便是要"关联事件与情感的联系""筛选文中情感的句子""对情感句子归纳提炼"，除此之外，课堂上还继续落实了"辨析相似情感的程度""梳理情感转变的历程""品味复杂情感的句子"。板书的运行过程如图 6.10 所示。

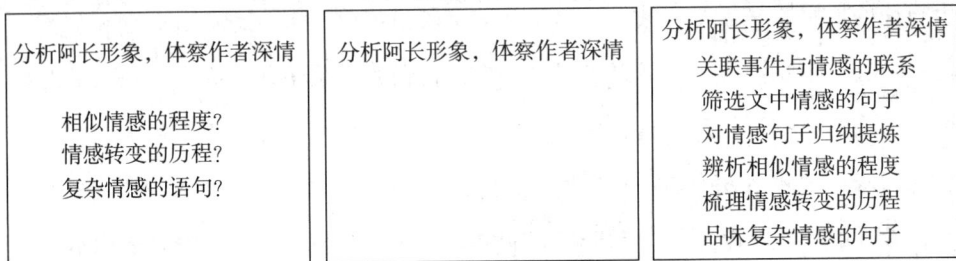

| 分析阿长形象，体察作者深情<br><br>相似情感的程度?<br>情感转变的历程?<br>复杂情感的语句? | 分析阿长形象，体察作者深情 | 分析阿长形象，体察作者深情<br>关联事件与情感的联系<br>筛选文中情感的句子<br>对情感句子归纳提炼<br>辨析相似情感的程度<br>梳理情感转变的历程<br>品味复杂情感的句子 |
| --- | --- | --- |

图 6.10　"分析阿长形象，体察作者深情"板书运行过程

不难看出，板书设计注重师生针对"问题驱动""问题解决""思路总结"等不同阶段合作探究生成的学习成果，并且可在最终的板书中使用多种颜色来呈现。例如用绿色字代表学生已有的认识，用红色字代表学生新生成的思路方法，这样能够充分体现课堂教学重点的层次感。

在"迁移"部分，教师需要进一步提示学生将绘制情感变化示意图的六种方法，运用到"读老王，见杨绛"的学习中去。学生需要通过表格的形式来梳理杨绛与老王彼此交往过程中的态度变化，具体如表 6.1 所示。

"基于诊断的教学"需要经历先诊断、促发展、后总结的相应过程。由于诊断能够确保教学的针对性，因此，"先诊断"设置了"课前预学""学情诊断"两个环节，明确了学生的既有学习水平。"促发展"就是要针对学生最近发展水平展开教学，因此，"促发展"设置了"问题驱动""探究解惑"两个环节。基于"先诊断""促发展"，通过"总结迁移"一个环节来稳定学习成果和运用学习成果。不难看出，与之前的"七环节"相比，"三板块，五环节"的流程设置更加精简，也有利于教师改变之前教学前松后紧的问题。

表 6.1　杨绛与老王交往过程中的态度变化

| 杨绛与老王的交往 | 杨绛对老王的态度 | 老王对杨绛的态度 |
| --- | --- | --- |
| 坐车闲话(独干、独眼、独居)<br>给鱼肝油 | 同情<br>关心 | 感激 |
| 送冰<br>送医<br>送货<br>送香油鸡蛋 | 尊重<br>感激<br>同情<br>怀念<br>愧怍 | 关心<br>尊重<br>帮助<br>感谢 |

**(三)基于"诊断·发展·总结"流程的单元整体教学推进课的研究成果**

通过回顾李老师基于"诊断·发展·总结"流程的单元整体教学推进课的探索历程，我们可以清晰地感受到李老师在教学定位、教学内容、教学流程、板书设计、教学评价等方面的转变，具体如图 6.11 所示。

2. 教学内容：从情感梳理转变到情感精思

3. 教学流程：从议题探究学习到基于诊断学习

1. 教学定位：从多文本阅读教学到单元整体的课时教学

5. 教学评价：从"对学习的评价"到"为了学习而评价"

4. 板书设计：从知识要点展示到问题驱动

图 6.11　单元整体教学推进中的教学转变

具体来看：其一，教学定位方面，从落实多文本阅读教学转变到单元整体的课时教学上。其二，教学内容方面，从情感梳理转变到情感精思。开始的情感梳理就是要把握"关键之处、细节描写、特殊语句、叙事视角"等，之后的情感精思就是要思考相似情感、情感转变和复杂情感，在此基础上，学生构建了情感梳理六大方法——"关联事件与情感的联系""筛选文中情感的句子""对情感句子归纳提炼""辨析相似情感的程度""梳理情感转变的历程""品味复杂情感的句子"。其三，教学流程方面，从议题探究学习到基于诊断学习，议题探究学习遵循的是"构建多文本—确定议题—集体建构—达成共识"的多文本阅读教学流程，基于诊断学习则按照"预学诊断（课前预学、学情诊断）—教学发展（问题驱动、探究解惑）—总结迁移（总结迁移）"三板块五环节的基于诊断教学的流程进行。其四，板书设计方面，从知识要点展示到问题驱动。知识要点就是在板书中呈现"情感变化""细节描写""叙事视角"等关键知识，问题驱动则是聚焦问题的呈现和问题的解决。其五，教学评价方面，从"对学习的评价"到"为了学习而评价"。"对学习的评价"就是以学习结果作为导向的价值判断，而"为了学习而评价"是根据学习目标和学生学习规律，运用多种评价方法，系统收集学生学业表现的相关信息，推动学生的发展性学习，调整教师教学方向与行为。为了更好地呈现这些转变的教学成果，在这部分，项目组将完整地呈现李老师的教学设计和课堂实录。

1. 设计的背景与定位

该课型为单元整体教学的推进课，是以课堂教学为主、课内外结合的单节课。学生需要在课前完成绘制情感变化示意图的学习单。

学习内容：该课时学习的内容为"分析阿长形象，体察作者深情"，学习内容属于任务一中活动1的位置。学习内容的位置用"＿＿＿"表示，如图6.12所示。

"分析阿长形象，体察作者深情"的授课内容主要聚焦在梳理作者情感的方法层面。因此，授课内容的基本框架如图6.13所示。

学情分析：所施教班级共40人，平时课堂纪律良好，对语文学习比较有兴趣，学习基础较为扎实，但是探究意识不强，深度学习不够，课堂气氛不够活跃。在课前预学部分，学生绘制了情感变化示意图，李老师将"绘制情感变化示

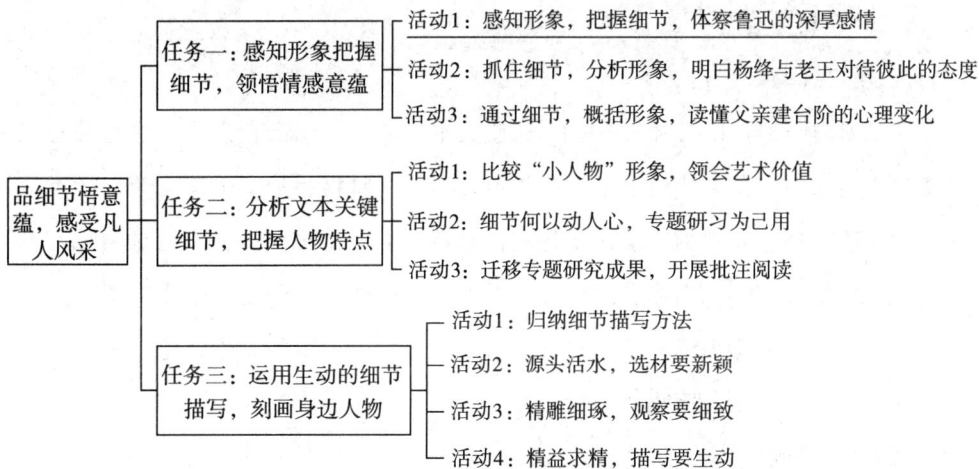

图 6.12  "分析阿长形象，体察作者深情"在单元整体教学中的逻辑位置

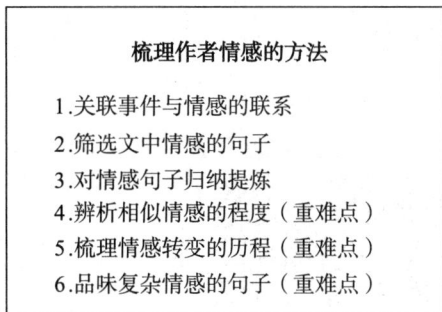

图 6.13  "分析阿长形象，体察作者深情"教学内容的基本框架

意图"的学习情况根据不同水平进行了划分。对于"关联事件与情感的联系""筛选文中情感的句子""对情感句子归纳提炼"这些学生已经在使用的梳理方法，学习内容做一般化的处理。对于"辨析相似情感的程度""梳理情感转变的历程""品味复杂情感的句子"这些学生认知的薄弱处做重点强化。

学习目标：1. 能够关注事件与情感的关联，通过筛选和提炼"我"对阿长情感的词句，借助情感折线图来梳理作者情感；2. 通过自主探究和集体研讨驱动性问题，能够辨析相似情感的程度、梳理情感转变的历程、品味复杂情感的句子。

2. 学习相关资源

(1)学习经验

在学习《阿长与〈山海经〉》《老王》这些文本之前，学生已积累了不少有关写人记事散文的知识，在七年级上学期就学习过写景、状物、记事、写人等叙述类散文，大多数学生能够圈画出层次转化的标志性词语，能够根据文本梳理阿长、老王的主要事件，能够找出作者对阿长与老王情感的词语。但是，学生对于通过品词品句、细节描写等理解作者的复杂情感、区分相似情感的差别、把握不同情感的转变过程仍然存在着困难。

(2)学习资源

①《二十四孝图》。

②周作人相关回忆。

(3)学习工具

①思维导图：情感变化示意图。

②评价量表：情感变化示意图评价量表。

3. 学习流程(如图 6.14)

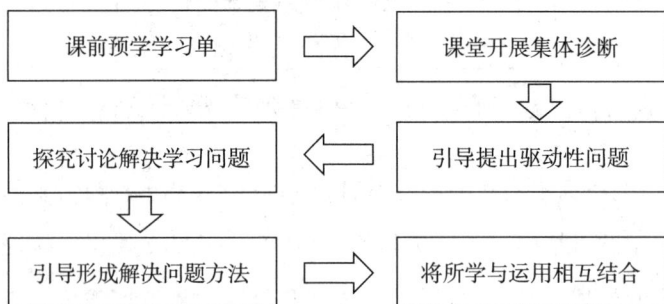

图 6.14　"分析阿长形象，体察作者深情"教学流程图

4. 学习过程

【活动 1：课前预学，填写课前预学单】

阿长是鲁迅年少时期的保姆，是鲁迅生命中一个特殊的存在。请熟读《阿长与〈山海经〉》》，对文本信息进行筛选、概括、整合，找到文本中层次转换的标志

词语，概括阿长的主要故事，揣摩鲁迅对阿长的感情，并完成表格的填写。接着，探寻鲁迅对阿长的情感变化，制作情感变化示意图。

情感变化示意图就是把一个人的情感变化用流程图、曲线图、折线图、表格等形式直观地展现出来，也可以用不同的颜色来呈现心情的变化。情感变化示意图是视觉表征理念在语文课堂的运用，通过绘制情感变化示意图，同学们可以将自己对文本情感的理解转化为对情景图式的表征。在绘制情感变化示意图时，我们要注意归纳有效信息、创新形式且形式与情感内容需要保持一致。

(1)完成下述课前预学学习单(如表 6.2 和图 6.15)。

①填写表格。

表 6.2 "分析阿长形象，体察作者深情"课前预学学习单

| 段落 | 层次转换的标志词语 | 阿长的主要故事 | 鲁迅对阿长的感情 | 鲁迅最终对阿长的感情 |
|---|---|---|---|---|
| 3~5 | | 切切察察、不许我走动、睡觉摆成"大"字 | 实在不大佩服 | 备注：用几个二字词语概括，并按照由主到次的顺序排列。 |
| | 但是她懂得许多规矩 | | | |
| | | | | |
| | | 为我买来《山海经》 | | |

②绘制作者对阿长的情感变化示意图。

步骤：摘抄原文—选择关键词句—选择形式—绘制完成

图 6.15 "分析阿长形象，体察作者深情"课前预学学习单

(2)认识评价量表。

情感变化示意图评价量表(如表6.3)的设计参照总加量表,它用于测量情感变化示意图的完成度(完满度),它由一组反映情感变化示意图呈现特征的评价项目组成,评价项目共七项,分别为:"能够归纳并体现文本有效信息""能够将情感与事件匹配""能够体现作者情感的丰富内涵,且概括清晰""能够体现作者不同情感的程度差异""能够体现作者情感转变的历程""示意图形式具有创新性""示意图形式与情感内容表现一致(能够将自己对文本情感的理解准确地转化为对图式的表征)"。其中前五项观照情感变化示意图的内容呈现维度,第六项观照情感变化示意图的形式呈现维度,最后一项则观照情感变化示意图的内容呈现与形式呈现是否适配。

表6.3　情感变化示意图评价量表

| 评价项目 | 选择(只限选一项,打"√"即可) | | |
| --- | --- | --- | --- |
| | 较差 | 合格 | 较好 |
| 1. 能够归纳并体现文本有效信息 | 0 | 1 | 2 |
| 2. 能够将情感与事件匹配 | 0 | 1 | 2 |
| 3. 能够体现作者情感的丰富内涵,且概括清晰 | 0 | 1 | 2 |
| 4. 能够体现作者不同情感的程度差异 | 0 | 1 | 2 |
| 5. 能够体现作者情感转变的历程 | 0 | 1 | 2 |
| 6. 示意图形式具有创新性 | 0 | 1 | 2 |
| 7. 示意图形式与情感内容表现一致(能够将自己对文本情感的理解准确地转化为对图式的表征) | 0 | 1 | 2 |

评价者根据这些评价项目选择"较差""合格""较好"(分别赋分"0""1""2"),评价者将全部评价项目上的得分汇总,以此表示被评价的情感变化示意图完成度的总得分。这个得分是情感变化示意图的内容、形式呈现达到完满程度的数量化结果,它的高低即代表了该情感变化示意图在完成度量表上的位置。得分越高表明情感变化示意图绘制的完成度越高;得分越低表明情感变化示意图绘制的完成

度越低。

对情感变化示意图的绘制进行集体诊断时，学生需要借助评价量表来进行诊断。

【活动2：进行诊断，课堂开展集体诊断】

(1)展示第一类预学学习单(如图6.16)，该情感变化示意图的绘制者与大家交流分享建构的过程、思路历程，解读情感变化示意图。

该情感变化示意图呈现的特点是以线性排列的形式，单线罗列了作者对阿长情感转变的过程："不大佩服—最讨厌—不耐烦—空前的敬意—敬意消失—新敬意"，并在情感态度下方注明了相应情感的表述，以及相应的阿长事件概括。

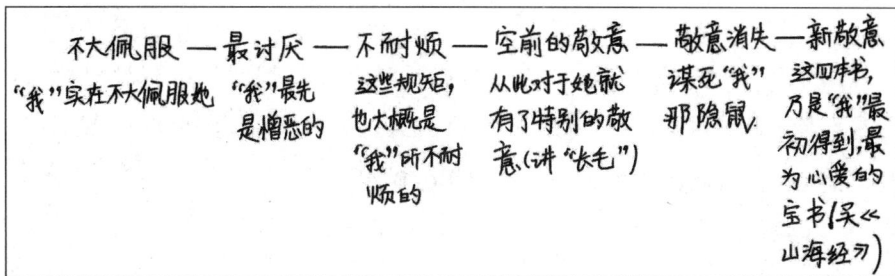

图6.16　第一类预学学习单

(2)结合评价量表，评价第一类情感变化示意图。

教师不做点评，生生互评。学生结合评价量表，自主对第一类情感变化示意图进行评价。学生交流点评意见，集体诊断，共同发现第一类情感变化示意图存在的问题：第一，能够归纳并体现文本有效信息，但是在概括能力上还有待加强；第二，能够将情感与事件匹配，但是文本中的事件与情感的对应还有完善的空间；第三，未能梳理出作者的全部情感；第四，只是单线罗列了作者情感的变化，未能够体现作者不同情感的程度差异；第五，能够体现作者情感转变的历程，但是较为单一和生硬，仅体现了不同情感在时间顺序上的先后；第六，示意图形式创新性不够；第七，示意图形式过于单薄，不具备很强的展现力，不能很好地凸显情感内容。

(3)展示第二类预学学习单(如图6.17)，该情感变化示意图的绘制者与大家交流分享建构的过程、思路历程，解读情感变化示意图。

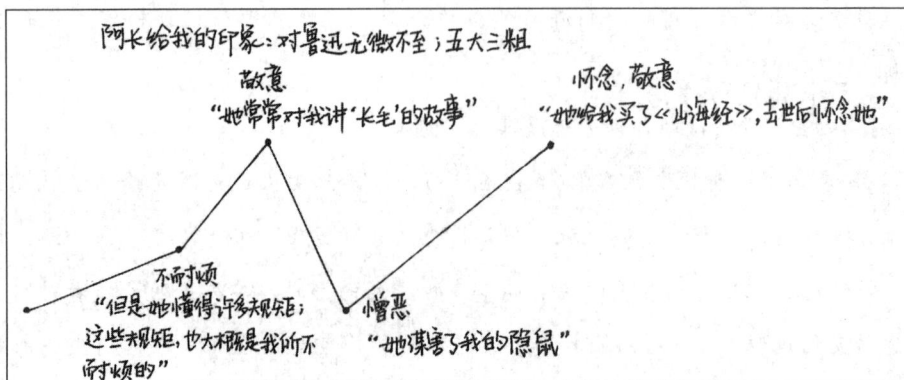

图 6.17　第二类预学学习单

该情感变化示意图呈现的特点是采取折线的形式来与作者情感的变化相匹配，情感转变的顺序是："不耐烦—敬意—憎恶—怀念、敬意"。两次"敬意"在图中的高度一致。情感态度下方注明了相应的事件。

（4）结合评价量表，评价第二类情感变化示意图。

教师不做点评，生生互评。学生结合评价量表，自主对第二类情感变化示意图进行评价。学生交流点评意见，集体诊断，共同发现第二类情感变化示意图存在的问题：第一，能够归纳并体现文本有效信息；第二，能够将情感与事件匹配；第三，未能梳理出作者的全部情感，未能体现作者情感的丰富内涵；第四，折线形式展现了作者情感的变化，能够体现作者不同情感的程度差异，但是未能更深入、细致地辨析相似情感的程度，如两次"敬意"高度相同，将两次"敬意"以相同的程度来对待和处理，这很明显操作简化了；第五，能够体现作者情感转变的历程，但是较为生硬、直来直去；第六，示意图形式具有一定创新性，但还有完善的空间；第七，示意图形式与情感内容表现大体一致，该形式具备一定展现力，可以承载对应的情感内容，但仍较为粗糙，具有完善的空间。

（5）展示第三类预学学习单（如图 6.18），即教师预学学习单，学生评价教师预学学习单。

师生集体诊断，总结得出该情感变化示意图呈现的特点是以曲线图的形式呈

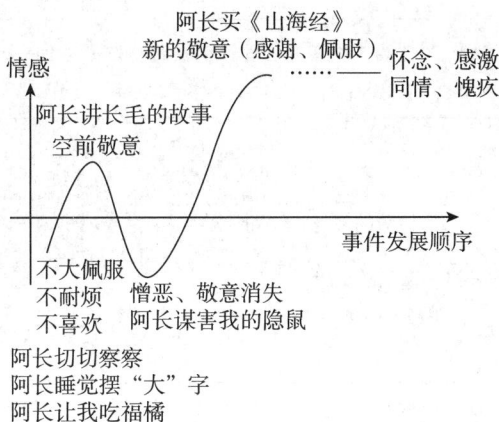

图 6.18　教师预学学习单

现作者的情感变化，情感转变的顺序是："不大佩服、不耐烦、不喜欢—空前敬意—憎恶、敬意消失—新的敬意—怀念、感激、同情、愧疚"。两次"敬意"在图中的高度不一致，"新的敬意"较"空前敬意"更高；"憎恶、敬意消失"是曲线图的最低点；曲线末端出现了"怀念、感激、同情、愧疚"多种情感；"新的敬意"与"怀念、感激、同情、愧疚"之间还有省略号，且两处高度相同。情感态度上方或下方注明了相应的事件。

【活动 3：学会思考，引导学生提出驱动性问题】

(1)观察、比较教师的情感变化示意图和前两类情感变化示意图、自己的情感变化示意图有什么不同，以及有什么困惑之处，填写图 6.19。

(2)交流讨论，展示思维导图，共同分析教师情感变化示意图的特征。

明确：该情感变化示意图归纳了有效信息，抓取了有效信息的关键词；形式创新，发现情感的变化是有过程的，而不是直角式的转变；关注到了两处"敬意"的不同，发现其内涵不同，情感程度也不同；关注到了作者的情感不是戛然而止的，而是始终延续着的，并用省略号来表示这种情感的延续；发现了文章结尾包含怀念、感激、同情、愧疚多种情感。

可以说该情感变化示意图不仅将作者的情感转变把握得深入、到位，还十分成功地运用了情感变化示意图来将自己对文本情感的理解转化为对情景图式的

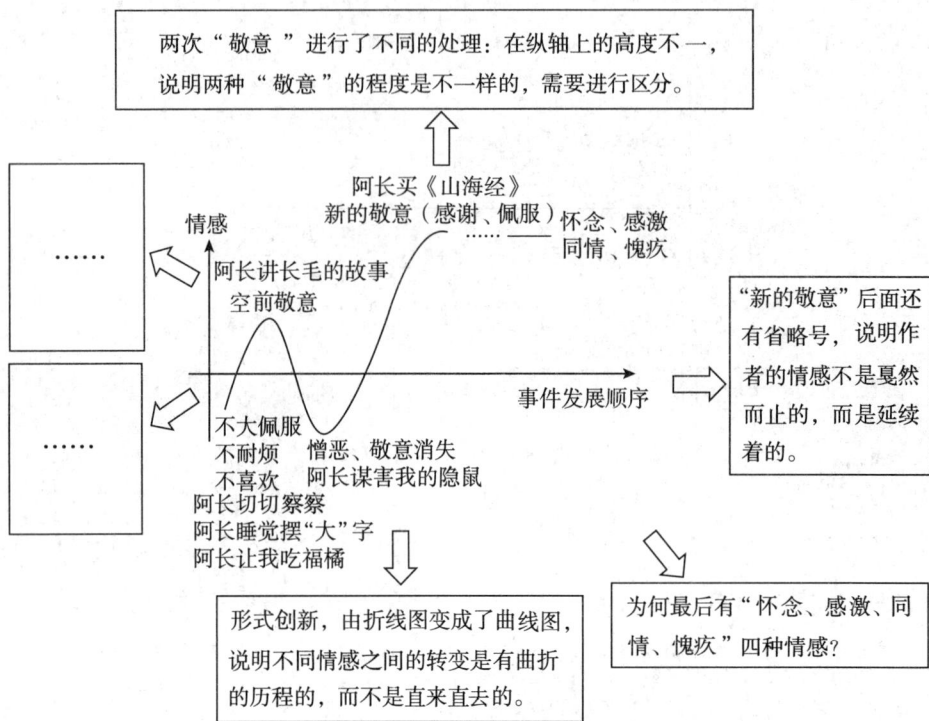

**图 6.19　思维导图：教师情感变化示意图的特征分析与困惑汇总**

表征。

（3）交流讨论，汇总、提炼大家在绘制情感变化示意图时的困惑，发现自身真实的认知需求，进一步提出驱动性问题。

明确问题：

第一，在情感变化示意图绘制中，"新的敬意"与"空前敬意"的情感程度是否一致？

第二，在情感变化示意图绘制中，从"敬意消失"到"新的敬意"，鲁迅的情感发生了何种转变？

第三，在情感变化示意图绘制中，文本最后的部分为什么会有怀念、感激、同情、愧疚四种情感？

【活动4：开展探究，讨论解决学习中的真问题】

（1）辨析相似情感的程度（解惑之一）。

①细读文本，自主探究。比较"空前敬意"与"新的敬意"有什么不同，从"内涵""作用时间""文章篇幅"三个角度进行比较，试着填写学习任务单一（如表6.4）。

表6.4　"分析阿长形象，体察作者深情"学习任务单一

| 角度 | 空前敬意 | 新的敬意 |
|------|----------|----------|
| 内涵 | | |
| 作用时间 | | |
| 文章篇幅 | | |

②结合补充材料，思考"新的敬意"在作用、时间方面有什么特点。

> 补充材料
>
> 作者的弟弟周作人在谈到《山海经》一书对鲁迅的影响时，曾说过这样一段话："当初的读书与读图虽然很琐屑，可是影响却颇不小，他（鲁迅）就'奠定'了半生事业学问的倾向，在趣味上到了晚年也还留下了一些明了的痕迹。"

明确：从周作人的话中，我们可以看出《山海经》对鲁迅未来的创作产生了很深远的影响，"新的敬意"的作用更加持久，而"空前敬意"的作用与之相较，则是短暂的。

③结合补充材料，思考"新的敬意"的内涵有哪些。

> 补充材料
>
> "我们那时有什么可看呢？只要略有图画的本子，就要被塾师，就是当时的'引导青年的前辈'禁止，呵斥，甚而至于打手心。"——《二十四孝图》

明确：从《二十四孝图》里面的这一句话中，我们可以看到作者周围是没有人支持他去看《山海经》的，鲁迅没有想到没有文化的、身为保姆的阿长会去支持他，阿长做了别人不能做的事情，且这本阿长给他买来的《山海经》对他影响很深。因此，"新的敬意"里面包含了鲁迅对阿长感激的情感，"新的敬意"的内涵是更丰富的。从篇章结构上我们也可以看出"新的敬意"的文章篇幅更长。

④修正、补充、完善学习任务单（如表6.5），比较"新的敬意"与"空前敬

意"，在"新的敬意"比"空前敬意"程度更深上达成共识。

表 6.5　完善后的"分析阿长形象，体察作者深情"学习任务单一

| 角度 | 空前敬意 | 新的敬意 |
|------|----------|----------|
| 内涵 | 少 | 更丰富 |
| 作用时间 | 短 | 更持久 |
| 文章篇幅 | 短 | 更长 |

(2)梳理情感转变的历程(解惑之二)。

①针对课文 19~26 自然段的字词句自主进行圈点勾画，在文章的精彩处(富有表现力的词句)、疑难处(不理解的词句)、关键处(文章中心的词句)做标记，标记符号可以按照学生自己的阅读习惯来选择，在字里行间自主探究从"敬意消失"到"新的敬意"之间作者的情感还经历着何种转变。

②交流讨论，分享自己在圈点勾画过程中的感受，解释每个圈点标记的含义(如表 6.6)及自己相应的思考。教师展示、分享圈点批注的片段。

但当我哀悼隐鼠，给它复仇的时候，一面又在渴慕着绘图的《山海经》了。……在我们聚族而居的宅子里，只有他书多，而且特别。制艺和试帖诗[1]，自然也是有的；但我却只在他的书斋里，看见过陆玑的《毛诗草木鸟兽虫鱼疏》[2]，还有许多名目很生的书籍。我那时最爱看的是《花镜》[3]，上面有许多图。他说给我听，曾经有过一部绘图的《山海经》，画着人面的兽，九头的蛇，三脚的鸟，生着翅膀的人，没有头而以两乳当作眼睛的怪物，……可惜现在不知道放在那里了。

> 形式的吸引。
> 内容的吸引。

> 叔祖不愿意做。

我很愿意看看这样的图画，但不好意思力逼他去寻找，他是很疏懒的。问别人呢，谁也不肯真实地回答我。压岁钱还有几百文，买罢，又没有好机会。有书买的大街离我家远得很，我一年中只能在正月间去玩一趟，那时候，两家书店都紧紧地关着门。

> "我"努力过而不得。
> 并非闲笔，铺垫。

表6.6  符号含义说明

| 符号 | 符号的文字表述 | 符号含义 |
|---|---|---|
| "·" | 下方加着重号 | 表示这些字词是文章的关键处，是表现作者情感态度的字词。 |
| "——¹" | 加下划线，横线内容右上角标注序号"1、2、3……" | 表示在阅读过程中不甚理解的，需要查阅工具书或向人求助、请教才能了解并掌握的内容。 |
| "———" | 单下划线 | 表示这些句子是文章的关键句，"渴慕"的第一种铺垫。 |
| "———" | 双下划线 | 表示这些句子是文章的关键句，"渴慕"的第二种铺垫。 |
| "～～～" | 单波浪线 | 表示作者"震悚"的原因。 |
| "～～～" | 双波浪线 | 表示作者"新的敬意"的原因。 |

③了解圈点批注的方法，在圈点的基础上展开批注，对文本相应自然段进行二次阅读，以圈点批注形式记录自己的阅读感受。

圈点重在感受，批注是在感受基础上的理解、体会，二者结合起来进行阅读便是从感受到理解的一个完整的过程①。读思结合的阅读，需要圈点勾画、评点批注、边读边记这种辅助手段。

运用圈点的方法来进行阅读，需要合理地使用一些符号。"圈点"在作为古老的读书法使用时，符号主要是圈和点；如今用"圈点"这一主要的标记符号来指称全部的常用标记符号，可以是圈、框、点、直线、波浪线或是一些标点等。至于每种符号表示何种意义，可以根据读者阅读时的习惯来加以确定，没有严格统一的规范，本质是用于辅助读者准确记录自己的阅读感受，标示阅读过程中的障碍（如不理解的词句）、阅读中的精彩处（通常为富有表现力的词句）、阅读中的关键处（通常为体现文章中心的词句），有助于读者在反刍阅读时进行重点思考，对读者的词句理解、文意把握、内容探究、作品感受等具有重要的促进作用。

批注的方法是建立在圈点基础上的，它分为批和注。所谓"批"，是指对课文中写得生动、形象或含义深刻的词语、句子圈点出来之后，写上自己的理解，也就是批语②。"批"注重品评，自己的理解可以是对思想内容、观点见解、作者思

---

①②  徐林祥. 百年语文教育经典名著：第13卷[M]. 上海：上海教育出版社，2017.

路、遣词造句的鉴赏与评析，也可以是困惑与质疑。"注"便是注释，可以对难字生词、文章背景、作者材料等加以解释和提示。

④交流讨论阅读感受，发现课文中两个表现作者情感态度的关键词"渴慕""震悚"，围绕这两个关键词进行第三遍阅读，用圈点批注的方法精读课文。

我听说《山海经》→《山海经》绘图的形式吸引我，对其形式渴慕→《山海经》的内容吸引我，对其内容渴慕。

渴慕的程度逐渐加深。

但当我哀悼隐鼠，给它复仇的时候，一面又在渴慕着绘图的《山海经》了。这渴慕是从一个远房的叔祖惹起来的。他是一个胖胖的，和蔼的老人，爱种一点花木，如珠兰，茉莉之类，还有极其少见的，据说从北边带回去的马缨花。他的太太却正相反，什么也莫名其妙，曾将晒衣服的竹竿搁在珠兰的枝条上，枝折了，还要愤愤地咒骂道："死尸！"这老人是个寂寞者，因为无人可谈，就很爱和孩子们往来，有时简直称我们为"小友"。在我们聚族而居的宅子里，只有他书多，而且特别。<u>制艺和试帖诗</u>[1]，自然也是有的；但我却只在他的书斋里，看见过陆玑的<u>《毛诗草木鸟兽虫鱼疏》</u>[2]，还有许多名目很生的书籍。我那时最爱看的是<u>《花镜》</u>[3]，上面有许多图。他说给我听，曾经有过一部绘图的《山海经》，<u>画着人面的兽，九头的蛇，三脚的鸟，生着翅膀的人，没有头而以两乳当作眼睛的怪物</u>，……可惜现在不知道放在那里了。

叔祖不愿意做；别人不肯做；我自己努力过而不得，更加渴慕。

渴慕的程度逐渐加深。

<u>我很愿意看看这样的图画</u>，<u>但不好意思力逼他去寻找</u>，他是很疏懒的。<u>问别人呢</u>，谁也不肯真实地回答我。压岁钱还有几百文，买罢，<u>又没有好机会</u>。<u>有书买的大街离我家远得很</u>，<u>我一年中只能在正月间去玩一趟</u>，那时候，<u>两家书店都紧紧地关着门</u>。

玩的时候倒是没有什么的，但一坐下，我就记得绘图的《山海经》。

阿长并非学者,我对
她买来《山海经》不抱
有希望,但她却买到
了。→震悚
(困惑:阿长如何得到
的,此处为何略写?
即便略写,也将阿长
的形象跃然纸上。)
"哥儿""有画儿的三
哼经"显示阿长是一
个没有文化的人,并
非学者。
将阿长与别人对比,
叔祖、我、别人没有买
到,她却买到了。→
震悚

大概是太过于念念不忘了,连阿长也来问《山海经》是怎么一回事。这是我向来没有和她说过的,我知道她并非学者,说了也无益;但既然来问,也就都对她说了。

过了十多天,或者一个月吧,我还很记得,是她告假回家以后的四五天,她穿着新的蓝布衫回来了,一见面,就将一包书递给我,高兴地说道:

"哥儿,有画儿的'三哼经',我给你买来了!"

我似乎遇着了一个霹雳,全体[4]都震悚[5]起来;赶紧去接过来,打开纸包,是四本小小的书,略略一翻,人面的兽,九头的蛇,……果然都在内。

这又使我发生新的敬意了,别人不肯做,或不能做的事,她却能够做成功。她确有伟大的神力。谋害隐鼠的怨恨,从此完全消灭了。

⑤对问题的解决达成班级共识。

在情感变化示意图绘制中,从"敬意消失"到"新的敬意",鲁迅的情感转变历程中还有"渴慕""震悚",且这两种情感的效果是经过层层铺垫的。

围绕"渴慕","我"先是听说这本书,产生渴慕;接着《山海经》绘画的形式吸引了"我","我"对其形式产生了渴慕;之后《山海经》的内容吸引了"我","我"对其内容产生了渴慕,渴慕的程度逐渐加深。此外,围绕"渴慕","我"希望寻求叔祖、别人的帮助,但叔祖和别人不愿意寻找,"我"努力去寻找《山海经》却不得,不能买到,努力过不得之后更加渴慕这本书,渴慕的程度也是逐渐加深。

围绕"震悚",阿长是说着"三哼经"的没有文化的人,"我"对她没有任何期望,但她却买到了,"我"产生了"震悚"的情感。此外,将叔祖、别人、"我"买不到《山海经》(其中,叔祖与别人是不愿意做,而"我"是愿意但不能够做到)与并非学者的阿长愿意并能够为我买来《山海经》进行对比，"震悚"的情感加强。

（3）品味复杂情感的句子（解惑之三）。

①齐声朗读课文最后两个自然段，整体感知最后两段中作者的情感。

②反复咀嚼、反复思考蕴含着作者丰富情感的关键语句，小组合作探究作者最后对阿长的情感。

《阿长与〈山海经〉》所在单元的阅读策略是熟读精思。熟读的方法是抓标题、抓详略、抓叙事角度，以此来把握住文章重点；而精思的方法则是反复琢磨、反复咀嚼、反复思考蕴含着作者丰富情感的关键语句，感受文章的意蕴。此处主要锻炼的是"精思"这一阅读方法的使用。

③结合教师绘制的情感变化示意图最后呈现的"怀念、感激、同情、愧疚"四种情感，思考这四种情感是否存在。小组讨论，谈谈对这四种情感的理解，思考为什么鲁迅会对阿长有怀念、感激、同情、愧疚的情感。完成学习任务单二（如表6.7）的填写。

表6.7 "分析阿长形象，体察作者深情"学习任务单二

| 情感 | 内　涵 |
| --- | --- |
| 怀念 | |
| 感激 | |
| 同情 | |
| 愧疚 | |

④学生根据学习单的填写情况，进行自我诊断，厘清自己的认知需求，明晰自己对哪一个情感的理解存在学习困难。

⑤小组汇报讨论成果，师生互动，集体诊断，共同探究四种情感的内涵。

明确："怀念"是因为阿长离开人世三十年，"我"十分怀念她。"感激"是因为阿长买《山海经》这件事对"我"文学创作和文学收藏产生影响，感激阿长给"我"买《山海经》，里面有她对"我"的爱。"同情"是因为阿长是一个"小人物"，她没有姓名、青年守寡、经历不明，让人同情。

集体诊断发现，大家对"愧疚"这一情感的理解存在学习困难。

⑥朗读课文的最后两个自然段，结合本篇课文的叙述视角，思考"愧疚"因何而来。

明确：这篇文章是成年之后的鲁迅写的，当成年之后的鲁迅回忆往事的时候，发现这么多年"我"始终不知道她的姓名，很愧疚。

从成年鲁迅的角度，再去回望"我"小时候和阿长之间的点点滴滴的时候，才发现"我"没有理解出来阿长对"我"的爱，相反"我"在童年时还以十分不理想的态度对待她，在多年之后回忆起来，愧疚之情油然而生。

所以，"愧疚"来源于"我"始终不知她的姓名，"我"童年的时候对阿长的态度不理想。

⑦集体诊断之后，全班学生对四种情感的存在及四种情感的内涵达成共识，修正、补充、完善学习任务单二(如表6.8)。

表6.8　完善后的"分析阿长形象，体察作者深情"学习任务单二

| 情感 | 内　涵 |
|---|---|
| 怀念 | 阿长离开人世三十年，"我"十分怀念她。 |
| 感激 | 阿长买《山海经》这件事对"我"文学创作和文学收藏产生影响，感激阿长给"我"买《山海经》，里面有她对我的"爱"。 |
| 同情 | 阿长是一个"小人物"，她没有姓名、青年守寡、经历不明，让人同情。 |
| 愧疚 | "我"始终不知她的姓名；童年时期"我"对阿长的态度不理想。 |

【活动5：形成共识，引导形成解决问题的思路】

(1)回顾前三个困惑，明确"相似情感的程度""情感转变的历程""复杂情感的句子"这三个关键问题已经解决，并在情感变化示意图的绘制上达成共识。

在情感变化示意图的绘制中："新的敬意"比"空前敬意"的情感程度更深；从"敬意消失"到"新的敬意"，鲁迅的情感变化还经历着渴慕、震悚，且这两种情感的效果是层层铺垫的；文本最后的部分存在怀念、感激、同情、愧疚四种情感。

(2)师生共同回顾、反思之前三个问题解决的思路，总结、提炼情感变化示意图的绘制方法：第一，关联事件与情感的联系；第二，筛选文中情感的句子；第三，对情感句子归纳提炼；第四，辨析相似情感的程度；第五，梳理情感转变的历程；第六，品味复杂情感的句子。

其中，前三个方法在完成课前预学学习单的时候就已经掌握得不错，但在绘制情感变化示意图时学生还需要特别注意辨析相似情感的程度、梳理情感转变的历程、品味复杂情感的句子。

【活动6：布置作业，将所学与所用相互结合】

阅读《老王》课文，运用本节课绘制情感变化示意图使用到的六种方法，完成课后学习单（如表6.9和图6.20）。

①填写表格。

表6.9　课后学习单：杨绛与老王交往过程中的态度变化

| 杨绛与老王的交往 | 杨绛对老王的态度 | 老王对杨绛的态度 |
| --- | --- | --- |
| 坐车闲话（独干、独眼、独居）<br>…… | 同情<br>…… | |
| 送冰<br>…… | 尊重<br>…… | |

②绘制杨绛对老王的情感变化示意图。

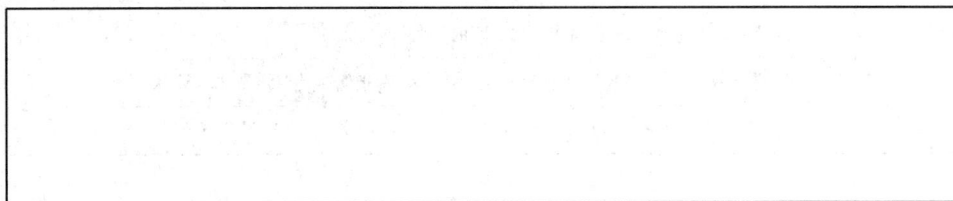

图6.20　课后学习单：杨绛对老王的情感变化示意图

5. 课堂实录

回顾课前预学学习单，以此作为学习起点。

课堂伊始，李老师开门见山，带领学生走进《阿长与〈山海经〉》的学习，并将这篇课文的学习类比成一次马拉松比赛，一场比赛首先要确定比赛的起点。在学习过程中，课前预学学习单的学情分析便是这堂课学习的起点。

李老师带大家回顾课前预学学习单，了解学习单的内容："阿长是鲁迅年少时期的保姆，是鲁迅生命中一个特殊的存在。请熟读《阿长与〈山海经〉》，谈谈阿长给你留下了什么印象，并跟随鲁迅的文字追寻他对阿长的情感变化，制作情感变化示意图。"核心活动即为填写表格，绘制作者对阿长学生针对情感变化示意图进行评价。

借助预学学习单来进行预学的学情诊断。

将学生完成的情感变化示意图进行了水平划分，生生互评，师生互评，课堂开展集体诊断。

引导学生提出驱动性问题，将其认知需求转化为驱动性问题。

的情感变化示意图。接着，李老师将学习单分为三类进行展示。她先展示了第一类预学学习单（如图 6.16），让同学们进行点评。

同学们认为这类学习单的优点是归纳了有效信息，概述了"我"与阿长有关的事情。李老师又展示了第二类预学学习单（如图 6.17）。

同学们认为第二类学习单除了筛选有效信息，还关注到了形式的创新——以折线的形式来与情感的变化相匹配。李老师对学生的点评角度进行了提示："对于情感变化示意图，我们应该从归纳有效信息、形式创新及形式与情感内容保持一致的角度来进行评价。"李老师最后展示了自己绘制的学习单（如图 6.18），让同学们点评教师绘制的情感变化示意图。

李老师问了大家一个问题："在这幅情感变化示意图中，同学们有何发现？"有同学认为这类学习单在归纳有效信息的基础之上，抓取了有效信息的关键词；有同学关注到了形式背后的意味，关注到了情感的变化是有过程的，而不是直角式的转变；有同学发现了相似情感的不同含义；还有同学发现了最后一个自然段的多种情感，更关注到了省略号。李老师在学生点评之后进行串联、小结："通过同学们对教师绘制的情感变化示意图的评价，我们发现了情感意蕴的多样性，发现了文章结尾怀念、感激、同情、愧疚的多种情感，也发现了'空前敬意''新的敬意'这些相似情感的程度存在不同，还发现了从'敬意消失'到'新的敬意'之间存在着情感的转变。"

大家从课前预学学习单这个学习起点出发，共同发现了在绘制情感变化示意图过程中产生的困惑：第一，"新的敬意"与"空前敬意"的情感程度是否一致？第二，从"敬意消失"到"新的敬意"，鲁迅的情感发生了何种转变？第三，文本最后的部分为什么会有怀念、感激、同情、愧疚四种情感？这三点就是本堂课要讨论的三个问题，也是需要解决的困惑。

解惑之一：
辨析相似情感的
程度。

李老师抛出了一个问题："在情感变化示意图的绘制中，'新的敬意'与'空前敬意'的情感程度是否一致？"大家先进入了辨析相似情感的程度的解惑活动，填写学习任务单，对比"新的敬意"和"空前敬意"。有同学说："'新的敬意'的程度很深，因为'空前敬意'随着阿长谋害了'我'的隐鼠就消失了，而'新的敬意'却久久没有消失。"李老师追问道："如何看出来'新的敬意'久久没有消失？"该同学结合文本，回答道："因为多年之后，'我'依然记得这本书的模样，说明这本书当中的图画，以及这本书在'我'心里的印象非常深刻。"李老师对该回答表示肯定，并进一步提示道："这个影响不仅仅体现在记忆里，这个影响还体现在哪里？"另一位同学

补充材料：周作
人相关回忆。

补充道："鲁迅在未来很多次的创作当中都受到了这本书的影响。"李老师又向大家补充了周作人谈到《山海经》一书对鲁迅的影响的相关回忆，并串联、小结道："从周作人的话中，我们可以看出《山海经》在鲁迅未来的创作当中产生了很深的影响，'新的敬意'的作用更加持久，而'空前敬意'的作用是短暂的。"小结之后，课堂讨论继续，又有同学提出："'新的敬意'的程度更深，是因为阿长做了别人不能做的事情"。李老师又问："这个别人会是谁呢？"学生回答："这个'别人'可能是叔祖，但因为他很疏懒，'我'不能够力逼他去寻找《山海

补充材料：《二
十四孝图》。

经'。"李老师补充了一则《二十四孝图》的材料，引导同学们思考："《二十四孝图》当中也提到了一次'别人'，我们来看《二十四孝图》当中的这句话——'我们那时有什么可看呢？只要略有图画的本子，就要被塾师，就是当时的'引导青年的前辈'禁止，呵斥，甚而至于打手心'。从这一句话当中我们可以看出周围是没有人去支持他看《山海经》的，鲁迅没有想到没有文化的阿长会去支持他，所以我们看到了阿长做了别人不能做的事情，而且阿长给他买来的《山海经》对他影响很深，那么这个时候我们再来看'新的敬意'，这个'新的敬意'里包含了什么？"同学们思索后答道："情感，对阿长的感激、感谢。"李老师小结道："很好，所以'新的敬意'的内涵是更丰富

探究讨论解决学
习问题。

的。其实从篇章结构上我们也可以看出来。"有同学立刻回答道："'空前敬意'篇幅略短，而'新的敬意'篇幅更长。"同学们共同完成了学习任务单的填写，李老师在白板上总结了大

家的讨论成果："空前敬意"作用时间短，"新的敬意"作用更持久；"空前敬意"内涵少，"新的敬意"内涵更丰富；"空前敬意"文章篇幅短，"新的敬意"文章篇幅长。同学们进一步得出结论："空前敬意"与"新的敬意"的程度是不一样的，"新的敬意"的程度更深。于是同学们明晰了在情感变化示意图中，"新的敬意"与"空前敬意"应该如何描绘。

**解惑之二：梳理情感转变的历程。**

在共同解决完第一个困惑之后，李老师又问大家："情感变化示意图绘制中，从'敬意消失'到'新的敬意'，鲁迅的情感发生着何种转变？在刚刚的问题探讨中，我们了解到了这个'新的敬意'其实是有感激、感谢的情感在里面，那么从'敬意消失'怎么就过渡到了感激和感谢了呢？"同学们在李老师的引导下，针对相应文本内容进行批注式阅读。有同学先关注到了"震悚"，又有同学关注到了"渴慕"，李老师提示大家在批注的时候主要抓住"渴慕""震悚"两个词。同学们发现从"敬意消失"到"新的敬意"之间，鲁迅的情感是十分丰富的，还经历着"渴慕""震悚"。鲁迅先是听说《山海经》，接着对《山海经》的形式产生渴慕，后对其内容产生了渴慕，因渴慕而去努力，自己努力过而不得之后更加渴慕；但是鲁迅不报以希望的阿长（不识字的保姆）却给他买来了《山海经》，因而震悚。"渴慕"与"震悚"情感的表达效果是经过层层铺垫的，正是因为这样层层的铺垫，我们才会体悟到为什么"敬意消失"到"新的敬意"的产生会有一个逐步上升的过程。同学们通过批注式阅读自主解答了困惑二。

**批注式阅读，抓住"渴慕""震悚"两个词。**

**探究讨论解决学习问题。**

**解惑之三：品味复杂情感的句子。**

随后，李老师又引导同学们转向第三个问题："在情感变化示意图绘制中，文本最后的部分为什么会有怀念、感激、同情、愧疚四种情感？"同学们齐读了第30、31自然段之后，结合李老师绘制的情感变化示意图，发现其中蕴含怀念、感激、同情、愧疚四种情感。同学们进而分组合作讨论，谈谈对这四种情感的理解。第一组率先谈到"感激"，他们得出："感激是由于阿长买《山海经》这件事对'我'文学创作和文学收藏产生影响，感激阿长给'我'买《山海经》，里面有她对'我'的爱。"第二组同学认为："同情是因为阿长是一个'小人物'，她没有姓名、青年守寡、经历不明，让人同情。"第三组同学在最后一句话中读出了"怀念"，他们认为："阿

**小组合作探究。**

269

长离开人世三十年，鲁迅十分怀念她。"李老师引导该组同学带着情感朗读最后一句话，如此感受并强化"怀念"的情感。李老师发现同学们比较容易地理解了四种情感中的怀念、感激、同情，但是对"愧疚"这一种情感，存在理解困难。于是，李老师引导大家关注叙述视角，她提示道："这篇文章是成年之后的鲁迅写的，站在成年鲁迅的角度上，再来读第30和31自然段，我们看这个愧疚来源于哪儿?"有同学举手回答道："这个愧疚来源于这么多年'我'都不知道她的姓名，始终不知道，很内疚。"还有同学回答道："这个愧疚来源于童年时期'我'对阿长的态度。童年时期，阿长让'我'吃福橘的时候，'我'会觉得她很烦，很不耐烦，'我'会觉得她很迷信。但多年之后我回忆起来才发现那个福橘里面有阿长对'我'满满的爱。"李老师串联、小结："从成年鲁迅的角度，我们再去看'我'小时候和阿长之间的点点滴滴，才发现'我'没有理解阿长对'我'的爱，相反'我'在童年时还以那样的态度对待她，在多年之后回忆起来，愧疚之情油然而生。"讨论至此，同学们完成了学习任务单的填写。

探究讨论解决学习问题，总结绘制情感变化示意图的方法。

李老师在确认大家三个困惑的问题都解决了之后，与同学们在情感变化示意图的绘制上达成了共识，之后与同学们共同回顾绘制情感变化示意图的方法：第一，关联事件与情感的联系；第二，筛选文中情感的句子；第三，对情感句子归纳提炼；第四，辨析相似情感的程度；第五，梳理情感转变的历程；第六，品味复杂情感的句子。李老师提示大家："前三个梳理方法我们在完成课前预学学习单的时候就已经用到，大家已经掌握得不错，但在绘制情感变化示意图时，我们还需要特别注意辨析相似情感的程度、梳理情感转变的历程、品味复杂情感的句子，当然还要注意呈现的形式。"

在课堂的最后，李老师给同学们布置了作业，请同学们阅读《老王》课文，迁移运用这堂课学到的绘制情感变化示意图的方法，绘制杨绛对老王的情感变化示意图。

## 二、基于微专题研讨的单元整体教学推进课的改进实践

与李锦老师相同，赵梦梦老师也开始探索单元整体教学的推进课型。如果说单元整体教学的导引课重在激发学生对单元整体教学主题任务的热情，让学生在共情后直面真实的主题任务，激发其主题任务学习的动机，那么，单元整体教学推进课就需要遵循主题任务实施中问题解决的活动逻辑，努力转变原有的知识讲解、技能训练的教学习惯，让学生能够完整地做语文之事，面对学习中的问题，师生共同着力解决。明确单元整体教学推进课的功能定位，基于马寨一中语文教学实际情况，项目组着力打造基于微专题研讨的单元整体教学推进课模型。

### (一)基于微专题研讨的单元整体教学推进课的学理依据

微专题是专题学习的"小微化"，它不是长时间、大跨度的"大单元教学"，也不是综合性程度很高的"项目化学习"，而是教师基于课程标准、教材开发出的"短""平""快"的学习小专题[①]。微专题教学除了具备"专题学习"这一属性，还以"微型"为主要特征，教学过程呈现出短、平、快的特点。微专题教学之"短"，时间可以是十几分钟，也可以是一两节课，由于时间短，因此教学点要集中，教学环节不能繁杂；微专题教学之"平"，平在教学内容平易浅近，但是需要具有学习的深度，教师需要围绕任务和问题设计活动的进阶，让学生能够由浅入深、拾级而上地进行学习[②]；微专题教学之"快"，快在研究的紧凑，初高中的研究并非大学的学术研究，它力图目标单纯不庞杂，内容集中不离散，过程紧凑不散漫，学生当堂完成。随着语文学科核心素养的提出，微专题教学成为探索语文学科核心素养导向下的任务群教学的有效方式，它立足于围绕任务的学习单元，是以"微能力点""微知识点""微主题"引领的一种学习方式。基于真实情境的中学语文专题学习，一般遵循"定向、准备、实施、评价"的基本程序，根据不同的专题，筛

---

① 褚树荣. 基于教材，对接课标：高中语文微专题开发[J]. 天津师范大学学报(基础教育版)，2020，21(01)：7-13.

② 褚树荣. 小标语，大乾坤："当代文化参与"微专题教学案例[J]. 语文教学通讯，2020(07)：39-41.

选有内在逻辑联系的阅读材料，设置不同梯度的真实任务，旨在完成从"知识为重"到"素养养成"、从"老师怎么教"到"学生怎么学"的教学转变，来适应未来语文课堂的发展①。专题围绕着"问题·任务"进行，在问题的解决、任务的达成中走向立体、开放的教学形态。伴随着问题的解决和任务的达成，学生开展了阅读鉴赏、表达交流、梳理探究等语文实践活动。在专题的学习中，需要"依标而学""基于学情""因体而学""素养旨归""任务驱动""以评促学"。专题学习的开展需要确定学习目标，学习目标的明确需要依据课程标准、基于学生学情、分析教学内容。专题学习的推进需要围绕"任务"，由任务驱动，围绕任务来开展，最终解决任务。专题学习成果的获得不仅离不开过程性评价，也需要终结性评价，真正通过评价来促进专题学习。

1. 专题研究

专题研究是专题研究性学习的简称②。专题研究的提出就是为了解决既往语文学习中的浅层学习、机械训练、知行分离的弊端。从教学目的看，既往的教学目的急功近利，它通常关注短期目标，强调功利结果，重视知识点、考点的落实，忽视学生人文情怀的培育、学科思想方法的锤炼、听说读写能力的提高和自主学习习惯的养成。从教学内容看，既往的教学内容被肢解割裂，注重对单一文本微观、局部的细读和讲解，将作品肢解得美感全无、雅趣不存，缺少情感、审美和文化视角下高屋建瓴的宏观审视和整体推进。从教学过程看，既往的教学过程越俎代庖，"师道中心""教材中心""讲习中心"的观念根深蒂固，在学习内容、方式、程度、进度上整齐划一，力求使学生习得大同小异的结论。学生难以自主选择学习内容、安排学习进度、参与和设计学习活动，质疑精神和自主欲望被压抑。从教学方法看，既往的教学方法单一刻板，忽视文体、语体的特征与价值，将散文、小说、诗歌、戏剧按照同样的流程和方式分析讲解，使学生思维状态单一、封闭、静止，不利于阅读品质的提高和探究性、研究性阅读的开展。学生往往由兴趣起，而终结于消遣或应试技能。从教学成效看，既往的教学成效难以验

---

① 唐玲莉. 基于真实情境的中学语文专题学习探索[J]. 课程教学研究，2020(08):33-36.
② 张秋玲. 模块课程理念指导下的专题学习[J]. 中国教师，2017(14)：21-24.

证，以考试成绩为唯一指标，难以激发学生持久的内在动力和全面评定学生的语文综合素养。学生的阅读量、写作量、思维品质和学习能力的提升欠缺多元化、个性化的过程性语文学习成果。

所谓专题研究，便是围绕着需要解决的核心问题、核心任务、核心项目出发，在问题的解决、任务的实施、项目的达成中走向立体、开放的课程形态。"专题"凸显了学习任务的挑战性，为的是集中①。专题本身应是师生在初中语文单篇、群文、单元、整本书等教学中存在的有疑惑的真实且复杂的问题，经过对问题的研究价值、教学价值、素养提升与学生兴趣、学生能力的通盘考虑后不断萃取方能最终确定。师生可以从篇章阅读出发，发现问题，在此基础上辐射到进行相关专题探讨，例如在开展寓言教学的时候，可以研究寓言故事情节的突转现象、寓言故事中蕴含的情理等，也可以对某一部经典著作开展研读，如《战国策》等，还可以阅读和研究某一类重要作家的创作风格，如克雷洛夫寓言风格探讨等，甚至可以从学生的视野出发，对中西方寓言进行比较研究。专题学习中的"专题"有效地提高了学习内容的针对性，契合学习"意图性"特征，以目标为导向、以专题为指引便能有效进行无效信息的过滤，在选择、甄别、取舍的思维模式下合理做出最优化的时间和精力投资，推动提升初中语文学习的质与量。当初中生积极努力地达成真实且复杂的高阶认知目标时，他们会付出更多努力，持续积累相关材料，不断加深阅读认识，逐渐汇聚学习体验，层层提纯其思想，在去粗取精、由博返约中实现语文素养的升华。"研究"为的是深入。专题研究是以初中语文复杂且真实的学习问题为依托的，以专题形式在教师的帮助促进下开展学生自主合作的研究学习活动。问题的设计是"专题研究性学习"取得成效的关键，是进入"专题研究性学习"的唯一路径，起着引路、导航的作用。只有提出问题，才有可能研究问题，才有可能使思想认识逐步深入和广泛②。以问题为指导，可

---

① 吴泓，李擎，彭莉琼，等. 励志陶情　滋兰树蕙："屈原专题"研究性学习的思考与实践[J]. 中学语文教学，2009(08)：74-76.

② 吴泓. 精神和言语共生：高中语文"专题研究性学习"[M]. 广州：广东教育出版社，2003.

以培养学生发现问题、识别问题、综合问题等涉及诸多环节的完整的问题意识，也可以提升学生界定问题、分析问题、探究问题、解决问题的能力，在此过程中伴随着教师持续引问、学生不断追问、师生合力解问、组织学生汇报研究问题的过程及宣讲问题研究成果的动态开放且深入的学问研究循环样式。其深入体现在：首先，面对专题，学生或提问，或鉴赏，或研究，或创作，或讨论，或表演，或宣讲，整体地提升其听说、读写、观评的量与质；其次，专题"聚合"学习时间的同时，实现了知识与能力、过程与方法、情感态度与价值观的"聚合"；最后，在初中语文的问题解决和话题理解过程中，语文教学不再是知识的传递，而是以一种充满想象力的方式开始寓言、叙事、文化的探秘。在这里，教学与研究、旧知与新知不断结合，学生的理性思维和高阶认知能力得以形成①。

总体来讲，专题研究呈现出收敛与开放的特征。专题研究体现收敛的特征，因为"专题"是"专题研究"的基础，专题限定了学习的方向、目标、主题、内容和任务；专题研究体现开放的特征，因为"研究"是"专题研究"开展的重要方式，研究需要学生高度参与，教师教学需要采用发现式教学和探究式教学。"专题研究"扭转了单篇课文学习阅读时间短、阅读目的单一、阅读内容碎片化的弊端，转向了学习时间、语言材料、三维目标的统整②。同时，它也推动着中学语文教学方式从"讲习中心"转为"学习中心"。自此，语文教学不再是知识传递，而是语言建构、意义建构的重要方式。

2. 建构主义教学

建构主义教学理论需要与建构主义学习理论、建构主义学习环境相互适应。

自建构主义学习理论看，该学习理论强调以学生为中心，学生不再是刺激反应下的被动接受者和知识的灌输对象，而是成为知识加工的主体和知识意义的主动建构者，教师也不再是知识的传递者和灌输者，而是成为学生主动建构意义的

① 管贤强，陈晓波. 专题研讨：国学经典教育的关键路径[J]. 语文建设，2018(28)：20-23.

② 郑国民，李煜晖. 高中语文专题教学实践研究探析[J]. 教育学报，2017，13(05)：46-51.

帮促者。学生的学习过程就是在教师的帮促下通过自己的实践，基于自己的经验进行主动积极的意义建构的过程，包括新旧知识间的联系建构、原有认知结构的重组、原有价值观和信念态度的调整完善、新意义的不断生成内化。建构主义学习观认为学习实质是同化或顺应，二者是学习者认知结构改变的两种途径或方式。学习者通过"同化—顺应—同化"的循环往复，实现"平衡—不平衡—平衡"的相互交替，不断促进认知结构的重组和发展①。教师不应无视学生的成长经验，相反，应该将它们作为新经验的增长点，教会学生如何从自己的已有经验出发顺应、同化新知识。在建构主义学习理论下的初中语文学习应该重视学生的"前理解"，强调"联系与建构"，充分尊重学生学习的主体性，让他们直面、触摸学习内容，珍视自己的原初体验。建构主义认为只有主动的学习才能促进学习者积极进行思考，才能使新的知识同其原有的知识和经验联系起来并重新得到构建。学习就是理解，理解是一个意义的赋予过程，即学生必须依据已有的知识和经验对建构的对象作出解释，在新的学习材料与主体已有的知识和经验之间建立实质性的联系，从而获得真正的意义。② 建构主义学生观为以上教学主张提供了理论依据。总体来说，建构主义学习理论重视学习者个体的自身经验和自我发展，也并不一味否定外在的引导和促进，它反对的是惰性的知识和知识的灌输。建构主义主张把个体置于具体的情境下，通过环境的影响、他人的帮助和相关学习材料的提示，对原有知识进行选择与加工来帮助个体完成意义建构。建构主义强调教师要营造出良好的学习环境，使学生在这种环境中能够进行自主、合作、探究式的学习③。

自建构主义学习环境看，只有当儿童同环境中的人们及同伴相互作用时，学习才能起作用，从而激发各种各样的内部发展过程。学习是学习者与外在环境多向性的交互作用过程。在教学设计中，我们一方面要分析学生在这种学习环境中可能会有什么样的需求，同时又要考虑应该在何时提供支持，在何时撤销，在何

---

① 刘万伦，田学红. 发展与教育心理学[M]. 北京：高等教育出版社，2011.

② 张桂春. 建构主义学习思想解读[J]. 教育科学，2005，21(04)：29-32.

③ 巨瑛梅，刘旭东. 当代国外教学理论[M]. 北京：教育科学出版社，2004.

处多给引导，在何处少给引导。一种学习环境会培养一种类型的学习者，养成一种类型的学习者。建构主义价值取向认为以学习者为中心的学习环境所给养的是建构性的学习，所养成的是自主发展的人。这是未来提高学校教育效能所需要的，是学校学习回归和超越自然场景中的学习的目的所在。① 建构主义学习环境包括情境、协作、会话和意义建构等四大因素。"情境"及情境中的问题是学习者和探究者意义建构的基础。"协作"总是发生在探究或学习的过程始终，"协作"是建构主义学习理论中的重要要素之一，它主张学生之间建立起学习小组，在教师的引导下，成员之间通过协商和交流分享自己的经验和感悟，最后对问题达成共识。② "会话"是协作过程中不可缺少的环节，也是意义建构的重要手段，是每个探究者智慧成果的共享过程。"意义建构"是整个探究或学习过程的最终目标，所要建构的意义是指事物的性质、规律及该事物与其他事物之间的关系。基于建构主义学习理论和建构主义学习环境，建构主义教学可以界定为：以学生为中心，在整个教学过程中教师发挥着组织者、指导者、帮助者和促进者的作用，利用情境、协作、会话等学习环境要素充分发挥学生的主动性、积极性和首创精神，最终达到使学生有效地实现对所学知识进行意义建构的目的。

建构主义教学带来了学生观、教师观、知识观、媒体观、教学观等的多重改变。自学生观看，建构主义教学视学生为意义建构的主体；自教师观看，教师是教学过程的组织者、指导者，意义建构的帮助者、促进者；自知识观看，教材所提供的知识不再是教师传授的内容，而是学生主动建构的对象；自媒体观看，媒体不再是帮助教师传授知识的手段和方法，而是用来创设情境，进行协作学习、会话交流的认知工具；自教学观看，学生建构知识的过程具有四大特点。四大特点具体是："主动建构性"即学生从自己的已有经验出发，主动选择、勾连新知识；"社会互动性"即在参加某一社会文化中借助"学习共同体"来转换、内化相关

---

① 乔纳森. 学习环境的理论基础[M]. 郑太年，任友群，译. 上海：华东师范大学出版社，2002.

② 欧阳芬. 多元智能与建构主义理论在课堂教学中的应用[M]. 北京：中国轻工业出版社，2004.

知识技能①；"学习情境性"即知识不是"脱境"抽象存在的，学生必须在具体情境中迁移运用知识，才有可能真正理解知识；"教学异步性"即不同的学生沿着不同的学习路径，完全可以建构出相同的结果。

基于对建构主义教学的认识，学者们提出了改革教学的设想，比如基于问题的学习、基于专题的教学等。这些教学模式都需要构建学习的定向点，这些定向点可以是问题、专题，也可以是任务、项目、案例。围绕着这个定向点，教学需要"学习情境""学习资源""认知工具""学习策略""管理和帮助"等方面的相应支持，共同服务于专题的研究和问题的研讨。因此，这些基于建构主义教学理念展开的改革设想需要遵循以下两个方面。

一方面，教师需要就学习内容设计富有意义且有思考价值的专题和问题，这样的专题和问题需要服务于学习目标、学习者并且由学习内容所决定。之所以分析学习目标对专题研究等具有着重要意义，是因为专题研究是促进学习者朝着目标所规定的方向产生变化的过程，它尊重学习的主体，包含着基本概念、基本原理、基本方法及基本过程有关的知识内容，并且贯穿于学习活动的始终。之所以要分析学生学情，是因为学生是学习的主体，是意义的主动建构者。学习者的分析，不仅要分析知识基础、认知能力和认知结构等智力性因素，还需要分析兴趣、动机、情感、意志和性格等非智力因素。对学习者的画像越清晰，越有利于设计出契合学生能力水平和知识水平的学习专题，也更加便于教师提供合适的帮助和引导，创设适合学生的个性化情境，选择更加贴近学生的学习资源。在教学过程中，应不断变通教学形式，创设适应个性化学习的情境，采取适当的方式、内容、评价方法等，使学生自由、和谐发展②。之所以分析学习内容特征对专题研究等具有着重要意义，是因为学习内容是专题研究的知识载体，了解所需学习的知识内容、知识内容结构及知识内容类型，便能更加具有针对性地嵌入到情

---

① 舒晓丽，李莉，吴静珊. 学生发展与学习心理［M］. 广州：华南理工大学出版社，2021.

② 李丽. 微课程设计方法与教学研究［M］. 成都：电子科技大学出版社，2017.

境、活动等要素中去。

另一方面，围绕着专题研究的开展，教学需要"学习情境""学习资源""认知工具""学习策略""管理和帮助"等方面的相应支持。之所以设置学习情境对专题研究等具有着重要意义，是因为建构主义强调学生要在真实情境下学习，减少知识与专题研究、问题解决之间的差距，强调知识迁移能力的培养。真实性的、多样性的学习情境，也为学生的专题研究提供了一个完整的、真实的学习情境，以此为支撑启动教学，就可以让学生产生学习的需要，学习情境的表征又促进着学生之间、师生之间的互动交流，从而达到主动建构知识意义的目的。只有将学习作为一个通过积极探索、主动开发和利用多种资源，不断提升自己参与、实践和创造水平的实践活动的时候，学习的终身化才有可能，也才有意义①。就文学体验情境来说，不仅要能够引起学生的共鸣，激发学生内在的情感体验，还要能够让学生拥有阐发个性化认识的空间。据此，在创设文学体验情境时，应以学生真实的语文学习生活为基础，聚焦于文学作品阅读、中华优秀传统文化探究与体认、当代文化生活参与等方面，设置学习主题与学习活动②。之所以设计学习资源对专题研究等具有着重要意义，是因为无论是学生的自主学习、意义建构还是专题研究、问题解决都需要基于大量的信息方能进行。之所以需要提供认知工具，是因为认知工具可以帮助学习者更好地表述问题、表述所知道的知识和正在学习的客体，也可以帮助学习者收集并处理专题研究和解决问题所必需的重要信息。之所以需要设计学习策略，是因为学习策略可以更好地发挥学生学习的主动性、积极性，更好地发挥学生认知主体的作用。之所以需要教师的管理和帮助，是因为教师的指导作用不可或缺，教师是教学过程的组织者、指导者，意义建构的帮助者、促进者，教师在学习环境中确定学习专题，组织学生开展专题研究，提供帮助和指导，引导学生正确使用认知工具。

---

① 高文，徐斌艳，吴刚. 建构主义教育研究[M]. 北京：教育科学出版社，2008.

② 李倩，吴欣歆. 基于文学体验情境的语文核心素养测评设计[J]. 语文建设，2022(17)：14-17.

## （二）基于微专题研讨的单元整体教学推进课的探索历程

探索微专题研讨的单元整体教学推进课型，并非只是从理论到实践的简单过程。如何进行单元整体教学推进课，不同的学校、不同的班级因为校情不同、班情不同也有着不同的模样。在与马寨一中的教师和教研组长交流时，听到最多的是"学校位置""生源质量"等客观的介绍。项目组希望教师基于单元整体教学的培训研讨，能够发挥马寨一中教研组、备课组的集体智慧，来展现他们所认为的单元整体教学推进课。同时，项目组也需要基于教师的教学实践，一起来寻找适合马寨一中的单元整体教学推进课型。

1."'小人物'大精神"：群文阅读下的"小人物"之不"小"

经过教师的精心准备，2020年12月3日，郑州市二七区马寨一中的赵梦梦老师、姚国笑老师和郑州市第二初级中学的李锦老师、石冰玉老师展示了单元整体教学的推进课型，不同学校的不同老师采用了同课异构的方式进行了教学的呈现。同课，同的是均需要对七年级下册第三单元展开多文本阅读教学；异构，差异的是展现的是不同学校对多文本阅读教学的实践。在和教师的交流过程中，教师谈到最多的并非单元整体教学如何推进，而是如何进行多文本阅读教学。项目组也逐渐发现：多文本阅读教学是河南省近年来着力推广的阅读教学方式，各个学校都非常重视多文本阅读教学，也开展了形式多样、富有特色的活动，扎实推进着多文本阅读教学，并且希望能够对多文本阅读教学提炼和总结出具有显示度的成果。在赵梦梦老师的教学设计中，她将多文本阅读教学称为"群文阅读教学"，她试图将教学的群文设定为《阿长与〈山海经〉》《老王》《台阶》等三篇现代文。

（1）课堂教学：群文阅读教学中探究"'小人物'大精神"

在单元整体教学推进课的展示中，赵老师展示了群文阅读教学，名称为"'小人物'大精神：《阿长与〈山海经〉》《老王》《台阶》的群文阅读"。在赵老师看来，在群文阅读教学中，教师可以根据教材自主进行整合式教学，课堂教学的主动权掌握在教师手中。从课时的角度来看，群文阅读一般占较少的课时，教师的切入点小一些、明确一些，这就使得课堂节奏更加紧凑。这种教学的最终目的就是让学生能够改变单篇阅读零散化、碎片化的方式，主动寻求文章与文章之间的相互关联，从单一文本走向文本群，不断向更广阔的阅读天地迈进①。

如何开展群文阅读教学设计？赵老师认为具有两个关键的环节。环节一，寻找不同文本的共通之处，明确群文阅读教学的"教学点"。正是有了教学点，才可以使得群文阅读教学化繁为简。环节二，基于"教学点"，设计具有层次性的教学线。这些教学线，不仅要有层次性，可以让学生逐层深入地开展学习，还需要注重承上启下的串联过渡。

环节一，确定群文阅读教学的"教学点"。教学点的确定，需要遵循语文教材。教师在选择文章进行群文阅读教学之前，要先确定教学的目标。选择群文教学的文章，需要结合文章的具体内容、风格及强调的价值观进行组合②。在教案的设计中，赵老师没有呈现课程标准的相应表述，也没有呈现对学生学情的分析，教学设计起始部分便是呈现教材分析。她在教学分析中寻找到《阿长与〈山海经〉》《老王》《台阶》三篇文本的共通之处——"'小人物'大精神"。在导入语的部分，赵老师直接指出文本之间的共通之处便是"'小人物'大精神"，具体表述为："本单元讲的都是关于'小人物'的故事，他们身上都有着朴素的爱与单纯的善，有着平凡的向往与坚定的追求，还有着自信与智慧。这三篇课文都是以写人记事为主。"赵老师也谈到了这些共通之处在不同文本中的具体体现："《阿长与〈山海经〉》中，鲁迅先生深情回忆了童年的保姆阿长，表达了对这位命运不幸，却仁厚善良的女性的感激和怀念。《老王》中，杨绛回忆与车夫老王的交往，展现了闪光的人性之美，讴歌了人与人之间珍贵的友情，也表达了对不幸者的悲悯及对自身的反省。《台阶》中，作者通过讲述'父亲'修台阶的故事，引发了读者对物质追求与精神追求错位现象的多元思考。"

环节二，设计群文阅读的"教学线"。有了明确的教学点，就可以基于教学点设计教学目标、教学评价、教学流程。自教学目标看，教学目标紧扣"'小人物'

---

① 雷明贵. 互文理论启发下的群文阅读策略[J]. 语文建设，2021(01)：72-74.

② 凌鹏国. 群文阅读文章选择及教学的优化策略[J]. 语文建设，2021(04)：70-72.

大精神"，分别为："目标一，跳读课文，初识'小人物'之'小'""目标二，学生通过细节分析，说出'小人物'之'大'""目标三，联系实际，感受人性之美"。自教学评价看，教学评价呼应着教学目标，也紧扣了教学点，分别为："评价一，检查学生对'小人物'的认识，学生能够说出'小人物'的平凡之处""评价二，学生通过自主思考、小组交流，能够画出体现人物精神品质的句子，并能结合重点词语说出具体的精神品质""评价三，学生能够举出生活中平凡但有伟大精神品质的'小人物'"。自教学流程看，整个教学都是取点突破，围绕着"'小人物'大精神"这个教学点逐步展开。

第一步，教学导入，点明群文阅读教学的议题。在导入部分，赵老师针对课题部分的"群文阅读"进行了介绍："群文阅读不同于我们平时的单文阅读，它是把几篇文章组合在一起进行的阅读"，还指出了讨论的议题，"今天我们围绕七年级下册第三单元这几篇课文，以'"小人物"大精神'为议题进行讨论。"不难看出，赵老师议题的选择，遵循着"服务教材、回归教材"的原则，根据教材的单元说明设置了相应的人文主题类的议题。

第二步，检查预习，关注"小人物"。赵老师采用演绎法的逻辑，首先给学生介绍"小人物"，指出"'小人物'是那些在社会上不出名、没有影响力的普通人"，接着让学生梳理"小人物"，学生从作品、姓名、职业、家庭状况等四个维度梳理《阿长与〈山海经〉》《老王》《台阶》等三个文本中的"小人物"，在此基础上思考他们为何是"小人物"，进而明确"小人物"之"小"。

第三步，聚焦细节，说出大精神。赵老师引导学生关注"小人物"身上的大精神："这些'小人物'没有传奇的经历、壮丽的事业，没有深湛的学识、豪迈的言语，也没有火一样的愤怒与冰一样的沉静。但他们身上常常闪耀着优秀精神品质的光辉。接下来，我们通过聚焦人物细节描写，去发现人物伟大的精神品质。"这样的引导，一方面，实现着从"小人物"的分析到大精神的研讨之间的过渡，另一方面，也指出了要通过细节描写来把握"小人物"的精神品质。赵老师主要将细节作为抓手，从介绍细节描写概念、勾画细节描写语句、读出"小人物"精神、畅谈读后感想四个方面展开。介绍细节描写概念部分，赵老师认为有了细节描写方能如见其人，"人物细节描写就是把人物的外貌、动作、语言、心理活动、神态等进行准确、生动、细致的描绘，使读者如见其人"。勾画细节描写语句部分，借助表格形式，帮助学生梳理不同文本中"小人物"的外貌、动作、语言、心理活动、神态等细节描写，通过细节描写凝练出"小人物"的精神品质。读出"小人物"精神部分，基于学生的表格梳理，赵老师展开了与学生的研讨。比如，师生研讨了《阿长与〈山海经〉》中第 8 段中的内容："第二天醒得特别早，一醒，就要坐起来。她却立刻伸出臂膊，一把将我按住。我惊异地看她时，只见她惶急地看着我。"讨论中师生抓住了"伸、按、看"一连串的动作，把握了"小人物"精神："体现了阿长对祈求祝福的重视，她虽然迷信、粗暴，但足见对'我'的关心和祝福。"在此基础上，赵老师总结了这一部分的学习内容："聚焦人物细节，感知人物精神，通过群文阅读，我们不难看出他们身上闪耀着共同的精神光芒，包括友善、纯朴、有追求……"畅谈读后感想部分，赵老师呈现了一幅幅"小人物"图片，这些"小人物"身上体现出了友善、团结。对于学生的讨论，赵老师做了"小人物"精神的升华："有大精神的'小人物'是最平凡的人，也是最伟大的人，是立足大地、头顶青天的伟丈夫，是不屈不挠、不折不弯的硬汉子！"

（2）学生访谈：议题聚焦但缺乏探究的深度

赵老师结束了单元整体教学推进课的教学，接着项目组对四位学生进行了访谈。赵老师与李锦老师的教学存在相似情况，受到教学前经验的影响，并未关注到课堂教学在单元整体教学中的课时定位，整个课堂教学呈现的是群文阅读的课堂教学。项目组能够理解教师对群文阅读教学探索的急迫性和必要性，所以决定整个学生访谈从帮助教师解决"群文阅读教学"的实际问题的角度展开。由于赵老师的群文阅读教学的"教学点"比较集中，因此，项目组的访谈主要围绕"'小人物'大精神"展开。

首先，项目组让接受访谈的学生开放式地谈谈在探究课上的收获。学生认为："通过梳理'小人物'的作品、姓名、职业、家庭状况，加深了他们对'小人物'的认识；通过对细节描写的整理，也认识到了'小人物'背后的大精神。"

然后，在此基础上，项目组具体询问了学生关于阿长、老王和父亲的"小人物"形象，以老王的"小人物"形象为例，学生仍然是从姓名、职业、家庭状况等维度呈现其形象，并未顾及具体文本中老王的身体状况等基本信息。同时，学生也无法从人物形象的描述上升到对人物特点结构化的概括与归纳，仍然以老王为例，学生无法真正得出他具有"三无""三独""三破"的特点。自"三无"看，他无家庭、无组织、无本钱。自"三独"看，他独干，无依无靠、失群落伍；独眼，眼拙不清、身残客少；独居，荒僻塌败、孤独栖身。自"三破"看，他有着破旧三轮，维持生计；有着残破身体，痛苦生活；住着破落小屋，苦度光阴。总的看来，他是一个处于"活命"状态的"苦"人。

最后，项目组让学生对作品中的人物细节进行赏析。学生可以较为迅速地回忆与联想到课堂所学习的外貌、动作、语言、心理活动、神态等细节描写，也能够借助细节描写中的关键词提取"小人物"的大精神。比如，学生提到了李森祥《台阶》中的细节描写——"我连忙去抢父亲的担子，他却很粗暴地一把推开我：'不要你凑热闹，我连一担水都挑不——动吗！'"学生通过"粗暴地一把推开"等动作描写及"我连一担水都挑不——动吗！"的语言描写，分析出了父亲要强的性格特点。但是，项目组也发现学生很难将细节与细节进行关联，形成对人物精神的整体、深刻的认识。比如学生应思考如下问题："父亲为什么明明该高兴，却露出些尴尬的笑？""父亲闪了腰，为什么不让'我'帮忙？"只有将这些细节相连，学生方能懂得：父亲作为一个自尊自强、渴望得到尊重的农民形象，在讲述父亲人生经历的命运时，也在诉说着他生命的本身、生命的斗争、生命的奋斗、生命的衰老和生命的状态。

(3)教学研讨：群文阅读教学应该注重议题探究的深度

经过观看赵老师"'小人物'大精神"的群文阅读课，结合课后对学生的访谈，项目组形成了两个认识：认识一，与李锦老师的问题相似，由于受到教学前经验的影响，并未明晰单元整体教学的课时定位，由于这一问题和李锦老师交流过，赵老师也已经较为明确，我们这里不再赘述；认识二，与李锦老师的问题不同，赵老师的群文阅读教学聚焦在三篇文本的共同点"'小人物'大精神"上，存在着议题探究浅层化的问题。因此，整个教学研讨就围绕着"议题探究深度"展开，单元整体教学的课时定位仅做了些许提示。

研讨一：追求群文阅读教学的深度，就不应只是求同，还需求异

基于专题、基于探究、基于挑战、基于项目等具有创造性和实践性的学习方式，能够有效促进深度学习①。群文阅读教学，力图通过议题的探究，实现有深度的语文阅读教学。项目组肯定了赵老师通过图表、画图等方式来实现对文本的概读，同时，也指出：要实现具有深度的群文阅读教学，不应仅仅关注群文之间的共通点，还需要看到群文之间的差异点，让学生看到每个文本的"这一篇"。阿长、老王、父亲这些"小人物"其实不一样，阿长、老王、父亲这些"小人物"身上的"大精神"也不相同，群文阅读应"群""己"并重，忌有"群"无"己"②。即便在群文阅读教学之下，阅读教学也要关注到学生与课文"这一篇"的链接，教学就是要帮助学生克服个人语文经验，个人对文本的理解、感受与课文所需的语言经验、课文理解之间的隔阂。

为了实现学习的深度，群文阅读教学既需要求同，又需要求异，还需要在教学过程中形成阅读方法的进阶性（如图6.21）。在阅读教学的开始，教师带领学生"趣读"，激发学生阅读兴趣。真正开始群文阅读的时候，教师可以帮促学生"概读"，抓住群文的共通之处。在群文阅读深入的时候，教师可以带领学生"比读"，在比读中发现文本的差异之处及各个文本"这一篇"的重要特点。在群文阅读教学的结尾部分，教师可以带领学生"回读"，使学生在"回读"中总结、固化学习成果，在"回读"中深化、质疑学习认识，在"回读"中拓展、拓宽学习的广度。进阶式的阅读教学追求教学的梯度、深度和逻辑关联度，这样就使课堂教学效率变得清晰可视，使学生的发展落到实处③。

---

① 刘月霞，郭华. 深度学习：走向核心素养（理论普及读本）[M]. 北京：教育科学出版社，2018.

② 管然荣. 语文课程内容的"群"与"己"：也谈"任务群"教学实施的问题与对策[J]. 中学语文教学，2020(01)：8-11.

③ 黄伟. 追求阅读教学内容结构化，促成语文核心素养进阶发展[J]. 中学语文教学，2022(08)：4-9.

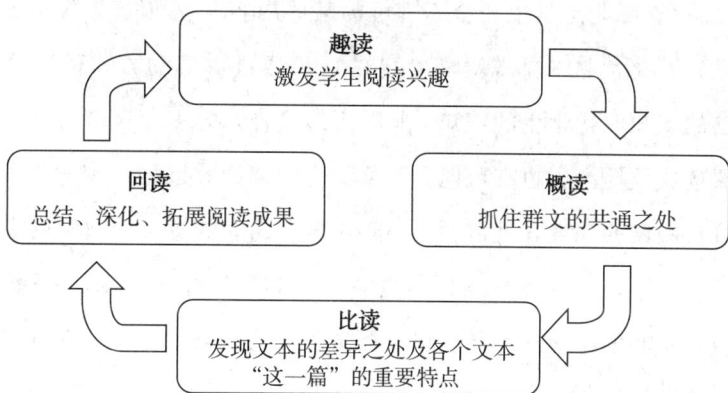

图 6.21　构建结构化、进阶化的群文阅读方法

　　正是在这样的思路下，项目组对教师有如下建议。第一，"小人物"形象方面，可以从作品、姓名、职业、家庭状况等四个维度开展概读，梳理《阿长与〈山海经〉》《老王》《台阶》等三个文本中的"小人物"，但是要让学生在梳理的基础上进行比读，去探究发现这些"小人物"形象的不同。学生会发现，作者笔下的"小人物"形象各有不同。第二，大精神方面，教师也可以带领学生从细节描写关注到"小人物"的精神层面，但是在梳理细节的过程中，教师要引导学生进行比读，关注每个作家刻画笔下"小人物"时所采用的细节的不同，以及每个作家笔下"小人物"的精神的差异。比如，阿长的人物精神为可敬可爱（偏重情感），老王的人物精神为忠厚与善良（偏重品行），父亲的人物精神为追求与失落（偏重人生目标）。项目组特别肯定赵老师比读不同文本的主题所呈现的内容差异，更期待她能发现文本表达方式的细微不同。

　　研讨二：追求群文阅读教学的深度，就不应只是讲解，还需发现

　　讲解便是教师通常所说的"讲授"，是教师利用自己的语言和教学媒体手段，来对知识进行解析和揭示，揭示其中的内在关联，进一步引导学生理解重要的事实，形成概念等，从而使学生可以把握知识和规律的教学行为方式。不难看出，"讲解"省时、经济，可以减少学生学习的盲目性。在整个教学过程中，赵老师或是讲解"群文阅读"，或是讲解"小人物"，或是讲解"细节描写"，或是讲解"大精

神"。这些知识点可能是学生完全不理解的某些内容，也可能是学生认识上比较模糊的地方，因此，赵老师需要将自己的认识通过讲解的方式传递给学生。但是，将自己的认知取代学生的感知，将既定结论告知学生，这样的方式不一定能使学生的阅读成效提高，也有可能会降低学生的阅读效果。

追求群文阅读的深度，就需要重新理解教学内容的意义。教学内容并非教师单向度讲授的内容，而应该是经过学生深度加工后获得、体会、掌握了的东西。群文阅读教学重要的是让学生体验议题提出、议题探究的过程，更重要的是在议题的探究中不断细读文本，对群文中的单篇建立具体的认知①。正是基于这些深度的学习体验，学生才能获得深度的议题学习结果。议题探究的过程，就是打开教学内容、探究教学内容的过程。所谓打开教学内容，就是不仅要看到教学内容的符号意义，还需要看到教学内容的思维方法、情感态度的意义。"群文阅读""小人物""大精神""细节描写"等都不仅仅是知识的符号，还蕴含着人们的知识、思想、情感。在群文阅读中，只有基于文本的多样性和学生理解的多样化，师生的交流与合作才能促使对多文本的理解更加深入、研讨更加充分，从而达成共识。师生共同思考讨论，仔细研读文本，构建阅读教学成果，使得阅读教学充满生成的乐趣。所谓探究教学内容，便是要让学生动脑、动手、动心地学习教学内容。赵老师要让学生了解"群文阅读"，不一定要讲述"群文阅读"的概念，可以引导学生关注课题的题目——"'小人物'大精神：《阿长与〈山海经〉》《老王》《台阶》的群文阅读"。根据题目，教师让学生来发现和交流对"群文阅读"的理解，学生可能会发现群文阅读一定不是只读一篇文本，今天学的不是一篇文本而是两三篇文本。学生也可以发现这些群文都与"小人物"有关，教师可以在此基础上，引导学生关注"'小人物'大精神"。例如："是的。同学们，《阿长与〈山海经〉》里的主要人物是阿长，《老王》里的主要人物是老王，我们且不说阿长是一位保姆，老王是一位车夫，单看名字，阿长和老王，没有具体的名字，我们就能体会到作品刻画的人物是一位'小人物'。但是，这些'小人物'的身上闪现出人性的温暖和光

①　褚树荣. 群文阅读教学亟须解决两极摇摆问题[J]. 中学语文教学，2021(01)：8-11.

辉，这便是'小人物'身上的'大精神'。"在此基础上，教师还可以引导学生思考如何开展多文本的学习，引导学生认识到群文阅读不仅要关注同，还需要关注异。例如："大家觉得多文本我们应该怎么学习？（停顿）我听到有同学说要关注到几篇文本同的层面，但是我特别提出两个希望。第一，我希望大家能够在同中发现这几篇文本各自的特质，好的作家，特别是像鲁迅、杨绛这样的作家，写作是个性化而非同质化的。第二，要发现文本的特质，就离不开单篇文本的细读。因此，我希望大家的多文本细读能够基于单篇细读的基础之上进行。"基于探究的会话交流的建构方式，更加有利于学生深入理解上述教学内容。

研讨三：追求群文阅读教学的深度，就不应只是演绎，还需注重归纳

注重归纳，还是注重演绎？这就构成了群文阅读教学的不同取向。自心理学看，认知心理学认为概念学习要经历概念形成和概念同化两个过程。概念形成需要经由从特殊到一般的归纳本质属性、形成概念的过程，概念同化则需要基于从一般事物性质的认识到特殊事物性质的认识的演绎过程。自方法论看，培根倡导归纳推理在科学演化中的作用，认为归纳法以科学事实、科学经验为基础，是切实可靠获取知识的方法，而笛卡尔等持有唯理论哲学观，多认为感觉经验不大可靠。从语文学习内容看，语文学习大多对选文选篇进行学习，不同文类的选篇具有不同文类的特点，同一文类的选篇也呈现着各自的差异。不同的选文所表现的具体生活和所表达的情意主题各不相同，抒发感情和表现主题的叙述方式、抒情方式、议论方式、描写方式也各异，呈现的风格也不同。语文学习内容的独特性，决定了语文学科的教学要举三反一，施行归纳教学，在此基础上，可以举一反三，开展演绎教学，进行迁移运用。归纳和演绎的结合可以帮助学生寻求对事物更有力、更完整的理解，这两种体系的教学论是相互并存、相互促进的。没有了归纳层面的教学，演绎就会陷入思维的智力游戏而言之无物；没有了演绎层面的教学，归纳就只能停留在经验水平的层面而难以具有普适性和规律性[1]。不难

---

[1]　王鉴，田振华. 从演绎到归纳：教学论的知识转型[J]. 教育理论与实践，2013，33（04）：45-48.

看出，语文思维能力培养的不是单一思维能力，极端的归纳取向教学和极端的演绎取向教学都不能实现语文学科素养的目标，必须将两者进行基于语文学科特点基础上的有机融合（如图 6.22）。

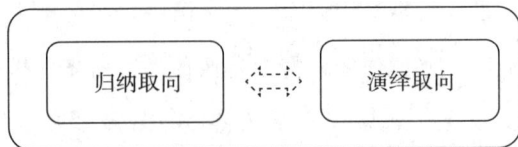

**图 6.22　归纳取向与演绎取向的有机融合**

项目组发现，在赵老师的教学中，比较倾向展开演绎教学。在开展"检查预习，关注'小人物'"的学习活动时，教师介绍何为"小人物"："'小人物'是指在社会上不出名、没有影响力的普通人。"在从"检查预习，关注'小人物'"到"聚焦细节，说出大精神"的转变中，教师做了承上启下的过渡："这些'小人物'没有传奇的经历、壮丽的事业，没有深湛的学识、豪迈的言语，也没有火一样的愤怒与冰一样的沉静。但他们身上常常闪耀着优秀精神品质的光辉。接下来，我们通过聚焦人物细节描写，去发现人物伟大的精神品质。"在开展"聚焦细节，说出大精神"的学习活动时，教师开始介绍细节描写："人物细节描写就是把人物的外貌、动作、语言、心理活动、神态等进行准确、生动、细致的描绘，使读者如见其人。"这种从概念到例子、从概念到研讨的教学，虽然使学生易于实现知识的同化并且可以节约大量的课堂教学时间，但是也收敛和限制了学生的思维。如果从探索群文阅读教学深度的角度，语文学科应该以归纳为主，以演绎为辅。让学生去联想"小人物"，归纳"小人物"的特征，基于"小人物"的特征，发现选文中"小人物"的"这一个"；让学生去梳理细节描写，归纳细节描写的一般特征，基于细节描写的一般特征，发现选文中细节描写的"这一篇"。归纳取向的教学，从特殊到一般的推理，偏重于发现，更加有利于学生探究能力的培养。语文归纳教学能够培养学生思考、探究、归纳一些特点和规律的能力，结论有时候是或然的，也是动态的，但这个过程中伴随出现的假设、推理、验证都指向高阶思维的深度学习，因此值得重视①。有学者如此认识语文课程中的归纳教学："文本内在必然存在着逻辑联系，归纳式阅读重在发掘和利用这个逻辑联系，撬动教学目标，整体架构课堂，切实进行思维能力的训练，培养学生独立分析问题和解决问题的能力，改变教学碎、杂、浅、胖的问题，让阅读课堂简洁、明晰、序列、系统。"②

　　项目组在帮促赵老师及马寨一中进行群文阅读教学的基础上，也基于单元整体教学推进课的需要，让教师明确本课时的单元整体教学的定位，即"感知形象，把握细节，体察鲁迅的深厚感情"。本单元整体教学的学习主题为"品细节悟意蕴，感受凡人风采"，围绕主题学习，本单元设置了三项结构化的任务："任务一：感知形象把握细节，领悟情感意蕴""任务二：分析文本关键细节，把握人物特点""任务三：运用生动的细节描写，刻画身边人物"。围绕着任务一，设置了三项学习活动链条，分别为："活动1：感知形象，把握细节，体察鲁迅的深厚感情""活动2：抓住细节，分析形象，明白杨绛与老王对待彼此的态度""活动3：通过细节，概括形象，读懂父亲建台阶的心理变化"。三项学习活动分别针对《阿长与〈山海经〉》《老王》《台阶》开展基于单篇的课题学习。因此，项目组建议赵老师基于"分析阿长形象，体察作者深情"开展教学。

　　2. 分析阿长形象：基于微专题的单元课时教学

　　经过对群文阅读教学的改进，赵老师的教学改进进入第二阶段。这一阶段主要探索单元整体教学推进课的课时教学。由于采取同课异构模式，赵老师选择的学习内容与李锦老师一样，均为"分析阿长形象，体察作者深情"。在具体的学习内容方面，赵老师从学情出发，发现马寨一中的学生通常低进高出，入学生源底子较为薄弱，因此，她将学习内容主要放在了分析"鲁迅眼中的阿长形象"方面。

　　（1）课堂教学：基于微专题的课时教学

　　指向语文学科素养的微专题教学便是要以专题为载体，专题提供学生学习认

---

　　① 王语. 基于"类"的小学语文归纳教学研究：以三年级中国民间故事单元为例[J]. 语文教学通讯，2021，1170(10)：32-34.

　　② 余米曲. 归纳式阅读教学的构建路径与操作实践[J]. 语文教学与研究，2021(05)：69-72.

知、个人体验、文化生活等复杂情境，专题构成了学生语言学习活动的场域。在专题下，学生展开阅读与鉴赏、表达与交流、梳理与探究，这些活动构成了学生文学学习的图景，在活动中实现掌握文学文体知识、培养语文能力、发展思维品质、传承中华优秀传统文化的综合效应。可以说，微专题教学，对于建构思维图式、精神图式和审美图式具有重要的意义①。这里，我们呈现的是赵老师改进后的微专题教学案例，她研讨的微专题为"鲁迅眼中的阿长形象"，包括三个阶段。

第一阶段：依据学情，确定微专题。这一阶段师生商讨确定微专题研讨的内容，做足准备工作。微专题的确定立足于散文体式的要求。当前，对散文艺术特质的认识，语文教育界逐渐突破了以往的"形散而神不散"，而将散文"贵在有'我'，表达真情"视为其艺术特质。散文的教学就是要把握主体"我"的独特情思，要洞察独特情思就需要抓住作者个性化的言语形式（"我"的词句章法）、个人化的言说对象（"我"的所见所闻）、个体化的情感认知（"我"的所思所感）。因此，分析"鲁迅眼中的阿长形象"立足于个人化的言说对象，有了本节课的基础，就可以为下一节课透视个体化的情感认知打下基础。

第二阶段：围绕微专题，开拓资源。这一阶段便是要围绕微专题开发可供学习的资源。各种资源、各类活动在微专题学习中融会贯通，能够让学生获得语言、思维、审美、文化诸方面的体验，最后指向核心素养②。首先，与阿长相关的作品类资源除了《阿长与〈山海经〉》之外，教师还增加了《朝花夕拾》中对阿长的回忆叙述之处；其次，教师增加了《山海经》图书的相关资源；最后，关于鲁迅与美术、鲁迅与读书、鲁迅与创作的内容，教师选用了《二十四孝图》《五猖会》等。该专题的学习，以《阿长与〈山海经〉》为主，其他教学资源的有效融入，便于学生更深度地认识鲁迅眼中的阿长形象。

第三阶段：细分微专题，自主探究。这一阶段教师要赋权于学生，让其拥有学习的自主权，以便开展独立研究和小组合作探究。

① 王自成. 聚焦专题，深度探究：浅谈高中语文的"专题学习"[J]. 语文建设，2019（05）：40-43.
② 褚树荣. 渗透与介入：学习任务群进课堂的难度化解[J]. 语文建设，2018(25)：16-19.

师生合作，形成微专题学习思路。第一，要认识鲁迅眼中的阿长形象，就应该抓住核心事件。从题目《阿长与〈山海经〉》来看，鲁迅眼中的阿长形象与《山海经》有着密切关联。因此，微专题的学习思路首先要认识阿长买来《山海经》这一核心事件。第二，要认识鲁迅眼中的阿长形象，最有效的办法应是比较，围绕着买《山海经》这件事，将鲁迅眼中的亲戚形象、鲁迅眼中的自己形象、鲁迅眼中的父亲形象与鲁迅眼中的阿长形象进行对比，凸显出鲁迅眼中阿长形象的独特性。

合作探究，认识《山海经》这本书。学生在圈点勾画的基础上，逐步发现《山海经》是一本让童年鲁迅渴慕已久、念念不忘、最为心爱的宝书。之所以说作者渴慕已久，是因为文中说童年鲁迅"渴慕着绘图的《山海经》了"；之所以说作者念念不忘，是因为文中说童年鲁迅"大概是太过于念念不忘了，连阿长也来问《山海经》是怎么一回事"；之所以说《山海经》是作者最为心爱的宝书，是因为文中童年鲁迅这么形容这四本书——"这四本书，乃是我最初得到，最为心爱的宝书"。

学生探究，不同人对买书的态度。学生认真研读课文，在课文中寻找依据，并结合生活经验，探讨：这样的《山海经》，谁最应该给童年鲁迅买？谁最不可能给他买？经过学生的探究，他们初步发现：第一，最不可能给童年鲁迅买《山海经》的是阿长。因为童年鲁迅对阿长的态度并非友善，童年鲁迅不太佩服阿长的言行，最讨厌她喜欢切切察察，不耐烦阿长的烦琐规矩，吃福橘更是元旦辟头的磨难，甚至憎恶阿长谋害他的隐鼠。第二，最应该给他买《山海经》的是他的父母、亲戚和他自己，因为父母和亲戚是他的至亲和家人。在此基础上，教师提供给学生新的学习资源，即《五猖会》中对父母和自己的描绘。在课程资源的支持下，学生持续探讨发现：首先，面对《山海经》这本书，最应该给童年鲁迅买书的是他的父亲，但是因为他的父亲认为那是一本与科考无关的书，所以不可能给他买；其次，最应该给他买书的是他的亲戚，或者他的亲戚最应该借书给他，但是他的亲戚因为性格疏懒不愿意为他在茫茫书海中找书；再次，最应该给他买书的是他自己，但是一直没有好机会，难以买着书；最后，最不可能给他买书的是阿长，一来，阿长不是学者，阿长的形象是粗俗、好事、迷信、无知，二来，童年鲁迅面对自己心中这样的阿长形象，态度上也并不友善。

师生探究，懂得阿长对鲁迅的影响。经过师生的合作探究，这种影响体现在两个方面：第一，童年鲁迅心目中阿长形象的转变。阿长，最不可能给童年鲁迅买来《山海经》，但是，事实上她却买了，这说明阿长形象并不只是粗俗，还有宽容、慈爱的形象。她宽容一个孩子对她态度的不敬。她把童年鲁迅当作孩子看待，真心呵护孩子对文学的兴趣，像一个父母一样满足着孩子的文学爱好。她买来《山海经》的状态，鲁迅历历在目，他记住了她的动作——"递给我"，他记住了她的神态——"高兴"，他记住了她的这句话——"哥儿，有画儿的'三哼经'，我给你买来了"，这些都是她慈爱的体现。第二，作者的震悚和愧疚之情。阿长不可能给童年鲁迅买来《山海经》，但是，事实上她却买来了，这也说明了童年鲁迅对阿长的既有态度是不对的，因此他震悚，进而产生新的敬意。

课堂教学的结尾，赵老师总结了该课时微专题研讨的成果。她继续回到鲁迅眼中阿长的形象，学生谈到了阿长的迷信无知，也更懂得了阿长的善良、不计前嫌、淳朴及阿长给予鲁迅的关心和温暖。同时，结语也需要为开启下一节课个体化的情感认知做铺垫。赵老师回到了散文中的情感，她这么设置悬念："到底鲁迅写这篇散文，想表达什么样的感情呢？到下一节课的时候，我们专门去探讨散文当中的作者情感。"

(2)师生访谈：探究路线不明，探究专题不具备挑战性

课后，项目组专家对部分学生进行了访谈。在这次访谈中，项目组分别对授课教师和听课学生进行了访谈。在对学生的访谈中，项目组专家希望学生回顾课堂教学，聊聊在教师带领下的基于"鲁迅眼中的阿长形象"的专题探究过程。学生在交流过程中，能够清晰地了解课堂教学的起点，即研究专题为"鲁迅眼中的阿长形象"，也非常明确课堂教学的终点，即"鲁迅眼中阿长的形象既迷信无知，又非常善良、慈爱、淳朴等"。但是，对于课堂教学的起点和终点之间的探究过程，学生语焉不详。之所以会造成学生对探究过程的不明晰，项目组认为主要原因为：赵老师设置的学习专题与实际的探究内容并不一致。预设的学习专题为"鲁迅眼中的阿长形象"，实际的专题探究内容为"鲁迅眼中阿长形象的转变"。

访谈完学生后，项目组专家也访谈了授课教师。项目组关注到授课教师对单

元整体教学的课时方案的调整。在"活动1：感知形象，把握细节，体察鲁迅的深厚感情"的学习活动中，分别有三项子活动："子活动1：梳理事件，概括人物特点""子活动2：圈出关键句，绘制情感变化示意图""子活动3：两种视角，表达情感的交错"。赵老师的原方案是进行子活动1的教学。但是，从实际教学来看，赵老师的"鲁迅眼中的阿长形象"微专题研究对既有方案做出了调整。为何赵老师会做此调整？在交流的过程中，赵老师谈到了如下原因。因为马寨一中学生低起点的现状，赵老师选择开展子活动1的教学，重点落在感知阿长形象的部分，"体察作者情感"放在之后的课堂来进行教学。在具体的教学中，教学内容的简单虽然契合了学生低起点的学情，但是也使得课堂教学的容量不足，因此，赵老师调整了相关的探究方案。调整后的方案希望引导学生开展微专题"鲁迅眼中的阿长形象"的探究。由于方案的临时调整和专题契合学生低起点的学情，"鲁迅眼中的阿长形象"这一专题研究的深度不够。因此，在教学的过程中，教师的教学内容不仅涉及鲁迅眼中的阿长形象，也对鲁迅对阿长的情感有所涉及。

综合学生的访谈和教师的访谈，项目组专家也了解了预设的研究专题与实际的探究内容并未有效结合匹配的原因。在教学研讨中，项目组专家需要引导教师优化其中的探究线索，探究过程需要与探究的专题有关，基于专题重新梳理探究线、问题线和学生的学习线。

（3）教学研讨：专题要有挑战度，探究要有深刻性

经过观摩赵老师的微专题研究的课堂教学及课后对师生的访谈，项目组意识到在单元整体的课时教学中存在着专题设置不合理、探究路线不清晰的问题。因此，教学研讨需要聚焦三个方面：其一，预设的学习专题，应与实际探究内容一致；其二，探究的学习专题，需要具有探究的挑战性；其三，教师探究得深刻，学生才能认识得深刻。

研讨一：预设的学习专题，应与实际探究内容一致

在教学研讨过程中，项目组专家通过两项活动引导教师关注预设的学习专题与实际探究内容不一致的情况。与此同时，借助集体研讨，大家期望寻找教学改进的路线。

活动一，给出预设的专题名称，引导教师重新设计研究路线。在这项活动中，项目组布置给培训教师的研究专题是"鲁迅眼中的阿长形象"，让教师设计研究路线。经过各组展示，最终大家形成这样的方案：第一，借助坐标梳理事件，概括人物特点。学生需要初读文本，在横线的上方梳理围绕阿长所写的事件，在横线的下方概括相应事件中阿长的人物形象。第二，再次借助坐标，从正面和负面重组事件与人物形象。学生需要再读《阿长与〈山海经〉》，从正面和负面两个维度重新组合阿长相关的事件和人物。第三，基于上述两项活动，形成鲁迅眼中阿长形象的探究结论。具体如图 6.23 所示。

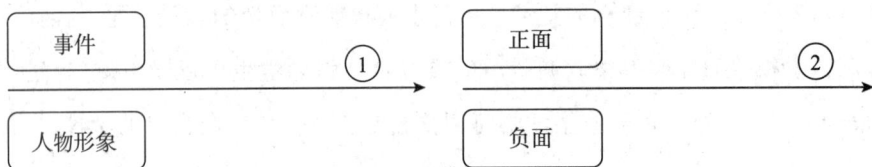

图 6.23 "鲁迅眼中的阿长形象"专题的探究路线

活动二，给出实际的探究路线，让教师重新拟定研究专题。在与教师的研讨中，大家逐渐梳理了授课教师探究的问题线索：第一，《山海经》是一本怎样的书？第二，谁最不可能给童年鲁迅买书，谁最应该给童年鲁迅买书？第三，最不可能给鲁迅买书的阿长买来了书，这说明了什么？这又对鲁迅产生了何种影响？在梳理问题线索的基础上，项目组专家继续带领教师从探究路线中凝练出研究的专题。教师逐渐认识到了"转变"这个关键词，学习专题可以确定为"鲁迅眼中阿长形象的转变"。要解决为何转变的问题，就需要探讨《山海经》是一本怎样的书；要解决如何转变的问题，就需要探讨不同人对买书的态度；要解决转变之后又如何的问题，就需要探讨阿长对鲁迅的影响。

研讨二：探究的学习专题，需要具有探究的挑战性

面对是选择"鲁迅眼中的阿长形象"的研究专题，还是选择"鲁迅眼中阿长形象的转变"的研究专题这一问题，项目组专家带领教师进行了深入研讨，最终大家建议将研究主题确定为"鲁迅眼中阿长形象的转变"。主要有如下三方面原因。

第一，依据教学内容，确定研究主题。在单元中，无论是文本《阿长与〈山海

经〉《老王》《台阶》《卖油翁》，还是整本书阅读《骆驼祥子》，这些作品都与转变相关。要么是面对一个人，作者对作品中人物的观感，出现了一个此消彼长的变化；要么是面对一个事物，作品中人物对这件事，出现了此长彼消的变化。这些转变，不仅关乎人物形象，还关乎作者情感。因此，把握住转变，就能更好地把握人物形象和作者情感，也更好地打通了其他文本的学习。

第二，抓住内容重点，确定研究主题。本单元的文本关涉散文和小说，在不同文类中，内容主要是指字、词、句等直观的文本内容，以及背后所蕴含的抽象的思想主旨、真切的情感等表达意图。具体到本单元，文本内容包括人物、事件、景物；言语形式包括文章结构、修辞手法、表达方式、表现手法、作品风格；表达的意图包括情感、主旨、思想。如图 6.24 所示。

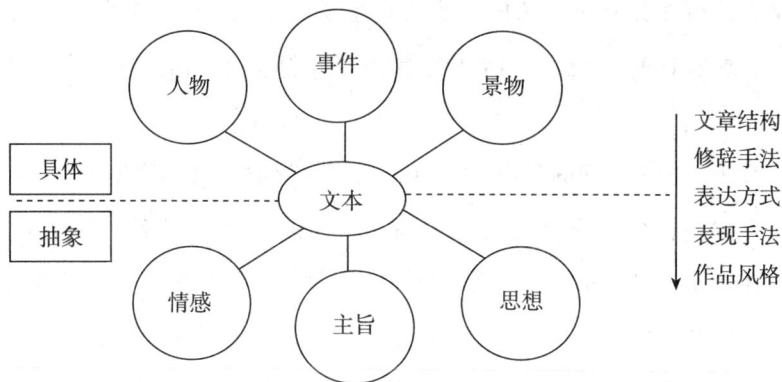

**图 6.24　单元教学的内容要点**

具体到散文教学的部分，散文取材广泛、结构自由、表达方式灵活、语言风格多样化的同时蕴含了作者独特的个性化的情思，这种情思成为贯穿全文的线索，在抒情性和叙事性散文中表现为情感线索[1]。散文教学的要领是体味精准的言语表达，分享作者在日常生活中感悟的人生经验。[2] 文本内容便是个人化的言说对象（"我"的所见所闻），文本意图便是个体化的情感认知（"我"的所思所感），言语形式便是作者个性化的言语形式（"我"的词句章法）。从散文的表现内容看，

---

[1]　步进. 对"形散神不散"教学价值的再认识[J]. 语文建设，2020(01)：68-71.

[2]　王荣生. 散文教学教什么[M]. 上海：华东师范大学出版社，2014.

它述说的是作者所经历的人、事、物、景，其主要表达方式是叙事；而从散文的写作功能来看，作者就是要通过生活中人、事、物、景的叙述来表达自己的心境和情绪。它叙事为表，抒情为里，体现出叙事和抒情的两栖性。基于散文的特性，围绕"鲁迅眼中阿长形象的转变"的微专题学习，学生在探究"为何转变""如何转变""转变之后又如何"这些问题的过程中，能够深刻地认识到鲁迅眼中阿长形象的转变，也读懂了鲁迅情感的震悚和新的敬意。

第三，考虑同课异构的展示，确定研究主题。从同课异构的角度，李锦老师关注的是情感变化示意图的绘制，特别聚焦了鲁迅情感理解中的三个难点：辨析相似情感的程度；梳理情感转变的历程；品味复杂情感的句子。在这三个难点的处理中，梳理情感转变的历程受制于教学时间的限制，探究还有待充分和深刻。在品味文本最后部分复杂情感的句子时，想要真正领会鲁迅对阿长的怀念、感激、同情、愧疚四种情感，就需要对鲁迅眼中阿长形象的转变历程进行深入探讨。

正是基于上述三方面的考虑，项目组建议授课教师将研究专题确定为"鲁迅眼中阿长形象的转变"。同时，希望授课教师立足学情，实施合适的探究方法。"微专题"使语文学习实现从单篇到专题化，从单一到综合化，从平面走向立体化的转变。它以专题的形式增加了学习内容的量，如知识的容量、思维的容量、思想的容量和精神的容量，大容量、高强度的阅读，能拓展思维空间。它能够深层次地探索所学课程，超越肤浅的理解，与此同时也就需要更精深的视野角度和内在的深层次学习。[1] 教师应该基于专题发展学生多元探究的能力，例如：通过提供课程资源，搭建学习支架，基于学习工具开展以评促学等多种方式，发展学生的多感官理解能力；通过对比、讨论、交流等多种课堂形式促进学生对研究专题的理解。

---

① 时剑波. 在"微专题"中开展语文深度学习[J]. 教学月刊·中学版（语文教学），2017（09）：42-47.

研讨三：教师探究得深刻，学生才能认识得深刻

专题研究力求研究要有深度，既往已经关注到研究的过程应该以专题为指导，基于专题开展在教师帮促下的学生自主合作的研究性活动。但是，在此案例改进中，项目组专家却特别强调：教师自身对文本解读和探究得深刻，学生方能认识得更加深刻。文本解读是一个复杂而综合的过程，是语文学习的核心过程，教师解决好这一环节也就为学生提升表达交流、梳理探究等能力提供了活力和动力①。

在"合作探究，认识《山海经》这本书"的部分，师生经过探究得出的结论为：《山海经》是一本让童年鲁迅渴慕已久、念念不忘、最为心爱的宝书。这一结论的探讨过程，主要是通过筛选文本中的关键句子，并且提取关键句子中的重要词语进行的。从"渴慕着绘图的《山海经》了""大概是太过于念念不忘了，连阿长也来问《山海经》是怎么一回事""这四本书，乃是我最初得到，最为心爱的宝书"中提取了"渴慕已久""念念不忘""最为心爱"。从探究的过程看，学生的阅读认知能力仅为筛选提取信息。如果授课教师反复研读文本，也会发现可以在文本的字里行间实现对作者所认识的《山海经》的推论，在文本中童年鲁迅如此介绍《山海经》："制艺和试帖诗，自然也是有的；但我却只在他的书斋里，看见过陆玑的《毛诗草木鸟兽虫鱼疏》，还有许多名目很生的书籍。我那时最爱看的是《花镜》，上面有许多图。"教师和学生可以作此推论：《山海经》是一本与考试无关的闲书；它也是一本绘着图并与神话传说有关的书。在此基础上，教师基于学生的推论可以提供相关的课程资源，这些资源包括《山海经》的图文资源。以问题为导向，以相近主题文本为阅读材料，能够促进学生比较思维的发展，帮助其理解主题的丰富内涵。② 这些课程资源还可以进一步帮助学生验证先前的推论。这种推论验证的认知能力属于高阶能力，也是专题研究培养学生能力的应有之义。

在"师生探究，懂得阿长对鲁迅的影响"的部分，授课教师引导学生形成的探

---

① 贺卫东. 语文教材文本解读的教学功能与样式[J]. 中学语文教学，2020(03)：16-20.

② 黄敬统. "就地取材"：语文课程资源的开发和利用[J]. 语文建设，2023(04)：60-62.

究结论为：鲁迅眼中阿长形象的转变，是从迷信无知到善良慈爱、不计前嫌、淳朴温暖。但是，如果教师深度研读文本，不难发现：阿长买来《山海经》这件事更影响了鲁迅的志趣，以及使其对阿长怀有一辈子的怀念、感激、同情、愧疚之情。自志趣看，它影响着鲁迅的文学创作、文学插画、文学收藏。自怀念、感激、同情、愧疚的心情看，怀念是因为阿长离开人世三十年；作者感激是因为阿长买《山海经》这件事对其文学创作和文学收藏产生影响，并且阿长买《山海经》，里面有她对作者的爱；同情是因为阿长是一个"小人物"，她没有姓名，青年守寡，经历不明；愧疚是因为作者始终不知她的姓名，以及作者童年的时候对阿长的态度不友善。

### (三)基于微专题研讨的单元整体教学推进课的研究成果

通过回顾赵老师基于微专题的单元整体教学推进课的探索历程，我们可以清晰地感受到赵老师在教学定位、专题确定、教学流程、探究过程等方面的转变，具体如图 6.25 所示。

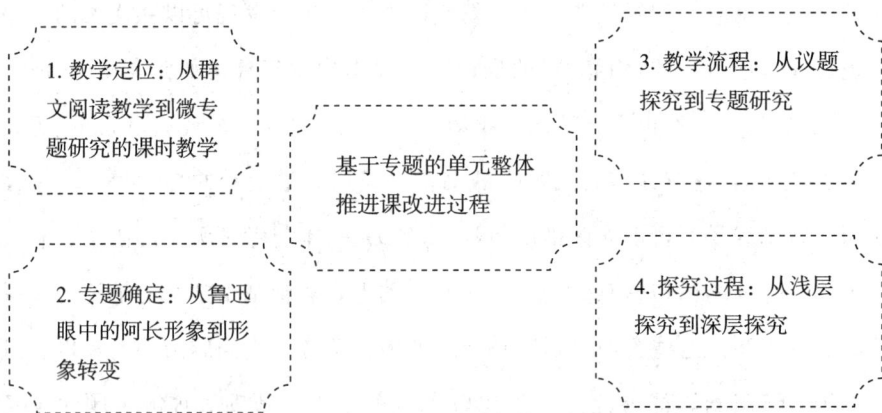

图 6.25 单元整体教学推进中的教学转变

其一，教学定位方面，从群文阅读教学转变到微专题研究的课时教学上来。其二，专题确定方面，从"鲁迅眼中的阿长形象"转变到"鲁迅眼中阿长形象的转变"。群文阅读教学的议题聚焦"'小人物'大精神"，授课教师围绕"'小人物'大精神"展开教学，从对"小人物"的解释到对"小人物"相关信息的梳理，从对大精神内涵的揭示到对细节描写的分析。在群文阅读教学中，探究的议题仍然围绕着"小人物"形象进行。到了微专题研究阶段，授课教师开始研究"鲁迅眼中的阿长形象"，研究的结论为阿长既迷信无知又善良慈爱、不计前嫌、淳朴温暖。最后到微专题研究的展示课阶段，授课教师将研究专题调整为"鲁迅眼中阿长形象的转变"，对转变的研究，不仅契合了文本的内容——《阿长与〈山海经〉》呈现的是作者对阿长观念的此消彼长的转变，还为《老王》《台阶》等具有着转变特征的文本教学做了铺垫。其三，教学流程方面，从议题探究转变为专题研究。议题探究学习遵循的是"构建多文本—确定议题—集体建构—达成共识"的过程，专题研究遵循的是"提出研究专题—研究专题问题化—形成研究方案—开展专题研究—形成研究结论"的流程。其四，探究过程方面，从浅层探究转变到深层探究。浅层探究便是授课教师从概念阐释到实施探究，演绎得多，探究得少。深层探究便是授课教师加强了解读的深度和问题的设计。微专题教学以知识建构、言语获得、审美能力和思维提升为目标。在学习中，学生需要围绕具有挑战性的学习任务，进行自主品鉴、深度探究，完成知识深度融合和语文学习能力提升[①]。无论是对于"《山海经》的认识"还是"阿长买来《山海经》的影响"，授课教师对文本的研读更加深刻，才能帮促学生形成深度的文本认识。围绕着专题研究，授课教师抓住转变，探究了"为何转变：《山海经》是怎样一本书？""如何转变：谁最不可能买？谁最该买？最不可能买的阿长买来了说明了什么？""转变之后又如何：阿长买来《山海经》对鲁迅产生了何种影响？"。为了更好地呈现这些转变的教学成果，在这部分，项目组将完整地呈现赵老师的教学设计和课堂实录。

1. 设计的背景与定位

本节课的课型为单元整体教学的推进课。该教学是基于课堂教学的单节课。学生在课堂上需要基于微专题展开研究。

该课时学习的内容为"分析阿长形象，体察作者深情"，学习内容属于任务一，

---

① 袁诗涛. 构建"微专题"，实现语文深度学习[J]. 语文教学与研究，2022(10)：102-103.

处于活动 1 中"子活动 1：梳理事件，概括人物特点""子活动 2：圈出关键句，绘制情感变化示意图"的位置。学习内容的位置用"＿"表示，具体如图 6.26 所示。

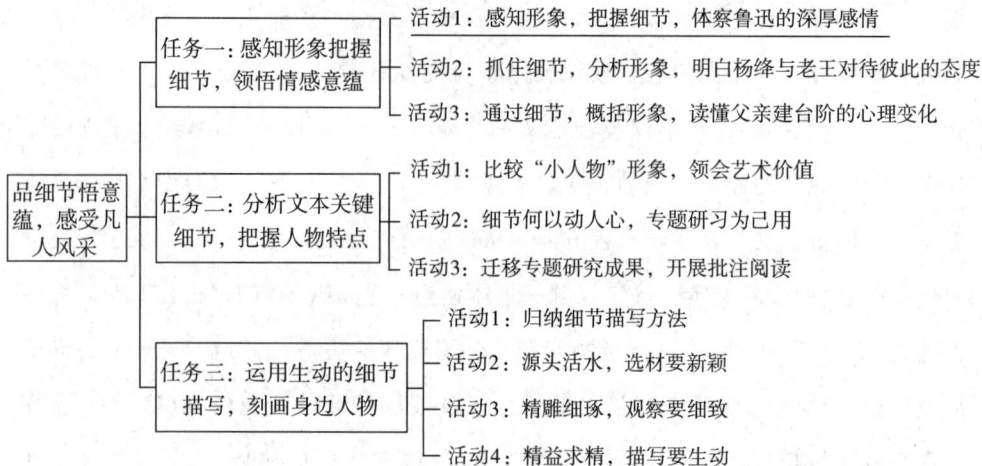

图 6.26 "鲁迅眼中阿长形象的转变"微专题研究在单元整体教学中的逻辑位置

"鲁迅眼中阿长形象的转变"微专题研究的授课内容主要聚焦在对阿长形象的转变和鲁迅情感的转变两个层面。因此，授课内容的基本框架如图 6.27 所示。

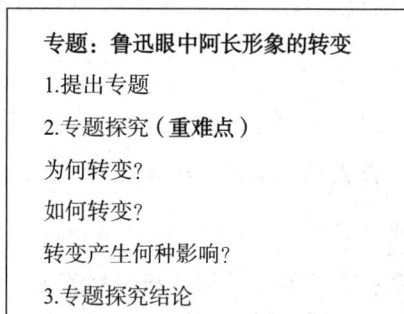

图 6.27 "鲁迅眼中阿长形象的转变"微专题研究教学内容的基本框架

学情分析：教师必须依据学情决定对学生的学习来说什么是最重要的，确定学生的学习准备和教学的适当进度，并决定学习任务的恰当的数量和难度①。赵

---

① 奥苏伯尔. 教育心理学：认知观点[M]. 余星南，宋钧，译. 北京：人民教育出版社，1994.

老师所施教班级共40人，大多数学生学习积极性高，基础较好，纪律良好，善于思考，具有一定的探究意识。由于借班上课，对于学生的知识基础、认知能力、认知结构、学习兴趣、学习动机、学习情感等缺少一定的了解。教师对于学生在微专题研讨中的可能思路和方法，提前做了充分的预估。考虑到学生的具体情况，教师预设了专题研讨的大体思路。对学生可能不了解的《山海经》，不仅准备了相应的文本资源，还准备了《山海经》的图片资源。

学习目标：1. 能够从不同人对买《山海经》这件事的态度对比中，探究童年鲁迅眼中阿长人物形象的转变，并能进一步探究鲁迅对阿长情感的转变。2. 能够基于微专题展开探究，能够在专题探究中学会引出学习问题，并提高分析问题、解决问题、形成结论的能力。

2. 学习相关资源

(1)学习经验

学生曾经有过"看法转变"的体验。要么是面对某个人，我对这个人的观感，出现了一个此消彼长的变化；要么是面对一件事，我对这件事，出现了此长彼消的变化。

(2)学习资源

①文本资源：《山海经》《五猖会》《藤野先生》。

②图像资源：鲁迅设计的北京大学校徽及书籍装帧。

(3)学习工具

学习任务单。

3. 学习流程(如图 6.28)

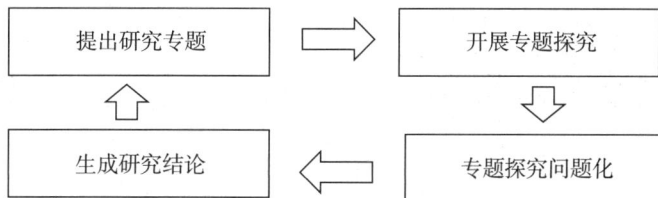

图 6.28　"鲁迅眼中阿长形象的转变"微专题研究教学流程图

4. 学习过程

【导入：提出研究专题】

"同学们，大家有没有发现：这一单元的作品主题离不开'转变'二字。你看，《阿长与〈山海经〉》《老王》《卖油翁》中蕴含了人对人态度、情感的转变，《台阶》中蕴含了人对事物态度的转变。这些转变，不仅关乎人物形象，还关乎作者情感。因此，把握住'转变'，能够帮助我们更好地理解文本。本节课就让我们以微专题研讨的形式走近《阿长与〈山海经〉》，一起探讨'鲁迅眼中阿长形象的转变'。要完成这一专题的探讨，就需要思考如下三个问题：鲁迅眼中的阿长形象，为何转变？如何转变？转变产生何种影响？"

【专题探究一：童年鲁迅眼中的《山海经》】

(1)读一读、想一想。在阅读教学中，默读对培养学生获取和处理文本信息的能力有着重要作用，能够充分发挥学生阅读的主体性，提高阅读效率。学生默读课文，快速浏览文本中描写《山海经》的部分，想一想：在童年鲁迅眼中，《山海经》是一本怎样的书？

(2)议一议、理一理。基于上述发现，学生再结合下方补充材料进行小组讨论，梳理、概括观点，将新的思考、新的发现填写在学习任务单(如图 6.29)中。

> **补充材料**
>
> 《山海经》包含着关于上古地理、历史、神话、天文、动物、植物、医学、宗教及人类学、民族学、海洋学和科技史等方面的诸多内容，是一部上古社会生活的百科全书，勾勒出了上古时期的文明与文化状态，为后世提供了许多有用的信息。

> 这是一本 _____ 的书；
> 这是一本 _____ 的书；
> 这是一本 _____ 的书；
> 这是一本 _____ 的书……

图 6.29　学习任务单

> **示例**
>
> 　　这是一本与考试无关的书；这是一本全面展现上古文化，具有丰富人文价值的书；这是一本绘着图并与神话传说有关的书；这是一本让童年鲁迅渴慕已久、念念不忘、最为心爱的书……

【专题探究二：童年鲁迅身边不同人对买书的态度】

(1)找一找、绘一绘。学生认真研读课文，寻找文本证据，结合生活经验，探讨：这样的《山海经》，谁最应该给童年鲁迅买？谁最不可能给他买？自主绘制思维导图，展现思考、探究的成果(示例如图 6.30)。

(2)评一评、改一改。小组内根据评价量表(如表 6.10)进行交流、展示、互评，结合教师提供的补充材料等课程资源修改、完善自己绘制的思维导图。

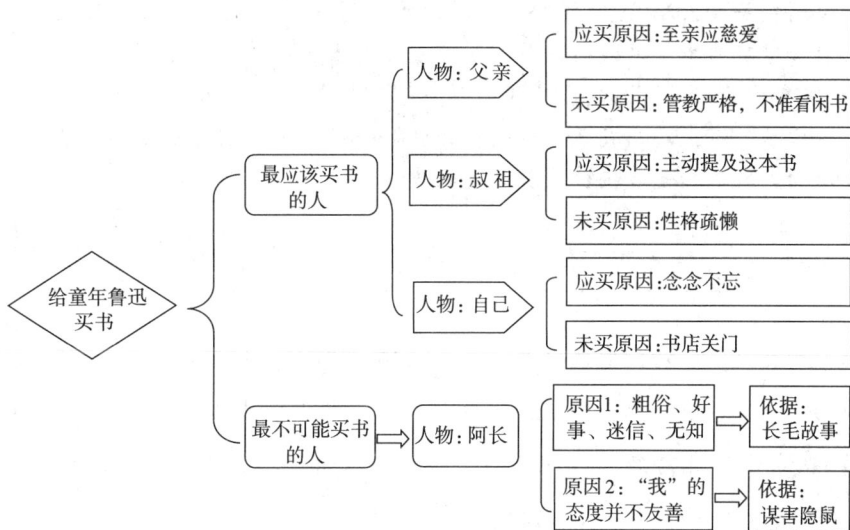

**图 6.30　思维导图示例**

表 6.10　思维导图评价量表

| 指标 | 等级 | | |
|---|---|---|---|
| | ☆☆☆☆☆ | ☆☆☆ | ☆ |
| 简要性<br>(内容简明扼要、条理清晰) | | | |

| 指标 | 等级 | | |
|---|---|---|---|
| | ☆☆☆☆☆ | ☆☆☆ | ☆ |
| 关键性<br>（能够用关键词提取、归纳关键信息） | | | |
| 恰当性<br>（符合文本事实，要素合理） | | | |
| 关联性<br>（体现各要素之间的关联，推论合乎逻辑） | | | |

---

补充材料——《五猖会》片段

要到东关看五猖会去了……催他们要搬得快。忽然，工人的脸色很谨肃了，我知道有些蹊跷，四面一看，父亲就站在我背后。

"去拿你的书来。"他慢慢地说。

这所谓"书"，是指我开蒙时候所读的《鉴略》……我们那里上学的岁数是多拣单数的，所以这使我记住我其时是七岁。

……

"给我读熟。背不出，就不准去看会。"

---

【专题探究三：阿长给童年鲁迅买来《山海经》的影响】

(1)批一批、想一想。学生再次细读文本，边批注边思考：阿长，最不可能给童年鲁迅买来《山海经》，但是，事实上她却买来了，这说明了什么？这又对鲁迅产生了何种影响？（学生小组交流）

---

示例

说明阿长对童年鲁迅十分宽容、慈爱，她宽容一个孩子对她态度的不敬，她把童年鲁迅当作自己的孩子看待，真心呵护着他对文学的兴趣，像真正的亲人一样满足着孩子的文学爱好。对鲁迅的影响是：让鲁迅对阿长产生"新的敬意"，对阿长的情感态度发生转变。

---

(2)比一比、填一填。学生扣住"转变"这一关键词，对比、分析鲁迅眼中阿长形象的转变，以及这样的转变对鲁迅的情感态度产生了怎样的影响。将对比结

果填写在表 6.11 中。

表 6.11　对比表格

| 转变内容 | 转变前 | 转变后 | 对鲁迅的影响 |
|---|---|---|---|
| 阿长形象 | 粗俗、好事、迷信、无知 | 宽容、慈爱 | 感受到平凡人身上的美好品质，发展自身兴趣。 |
| 鲁迅情感 | 并不友善 | 新的敬意 | 感受到人间温情，困顿时从中汲取力量。 |
| …… | | | |

【结语：专题探究结论】

"各位同学，这节课我们探究的专题是'鲁迅眼中阿长形象的转变'。围绕着专题中的转变，我们一起探究了'为何转变：《山海经》是怎样一本书？''如何转变：谁最不可能买？谁最该买？最不可能买的阿长买来了说明了什么？''转变之后又如何：阿长买来《山海经》对鲁迅产生了何种影响？'。这些问题，我们现在都逐渐清楚了。"板书设计如图 6.31 所示。

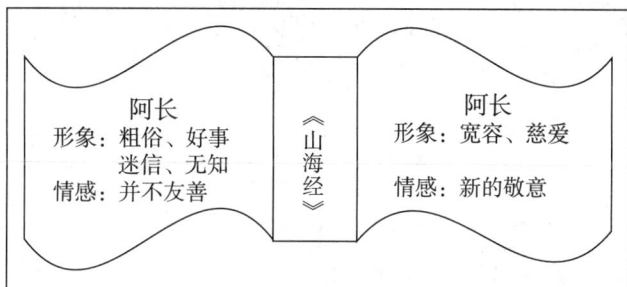

图 6.31　板书设计

5. 课堂实录

揭示研究专题。

今天一上课，赵老师便揭示了本节课与以往课堂的不同："大家将以一种新的学习方式，即专题研讨的形式进行学习，一起探究'鲁迅眼中阿长形象的转变'。要完成这一专题的探讨，就需要思考如下三个问题：鲁迅眼中的阿长形象，为何转变？如何转变？转变产生何种影响？"

专题探究问题化。

赵老师结合同学们已有的阅读经验，点出鲁迅对阿长形象的转变源于一本书，同学们异口同声地答道："《山海经》。"赵老师趁势抛出本节课的第一个研讨问题："《山海经》在童年鲁迅眼中到底是一本怎样的书呢？"同时布置了学习任务：第一，默读课文，快速浏览文本中描写《山海经》的部分，想一想在童年鲁迅眼中，《山海经》是一本怎样的书；第二，结合补充材料进行小组讨论，梳理、概括观点，将思考、发现填写在学习任务单中。同学们经过几分钟的思考后，分小组展开激烈讨论并填写学习任务单。各小组派出一名同学作为代表发言。第一位同学回答道："从文章的第19段可以看出《山海经》是一本鲁迅渴慕已久的书。"赵老师提醒同学们把"渴慕"一词圈画出来。第二位同学回答道："从文章的第21段可以看出《山海经》是一本绘图的书。"赵老师适时追问："那到底绘了哪些图呢？哪位同学和我们说一说？"一位同学补充回答："第19段提到了'他说给我听，曾经有过一部绘图的《山海经》，画着人面的兽，九头的蛇，三脚的鸟，生着翅膀的人，没有头而以两乳当作眼睛的怪物，……可惜现在不知道放在那里了'。"赵老师充分肯定了这位同学的答案之全面，并概括总结《山海经》绘图的主要内容：怪物、一些动物。赵老师引导同学们继续思考《山海经》还是一本怎样的书呢？一位同学回答道："这四本书乃是我最初得到，最为心爱的宝书。"赵老师表扬了这位同学的善于发现，并让同学们将"最为心爱的宝书"划线。接着，赵老师对这一部分同学们的研讨进行简单总结："通过以上几位同学在文中的查找，我们知道了在童年鲁迅眼中，《山海经》是一本渴慕已久的、最为心爱的、绘着图的有趣的宝书。"

接下来，赵老师带领同学们齐读课文第19段中的一部分文字："制艺和试帖诗，自然也是有的；……我那时最爱看的是《花镜》，上面有许多图。"

提出第一个专题研讨问题。

小组学习能够培养学生的写作能力和发散学生的思维。

教师适时总结、提炼要点。

教材的助读系统能够很好地辅助教师教学和学生自学。

读完后，向同学们提问："制艺和试帖诗是什么类型的书呢？"赵老师提醒同学们利用好课本注释。一位同学举手回答道："制艺和试帖诗是科举考试规定的程式化诗文。这里指当时书坊刊印的八股文和试帖诗的范本。"赵老师总结并追问："原来这些都属于考试用书，那么《山海经》和这些书是一个类型的吗？"同学们纷纷摇头说："不是，《山海经》是与考试无关的闲书。"赵老师总结："《山海经》是绘着图的、有趣的、与考试无关的闲书，是跟神话故事有关的书。但是，在童年鲁迅眼中，这样的书是一本让他渴慕已久、念念不忘、最为心爱的宝书。这本书有着神奇的魔力，吸引着童年鲁迅，紧抓着童年鲁迅的兴趣和爱好。"

提出第二个专题研讨问题。

赵老师提出第二个研讨问题："鲁迅眼中的阿长形象是如何转变的？"赵老师引导学生发现：鲁迅的情感从震悚到新的敬意。那么，情感的震悚和新的敬意与童年鲁迅身边不同人对他买书的态度有关。赵老师请同学们认真研读课文，寻找文本证据，结合生活经验，探讨："这样的《山海经》，谁最应该给童年鲁迅买？谁最不可能给他买？自主绘制思维导

绘制思维导图这一课堂活动，能够将学生的思维过程条理化、可视化。

图，展现思考、探究的成果。"同学们纷纷开始绘制自己的思维导图。在大家基本完成后，赵老师让同学们在小组内进行交流、展示、互评，并结合补充材料修改、完善自己绘制的思维导图。各小组向全班展示本组最为完善的思维导图，并根据思维导图阐述本组观点。第一位同学认为："最应该给童年鲁迅买书的是他的远房叔祖，从第19段当中看到，远房叔祖给他介绍了这本书，让他渴慕已久，所以叔祖应该给童年鲁迅买，而且叔祖家有很多书，叔祖也有经济来源去给童年鲁迅买。"赵老师总结了这位同学的观点："叔祖勾起了童年鲁迅对这本书的兴趣，而且他有经济来源，所以他应该给童年鲁迅买。"第二位同学回答："我觉得最应该给童年鲁迅买书的是他的父母，因为他的父母是他最亲的人，他想买肯定要给他买。"第三位同学回答："在我看来，当我想要一

307

师生共同探讨、交流。

本书的时候，可以自己买，不用求助他人。"教师肯定了同学们的积极思考，引导同学们关注课文第20段，同学们发现：鲁迅自己想去买又没有机会，因为有书的大街离他家比较远，他一年之中正月去玩一趟的时候，两家书店都紧紧地关门了，所以他应该给自己买，但是没有条件买。

赵老师继续追问学生："鲁迅自己没有机会、没有条件买，那他的父母会不会给他买呢？他的叔祖会不会给他买呢？"一位同学回答道："他的叔祖不会给他买，因为他的叔祖比较懒。"赵老师继续追问："那他的父母会给他买吗？"另

教师补充的学习资源拓宽了学生的思路。

一位同学回答道："我觉得他的父母不会给他买，因为我看《五猖会》中提到过，他的父母对他管教比较严格，只让他读一些《鉴略》之类的与考试有关的书，肯定不会让他看与考试无关的书。"教师表扬了这位同学的善于联想，能够联系之前讲到的《五猖会》的相关内容思考问题，课件展示了《五猖会》文字片段，赵老师总结："从这些文字当中可以看出，父母对待童年鲁迅是非常严格的，不会给他买一些与考试无关的闲书。"

赵老师提出了另一个问题："谁最不可能给他买书，但是却给他买了呢？"同学们纷纷说是阿长。赵老师追问原

在分析探讨中完成了对情节的梳理与探究。

因："在童年鲁迅眼中，阿长最不可能给他买，他为什么这么认为呢？"一位同学回答："文中的第22段提到了，在童年鲁迅眼中，她是一个没有学问的人，不是学者，也不识字。还有从第24段的'有画儿的三哼经，我给你买来了'这句话可以看出，阿长读都读不明白，没有文化，没有钱，所以不可能给他买。"另一位同学从阿长给"我"讲长毛的故事中分析出她是粗俗、迷信、无知、粗鲁的形象。赵老师进行总结概

从人物形象、作者态度两个方面进行探讨。

括："我们从鲁迅笔下的阿长形象分析出阿长最不可能给他买，那么童年鲁迅对这样形象的阿长的态度又是怎样的呢？"赵老师要求同学们在文中圈点勾画出童年鲁迅对阿长态度的一些词语。同学们迅速从课文中找到答案并回答："他不太佩

服阿长的言行，最讨厌她喜欢切切察察，他对阿长的态度是不耐烦的。"赵老师总结："我们从'磨难''麻烦'等词语可以看出，童年鲁迅对阿长的态度是不好的，所以认为她最不可能给他买。"

教师再次提炼关键信息，总结探讨成果。

赵老师总结概括："从这一部分的研讨中我们可以发现，关于《山海经》这本书，首先，最应该给童年鲁迅买书的是他的父亲，但是因为他的父亲认为那是一本与科考无关的书，所以不可能给他买。其次，最应该给他买书或借书给他的是他的亲戚，但是他的亲戚因为性格疏懒，不愿意为他在茫茫书海中找书。最后，应该给他买书的是他自己，但是一直没有好机会，难以买着书。最不可能给他买书的是阿长，一来阿长不是学者，她的形象是粗俗、好事、迷信、无知的，二来童年鲁迅面对这样的阿长的态度也并不友善。当这个最不可能给他买书的阿长买来书时，童年鲁迅感受到了'震悚'和'新的敬意'。"

提出第三个专题研讨问题。

赵老师展开第三个研讨话题，让学生再次细读文本，边批注边思考："阿长，最不可能给童年鲁迅买来《山海经》，但是，事实上她却买了，这使得阿长形象在鲁迅眼中发生了改变。那么，这种印象的改变对鲁迅产生了什么影响？"学生进行小组交流，从阿长的语言、动作描写，以及童年鲁迅收

在阅读过程中进行批注，能够及时记录所思所感。

到《山海经》的表现等方面进行探讨。赵老师引导学生扣住"转变"这一关键词，对比、分析鲁迅眼中阿长形象的转变，以及这样的转变对鲁迅情感态度产生的影响，将对比结果填写在表格中。学生填写完表格后交流展示、相互补充。赵老

从人物形象、作者情感态度两个方面进行探讨，在对比中求异，在对比中深化理解。

师进行总结概括："阿长最不可能给童年鲁迅买《山海经》，但是事实上她却买来了，这说明阿长形象并不粗俗，她还是宽容慈爱的形象，她宽容一个孩子对她态度的不敬，她把童年鲁迅当作孩子看待，真心呵护孩子对于文学的兴趣，像一个父母一样满足着孩子的文学爱好。她买了《山海经》的状态我们历历在目，我们记住了她的动作，我们记住了她的神

态，我们记住了她的这句话——'哥儿，有画儿的"三哼经"，我给你买来了'，这些都是她慈爱的体现。同时，这也说明童年鲁迅对阿长的既有态度是不正确的，因此他对阿长产生新的敬意。"

一次次回读文本，抓住细节，寻找答案，促进学生对文本的深入理解。

"那么，除此之外还有什么样的影响呢？"赵老师引导学生再次返回文本中进行寻找。一位同学回答道："他此后更多地搜集绘图的书，可见这件事对他未来的兴趣有影响，同时对他后期的绘画也有很大的影响。"赵老师适时展示一组图片作为补充资源，分别是：鲁迅为北京大学设计的校徽、鲁迅为自己的作品《朝花夕拾》所绘的插图、鲁迅为自己的小说手绘的一些封面。紧接着，赵老师让同学们到文本当中找到两句话。第一句："我似乎遇着了一个霹雳，全体都震悚起来。"第二句："这又使我发生新的敬意了，别人不肯做，或不能做的事，她却能够做成功。她确有伟大的神力。"赵老师带领同学们重点分析两个词语。

抓取关键词进行分析。

第一个词语是"震悚"，同学们结合课本注释理解"震悚"的含义后明白：这件事、这本书对童年鲁迅的内心产生了很大的影响。第二个词语是"新的敬意"，同学们从中读出了童年鲁迅对阿长态度的转变。理解词句含义后，同学们有感情地朗读了这两句话。

教师搭建支架，帮助学生解决具有挑战性的任务。

赵老师继续追问："除了这方面的影响，还有哪些方面的影响呢？"同学们进行思考。这显然是个具有挑战性的问题，因此赵老师补充了《藤野先生》选段相关资料。由此分析出：鲁迅作出弃医从文的决定，其实也与他小时候搜集书的兴趣有一定的关系，因为他得到这本书，让他对绘图、文学产生了浓厚的兴趣，为他未来弃医从文奠定了基础。

反复朗读，加深对作者情感的体悟。

赵老师继续提醒同学们关注文章的最后一段，也是文章的抒情段——"仁厚黑暗的地母呵，愿在你怀里永安她的魂灵！"赵老师让同学们反复朗读这句话，思考这句话中蕴含的作者情感。一位同学回答道："从中读出了鲁迅对阿长的深深的怀念。"赵老师引导学生继续思考："鲁迅为什么会怀念阿长呢?"学生思索后回答道："因为阿长给了他温暖，让他感受到慈母般的爱。"这时，赵老师提供了《阿长与〈山海经〉》的创作背景。根据创作背景，师生分析得出：阿长给童年鲁迅买来《山海经》这件事，让他在未来的成年生活中，特别是在困顿无助的时候，感受到了温暖，这也是对他的一个影响。

赵老师进行总结："最不可能买书的阿长给童年鲁迅买来《山海经》，对鲁迅产生了诸多影响。影响一，他影响着鲁迅对阿长的态度与认知；影响二，它影响着鲁迅的文学创作、文学插图和文学收藏；影响三，即便多年以后，鲁迅仍然有怀念、感激、同情、愧疚的心情。"学生齐读阿长对鲁迅的影响。

之后，赵老师带着学生梳理总结："各位同学，这节课我们探究的专题是'鲁迅眼中阿长形象的转变'。围绕着专题中的转变，我们一起探究了'为何转变：《山海经》是怎样一本书?''如何转变：谁最不可能买？谁最该买？最不可能买的阿长买来了说明了什么?''转变之后又如何：阿长买来《山海经》对鲁迅产生了何种影响?'。这些问题，我们现在都逐渐清楚了。可以发现鲁迅眼中阿长形象的转变源自一本书，它叫《山海经》。那么，转变前童年鲁迅眼中阿长的形象是什么?"同学们回答："粗俗、好事、迷信、无知。""那么，转变后鲁迅眼中她的形象又是怎样的?"同学们回答："善良、慈爱。"教师点拨："鲁迅笔下阿长的这种形象转变是一种写作手法，先写她不好的形象，再写她好的形象，这就叫做欲扬先抑或先抑后扬。那么这样写有什么好处呢?"同学们讨论后得出结论：前后形成鲜明的对比，使文章更精彩；给读者留下更深刻的印象……

本次授课到此顺利结束了，同学们以微专题研讨的形式，探讨了童年鲁迅眼中阿长形象的转变过程，对课文有了整体的把握和理解，对鲁迅文字中蕴含的情感有了更深刻的认识。

---

补充创作背景，理解阿长对鲁迅更深远的影响，实现思维的进阶。

总结与提升。

生成研究结论。

6. 教师的课后反思

赵老师认为本节课的"微专题"教学模式实施得较为成功，预设的学习目标基本达成，学生在加强了对《阿长与〈山海经〉》文本内涵、作者情感的理解的同时，实现了思维的发展与进阶。丰富多彩的课堂活动和课堂组织形式增添了学习乐趣，充分发挥了学生学习的主体性。

但这节课各环节的处理也存在一些问题。首先，朗读法未充分发挥作用。教师只是让学生通过反复朗读的方式自行体悟作者情感，缺乏科学有效的朗读指导，难以让学生真正感受到多年以后鲁迅内心怀念、感激、同情、愧疚的复杂心情。其次，各环节的时间安排不够合理。在真正的授课过程中，对第一部分（《山海经》是怎样一本书？）的处理时间略长，这一部分并非教学重点，应当简略地进行处理。第二部分（谁最应该给他买书？谁最不可能买书？童年鲁迅眼中的阿长形象）的处理较为冗杂，耗时较长且脉络不够清晰。第三部分（阿长给童年鲁迅买来《山海经》的影响）作为本节课的重难点，未能给予学生充分的空间进行合作探讨，以教师补充居多。最后，各环节、各部分之间的衔接还可以更加流畅，逻辑脉络需要更加鲜明清晰。

# 下 篇

# 基于单元整体教学的
# 教学改进效果

　　下篇为教学改进效果篇，该部分展示在初中语文质量提升项目的推动下，样本学校、样本教师的专业发展成果。本篇包含两章内容：第七章为教研员和教师项目开展以来的教学反思随笔，记录了教师在项目改进学习中的体验和感受；第八章为项目组对整个教学改进的总结，通过数据分析和调研资料，呈现了培训效果及培训教师的改变，也提炼了改进项目的成果特色。

# 第七章　感悟单元整体教学：教师反思随笔

## 【本章提要】

在唐纳德·舍恩看来，教师是"反思性实践者"。这里的"反思"是一种植根于教师内心的、致力于不断丰富与完善教学实践的力量，教师不是由技术和原理武装起来的"教书匠"，而是在实践中并通过实践不断建构和提升经验的"反思性实践者"。鉴于反思在教师专业成长中的重要作用，初中语文质量提升项目组非常重视教师反思意识和能力的培养，培训活动的各个环节都鼓励教师撰写反思随笔。本章收集了实验学校教师在项目推进中的反思和实验学校备课组长、区教研员在项目结束后的体验感受。

## 一、实验学校教师反思

### 单元整体教学的实施心得

郑州市第二初级中学　李锦

单元整体教学是近几年的教育热点。作为单元整体教学项目组的种子教师，我想从单元整体教学的实施心得、教师的个人成长、单元教学探索展望三个方面来谈我对单元整体教学的几点体会。

### (一)单元整体教学实施心得

1. 学生是课堂的创造者

学生是课堂的主体。课堂要充满活力，充满创造力，离不开学生。本次教学梳理出的课型为"预学诊断—教学发展—总结迁移"，预学诊断分为课前预学和学情诊断，以问题驱动探究解惑，总结迁移。整个过程体现了维果茨基的"最近发展区"理论。在整个流程的设计过程中，学生在解读文本中不断生成问题，这些问题犹如引擎，加足马力带领学生走进文本深处。在诊断中了解学生的起点，在教学发展中引导学生探究解决问题，在迁移中让学生学以致用。随着学生思维的调动，课堂的活力凸显出来。

2. 教师是课堂的智者

教师是课堂的智者，体现在教师是课堂的引领者，是课堂的点拨者。在整个磨课的过程中，我收获最大的就是在评价中引导学生。在学生的回答中明确清晰地抓住有价值的信息，进一步追问，层层深挖，带领学生深度阅读。当学生沉浸在阅读的世界中时，语文课堂中充满了思辨的声音。

当教学评价犹如一条丝线贯穿课堂的时候，在一次次有价值的教学评价中，我发现我时刻在关注学生"学会了什么、学到了什么程度"。当我意识到评价对课堂的重要性时，我对项目组磨课的每一个环节有了更深层次的理解。随之而来的是备课过程中的关注点开始有了变化，优先关注学生将会学到什么，关注学习过程中的过程性评价。每次文本的阅读不再先关注教学参考，而是先读课文再写心得，之后解读课程标准，最后依据教材单元导读、篇目、课程标准、教学参考确定教学内容。我对单元教学的整体架构有了宏观的认知，我也从最初的畏畏缩缩不敢舍弃任何一个知识点，到现在可以做到胸有成竹地有舍有得。我发现我的学生也开始更清晰、更明确自己每一节课学习的目的，这使我的课堂的生成性更有深度了。与此同时，学习活动不断调整，课堂充满了生机与活力，课堂开始成为真正的有效课堂。

### (二)走出舒适区，迎接更广阔的天空

自古以来我们都说"教学相长"，教师与学生是互相成就的，教师与学生的幸福感也就不言而喻。工作十年有余，已经带了好几届毕业班，曾经的我觉得自己对语文课堂的理解很到位，但是作为样本教师在整个项目推行的过程中，在和管教授磨课的过程中，在课堂问题不断生成的过程中，我深感自己的教学理念、教学理论知识还有提升的空间。项目组犹如助推器，让我走出了教育的舒适区。我开始不断学习，阅读了《单元教学探索——基于理解的逆向教学设计案例》，学习

了云南师范大学孙亚玲教授的慕课《有效教学》，观摩了各个教育发达省份的省级优质课，从而不断提高教学能力。

教学的心态也在不断改变，不再纠结于今天的课讲得不顺畅是不是学生的问题，而是更多地进行自我反思。例如：是不是我的问题设计超出了学生的认知水平？是不是在过程性评价中的引导不到位？这一点改变让我深刻感受到和语文教学相遇是人生最幸福的事情。

### (三)任重道远，更长的路还在脚下

感谢管教授给予我的悉心指导，在日常的教学过程中，我感受到了单元整体教学的推进对教师的自身素养提出了更高的要求。在日常实施的过程中，遇到困难难免会有些许的无助。每一届学生都有各自的特点，问题的生成也会有不同，对教师的教学能力也提出了更高的要求。

《义务教育语文课程标准(2022年版)》落地，单元整体教学的实施、改进，还有更长的路要走。作为项目组的种子教师，我将在日常教学中将理论与实践相结合继续探究单元整体教学。

## 走一步，再走一步：单元整体教学下课堂改进的体验

郑州市二七区马寨一中　赵梦梦

非常幸运作为样本教师跟随单元整体教学项目组学习，并受到管贤强教授一对一的指导，这让我对单元整体教学的概念及开展方法有了更多的学习和理解。

### (一)教师理念的转变

刚开始接触单元整体教学时，我对其概念懵懂无知，对如何开展单元教学不知所措，从网上查找资料和教学实录，机械式地模仿别人的教学模式。

通过学习，我渐渐明白：单元整体教学有别于单篇文章的教学，它是把一个教学单元或者是一本书的内容作为整体，根据新课程改革的相关理念，对课程内容进行重新整合，形成新的教学内容的过程。我也从孤立的单篇授课模式，转变成单元整体教学模式，强调单元课文的整合；从单纯考虑单篇学习目标，转变成

开始设计单元学习目标，考虑单篇精讲的同时，通过对比整合设计单元教学教案，合理分配课时，这样既保证了单篇精读又兼顾了单元融合。

### (二)教学方式的多样

在接受培训初期，我的课堂通常采用学生朗读、教师讲授的传统的教学模式，采用的最新的形式也就是学生分小组讨论，教学方式单一，学生学习的积极性不高。

通过培训和学习，管教授讲授了很多不同的教学方式，带着我们分析教学实录和优秀的教学方案，剖析名师教学过程中采用的教学方法。名师教学中采用的教学方法多样，共同特点都是以学生学习为主体，体现学生的主体地位，然后设计学生活动，可设计学生朗读、表格梳理、学生讨论交流等活动，丰富了课堂的教学形式和教学方法，对比我自己，比如在《阿长与〈山海经〉》的教学中，我通常采用的是学生朗读体悟、讲授、碎问碎答的方式，课堂看似热闹，但学生没有深入思考，教学是教师的一言堂。

通过培训，我接触到了让学生画人物心理变化曲线图，用坐标轴的形式梳理与阿长有关的故事情节，并归纳人物形象，让学生上台去展示，用不同颜色的粉笔进行书写的学习方式。这充分调动了学生学习的积极性，体现了学生学习的主体性。除了以上这些方法，我还学习到了北京名校教师给阿长和老王设计微信头像、人物简历等学习方式，在上课前，教师会为学生设计任务清单，方便学生提前预习。以上的学习活动更加贴近学生的生活，能够提高学生的积极性。通过学习，我的世界仿佛打开了另一扇窗，让我看到了更多样的教学方法和学习方法，学生活动代替传统的教师讲授，这是一种突破，一种创新，做到了真正把课堂还给学生。

在我接下来的教学中，我将对单元整体教学进行探索，强调学习活动的实践性，丰富课堂形式，深化学习内容。

### (三)教学模式的探究

探索初期，我对单元整体教学模式，只是机械地进行复制，没有自己的深入的思考，主要原因还是对单元教学的理论缺乏认识。通过管教授的培训和学习，我明白了单元整体教学其实是一种单元整合的理念，首先要对单元内的课文内容进行整合，通过单元导读目标，设计单元活动主题，然后根据单元目标和单元内容，合理分配课时，进行单篇文章的精读，最后在此基础上，根据单元目标，设计单元整合的主题，创设问题情境，组织学生活动，进行单元整体教学。

### 1. 教学模式初探究

项目学习刚开始，根据项目组要求，以七年级下册第三单元为教学内容，通过研读课程标准和教材，分析单元导读，抓住本单元"'小人物'大精神"的单元人文主题，设计单元教学主题，以三篇文章为教学内容，设计分析细节描写和剖析人物性格两个学习目标，采用学生精读和小组合作的教学方法，第一次尝试单元融合课，课堂流于形式和表面，教学深度不够，学生学习自主性不强。

由于自身教学经验不足，学生基础相对薄弱，管教授针对我和学生的情况，建议我以《阿长与〈山海经〉》进行单篇精讲，在单篇精讲的同时，联系鲁迅先生《朝花夕拾》作品中的其他散文，开展单篇精讲基础上的多文本阅读，以"鲁迅眼中阿长形象的转变"为研讨专题，开展多文连读的研讨课，这也使得学生的自主性和学习深度有了大幅度的提升。

通过跟随项目组和管教授的学习，自己从一个单元整体教学的初学者，慢慢蜕变，静静成长，为此，感谢项目组，感谢二七区科研室，感谢管教授，感谢其他教师同仁。

### 2. 教学模式深研究

在项目学习之后，我对单元整体教学进行了新的探索和学习。首先，我和同年级教师以单元整体教学为研究课题，申请"'双减'背景下农村初中语文单元整体教学模式探究——以九年级小说单元为例"的区级课题，对单元整体教学进行进一步的学习和探究。本研究对九年级上册第四单元进行探究，抓住该单元导语——"少年时代，我们开始睁大眼睛看世界，品尝生活的甘美，也经历着成长的苦涩和无奈……学习这个单元，要学会梳理小说情节，试着从不同角度分析人物形象，并结合自己的生活体验，理解小说的主题"，将该单元主题提取为"青春年少"。本单元课文同为述说少年成长经历的文章，但所选的角度却不同，所以教师要在整体把握单元主题的前提下，根据课文体裁和内容设计单元教学目标，采用"求同存异"式教学，通过对比找出这三篇课文的相同或相异之处，设计出文本对比的表格。从小说人物、人物形象特点、写作特点和表达的情感四个方面进行对比整合，引导学生自主填写表格，进行交流讨论，教师进行指导，这种方式的学习氛围和学习积极性比单篇精讲要提升一些。

接着，我又以九年级上册第三单元的文言文开展单元整体教学，本单元导语为："登亭台楼阁，观湖光山色，游目骋怀，纵情山水，可以让人感受自然之美，领略历史文化的底蕴。本单元所选的诗文在描写景物、抒发感情的同时，也表达了作者的政治理想、志趣抱负。学习时，要注意体会古人寄托于山水名胜中的思想情感，感受他们的忧乐情怀。学习这个单元，要在理解课文内容的基础上，熟读成诵，积累、掌握课文中的文言实词和名言警句，并体会文言虚词在关联文意、传达语气等方面的作用。"学习本单元文言文的时候，先围绕单元导语中的语文要素目标进行单篇精讲，最后围绕人文主题，确定单元整体教学内容主题为"赏自然风光，感忧乐情怀"，从共同意象，忧、乐表现手法等方面进行对比研究。

最后，在学校开展单元整体教学展示课中，我又以九年级下册第六单元文言文为组织内容，根据单元导语——"可以感受古人的智慧，体会他们的责任感和担当精神"，抓住人文主题"家国情怀"，设计"天下兴亡，匹夫有责"的主题，通过设计三个活动开展教学。课程标准强调要贴近学生的实际，进行情境式教学，因此在本次教学模式探究中，我设计了一个学校拟举办"天下兴亡，匹夫有责"读书交流会的情境，帮助学生感受仁人志士身上的"天下兴亡，匹夫有责"的责任感和担当精神。本期交流会围绕九年级下册第六单元的阅读来展开情境，开展三个教学活动，通过对比分析情节、手法、人物形象等方面开展教学。由于第一次尝试情境式教学，情境流于表面，没有真正融入课堂，为了情境而情境，没有之前进行文本的对比整合教学时顺利。我反思产生这种情况的原因是自己对文本的把握不够到位，同时对情境式教学使用不当，造成单元整合不到位，学生积极性不高。

### 3. 模式新突破

通过研读课程标准和培训学习，我越来越能感觉到情境式教学和单元整体教学的重要性，要在单元整体教学当中融入情境式教学，在设计单元整体教学目标之后，分课时进行精读，最后在单元整合的过程中，在设计真实的问题情境中进行单元整体教学，这是我对教学模式新的理解和探究。

我校七年级教师在开展七年级上册"诗歌四首"单元整体教学中，创设了为美术馆设计两个诗歌展览板块的情境，组织了四个学习活动贯穿在情境中，这种方式贴近学生生活实际，激发学生学习的热情，也符合新课改下的情境式教学的大方向。她的这堂课也给了我很大的启发，在真实情境中进行课文异同比较，比起单纯的对比分析更能激发学生的兴趣，提高课堂的积极性，这也是我要努力学习和改进的方向，为此我还将以九年级上册第三单元为例，进行情境创设，围绕"忧乐情怀"开展单元整体教学。

### (四)学生学习的转变

传统的单篇教学，学生只着眼于一篇文章内容，而单元整体教学，要求学生在对单篇课文的理解学习的基础之上，通过对比分析、整合评价，进行深入的思考。这样既可以发展学生的高阶思维，又可以调动学生学习的积极性，真正使学生成为学习的主人。

在这样的教学中，明显可以看到学生学习的积极性要比单篇精讲的课文高。通过回顾旧知识，抓住几篇文章的异同点进行分析，这样一方面可以加深学生对课文的理解，另一方面也可以使学生有一种分析比较的思维模式。这既能体现语文学习的人文性，又能够体现学生语文学习的实践性。

单元整体教学是教学改革的趋势，是顺应新课改的教学模式，有助于学生素养的提升，有助于解放教师思想，有助于语文教学发展，我将不遗余力地去推进这种教学模式。

# 单元整体教学，我们在路上

郑州市第八十一中学　郭珊

我非常有幸地参加了单元教学工作坊活动，更幸运的是得到了北京师范大学团队吴欣歆教授和管贤强教授的亲自授课指导。两位导师的精彩讲座和实用课程，帮助我在核心素养背景下语文教改新方向的探索方面点亮了一盏新的明灯，照亮了我语文专业教学研究方向的新道路。整体来说，我收获满满，进一步明晰了从单元整体教学的教学目标，到单元整体教学的设计环节，再到单元单课时细致的规划等内容。每次活动都让我得到教学启发，不论是从宏观上让我明白单元整体教学的任务及大的背景，还是管教授带着我从具体的细节入手，都使我进一步明晰了单元整体教学中单课时教学具体实施时应注意的诸多问题。

还记得培训中收获最大的是观摩一线教师讲课、评课所取得的收获。教师在专家引导下从课堂实践出发，针对具体课例，让我们真正领会何谓单元整体教学。当时主要是针对七年级下册第三单元的《阿长与〈山海经〉》《老王》《台阶》三篇文章，来进行教学设计。通过样本教师的演示和专家评课，我也学到了有关单元教学实施的具体步骤，为我今后实施单元教学带来很大启示，具体内容做如下总结。

## (一)活动围绕教学目标展开，开展活动要注重语文教学的实践性

在设定教学目标的时候，我们一定要把教学目标与教学活动进行勾连，使我们的教学活动完全围绕教学目标而展开。在进行教学设计的时候，我们还要侧重站在学生的立场上去思考：学生究竟在这节课能学到什么，学会什么，如何进行合理的评价。

在任务的推进上，管教授建议"一节课围绕一个大任务，基本上就够了"。因为，在任务下面会划分更多的活动。顾名思义，任务指的是一种更复杂的情境，而活动是对任务的一种细化。活动设计完之后，一定要使它和学习目标相对应。如果不对应，就会造成活动不集中，无法达成学习目标的情况，即跑题。除此之外，我们在教学目标的设计过程中，一定要践行以学生为主体，切实地考虑我们

的学习目标是否能准确地让学生的学习行为被观察和评价，应当充分发挥评价的甄别和促进作用。围绕着任务活动的开展，可以继续推行余映潮老师的板块式教学的设计方法，这样就会使我们要解决的教学问题比较集中，而不显得那么琐碎和缺乏逻辑。

具体来说，由于语文是一门综合性、实践性的学科，这就要求我们上课一定要像管教授说的那样，利用语言来进行交流，用语言来进行审美，用语言来进行思考，用语言来进行文化，用语言来展开做事。学生的活动不仅仅是单一的活动，而是与教师的双向互动、与文本和作者的多方会谈，所以教师在上课的时候，一定要充分利用好学习任务单，在课堂上减少教师说的话，遇到学生不明白的地方，需要增加教师说的话，少的话和多的话要有明晰的界限，在语言上力争做到惜墨如金和泼墨似水。比如在课堂展示环节，应该重视培养学生的语文实践能力。可以鼓励学生上台进行表演，引导他们整合自己的资料，提前打印出讨论所用的卡纸，方便学生书写关键字词；也可以直接用高清摄像头拍摄学生的成果，用屏幕展示的方式来进行交流，与学生对话。

### (二)教学流程设计要有进阶性，凸显各种文体特征是文本教学的重点

在我们的教学过程中，也要在教学的流程上设计得更有梯度。根据教学目标的层次，分清楚教学的重点、次重点、难点。比如在进行散文教学的时候，我们一定要关注散文文体特征下的教学重难点。管教授与我们分享道："散文教学的重点是言、象、意三个部分，那么我们首先就要关注言语的内容及人物的形象和事件，其次是言语的形式，比如细节描写，最后要体悟作者的情感，通过这三个梯度的设计，来达到帮助学生提升素养的目的。"

现代文阅读的考查难度越发加强，所以我们不能简单地给学生传授散文所描述的故事内容是什么、写了哪些人等这些浮于文本表面的内容，而应该帮助学生更好地站在文章的全局去厘清文本的思路，把握关键语句，关注每篇散文的写法，同时领悟作者的写作风格。比如可以采用读写结合的方式，在反复细读中，引导学生真正弄清楚作者是如何进行描写的。

### (三)重视单篇文本的细读，厘清单元整体教学的逻辑关系

我们要有从重视文本的细读到重视文本的研读，再到重视单元统整的逻辑过程。管教授再三强调一定要重视单篇的细读，因为单元教学的有效推进是构建在单篇细读的基础上，再来进行单元整合阅读的。所以，我们在进行整体阅读的时候，在细读的基础之上可以转换为专题的研习，进而从关注文本的细读和研读上，有效转换到对单元统整的教学设计。

所以，在教学设计过程当中，我们应该区分好单篇阅读、群文阅读与专题阅读之间的区别与联系。三者是由低到高，逐渐递增的关系。管教授指出：单篇阅读关注的是"细"，群文阅读关注的是"比"，而专题阅读关注的是"研"。总之，我们的目标是使学生能够从低层次的阅读通过阶梯式的发展，达到高层次的阅读。从单篇阅读到群文阅读，再到专题阅读的过程当中，一定要鼓励学生自己提问题。在教学过程的设置中，也要激发学生提问题的勇气。在提问的过程中，只有不断地进行比同和比异的活动，才能让学生更好地把握文章之间的相同点和不同点。

基于教材双线组元的特点，管教授总结道："我们单元阅读的进程，需要由单元整体推进和大单元的教学设计共同支持来完成，所以在确定了单元学习的主题之后，我们一定要确定每个单元的学情，并进行教材的分析，浓缩出单元育人的素养价值。"因此，我们必须提炼出针对性问题的解决对策，只有把以上几项逻辑关联确定清楚，才能厘清自己单元教学中的具体思路和途径，以及针对学生的学情设计出合理的教学内容。

"卸下华丽的外衣，让语文回归本真"是本次学习带给我最大的教学启示。不论是教学，抑或生活，都是如此，唯有扎实钻研、冷静思考、认真总结，才能在语文教学中探索出一条守住"真气"的路，也才能更精心地培育出一朵朵富有真情、返璞归真、纯洁有爱的花。

精诚所至，金石为开，单元整体教学的路还很远，我们在路上努力着。相信我们在专家的指引中，能够获取更多更有价值的东西来启发自己，从而有新的发现与启示。

# 单元整体教学的思考

郑州市树人外国语学校　张璐媛

经过学习，我对单元整体教学有了初步认识。在此基础上，我以初中语文教材七年级下册第三单元为样本，进行了第一次单元整体教学设计尝试。该单元编排了"凡人小事"主题单元，选编了以写人记事为主的《阿长与〈山海经〉》《老王》两篇散文和《台阶》《卖油翁》两篇小说。我依照教学参考给出的单元目标建议结合单元整体教学设计理念，将本单元学习主题定为"走近'小人物'"，并在此基础上设计了四个阶段的学习任务，依次是"走进你的生活""感受你的不凡""书写你的故事""认识更多的你"，共计 11 课时。

管教授针对我的教学设计给出了非常细致的修改建议，并指导我完成了案例改进。在此过程中，我认真听取指导意见，积极反思，潜心思考，切实体验了"实践出真知"的硬道理，对单元整体教学有了全新的认识与思考。

## （一）目标素养导向

经过管教授的点拨，我清楚地认识到，我的教学设计是将课本内容重新排列组合，设计了四个阶段的学习任务，看似实现了单元整体教学，实际上是换汤不换药。我的设计是把之前单篇教学中的教学任务整合后进行重新排列，第一部分仍然是课文内容的梳理，然后由浅入深，逐步进行解读、分析、综合、运用。教学目标的设定没有考虑学生的素养提升，这就仍然是陈旧的教育理念。根据课程标准要求，我应该让学生在学习中读懂文本、读懂人物、读懂生活，逐步形成个性化的认识，获得精神的涵养和素养的提升，这才是真正的素养目标导向下的单元整体教学设计，而如何以本为材来实现这些，就是我们作为教师要积极探索的内容。

## （二）目标指向明确

管教授针对我的教学设计给出了"学习目标在具体化程度上有待提高"的意见，我认真回顾了自己的教学设计，发现此类问题多次出现，如"走进你的生活"，如何走进并没有明确指出，在具体的学习活动中，学生的方向性不够清晰，这可能会导致课堂效率低下、学习效果打折。单元整体教学的内容整合度高，学习材料丰富而繁杂，所以目标指向明确就显得尤为重要。在今后的教学设计中，我会注意学习目标的表达尽可能易于理解、便于操作、方便评价。

### （三）活动完整连贯

情境化是单元整体教学设计中必不可少的一环，旨在激发学生的学习动机，让其在问题引导下带着解决问题的需求去主动学习。为此我专门设计了两个学习情境：一个是本单元学习开始前设定的《人民日报》开设"'小人物'大世界"版面，向广大中学生约稿的情境，希望学生能够发现生活中那些平凡的"小人物"，为大时代的"小人物"作传；另外一个是在"感受你的不凡"中，评选出最喜爱的人物和作家，为其撰写颁奖词并举行颁奖仪式的情境。《人民日报》约稿的情境设定后就没有后续环节的设计了，单元整体教学设计的最后一环是整本书阅读的导读，所以此处的设计因不完整而显得没有意义。颁奖环节也因获奖人均不在现场而略显尴尬，不能实现学生的沉浸式学习体验。除此之外，本单元教学环节之间的连贯性也有待加强，因为没有大的连贯性的真实情境，所以本次学习活动的教学状况并不乐观。接下来的单元整体教学设计，我会更加关注情境化的设计和整体教学中活动的连贯性。

《义务教育语文课程标准（2022年版）》提出了新的课程理念："立足学生核心素养发展，充分发挥语文课程育人功能""构建语文学习任务群，注重课程的阶段性与发展性""增强课程实施的情境性和实践性，促进学习方式变革"。[①]单元整体教学恰逢其时，应运而生。非常幸运能够作为河南的先头部队得到专家的悉心指导，我会在今后的教学工作中继续认真学习、悉心探索、积极实践，努力为单元整体教学的推进贡献自己的力量。

---

　　① 中华人民共和国教育部. 义务教育语文课程标准：2022年版[S]. 北京：北京师范大学出版社，2022：2-3.

# 与"单元整体教学"的相识与相知

郑州市二七区马寨一中　姚国笑

## (一)懵懂的初识

最初接触单元整体教学是在项目组进行的培训活动中，我校作为样本学校参与，我也有幸作为其中一员聆听了管教授关于大单元教学的一些新理念和新思想。最初的几次培训，我感觉真是一头雾水，从单篇到单元的跨越来得让人猝不及防，作为上班时间不长的年轻教师，我的单篇教学依然举步维艰，还没有形成自己的教学风格，当时感觉单元教学对我来说困难重重，一是理念不清，二是方式不明。

## (二)深入的接触

"纸上得来终觉浅，绝知此事要躬行"，知识的获得、理念的更新还是需要实践来加强的。培训期间受到重托，参与了七年级下册第三单元的整体教学案例设计说课，学习主题为"致敬'小人物'"，设计采用了读写结合的思路开展篇章教学，每篇课文按照教学参考的重难点逐一落实，从"阅读中得法"到"迁移与表达"，最后到"写作指导"。经过与项目组的交流改进，最终将单元学习主题设定为"镜头下的人世间"，让学生在学习教材内容的同时将所学融入实践中，设置了三个学习任务，分别是："闪闪发光的'小人物'""熠熠生辉的那一刻""生生不息的人世间"。

中间我们还通过线上学习的方式，学习了管教授主讲的"单元整体教学背景下语文教学技能的提升"等课程。一次又一次的分享和改进，让我见识到了管教授深厚的学科文化素养，对专业精益求精的工作态度，这更让我开始反思自己教学中的不足。

之前我对待要教的内容总是知其然而不知其所以然，关注的点也永远在怎么教，而不是我为什么要这样教。就像《老王》《阿长与〈山海经〉》，这两节课我也讲了，我的教学目标甚至也是类似的，至于教学目标为什么这样设计，我并没有深入思考过原因，经过管教授的点拨，我认识到了目标的设置要有宏观性，要针对本课却不仅仅是针对本课。另一个感触比较大的地方则是关于"批注"的教学设计，从来没想过看似简单的随手几笔勾画，其中竟然蕴含了这么多的门道，不同颜色、不同样式的笔进行批注，这种看似小的知识点，却有大智慧，学生以后如果遇到难懂的句子，都可以迁移运用这些方法。

### (三)真心的相知

经过多次的改进和提升，我对单元整体教学的理解有了从 0 到 1 的飞跃。从最开始懵懵懂懂地听管教授讲解，到现在已经明确了单元整体教学的必要性，在备课时也会有意识地去分析单元目标，找出本单元课例的共同要素，虽然步履蹒跚，但探索的脚步一直都没有停下。

经过学习和反思，我明确了单元整体教学就是以单元为单位，形成总体的教学理念、教学主题和教学设计。单元学习主题是对核心素养的提炼，是单元核心知识的体现，它可以让整个单元较为零碎的课时成为单元体系，有利于学生形成对知识的结构性和整体性认知，提升学生思维的深度和广度。同时，教师对整个单元的设计要有层次性，学生学习的评价设计、教学活动设计、教学反思与改进等都对提升教师的专业素养大有裨益。

经过单元整体教学的改进学习，我和同备课组的教师也在不断探索，让其融入我们的课堂教学当中，训练学生的语文思维。例如：在进行九年级上册第三单元古诗文教学时，将《岳阳楼记》《醉翁亭记》《湖心亭看雪》《行路难》《酬乐天扬州初逢席上见赠》《水调歌头》这几篇课文进行整体教学，将学习主题定为"赏自然风光，感忧乐情怀"；将七年级上册第一单元古代诗歌四首《观沧海》《闻王昌龄左迁龙标遥有此寄》《次北固山下》《天净沙·秋思》进行整合教学，将学习主题定为"在古诗词中邂逅四季之美"……

在越来越多的探索和实践中，我越来越发现单元整体教学有利于提升学生的思维和能力，我也很开心自己有幸能乘着北京师范大学项目组的东风，在探索单元整体教学这条路上越走越远……

## 二、实验学校备课组长反思

### 郑州市义务教育质量提升项目反思

郑州市二七区马寨一中

回首两年来的工作，在市教体局和二七区教研室的高度重视和安排下，二七区各初中学校积极参与，学习氛围浓郁，项目成果显著。

开展质量提升项目之前，马寨一中语文教研组作为学校学科管理组织，主要负责制订学期教研计划、同头备课、上课磨课、听课评课、教案检查、资源分享等几方面事务性的工作，教研组的教研功能缺失现象严重。这种教研活动的问题主要体现在以下几个方面。

第一，教研计划不清，活动目的不明。教研计划成为一学期的几项事务安排，很难看到一学期中教研组要解决的主要问题是什么，要达到什么目标，以及围绕问题、目标所安排的目的明确的教研活动。

第二，活动主体单一，活动参与被动。很多时候教研组的活动形式就是布置学校工作，听评课等。开展的听课活动也只是就事论事、孤立地进行评课，几乎看不到研究问题的讨论及观点的交锋。很多教师仅仅把教研活动当作一种任务来完成，根本起不到促进教师专业成长的作用。学习内容随意，研究气氛淡薄。教研组组织的业务学习也只是零打碎敲地读一些从杂志上摘抄下来的理论和上级文件或计划。很多教研组的工作小结就是总结本学期教研组做了哪几件事，至于研究了何种问题，达成了何种共识，取得了何种效果，还存在哪些问题，今后如何改进教研活动，这些最基本的东西在教研组的总结中几乎没有。

而质量提升项目的到来，不仅给我们带来了新的教学理念和方法，同时也给教研组教研活动的展开提供了路径和思路。

### (一)科学制订项目计划，定期开展提升活动

项目开展初期，项目组组长吴欣歆教授就以视频的形式介绍了与郑州市基础

教育的合作过程及整个项目的工作安排，并在当天下午深入郑州市第二初级中学的日常阅读教学课堂，了解样本学校的阅读教学现状，为下一步活动的开展提供方向。

首先，来自二七区多个初中的教师代表共 51 人组成的"郑州市初中语文教学改进教师工作坊"，全员参与初中语文改进活动，聆听吴教授的讲座——"核心素养下的语文教学变革"，参与管教授的"如何进行单元整体教学设计"的体验活动，样本教师依照管教授的活动和教学设计模板，进行七年级下册第三单元的整体教学设计，为下个月的活动做好准备。

接着，郑州市第二初级中学和我校共四位样本教师根据上个月培训的单元整体教学设计活动，以七年级下册第三单元为例，在郑州市第二初级中学进行了课堂展示，管教授针对四节课一一作出点评并指出修改意见，下午活动结束前又选出两位教师进行课例研磨和修改，并在第二天上午再次进行课堂展示。

12 月 27 日晚上，项目组邀请北京师范大学第二附属中学的王翔老师为全区初中语文教师进行线上名师讲座交流活动。此次活动，王翔老师以一线教师的身份，围绕"大单元整体教学"这一主题，从"认知—特征—教学参照系"三个方面，结合具体课例，有层次地为教师讲解了"大单元整体教学"的教学实施与意义，为我们展示了其深入的教学探究和务实的理念创新。与此同时，王老师鼓励语文教学工作者在实践中去体现"大单元整体教学"对学生语文学科核心素养提升的价值和意义。

2 月 21 日下午，管教授以"单元整体教学背景下语文教学技能的提升"为主题，为我们进行了线上名师讲座交流活动。管教授为我们细致生动地分析了当今社会一个语文教师所需要具备的能力结构和语文教师的人格特征，并深入浅出地用一些生动的典型课例为我们展示了其在教学实践中的表现及应用，让一线教师在对原有理论理解的基础上，更真切地明白日常教学工作提升的方向和方法。

4 月份的改进活动分为线上名师分享和线下专家培训两个环节。4 月 5 日的线上活动，是由北京市通州区教研中心、北京市名师郑铉老师主讲，以"单元整体教学管窥锥指"为主题，从单元整体教学的由来入手，从"守正为先、群文阅读、自主读写"三个方面为我们深入浅出地讲解了单元教学实施的路径。郑老师的讲解充分结合案例，贴近教学实际，从教材内容入手，有层次、有条理地为我们进行了详细的指导。4月6日的线下培训，管教授以"任务型单元整体教学教案指导与案例研修"为主题，在前期一系列培训的基础上，以更加细致、更易操作的方式，针对单元整体教学的教案撰写方面，为我区教师进行了培训。管教授将系统的理论分解化，将晦涩的概念具体化，大量结合教学实际，从"学习任务群"入手，将自己在教学实践中的经验分享给我们，并努力让教师认识到"单元整体设计是培养语文学科核心素养的关键环节，要努力实现'任务型单元'"。为了让教师对单元设计的实施更有操作性、更有抓手，管教授借助《文献汇编：教案撰写》(会议学习资料)带领教师研读具体文献资料，从"单元名称与课时、学习目标、评价任务"等多个方面，一步步梳理，引导教师总结"单元整体教学设计"的撰写方法。

5月18日上午，各学校共7名优秀教师代表围绕"单元整体教学"主题，以七年级下册第三单元为载体，进行了说课活动。几位教师充分学习融汇了管教授分享的经典案例。管教授有针对性地为每位教师的说课设计进行了详细的指导。下午，管教授结合具体案例为我区语文教师细致地讲解了单元整体教学教案的撰写和修改。5月19日上午，郑州市第二初级中学的李锦老师和郑州市二七区马寨一中的赵梦梦老师进行了以"单元整体教学"为主题的课堂展示活动。管教授进行了分析总结，提出了优点，也指出了进一步改进的方向。

**(二)理论实践齐头并进，一线教师受益颇多**

1. 为一线教师提升了学科理论素养。培训期间，吴教授和管教授等专家都能高屋建瓴，从世界发展变化的大背景中找到教育的发展方向，从核心素养到多文本整体教学等教学理念的提出和实施方面，引领一线教师接触并学习先进的教育理论和教育发展理念，从思想理论方面武装一线教师的大脑，为培训打好了基础。

2. 为一线教师开阔了学科见识。在专家讲座期间，吴教授分享了北京等地优秀的课例和教学设计方案，让教师知道了整本书阅读的一些设计框架和思路。管教授分享的江苏等地的优秀做法，让教师明晰了进行单元整体教学的一些方法和做法。北京的一线名师王翔和郑铉老师分享了自己对单元整体教学的认识和相同教学内容进行的不同的教学设计，让教师拓宽了教学设计实施中的路径。

3. 为一线教师提升了教学分析和设计能力。在项目进展过程中，项目组既注重一线教师的理论基础，又同时安排相应的实践活动，如：管教授在"如何进行单元整体教学设计"的讲座中，采用分组活动的形式，让教师参与其中，真正明白设计流程。其后安排对样本教师进行现场授课和指导，并根据具体指导意见安排样本教师进行二次授课。引导参与教师进行单元整体教学的说课活动并一一进行指导。一系列活动的组织和实施，让教师参与其中，使教师更清晰地明白如何进行单元整体教学的设计和实施。

4. 为一线教师呈现精彩纷呈的语文课堂提供了高效途径。单元整体教学在设计过程中，基本以活动的形式展开，避免了枯燥乏味的、单个的、零碎的问题追问式的课堂模式，取而代之的是活动式的课堂。课堂以情境化的形式开展，学生进入情境，参与其中，能够更深入地对文本进行思考探究，提升学生的思辨能力，促进语文学科核心素养在语文课堂上的落地生根。

**(三)教学实践迎头赶上，沟通交流未来可期**

1. 抓住培训契机，稳步实施教学实践。在两位样本教师的课堂实践中，各位一线教师应该积极学习模板，对照各校学生学情，稳步扎实地推进单元整体教学，围绕单元整体教学进行教研、课题研究，在实践中总结经验教训，不断改进落实，真真正正把这种先进的教学理念和学生学情紧密结合，形成各具特色的教学模式，从而让我们的语文课堂更加多彩，让学生能够真正地在语文实践活动中参与课堂、思考领悟，提升语文学科核心素养。

2. 充分利用资源，继续加强沟通交流。项目的结束，并不意味着学习的终止。我们要充分利用好项目组的资源，在平时的语文教学实践和学科研讨活动中，搭建与北京、江苏等教育发达地区名校、名师的交流沟通平台，多学习借鉴先进经验，也可互相派送交流学习小组，真正进入一线课堂实地考察，为双方的交流互鉴提供更广阔的舞台。

# 郑州市第二初级中学语文教研组项目反思

石冰玉

2020 年郑州市第二初级中学参与到初中语文质量提升项目中，通过大单元的构建、情境化的使用和多文本阅读的链接等方式，提高学生语文学科素养，进行课堂改进。以管贤强教授为首的团队承担了郑州市第二初级中学语文学科课堂改进项目，多次入校、驻校进行讲座分享、工作坊建设和样本教师听评课，全面推动教学改进。

在项目开展前，备课组的工作主要围绕着日常教学进行，比如负责制订讲课计划、教案检查、备课分工、考情分析等，教研功能不突出，这种教研活动的问题主要体现在以下几个方面。

首先，备课组活动没有计划和目的。备课组组会时经常只针对本周或下次考试前的课程进行备课进度讨论，而缺少系统性的针对学生学情的探讨和长期规划。

其次，每个年级备课组之间相对封闭。每个年级进行本年级的备课，很少有全校语文组讨论会。每个年级的培养计划、备课计划相对割裂，不利于各个年级优秀教师之间的沟通和交流。

最后，活动形式单一、随意，没有形成良好的讨论氛围。备课组活动一般是以主讲人领讲、工作总结、文件学习等形式进行，没有很好地利用这个平台进行思维的碰撞，让教师在其中学习。

造成这种问题的原因是初中语文教师烦琐的工作任务和活动，以及长时间留下的教研习惯。不少教师希望通过该项目进行突破，所以也进行了一些科研尝试并取得了一些成绩。例如：姚彩梅、高鸽、李锦、石冰玉老师进行"多文本阅读单元教学微议题选择策略与实践研究"课题申报，李锦老师多个课例获得荣誉，张剑虹老师的作业设计获得区一等奖，石冰玉老师的论文获得郑州市教育论文一等奖等。但是，动起来的教师不多，大部分教师还拘泥于曾经的教学模式，改变不大。自从初中语文质量提升项目在我校开展以后，学校的教研也变得多样化起来，如请名师进行讲座、教研组座谈等。教研活动对课程标准进行解读，针对教学问题进行深度探讨，对备课组的教研活动也提供了更多思路。

1. 助力青年教师成长，每周进行青年教师汇报课

青年教师是学校的新鲜力量，九年级备课组七位语文教师中的四位都是青年教师，备课组以教师为中心开展汇报课，一轮又一轮的汇报课能够提升青年教师的素养，帮助青年教师把握教学重点，迅速成长。

2. 打团队战，深化教研内容

九年级备课组以团队为单位，设计九年级学习册，将单元和单元有效衔接，将课堂和课下连接。教研团队从本年级学情出发，深入探讨后，研讨出最适合的方案，从本年级教学实际问题出发，避免九年级题海战术。

## 三、区教研员反思

### 基于郑州市义务教育质量提升项目的几点思考

李芸

#### （一）坚持素养导向，强化学科实践

《义务教育语文课程标准（2022 年版）》明确了"立足学生核心素养发展"的课程理念，指导我们以全新的视角思考教学目标的设置和完成，同时"构建语文学习任务群"的课程理念也印证了推进单元整体教学的重要性、必要性和迫切性。

我们本次的质量提升项目恰逢其时，接下来，区教研室会致力于提升教师的素养导向意识和单元整体教学能力，进一步推进单元整体教学的课堂实践，努力增强课程实施的情境性，强化学科实践，培养学生在真实情境下的学习力和应变力，不断提升学科思维品质，促进学生核心素养发展。

#### （二）聚焦主题教研，推进教学改革

围绕本次项目开展的主题式教研收效颇丰，在有限的时间内教研目标更明

确，教研成果更显著，这有益于解决目前区域内教研存在的时间紧、任务重的问题。区教研室下一步将积极下校调研，深入教学一线，收集、整理、归纳、提炼出具有普遍意义的典型问题，切实坚持问题导向，组织教师开展主题式教研，制订具有针对性、可行性的有效方案，真正推进教学改革。

### （三）开展多彩教研，激活教师动能

为激发学生学习内驱力，我们积极推进教学改革，努力让学习发生。据此来看，同样需要改革的还有以往较为单一的教研形式。在本次项目推进过程中，我们在专家的指导下实践了主题式、活动式、沙龙式等多种教研形式，教师教研的积极性、参与度和专注度都有了较大的提升，收获了较高质量的教研成果。区教研室将会继续引入、开发、开展多彩教研，尽可能激活教师动能，让教学研究真正发生，让每位教师在教研过程中有所成长，有所收获。

### （四）加强校际合作，促进均衡发展

二七区作为郑州市优质老城区，在教育资源上有着得天独厚的优势，老牌名校林立，优秀教师众多。在本次项目研讨的过程中，校际间的合作碰撞出前所未有的智慧火花，优质教育资源的活水在二七区教育的沃土上缓缓流淌。专家引领明方向，同侪携手共成长。区教研室将以"兼容并蓄，优势互补"为宗旨，秉承"共通、共研、共享、共赢"的理念进一步加强校际合作，积极构建区域教育教研共同体，促进优质教育资源均衡发展，全面提升二七区教育的整体实力和品质。

郑州市义务教育质量提升项目具有重要的实践意义与价值，本次活动深化了教师的教育教学理念，提高了教师的教学实践能力，提升了教师的教研水平，推动了区域教育改革。同时激发了学生的学习兴趣，提升了学生的语文素养和思维品质，促进了学习方式的变革。结束亦是开始，我们会坚持立足学生的核心素养发展，进一步推进、深化教育改革，谱写二七区教育的华彩新篇章。

# 第八章 单元整体教学改进的总结：学习效果与成果特色

## 【本章提要】

第八章主要对初中语文质量提升项目进行总结，包括两部分内容。第一部分主要是调查教学改进的学习效果。项目组通过分析调查问卷和相关调研，了解培训效果和培训教师的改变。第二部分主要是总结本次教学改进的成果并提炼其特色。成果特色有五个方面：建构了单元整体教学理论框架，提炼了单元整体教学模式，引领了教学方式、学习方式变革，构建了高校、区域、学校协作机制，采用了多种方法确保项目改进的高质量。

## 一、教学改进的学习效果

教学改进的学习效果调查包括调查问卷分析和调研分析两部分。调查问卷聚焦在项目的培训效果，调研分析聚焦在培训教师的改变。自调查问卷看，本次调查问卷共有五个维度，24 个具体指标。五个维度为总体效果、满意度、投入度、影响度、帮助度，运用了李克特四级量表来调查培训教师对改进项目的认可度。自调研分析看，调研分析主要聚焦教师的改变，借助了教师学习效果的三维度四类别框架，设置了 8 个问题，从认知、情感和行为三个维度全面分析教师的教学实践，关注其四个类别的变化，分别为：情绪的变化、知识和信念的变化、实践意图的变化和教学实践的变化。

### (一)教师满意度较高，投入情绪较为高涨

调查问卷共发放 48 份，除去空白和无效卷，共收回有效问卷 48 份。最终了解了培训教师的学习效果和教师投入程度，对于项目培训的满意程度如表 8.1 所示。

表 8.1　教师对项目培训的总体满意度

| 值 域 | 改进主题 | 活动内容 | 活动方式 | 专家团队 | 及时反馈 | 实施效果 |
|---|---|---|---|---|---|---|
| 满意 | 56.3% | 60.4% | 62.5% | 72.9% | 64.6% | 56.2% |
| 较满意 | 39.6% | 37.5% | 35.4% | 25.0% | 35.4% | 41.3% |

　　研究发现该单元整体教学的课堂改进项目受到教师欢迎，项目满意度较高，教师投入情绪高涨。调查问卷（如附录 1）结果所示，该项目的总体满意度为 56.4%，总体较满意度为 41.6%。总体满意度主要从改进主题、活动内容、活动方式、专家团队、及时反馈、实施效果六个指标来调查培训教师的满意度。具体到改进主题、活动内容、活动方式、专家团队、及时反馈、实施效果的满意度看：专家团队的满意度最高，满意度为 72.9%，较满意度为 25.0%；及时反馈的满意度为 64.6%，较满意度为 35.4%；活动方式的满意度为 62.5%，较满意度为 35.4%；活动内容的满意度为 60.4%，较满意度为 37.5%；改进主题的满意度为 56.3%，较满意度为 39.6%；实施效果的满意度为 56.2%，较满意度为 41.3%。从中可知，培训教师对六个指标的满意度均值为 62.2%，包含较满意度均值接近 98%，说明他们对这六个方面的认可度都比较高。

　　具体到教师的投入程度，针对教师投入度的问卷调查数据结果如表 8.2 所示。

表 8.2　语文教师投入度

| 题目：您在本学期改进活动中的投入程度 | | |
|---|---|---|
| 选项 | 小计 | 比例 |
| 很大 | 22 | 45.83% |
| 较大 | 18 | 37.5% |
| 一般 | 8 | 16.67% |
| 较少 | 0 | 0% |
| 很少 | 0 | 0% |

研究发现培训教师的投入热情较为高涨。45.83％的教师认为自己在改进活动的投入程度"很大"，37.5％的教师认为自己在改进活动的投入程度"较大"，而没有教师认为自己的投入程度"较少"或"很少"。可见，绝大部分教师都能够以较积极的态度投入到本项目的改进活动中去。

为了探寻影响教师投入程度的积极因素，本项目的问卷做了相应的调查，调查结果如图 8.1 所示。

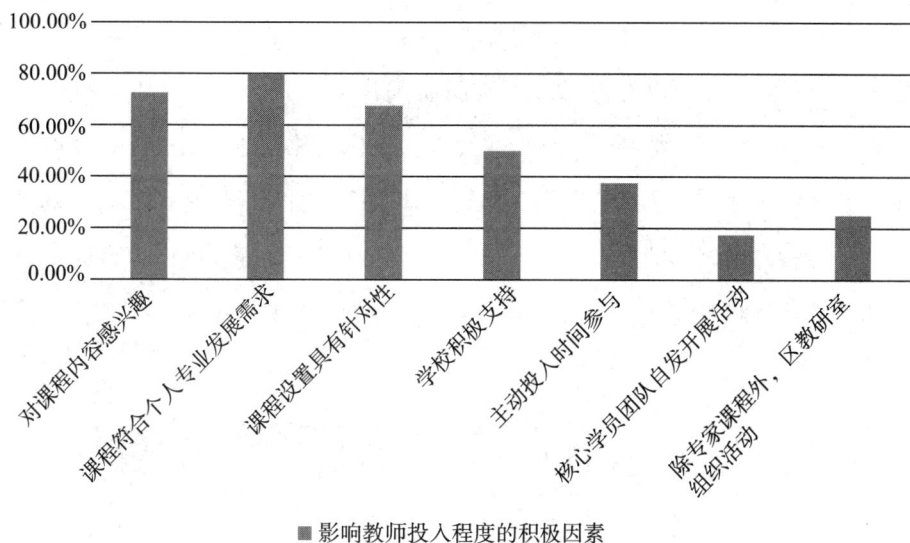

■ 影响教师投入程度的积极因素

**图 8.1　语文教师投入度的积极影响因素**

可以看出，对于语文教师而言，影响教师投入程度的积极因素中，"对课程内容感兴趣""课程符合个人专业发展需求""课程设置具有针对性""学校积极支持"均占比 50％以上，其中，"课程符合个人专业发展需求"这一影响因素占比最高。可以说，本项目对教师的发展需求满足度是影响教师投入度的关键因素，此外，教师对本项目的兴趣也在很大程度上影响了教师对项目的投入程度。

当然，在项目改进中也有一些消极因素影响着教师的学习投入。"没有时间参与""课程过难不易理解和掌握"成为主要原因，由此可以发现，项目活动分配的时间和课程设置的难度在很大程度上影响了教师对本项目的投入度，在未来的项目改进过程中，组织方可以积极规划，为教师参与项目提供更为充足的学习时间，学科专家在课程设计上适当降低课程难度，对于项目改进效果的提升有着积极作用。

**(二)情绪的积极变化，从"我好想逃"到"好事成双"**

学习效果的研究还进一步探索了项目培训提升教师在教学变革下适应教学转变的情况。研究者采用质性研究的目的性抽样原则，从培训教师中选取了5位教师作为研究对象，选择标准兼顾了不同反思水平、不同程度的研究兴趣及不同程度的参训表现。在征得教师同意的前提下，研究者收集了他们平时的学习反思和相应的调研材料。在调研的过程中，项目组关注培训教师的情绪体验和情绪变化。情绪变化包括积极情绪、消极情绪和惊喜变化三种类型。积极情绪表现为项目带给教师满足感、幸福感、希望、勇气或者积极的期望等情绪，消极情绪表现为项目带给教师恼怒、愤怒、震惊、恐惧、担忧或者怀疑等情绪，惊喜变化表现为从消极情绪到积极情绪的转变过程，通常是由于某个具体事件的产生。

表8.3　培训教师情绪体验状况

| 内容 | 积极情绪 | 消极情绪 | 惊喜变化 |
|---|---|---|---|
| 小计 | 0 | 0 | 5 |
| 百分比 | 0% | 0% | 100% |

表8.3呈现了5位教师情绪体验的状况。从中可知，5位教师都经历着培训带给他们的惊喜变化。在这里，我们以A教师为例，呈现其教学改进过程中的情绪变化。

在培训之初，她说自己的情绪是"我好想逃"，她如此来形容自己在项目启动仪式上听主题培训讲座时的感受："面对讲座的专业术语，感觉作为新形势下一线教师中的普通一员，自己对学生所做的，以培养语文学科核心素养为根基的阅读指导远远不够。这个重担如层峦叠嶂般，让人摸不清方向，看不见阳光，实在是好想逃避。"她内心希望自己仍然是"一个老老实实依规于传统流派的教书匠"，她称这种感觉"多好!"

在培训的过程中，她开始感受到很多"迷惑"，开始是"迷惑满满"，因为她遇到了"大单元教学的相关术语和教学策略"。接下来，随着培训从理论课转变为技能实践课，她感受到的是振奋和疑惑共存，在单元整体教学背景下语文教学技能提升课的引领下，对如何提升教师的理解力，设计力和教材力等问题既感到振奋，又存在着执行的疑惑。随着培训的不断深入，她感受到的是"好奇和探究的欲望"，她开始思考"如何设计好单元整体教学"。

在培训的最后，她开始感受到"好事成双"。这种转变，A教师认为源自项目组专家的用心，"每次课都精心设计，精选课例，用精致的语言将枯燥的教学理论深入浅出地道出，使我在理论方面收获了很多前沿的知识"，也源自样本教师的引领示范，"我还从样本教师身上领会到了大单元教学实践环节需要注意的问题"，更源自自己的实践，"特别有幸最终有机会参与大单元教学培训项目的说课环节"。她认识到这里的"好事成双"，一则指的是挑战自己，二则指的是因得到了项目专家的亲自指导而快速成长。

### （三）知识和信念的变化，在听课、反思、说课中重塑新的认识

知识和信念的变化，包括认识的松动、确认的观念和接触新观念。认识的松动是指教师开始有意识地认识到一些他们认为至关重要，但以前没有注意到的东西。即使他们已经具有了一些想法，但这些想法还没有经过彻底的分析和检查。确认的观念是指在具体事件发生之前和之后出现过的图景，它们得到了强化。接触新观念指的是教师第一次接触到的东西。在调研中，五位教师均接触到了新观念，产生着认识的松动。但是，各个教师关注的新观念角度不同，有的教师谈到了对教学内容观念的变化，有的教师谈到了对"教"与"学"观念的变化，还有的教师谈到了对"共同体"观念的变化。这些变化的背后，都体现着教师从关注"教师的教"和关注"教的内容—知识"转变为更加关注"学生的学"。

以Z教师为例，她关注到了"教"的观念的变化，"在改进过程中，我深刻地认识到语文课程应立足学生核心素养发展，充分发挥语文课程的育人功能"。因此，从人的发展来看，单元整体教学非常符合"积极构建语文学习任务群""加强

课程内容整合""增强课程实施的情境性和实践性，促进学习方式变革"的课程理念。她重新认识了"教师"，她认为教师应该注重研究，"人人都可以成为研究者，我们在理论学习的指导下实践，又在实践反思中不断寻找最佳的方式方法"，她希望自己能够"在未来的教育生涯中积极思考，大胆实践"，最后努力成为"专家型教师"。她认为教师应该是一个"学习共同体"，她如此描述与其他学校教师一起研讨的体验："各位教师的教学经验不同，因此有许多意料之外的收获，今后我会更加重视和其他教师的沟通交流，和大家一起成长。"

Z 教师特别谈到了单元整体教学中"教材观""教学观"的改变。自教材使用看，在单元整体教学中，既要遵循教材，又需要创造性地使用教材，不应"停留于课本单元内容的梳理与整合"，要创设学习单元。自教学看，单元整体教学中，教师应"始终保有直指目标的资源调配和整合意识，细化驱动型任务设置，明确要求，让学生在真实的生活情境中完成自主学习、反思、总结与提升"。

H 教师的"教学"观念也发生了变化。对于教学内容，她认识到要避免碎片化，而要注重教学内容的典型性和整体性，"在上课时将每篇课文以肢解的形式教授给学生，学生接受到的也是一个个知识片段，缺少从整体上对课文和教材的把握，这种教学方式不利于学生的思维发展"。她也认识到学习活动可以促进学生积极学习，实现教学目标，"从编者意图和教材意图出发，在有限的课时中进行有针对性的活动设计，从而达成单元教学目标"。对于学生的学习，她认为学生的学习应该是整合式的学习，综合性的发展，"学生的学习应是整合式的，这种方式利于学生思维能力的提升"。H 教师也谈到了改进过程中教师信念的变化，"曾经，日复一日重复的教学工作已经模糊了自己的教学初衷和教育信念，但是在培训过程中，与同仁们在一起学习，利用一切的机会进行交流、探讨，办公室、上下课的路上、食堂的餐桌上都成为教研的主场地，我们会针对教学设计中一个主题的确定、一个问题的设计，彼此争得面红耳赤，最后会为一个完善的教学设计会心一笑，这是最满足的时刻"。她也在项目组专家的培训中获得了教学的启示，"项目组的专家每次上课，都会收集很多的资料，先进行整理，从中提取一些关键精华部分分享给我们。每次课后，细心地询问我们是否有所困惑，有所收获"。项目组的认真、负责也点燃了她的教育信念。

### (四)实践意图的变化，愿意尝试新做法并且延续新做法

实践意图包括尝试新做法、延续新做法和继续旧做法。尝试新做法的意图是指教师已经精心策划了新的任务或方法，以采取不同的行动；延续新做法的意图则是指新的方法或任务已经尝试过，但仍需改进；继续旧做法的意图指的是当特定的方法或任务在教学中进展不大，就会出现延续现有(旧)做法的意向。

表8.4 培训教师实践意图的状况

| 内容 | 尝试新做法 | 延续新做法 | 继续旧做法 |
|------|-----------|-----------|-----------|
| 小计 | 2 | 3 | 0 |
| 百分比 | 40% | 60% | 0% |

表8.4呈现了五位教师实践意图的状况。从中可知，三位教师都愿意延续单元整体教学的做法，所占比重为60%。Z教师表示愿意延续新做法，因为她在改进项目中已经初次尝试了"单元整体教学设计"，也得到了项目组专家的指导，她发现问题，解决问题，对于单元整体教学的认识、理解和运用能力有了显著提升，因此她非常愿意继续尝试。她对于延续新做法也有着自己的思考，那便是要基于教材开展单元整体教学，因为教材"每一个单元的整体教学设计也都将呈现出独一无二的教学价值"。A教师表示自己将"果断摒弃之前不符合学生认知规律，活动设计缺乏进阶、关联的设计方案"，基于改进项目和教学理论学习的基础上，"结合着自己的教学实践和本学校学生的实际情况对教学进行调整改进，尝试单元整体教学"。S教师甚至提出了自己的实践想法，她想迁移项目学习的经验，对教材八年级上册第一单元展开教学实践，"根据单元要求，我会将这个单元进行重新整合，用任务表格的形式帮助学生了解新闻六要素，分辨新闻文体，通过'1+X'的阅读，引导学生理解新闻语言的客观性和严谨性，再以小组合作的形式设置采访任务和新闻写作任务，最后评选优秀报纸"。

当然，也有教师对单元整体教学的实践受制于"惯习"①，也受到教学时间"紧张"等因素的影响，他们有顾虑，愿意尝试新做法。Y教师认识到单元整体教学的必要性，"单元整体教学对于初中语文教学来说是非常重要和必要的，一方面，单元整体教学有利于打破一课一学的缓慢进程，让相对零散的知识学习，变得更加系统，帮助学生建立完整的知识体系，另一方面，也让学生在获得知识的同时，全面提高综合素养"。但是，在尝试新做法的时候，她有自己的顾虑，因为"单元整体教学实施起来还是有一定难度的，它不是简单地对教学内容进行合并或拆分，在实施的过程中需要借助集体之力，不仅需要教师自身深入研读教材和课程标准，还需要备课组的集体备课、积极研讨，在集体的集思广益中完成单元整体教学设计"。

**(五)教学实践在"一点点变化"，专业能力在"一天天变化"**

实践做法的变化，包括改变旧做法和改变新做法两种。改变旧做法，指的是在施行新做法的过程中改变了旧有的做法。改变新做法，可以是基于实际情况对新做法进行了调适，也可以是放弃新学到的做法而回到传统的教学方式。

对于改变旧做法，A教师谈到了单元整体教学给她带来的诸多变化："教学方式方面，更有条理性了；教学能力方面，教学设计、思维方式、言语组织能力都有了提升。"她感受到"我的教学实践在一点点变化，我的专业能力也在一天天变化"，她始终相信"不停地学习是我专业成长的内动力"。Y教师谈到自己会从整合的角度去看待教材和思考教学，例如："拿到一本新的语文教材，会从每个单元去思考""教学设计上，会从单元整体上去设计""在上课的过程中，会尝试融入单元整体教学的理念"。

调适新做法，也是教师在教学实践中不断进行的。Z教师提出要基于教材开展单元整体教学，"会主动思考义务教育阶段的阶段性目标如何在每一学年、每一学期、每册书、每单元、每一篇文本中具体实施，会不断探索单元内文本的联结点，会积极以此创设生活中富有意义的情境，并引导学生按照'重现''重叠'

---

① 刘玉莲. 在学校教育中学作研究[M]. 北京：首都师范大学出版社，2006.

'重建'的能力进阶在实践中分解学习主题，推进学习任务"。S教师则想要立足河南考生的实际情况来探索单元整体教学："我会思考一个对于河南考生来说很现实的问题——成绩。我们的语文实践走在很远的地方，可是反观本省的情况，学生的语文学习成绩要求越来越高。成绩的获得不仅需要培养语文思维，更需要勤练勤写，也需要回归到做题。单元整合教学会不会失去传统详细的单篇教学所培养的对文本进行细致分析的能力？我觉得，还是要在单元整体教学的指导之下，寻找出更适合河南学子的方法。"

## 二、教学改进的成果特色

### (一)基于教学价值整合性、发展性理念，建构单元整体教学理论框架

初中语文单元整体教学在价值取向上呈现出整合性、发展性的特征。不应以单一的知识点和技能训练点为学习目标，单元整体教学应呈现出知识、能力、态度的综合化效应。单元整体教学致力于语文教学内容的整合，学生在一段时间内围绕着学习主题、学习任务、学习项目等展开着不同角度、不同层面的探究过程。探究的过程，实现着语文知识、语文技能、语文篇章的整合，随着探究过程的进行，学生知识习得的过程成为能力发展的过程，也是情感、态度、价值观的形成过程，这就使得关键能力和必备品格的形成发展共生、并进、交融。在这样的学习过程中，学生所掌握的不再仅仅是基础知识和基本技能，还获得了学科的基本思想和基本方法，以及学习活动、任务解决、主题学习的体验，更培养了学生发现、提出、分析、解决问题的能力，从而实现整体的育人功能。

单元整体教学价值是研究主体对单元整体教学开展"应然状态"的判定。随着价值取向的变化，单元整体教学将引发教学设计、学习内容、学习过程、学生发展等方面的转变。自教学设计看，便是从知识碎片转变为学习单元。把零敲碎打的单篇文章整合为学习主题与情境，围绕着主题任务开展篇章学习、知识学习、技能训练，鼓励将零散的课时碎片联结成系统组织的主题任务单元。单元整体教学设计，以学习主题为引领，以学习任务为载体，以学习活动为主线，整合学习

内容、情境、方法和资源等要素，从而发挥整体的育人功能，形成了整体取向的操作路径。自学习内容看，从学习内容的全面覆盖到学习内容的精练萃取。在既往的教学过程中，教师秉持学科本位的观念，采取教学内容"越多越好"的选择原则，教学内容全面覆盖，繁难偏旧等情况引发人们关注。单元整体教学试图改变既往的教师本位和学科本位观念，更加关注学生的学习，秉持"少就是多"的教学内容选择原则，精练语文教学内容，萃取语文教学内容。通过典型内容的学习，学生经历典型的学习过程，尝试典型的学习方法和学习策略，获得典型的情感体验，最终达成深度理解和深度探索。自学习过程看，从学习过程的单项传递转变为经验的建构分析。经验的建构分析离不开学习活动的参与，学生在活动的实践体验中经历着提出问题、分析问题、查找资料、解决问题等问题解决的必要过程，也经历着提出任务、任务分析、任务解决等任务学习的必要过程，在问题解决与任务实施的过程中，学生进行着自主、探究、合作的学习，实现着教学从之前的"教"为中心转变为当前的"学"为中心的发展思路。自学生发展看，从既往学生发展的整体划一到当前学生发展的开放多元。学生的素养发展，经由学科学习后天养成，这就使得素养发展具有内在的差异性。因此，单元整体教学要从既往的机械地进行学习结果评价转变为适应性地评价学习结果，要从观察学生的学习行为转变为在学习活动中个性化地帮促学生，要从教学内容的整齐划一转变为教学内容的可选择，通过充分赋权、多元评价、个性指导，真正发挥学生学习的主动性、积极性和创造性，使学生的个性得到健康发展，个体的创造性得以自由发挥。

### (二)基于样本学校、样本教师的教学设计，提炼单元整体教学模式

基于初中单元整体教学的理论模型，提炼了基本的设计模型，即：设计主题任务、确定学习目标、预设学习评价、开展学习活动。在样本学校持续开展教学设计改进过程中，积累了丰富且多样的单元整体教学设计路线，凝练成多种单元整体教学的设计模型。

1. 概念聚合型。这是一种以单元大概念作为聚合材料，聚合教师教学、学

生学习内容的教学模式。在以单元大概念为特点的设计路线中，"错位""细节描写"等单元大概念的提炼和确认，使得教学设计读起来有时候也略显牵强。但是，正是由于凝练了单元大概念，这就使得单元教学呈现出简约、深度的特点。在这一技术路线中，单元教学设计遵循着"提炼单元大概念""活化单元大概念""建构单元大概念"的思路。

2. 深度阅读型。这种类型实现着学生对阅读的深度理解。阅读的深度理解，学生需要经历"重现""重叠""重建"的过程，学生需要成为一个熟练的阅读者。自"重现""重叠""重建"的阅读过程看，"重现"重在学习理解，"重叠"重在"联结"与"对话"，"重建"便是学生受到了作者经历和情感的触动，内心的秩序得到重建、自身思想得到发育、价值观念得以重建。自熟练的阅读者看，那就是能够娴熟使用阅读策略，比如文学阅读的"联结""图像化"等策略，最终实现着深度的文学阅读。

3. 项目实施型。这种单元整体教学设计与概念聚合型教学设计相比，更具开放性和探究性，研究过程具有无边界的特点。项目实施重组了既往教材自然单元的学习情境，在以项目实施为特点的设计路线中，要遵循项目做事的逻辑，实现项目线、知识线、学习线等多条线索的整体推进、进阶实施，要在项目的开放和教学的聚焦、项目的实施与学科学习之间保持适当的张力，教师在指导学生的过程中，要关注学生共性的思想认识和方法论知识的建构，同时注重个性化指导。

4. 读写转化型。本模式着重培养学生文学作品的创作能力，读写转化更强调基于深度理解和欣赏之后，模仿作家作品的风格或结构思路进行的文学作品创作。

**（三）引领教学方式、学习方式变革，强调证据学习与思维能力纵深发展**

单元整体教学中的"大概念""大问题""大主题""大任务"越具体越深刻，越能够激发学生积极投入的激情和持续探究的动力，从而促进学生的思维不断向深处发展。围绕着单元整体教学，项目组将单元整体教学设置为"单元导引课""单元推进课""单元复盘课"三种课型，并且对"单元推进课"课型展开了探索。"单元推进课"课型试图实现学生从既往的在"讲授中学""操练中学",转变为在"评价中学""研讨中学""探究中学""活动中学"。既往的"讲授中学""操练中学",教师注重对知识点的逐点讲授和对技能点的逐项操练。现在的"评价中学""研讨中学""探究中学""活动中学",教师的单元整体教学通常在主题任务驱动下通过整合学习内容、设计学习情境、设置学习进阶、开展学习活动、拓展学习资源、实施教育教学、进行学习评价来完成学习任务。

"诊断·发展·总结"的单元整体教学推进课探索"有证据的教学"。所谓"有证据的教学",就是:围绕着成果表达,教师开展有证据的教学,利用证据反映学生学习过程,呈现学习结果,促进学生学习,提升教学有效性和针对性;在这个过程中,学生进行有证据的学习,进行积极的实践,获取了学习的证据成果,也建构了自己的知识结构,将经验转化为自己的核心素养;与此同时,也要进行有证据的评价,基于学习过程中的证据来推论学生的知识掌握和能力发展水平,实现了主题任务单元教学下"教—学—评"的一致性。

微专题研讨的单元整体教学推进课探索"深度思维"教学。从思维发展的角度来看,中学生在思维深刻性方面呈现出明显的发展诉求,对问题进行深度探究的渴望更为强烈。在微专题研讨的过程中,问题的设计体现出问域宽、复杂性的特点,学生借助典型的文献材料展开探究,形成从现象到本质、从特殊到一般的深刻认识,微专题研讨往往比浅表化的问题解决更能激发学生的学习热情。选择那些具有研讨价值的微专题,使得课堂教学有"焦点"可聚,围绕专题开展深度研讨,这就促发着学生思维的广度、深度、灵活度,学生进行着典型价值的感受和体验,以及方法与策略的尝试,获得多向度、个性化的学习成果。

### (四)以高校、区域、学校协作机制,推动实践成果高效转化

团队采用高校、区域教研部门、改进样本学校的协同合作机制,充分发挥各自的优势,分工协作,共同推进基于单元整体教学的教学改进工作。高校主要负责组织学科专家团队,开展理论与实践策略的研究;区域教研部门负责协调高校与实践学校的合作机制,例如筛选样本学校,选取富有创新意识的样本教师,开

展案例的集体研讨与成果的分享交流；样本学校主要负责有计划地完成基于单元整体教学的实践操作与成果反馈。

以郑州市二七区为例，语文学科专家与郑州市二七区教研员李芸老师共同确认了基于单元整体教学的教学改进实践方案与操作流程，深度指导了郑州市第二初级中学的李锦老师、石冰玉老师，郑州市二七区马寨一中的赵梦梦老师、姚国笑老师、何丽伟老师，郑州市树人外国语学校的张璐媛老师，郑州市第八十一中学的郭珊老师完成教学设计主题任务的确定、学习目标的明确、学习评价的预估等的设计过程，也深度指导了李锦老师、赵梦梦老师的公开授课、反思交流等实践过程。在此期间，团队成员不断扩大，基于单元整体教学的实践成果也得到了学科专家、教研员及其他教师的改进建议，经过反思和研讨，不断尝试体验新的教学行为，逐步形成合理的实践策略，并以丰富多彩的形式将"行动风暴"的成果与同行分享，力争使更多的一线语文教师开展单元整体教学实践。

### (五)加强改进项目的实践性，多种方法确保项目改进的高质量

教学改进是具有明显改进意图、介入特点的实践行为。教学改进的目的是更新教师的教育教学理念、优化教师的教学行为、提升课堂教学质量、促进学生的语文学习。为了实现改进目标，改进项目多管齐下、综合施策。这些方法有：专家讲座指导，赋能大单元整体教学实践；任务驱动，推动教师思维纵深发展；案例分享，带动经验的良性迁移；及时反思，培养反思型教师；完备的评课系统，为教师教学水平提升护航；合作共享，改进成果惠及样本学校和区域学校。

第一，专家讲座指导，赋能大单元整体教学实践。专家讲座深入浅出，既有理论高度，又有极强的现实针对性和指导意义，如吴欣歆教授的讲座从"时代对人才要求的变化"的话题徐徐展开，告诉大家，在当前经济全球化、信息化、知识经济等各方面的影响下，中国学生发展核心素养的概念应运而生，语文学科核心素养的理念也呼之欲出，并在学习任务群的实践中落地生根。接着吴教授为大家详细地讲述了语文教学目标核心概念的"进化"——从"双基"到"三维目标"，再到"语文学科核心素养"，用一个个鲜活的事例告诉教师核心素养下的语文教学变

革是时代的必然要求。通过专家讲座，能够进一步转变教师教育理念，提高教师理论素养，全面提升学生语文学科核心素养，打造高效课堂。参与项目的教师听后纷纷表示受益匪浅，仿佛拿到了一把阅读教学的金钥匙。

第二，任务驱动，推动教师思维纵深发展。改进活动注重小组研讨、合作交流，小组研讨的形式促进了教师之间的合作学习。教师以小组合作的方式，互相交流，思想碰撞，记录下关键词，各小组分别展示自己的讨论结果。项目学科专家管贤强教授对培训教师的展示进行逐一点评，带领大家认识到单元整体教学设计的含义和特点。整个学习过程中，教师全情投入，收获颇多。

第三，案例分享，带动经验的良性迁移。管教授以七年级下册第三单元为例，系统地为大家讲解了如何进行单元整体教学设计，他在单元目标的拆解、学习任务的设计、情景活动的实施等方面的讲解，带给在场的教师很多思考，大家在不断地交流互动中获益匪浅。吴教授分享《苏东坡传》的整本书阅读教学任务设计，通过在情境下设计操作性强的任务活动，让学生在亲历的体验中，学习如何阅读一本人物传记类作品，她举了"磨剪子，戗菜刀"的互文修辞的例子，反面阐述了"不亲历，无真知"，提示我们要警惕"程式化"教学的危害。吴教授还以美国教育学家和心理学家加德纳博士提出的多元智能理论为基础，在现场和大家做了一个游戏，通过游戏，让大家明白了如何将生活概念向科学概念过渡。

第四，及时反思，培养反思型教师。通过提交反思的方式，使得教师不仅参与聆听了讲座与小组活动，而且在活动结束后能继续学习思考，总结在教师工作坊与听评课中的心得体会。这使得瞬时记忆被进一步加工为长久记忆储存在教师的知识库中，并且能够在今后的教学中被及时提取，运用于教学实践中，真正促进学生语文学科核心素养的发展提升。

第五，完备的评课系统，为教师教学水平提升护航。听评课以"同课异构促教学，异彩纷呈展风采"为主题，分为课堂教学、学生访谈、互动交流、专家点评四个环节，也以"单元整体教学设计说课"为主题，分为说课展示、互动交流、专家点评等三个环节。在互动交流、专家点评的环节中，通过专家团队的集中研课评课，探究了更为有效的初中语文阅读教学课堂策略，进而提升了教学质量，有效地促进了教师的专业提升。

第六，合作共享，改进成果惠及样本学校和区域学校。改进项目促进了样本学校教师的专业发展，有效地提升了学生的语文素养。自教师专业发展看，在单元整体教学理念推广过程中，教师自身的教学理念得到了更新，教学能力得以显著提升，集中表现在课堂质量的提升、教师专业发展成就感、课题研究成果等方面，这些都有效提升了语文教学质量。自学生的语文素养看，单元整体教学与传统教学方法的根本区别在于，单元整体教学通过主题学习、情境学习、任务学习、项目学习等方式，整合识字写字、阅读鉴赏、表达交流、梳理探究等语文实践活动，全面提升学生语文学科核心素养的发展。同时，参与质量提升项目必将有利于郑州市第二初级中学教育集团、郑州市二七区马寨一中教师教育教学水平的再次提升。样本学校也将以此为契机，做好内涵建设，并及时总结成果，开放共享，为区域语文教育教学的发展作出应有的贡献。郑州市义务教育质量提升项目必将对义务教育的区域协同均衡发展发挥重要作用，各项目学校将能以此次活动为契机，提升教师专业素质，不断提高办学品质。

# 附录1 调查问卷

## 郑州市义务教育质量提升项目课程效果评价调查

您好！为调查郑州市义务教育质量提升项目的课程效果，为今后修改和制定义务教育课程效果体系提供依据，更有针对性地提升郑州市义务教育质量，现进行如下调查。感谢您从百忙之中抽出时间帮助我们完成这份问卷，祝您工作愉快！

郑州市义务教育质量提升项目团队

**一、基本信息填写**

| 姓名 | | 性别 | |
|---|---|---|---|
| 工作单位名称 | | | |
| 职业<br>（请打"√"） | □教师 □中层干部(教研组长、教务组长等) □校级领导□教研员□其他 | | |
| 执教年级<br>（请打"√"） | □七年级 □八年级 □九年级 □其他 | | |
| 教龄或工龄<br>（请打"√"） | □少于1年 □1～3年[不含3年] □3～5年[不含5年] □5～11年[不含11年] □11～16年[不含16年] □16～20年[不含20年]□20年以上 | | |
| 职称<br>（请打"√"） | □未评职称 □三级教师(原中学三级教师) □二级教师(原中学二级教师) □一级教师(原中学一级教师) □高级教师(原中学高级教师)□正高级教师 □其他 | | |
| 参与改进的学科<br>（请打"√"） | □中学语文 | | |

**二、课程效果评价(请对照如下要求项，根据本人在本学期教育质量改进活动中的体会和心得填写问卷，请打"√")**

| 1. 您认为本学期教育质量改进活动总体效果： | □超出预期<br>□达到预期<br>□基本达到预期<br>□未达到预期 |
|---|---|

续表

| | |
|---|---|
| 2. 您对本学科的改进主题： | □满意<br>□较满意<br>□不太满意<br>□不满意 |
| 3. 您对本学期改进活动的内容： | □满意<br>□较满意<br>□不太满意<br>□不满意 |
| 4. 您对本学期改进活动的开展方式： | □满意<br>□较满意<br>□不太满意<br>□不满意 |
| 5. 您对本学期专家团队的人员构成及专业水平： | □满意<br>□较满意<br>□不太满意<br>□不满意 |
| 6. 您对本学期专家团队的反馈(答疑、作业等)： | □满意<br>□较满意<br>□不太满意<br>□不满意 |
| 7. 您对本学期改进活动的实施效果： | □满意<br>□较满意<br>□不太满意<br>□不满意 |
| 8. 您在本学期改进活动中的投入程度： | □很大<br>□较大<br>□一般<br>□较少<br>□很少 |
| 9. 请您选择影响投入程度的原因： | □对课程内容感兴趣 □课程符合个人专业发展需求 □课程设置具有针对性 □学校积极支持 □主动投入时间参与 □核心学员团队自发开展活动 □除专家课程外，区教研室组织活动 □其他 |

| | |
|---|---|
| 10. 本学期改进活动对您当下教学或教研工作是否产生积极影响？ | □影响很大<br>□有一定影响<br>□影响不大<br>□没有影响 |
| 11. 您认为本学期改进活动对您未来的专业发展： | □很有帮助<br>□有帮助<br>□无法判断<br>□帮助不大 |
| 12. 您认为本学期改进活动在哪些方面对您有帮助： | □教育理念 □教育理论知识 □学与教的策略 □课堂组织形式 □专业研究能力 □课堂组织形式 □教师自我效能 □其他 |

### 三、期望和改进

| |
|---|
| 改进活动中，给您留下深刻印象的"事件或片段"是什么？ |
| |
| 围绕改进活动，您还存在哪些问题或困惑？ |
| |
| 您有哪些对今后教学改进活动的期待和建议？ |
| |

# 附录 2　教师调研

1. 在这次质量改进过程中你有哪些情绪感受？分别是哪些事件让你有上述的情绪感受？

2. 这次改进你有哪些收获？（课程与教材研究、教学研究、教师信念、学习共同体、教育教学理念方面）

3. 在改进过程中，你如何看待单元整体教学设计？最喜欢哪些活动，最不喜欢哪些活动，为什么？

4. 经过改进，你对单元整体教学设计或者教学实践的理解是怎样的？与改进刚开始的时候相比，你对单元整体教学设计或者教学实践的理解有怎样的变化？

5. 经过单元整体教学设计的改进学习，你有实践的想法吗？如果实践，你会怎么做？能说说你的理由吗？

6. 经过单元整体教学设计的改进学习，你的教学实践有变化吗？能否具体描述，或者说说理由？

7. 关于改进学习，你还存在哪些问题或者困惑？

8. 关于改进学习，你还有哪些好的建议，还有哪些想说的话？

# 后 记

用这本沉甸甸的书稿来结束郑州市初中语文质量提升项目，有欣慰，有感激，有困惑，有释然。欣慰，是因为对于语文教育的发展和语文教学实践变革来说，语文教育研究者理应是突破现状、参与变革的行动者，这不仅满足着在课堂教学变革中提升语文质量的吁求，也是教育教学实践特性的内在要求。感激，是因为我们看到了忙碌在教育管理、课堂教学的一线教师，他们不断将自己的教学经验与教学理论相互融通、彼此转化、不断生成，为我们的研究提供着最鲜活的设计案例和教学案例，他们是真正将教学理论向教学实践转化的"融通者"和"生成者"。困惑，是因为教学改进没法将理想教学行为手把手地传递，它有一个"在地化"的过程，在"在地"过程中，我们发现曾经教育教学的定论其实只是一种假设，曾经的确定会被诸多不确定所替代，教育教学现象绝非单线的因果链条而是极为复杂的，甚至，在书稿撰写中，我们都会不经意地感慨：行文思路应力求清晰，可这哪能涵盖丰富、多义、复杂的教育教学探索呢？释然，是因为经由教学改进我们与样本学校、样本教师感受着彼此的信任、彼此的牵挂，我们时时刻刻牵挂样本学校的发展，牵挂样本教师的健康和幸福。

特别感谢郑州市义务教育质量提升项目；特别感谢郑州市二七区教研室石明晶主任、赵也茗副主任、李芸教研员；特别感谢样本学校郑州市第二初级中学、郑州市二七区马寨一中的领导、教研组长和语文教师；也要感谢郑州市树人外国语学校、郑州市第八十一中学、郑州市第七十四中学、郑州启思中学、郑州市第四初级中学、郑州市第十三中学、郑州市第八十九中学、郑州市第八十二中学、郑州市第一〇六初级中学、郑州市二七区国际城中学、郑州市第四十四初级中学、郑州市第六十二中学、郑州市第五十七中学、郑州市二七区南岗路中学、郑达实验学校、郑州市二七区沪华国庆学校、郑州市二七区侯寨二中、郑州市二七区嵩山路学校、郑州市第五十七中南校区、郑州市第四十八中学、郑州市二七区侯寨一中、郑州市二七区马寨二中等学校的语文教师。特别感谢参与教学改进的样本教师李锦和赵梦梦，我们曾经在郑州路边栾花绽放的秋日相识，在层叠黄叶翻飞的冬日讨论得热火朝天，在夏日炎炎中迎来全市的展示课，在课堂教学改进的路上，我们一起走过，一起收获。感谢初中语文质量提升项目让我们相遇。因为相遇，所以我们一路成长着；因为相遇，所以我们一路改变着；因为相遇，所以我们一路美好着；因为相遇，所以我们一直牵挂着。

也要特别感谢苏州大学"中学语文教学设计"、南京师范大学"教师职业技能优化"课堂上的同学们；感谢参与单元整体教学案例设计的汪楠、朱羽歆、徐成煜、刘洁、高菲；感谢参与文稿校对的张捷、宓如阳、柳九萌、金羽茜、董晚雨、陆怡雯；特别感谢参与案例研讨的潘欣琪、何颸、黎巧雅、尤丽婷、宁苗苗、肖逸文、武钰晶。参与郑州市义务教育质量提升项目，使得硕士生的学习空间不再局限于教室和大学，而拓宽到现实教学生活和社会的领域。学习对象也不再只是有字的教科书范畴，而延伸到真实的教育教学的无字书当中。在彼此的研讨过程中，我高兴，因为学生面对挑战性的问题经过自己的努力最终完成课程的学习；我感恩，因为教育并非仅仅是教师造就学生，而是学生促发着教师的成长；我相信，在当下学习和未来向往中，我们师生始终进行终身学习，将学习当作一辈子志业，在知识的更新和不断学习中一定可以寻找到教育教学新的增长点。

郑州市初中语文质量提升项目组